Julia von Brencken

Anemonen pflückt man nicht

Julia von Brencken

Anemonen pflückt man nicht

Malwida von Meysenbug –
Wegbereiterin
der Frauenbildung

Eugen Salzer-Verlag Heilbronn

Uneingeschränkte Freiheit des Handelns gibt es nicht.
Die Bedingungen unserer eigenen Natur, alle Bande,
die uns an andere knüpfen, sind Beschränkungen
der individuellen Freiheit. Frei ist nur, wer die notwendigen
Fesseln anerkennt und dadurch in dem Allerheiligsten
seiner Seele nicht gestört wird.

Malwida von Meysenbug

In die Ferne

»Nun, Mamsellchen, wohin soll denn die Reise gehen?«

»In die Ferne«, kam sehr bestimmt die Antwort.

»Die Ferne? Wo, potzblitz, soll das denn sein?« Der Kurfürstlich Hessische Postkutscher nahm den Pferden die Futtersäcke vom Maul und sah auf das kleine Mädchen herab, das sich da als erster Passagier auf der Kasseler Poststation eingefunden hatte. Kaum älter als fünf oder sechs Jahre, war es in ein weites Kragencape gehüllt und hielt sein Bündel, säuberlich in ein rotes Schnupftuch geknüpft, gegen die Brust gepreßt. Das dunkelblonde Haar saß straff geflochten über beiden Ohren, die Wangen waren morgenfrisch gerötet. Aus braunen Kinderaugen sah es zum Postillion auf.

»Was du dir nur denkst...« brummte der Kurfürstliche Postillion so verlegen wie ratlos und kratzte sich am Kopf.

Was sie sich dachte? Aber das war doch ganz einfach: Papa hatte gesagt, Mama weile in der Ferne und mit ihr auch die beiden älteren Schwestern. Und sie wollte zu ihnen. Schon wandte sich das Kind der schwarz-gelben Postchaise zu und setzte eben den Fuß im festen Knöpfstiefel auf die unterste Stufe des viel zu hohen Wagentritts, als jemand es beim Kragen packte und es mit beiden Füßen wieder auf das Straßenpflaster setzte.

»Holla!« rief eine Baßstimme, »weißt du denn nicht, daß man Erwachsene zuerst einsteigen läßt?«

Die übliche Zahl der Reisegäste war eingetroffen und drängte sich einer nach dem anderen in den engen Kutschkasten, die besten Plätze zu ergattern: eine Frau, die zu ihrem Schwiegersohn in die Wetterau wollte, ein Herr in Geschäften nach Frankfurt, ein Student nach Marburg und eine Bäuerin mit einem Korb voller Äpfel.

Der Postkutscher drängte zur Eile. Immerhin hatte die Abfahrt pünktlich zu erfolgen, nämlich jeden Dienstag früh, sieben Uhr, von Kassel abgehend, über Marburg und Gießen, um je nach Witterung und Straßenzustand am dritten Tag die Freie Stadt

Frankfurt zu erreichen. Aber da stand ja immer noch dieses Kind und wartete.

»Hast du überhaupt Geld?« versuchte es der Kutscher mit einer Frage, deren Verneinung den Fall vielleicht rasch zu einem Ende bringen würde.

»Natürlich habe ich Geld«, sagte das Mädchen und zeigte voller Stolz eine Münze vor, die kaum den zehnten Teil der Fahrkosten gedeckt hätte. Noch ehe der Handel kaufmännisch abgeklärt werden konnte, streckte der Herr in Geschäften nach Frankfurt den Kopf zum Fenster des Kutschkastens heraus.

»Ist das nicht«, überlegte er und hielt sich ein Lorgnon ans Auge, »ist das nicht das Töchterchen vom Herrn Geheimen Rat? Mir scheint, die Kleine hat sich selbständig gemacht!«

Kaum hatte er ausgeredet, kam eine Frau mit flatternden Haubenbändern über den Platz gelaufen und hielt mit beiden Armen gestikulierend genau auf die Postkutsche zu.

»Kind, was fällt dir nur ein!« rief sie näherkommend außer Atem, »was hast du dir dabei gedacht? Einfach auf und davon! Trifft mich fast der Schlag, als ich dein Bettchen leer find'!« Bei der Gruppe angekommen, griff sie nach dem Arm des Kindes und fuhr fort laut zu lamentieren: »Ich such' im ganzen Haus, frag' herum, fleh' jedermann an: habt ihr nicht meinen Liebling gesehen? Da meint der Gärtner, der grad zum Tagwerk kommt, ja, er habe dich gesehen! Du seist vor Tau und Tag die Straße rauf zur Poststation. Wer glaubt denn an sowas!« Die Frau schnaufte, tupfte sich mit einem Tuch die Stirn, aber ihre Finger hielten den Arm des Kindes mit dem Griff eines Schraubstocks. An den Kutscher und die Reisenden gewandt, fügte sie anklagend hinzu: »Ich bin die Kinderfrau, und man schilt mich, wenn ihr was passiert…«

Ihr gebührte Mitgefühl, so wollte sie glauben machen, dem Kind aber gerechte Strafe. Das eine gestand man ihr gutmütig zu, das andere suchte man zu verhindern.

»Der Kleinen ist ja nichts passiert«, meinte versöhnlich die Frau, deren Reiseziel die Wetterau war.

»Es hätt' sich alles aufgeklärt, noch eh ich ins Horn geblasen!« rief der Postillion vom Bock herab, den er unterdessen eingenom-

men, und der Herr, der Geschäfte in Frankfurt hatte, schloß verständnisvoll:
»Das Fernweh hat uns alle mal gepackt, den einen früher, den anderen später.«
Das Kind sagte nichts. Ihm war ein Traum zerronnen. Artig, ohne Widerspruch, ließ es sich an der Hand der Kinderfrau fortführen. Damit endete das erste Reiseabenteuer der Malwida von Meysenbug, die in ihrem Leben indes viele bestehen sollte.

Die grüne Tapete

Gehorsam trottete Malwida neben der Kinderfrau durchs erwachende Kassel. Das Gefühl der Enttäuschung war noch nicht verflogen, ja wog gar doppelt, als sie in eine einseitig bebaute Straße einbogen, die freien Ausblick weit über die Karlsaue hin bis an die Ufer der in herbstlicher Sonne glitzernden Fulda bot. Dieser schönen Aussicht wegen trug die Straße den Namen Bellevue, und hier in der vierten, einer von Gärten unterbrochenen Reihe stattlicher Villen wohnte die Familie von Meysenbug.
Mit einem tiefen Seufzer aus kindlicher Brust stieg Malwida, endlich von der Hand gelassen, die wenigen Stufen zum Haus hinauf. Drinnen nahm ihr die Kinderfrau das Kragencape ab und langte auch nach dem Bündel im roten Schnupftuch.
»Das brauchst du jetzt nicht mehr«, sagte sie nach überwundenem Ärger fast liebevoll. Die Erleichterung, das verirrte Lamm gefunden und sicher wieder bei der Herde zu haben, war ihr auch anzumerken, als sie fortfuhr: »Du mußt hungrig sein, Kindchen, hast ja das Frühstück heut versäumt! Geh in die Küche, die Mamsell macht dir Milch warm und streicht dir einen Wecken mit Butter.« Damit verschwand die Alte mit Cape und Bündel in Richtung Kinderzimmer, wo die vierjährige Laura ihrer bedurfte.

9

Malwida blieb allein. Nach Milch und Wecken war ihr nicht zumute. Unerklärliche Traurigkeit erfüllte sie, und wieder, wie seit dem Tag, da Mama und die Schwestern verreist waren, kam ihr das Haus öd und leer vor. Wie düster schien ihr die Halle, wie still die Räume ohne die geliebte Mutter, ohne die zwölfjährige Melanie und vor allem ohne Louise, die älteste der Schwestern und Malwidas Herzen näher als die Mutter. Fast spürbar umfing das heimgekehrte Kind der eisige Hauch von Einsamkeit. In seiner Phantasie wölbte sich die stuckverzierte Decke, senkte sich der Boden, lagen die Fenster tiefer in ihren Nischen, wandelte sich der Raum zu den mystischen Ausmaßen einer Kathedrale oder eines Rittersaales, gleichwie zu etwas dem Herzeleid Malwidas angemessenem. Vergleiche und Vorbilder aus Märchen und Sagenwelt kannte sie zur Genüge und war stets bereit, die Wirklichkeit damit auszuschmücken. Knabenstimmen, helle wie dunkle, sorgten für plötzlichen Kontrast.

»Da bist du ja wieder, du Ausreißer!«

»Bist vom Kutschbock gefallen, was Malchen?«

»Wollt' er dich nicht mitnehmen, der Postillion?«

»Du hast ihm wohl die Pferde scheu gemacht!«

Das waren die Brüder, Fréderic, Emil, Richard und Wilhelm, die, fertig zum Schulgang, die Treppe herabgepoltert kamen. Malwidas Abenteuer war also schon bis zu ihnen vorgedrungen, aber ihr Spott darob kam nicht verletzend, eher fröhlich, fast zärtlich. Ja, Otto, bereits Studiosus und den Brüdern gemächlich folgend, ließ sogar deutlich Anerkennung hören:

»Hast du fein gemacht, Kleines! So ganz auf eigene Faust!«

Elf Kindern hatte Ernestine von Meysenbug, geborene Hansel, in neunzehn Ehejahren das Leben geschenkt. Das erste, Ulrich, studierte bereits außer Haus, das letzte hatte man bald nach der Geburt in einem kleinen weißen Sarg fortgetragen. Eine zwölfte Geburt für das kommende Frühjahr war bereits angemeldet und der Grund, warum die Ärzte zu einer Reise ins Kurbad geraten hatten, zu der die Frau von Meysenbug sich von ihren zwei ältesten Töchtern begleiten ließ.

Noch vor sich hinträumend sah Malwida den Vater, ebenfalls zum Ausgang bereit, aus der Tür treten, die zum Grünen Salon führte. Ohne diese hinter sich zu schließen, trat er zu Malwida.

»Nimm's nicht zu schwer, Liebes«, begann er tröstend und strich seiner Tochter übers Haar, »die Mama kommt bald zurück, ich versprech' es dir! Ein paar Tage noch hab Geduld, dann schließt sie dich wieder in ihre Arme.«

»Ja, Papa«, kam es mit einem kleinen, trocknen Schluchzen.

»Und Melanie auch?«

»Aber ja, Melanie auch.«

»Und... Louise, Papa?«

Der Vater, der den ersten Platz seiner Tochter Louise im Herzen von Malwida kannte und mit Besorgnis vermerkte, stieß einen Seufzer aus.

»Ja, Kind auch Louise...«

Die achtzehnjährige Louise war alles für Malwida, Vorbild, Halt, Bewunderung, und wenn die Mutter, wie es bei einem großen Hausstand und den vielfältigen Verpflichtungen bei Hofe nicht ausblieb, sich dem sensiblen Kind nicht genügend widmen konnte, stand Louise für Wärme und Geborgenheit. Vater Meysenbug, wie stets in Eile, da er im Kabinett oder bei Gericht, dem er in erster Instanz vorstand, erwartet wurde, griff nach Stock und Zylinder. Seine wasserhellen Augen, denen die Malwidas nachgeraten waren, blickten voller Zärtlichkeit, während die hohe Stirn sich sorgenvoll krauste.

»Also, Malchen, keine schwarzen Gedanken mehr! Wir alle haben dich lieb. Du bist nicht allein.«

Der Vater wußte, was er sagte. Er kannte sein Malchen. Kaum eines seiner Kinder war mit solch schmetterlingszarter Seele ausgestattet, dabei von klarem, hellem Verstand, dem nur die Höhenflüge ihrer Phantasie manchmal zu schaffen machten.

»Komm, Liebes, zeig mir ein Lächeln«, versuchte er noch einmal und faßte Malwida unters Kinn, »zeig deinen Mut! Du hast ihn heute morgen ja bewiesen!«

Das Lächeln, das Malwida auf ihre Lippen zu zaubern suchte, fiel ein wenig schief aus, aber der Vaters war's zufrieden.

»Na, siehst du, es geht ja!« rief er betont fröhlich und nickte dem Kind zu. Dann verließ Louis Charles von Meysenbug das Haus, um sich zu Fuß in die Kurfürstliche Kanzlei zu begeben.

Magisch angezogen wandte sich Malwida der Tür zu, die der Vater angelehnt gelassen hatte. Sie stieß sie auf und trat ein. Der Grüne Salon hatte seinen Namen von einer ringsum laufenden Landschaftstapete, die Malwidas ganzes Entzücken war. Da gab es, grün in grün, Bäume, Sträucher, Wiesen, einen Bach, an dem ein Mann Wasser schöpfte. Seit Malwida denken konnte, sah sie ihn Wasser schöpfen, und nie bekam er den Eimer voll. Weit hinten am Horizont erkannte man ein verwunschenes Schloß mit Türmen und Zinnen. Dort wohnte Herr Blumenbach. Das wußte Malwida ganz genau, denn Onkel Ludwig hatte ihr das gesagt. Der mußte es wissen, denn er war Professor an der Universität in Gießen. Malwida hätte Herrn Blumenbach gern mal zu Gesicht bekommen, aber niemals ließ er sich blicken. Ihm hätte Malwida gern ihren ganzen Kummer anvertraut, aber auch heute wartete sie vergebens auf ihn und wurde sich widerstrebend bewußt: Sie mußte mit dieser rätselhaften, inneren Einsamkeit ganz allein fertig werden.

»Es ist ja nur eine Tapete«, sagte sie plötzlich halblaut vor sich hin und war damit wohl um einen ganzen Schritt erwachsener geworden. Mit einem Seufzer wandte sie sich ab, verließ den Grünen Salon und zog mit einem Ruck die Tür hinter sich zu.

»Du bist gesegnet, Rivalier«

Endlich war es soweit, Mama war wieder da, mit ihr die Schwestern. Auf den ersten Blick schienen sie verändert, trugen nicht mehr Kleid und Mantel hochgeschürzt, sondern die Taille dort, wo sie hingehörte, den Rock weit fallend, am Saum mit breiter Borte besetzt. Ja, sie hatten aus dem Bad die neueste Mode mit nach Kassel gebracht, das bis vor kurzem noch von Zopf und Perücke geprägt war. Frau von Meysenbug begrüßte die neue Mode, zumal sie ihren Zustand dezent bedeckte.

»Das Kleid steht dir gut«, lobte der Vater sogleich, »der breite Spitzenkragen schmeichelt sehr!« Damit war das Neue akzeptiert, und Kinderaugen sahen die Mutter wie ehedem. Mit leiser, doch unüberhörbarer Stimme führte sie wieder den Haushalt, während Melanie, übermütig ausgelassen mit den Buben stritt. Und Louise, engelsgleich, wie Malwida meinte, gab dem Dasein neuen Glanz. Beim Spaziergang durch den Garten, in dem die letzten Rosen des Jahres langsam verblühten, konnte man einfach seine Hand in die ihre schieben, und aller Kummer war vergessen. Und wie gescheit war die große Schwester! Man konnte endlos Fragen stellen, Louises Wissen schien so unerschöpflich wie ihre Geduld.

»Warum ist eigentlich unser Kurfürst nicht König, Louise? Mama hat gesagt, wir waren einmal ein Königreich.«

»Mama hat recht. Napoleon machte Hessen zum Königreich und setzte seinen Bruder Jérôme auf den Thron. ›König Lustik‹ nannte man ihn, weil er nur drei Worte deutsch konnte: ›heute wieder lustik!‹ Er liebte einzig Fest und Feuerwerk, aber Schaden richtete er keinen an. Nicht so wie es – im engen Sinne – unser Landesherr heute tut.«

»Welchen Schaden tut denn enger Sinn?«

»Er macht die Armen ärmer und die Reichen immer reicher«, rügte Louise die konservative Haltung der nach Napoleon zurückgekehrten kurfürstlichen Regierung. Es war äußerst selten, daß Louise Kritik anklingen ließ, drum machte ihr plötzlich bitterer Ton Malwida aufmerksam.

»Aber«, wunderte sie sich, »ich denke Papa und der Fürst sind enge Freunde.« Für Malwida schloß Freundschaft ein, daß sie Unrecht, welcher Art auch immer, nicht duldete.

»Nun ja«, räumte die Schwester noch immer gereizt ein, »immerhin wuchsen sie zusammen auf, Wilhelm als Fürstensohn, Papa, der Jüngere, als sein Spielzeug.«

»Und als sein Freund?« Malwida wollte sichergehen.

»Mag sein, auch als sein Freund, aber was heißt das schon bei Fürstlichkeiten?«

Malwida begriff den Zweifel in Louises Worten so wenig wie die Bitterkeit in ihrem Ton. Natürlich kannte sie den Kurfürsten, hatte ihn hundertmal gesehen und ihn so leutselig wie liebenswert gefunden. Einmal war er auch bei ihnen im Haus gewesen, hatte sich die Geschwister der Reihe nach vorstellen lassen, Malwida freundlich in die Wange gekniffen und feierlich seine Hand auf Papas Schulter gelegt.

»Du bist ein gesegneter Mann, Rivalier!« hatte er gesagt, »Kinder wie die Tonpfeifen, eines schöner und gescheiter als das andere!« Und dann setzte Seine Hoheit noch eins drauf: »Nicht zu vergessen, Rivalier, die reizende Frau Gemahlin!« Mama war errötet, aber der Prinz griff nach ihrer Hand, einen Kuß darauf zu drücken. Deutlich stand die Szene wieder vor Malwida, und was sie damals daran stutzig gemacht, formulierte sie jetzt zu ihrer nächsten Frage.

»Warum, Louise, nennt der Kurfürst den Papa Rivalier?«

Louise antwortete diesmal nicht sogleich, sondern bückte sich, ein paar welke Blätter vom Beet zu sammeln. Doch dann faßte sie die kleine Schwester fest ins Auge, ihr den Sachverhalt einer Erhebung in den Adelsstand um politischer Verdienste willen verständlich klarzumachen.

»Unsere Familie hieß Rivalier. Wir alle sind noch unter diesem Namen geboren. Als dann unser Prinz Kurfürst wurde, wollte er Papa eine Freude machen und gab ihm den Namen einer ausgestorbenen alten hessischen Familie, nun heißen wir Meysenbug.«

»Von Meysenbug«, stellte Malwida richtig.

»Meinetwegen ja, von Meysenbug.«

»Das bedeutet doch, daß wir jetzt von Adel sind«, hielt das Kind eigensinnig am genauen Sachverhalt fest.

»Ja, das bedeutet es«, bestätigte die Ältere und stieß unwillig mit der Spitze ihres Schuhs kleine Erdklumpen vom sauber geharkten Kiesweg. »Aber darüber hinaus bedeutet es rein gar nichts! Laß du es dir niemals etwa zu Kopf steigen, hörst du, Malwida!«

Da war er wieder, der fast aufsässige Klang in Louises Stimme. War es denn nicht etwas Gutes, von Adel zu sein und zu jenen zu gehören, die immer reicher wurden? Dies eine Mal war Malwida mit ihrer Lieblingsschwester absolut nicht einverstanden.

Das Leben und Treiben der Meysenbugschen Kinder in der Villa draußen am Stadtrand war ländlich geprägt und ganz der Natur verbunden. War es im Sommer der Garten und die Weite der Auen, in denen sie ihre Spiele trieben, so wurden im Winter die Rodelschlitten hervorgeholt, und groß wie klein sauste jauchzend und jubelnd den Hang zum Fluß hinunter und wurde nimmer müde, das Vergnügen endlos zu wiederholen. Und ehe Bäume und Sträucher erneut Blüten und Blätter trieben, war für Ernestine von Meysenbug die Stunde der Niederkunft gekommen. Im März 1824 brachte sie einen Sohn zur Welt. Er gedieh anscheinend prächtig unter der Obhut der Kinderfrau, und dieser stand Malwida hingebungsvoll zur Seite.

»Wie klein er ist«, konnte sie sich niemals genug begeistern, »wie winzig seine Händchen sind!«

Malwida durfte die Flasche mit Kuhmilch halten, wenn das Kind schmatzend daran saugte, sie durfte helfen, die Windeln zu wechseln und trat geduldig den Schwengel der Wiege, wenn es galt, den Bruder in Schlaf zu wiegen.

So konnte nicht ausbleiben, daß sie weit über ihre Jahre mütterliche Gefühle entwickelte und das kleine Wesen von ganzem Herzen liebgewann. Dennoch konnte sie die Bedeutung nicht ermessen, als der Bruder plötzlich erkrankte.

Die Schlafstube, die Malwida mit der unterdessen sechsjährigen Laura teilte, grenzte Wand an Wand an die der Mutter. Eines Nachts erwachte Malwida von Stimmen und Geräuschen nebenan, die ihr ungewohnt waren und nichts Gutes verhießen. Sie glaubte Schluchzen zu vernehmen und abgerissene Worte des Trostes:

»Laß nur, er ist jetzt bei den Sternen…«

Nach Kinderart konnte sie die Bedeutung des Gehörten nicht ermessen, mischte sich erneut Schlaf darein, und am Morgen, als die

Sonne ins Fenster schien und die beiden Mädchen zu neuem Tagesbeginn weckte, dachte sie nicht mehr an die nächtlichen Geräusche.

Die Magd, die das Waschwasser brachte und ihnen die Zöpfe flocht, hatte zwar verweinte Augen, aber das versetzte Malwida nicht in Alarm.

»Willst du dein Brüderchen noch einmal sehen?« fragte sie.

Warum in aller Welt sollte Malwida den Bruder nicht sehen wollen? Wie alle Tage, da er sie morgens mit seinem Krähen und Lachen begrüßte. Nichts anderes auch jetzt erwartend, folgte sie der Magd, wunderte sich nicht, als diese sie ins Speisezimmer der Familie winkte, einen dunkel getäfelten Raum, der für Malwida etwas düster Unheimliches hatte. Jetzt war, wie Malwida durch die hohe Glastür gewahrte, der Tisch mit einem schwarzen Tuch bedeckt, standen zwei brennende Kerzen darauf als einziges Licht trotz der frühen Morgenstunde, denn die Läden der Fenster waren geschlossen. Und dann glaubte Malwida nicht recht zu sehen. Auf den Tisch gebettet lag ihr Brüderchen. Er schien es jedenfalls zu sein, obwohl Malwida ihn so wachsbleich und still noch nie gesehen hatte.

»Er ist jetzt im Himmel hoch oben bei den Sternen…« hörte sie die gleichen Worte, wie sie sie in der Nacht gehört hatte. Und mit einem Mal begriff sie. Ihr Bruder war tot. Malwida sah die Tränen in den Augen ihres Vaters und sah die Mutter fast bewußtlos vor Schmerz. Und wieder kam ihr früher Gehörtes in den Sinn: »Du bist gesegnet, Rivalier!« Segen strömte aus der Machtvollkommenheit eines gütigen Gottes, wußte Malwida, wenn es sich ihr auch einfacher darstellte. Wie aber konnte der gleiche Gott einen Tag wie den heutigen zulassen? Hatte Gott zwei Gesichter, mußte man, statt ihm grenzenlos zu vertrauen, doch besser ein wenig auf der Hut sein vor diesem Gott? Diese Frage stellte Malwida nicht einmal ihrer Schwester Louise, sondern verschloß sie für lange Zeit unbeantwortet in ihrem Herzen.

Im Umkreis höfischen Glanzes

Kurfürst Wilhelm II. von Hessen-Kassel war wenig daran interessiert, sein Land selbst zu regieren. Das überließ er lieber seinen Kabinettsräten und unter ihnen am liebsten dem Minister von Meysenbug. Mehr und mehr nahm er dessen Dienste in Anspruch, bürdete ihm Pflichten und Entscheidungen auf, ließ sich abschirmen gegen jede Art von Anspruch seiner Bürger.

»Eine Verfassung wollen sie«, empörte er sich, »ja wo kommen wir da hin! Am Ende schreibt man mir noch vor, was ich zu tun und zu lassen habe!« Nervös strich er sich seinen üppigen Backenbart, der die Mode der Puderperücke abgelöst hatte. »Rivalier, kümmer du dich darum! Schmier irgendwas zusammen, was diese Leute befriedigt.«

»Sehr wohl, Hoheit«, stimmte Meysenbug zu, der sich niemals einer vertrauteren Anrede bedient hätte.

»Und sieh zu, daß sie mich damit in Ruhe lassen, diese Freiheitsgeister!«

»Sehr wohl, Hoheit!«

Meysenbug machte sich tatsächlich an die Ausarbeitung einer Verfassung fürs kurfürstliche Hessen, wenn auch nicht ganz so liberal, wie Kassels Oberbürgermeister Karl Schomburg sie gern gehabt hätte. Auch privat beanspruchte Seine Hoheit den Freund, und ungeduldig rief er eines Tages aus:

»Ich wünschte, Rivalier, du wohntest bei mir im Schloß oder zumindest nahebei.«

Der Wunsch seines Herrn war Louis Meysenbug stets Befehl, und so mietete er ein Haus in der Stadt, und zwar in der Oberen Königstraße die Nummer 45, also dem Stadtschloß am Friedrichsplatz vis-à-vis und Tag und Nacht im Handumdrehen von dort zu erreichen. Das Haus war stattlich zu nennen, aber nicht schön. Mit drei Stockwerken und ausgebauter Mansarde, ohne Vorgarten direkt am Gehsteig gelegen, entbehrte es aller Romantik und ländlicher Freiheit, die der Familie das Wohnen an der Bellevue so angenehm gemacht hatte. Den Kindern fehlte der weitläufige

Garten und damit der Raum zu Spiel und Spaß, an deren Platz mit den Jahren ohnehin vermehrt Schule und Studium traten.

Für Malwida, bald neunjährig, und Laura, sieben Jahre alt, kamen Lehrer in die Obere Königstraße 45. Endlich durfte Malwida lernen! Wohl niemals gab es eine begierigere Schülerin. Ihr Drang, Wissen aufzunehmen, war unbegrenzt, die Fächer hingegen, in denen eine Tochter aus gutem Hause sich zu bilden hatte, waren mehr landläufiger Natur. Nach Lesen und Schreiben, das sie natürlich längst beherrschten, gehörte Französisch zum Lehrplan, ohne es dabei mit Grammatik und Orthographie allzu genau zu nehmen, Historie, soweit sie sich im Lernen von Jahreszahlen erschöpft, und Geographie kaum über die Grenzen des Landes hinweg. Das Fach Religion übernahm ein Geistlicher gesetzten Alters, der sich durch Zwischenfragen nicht erschüttern ließ, statt dessen aber fehlerfreies Hersagen von Sprüchen und getragenen Liedtexten forderte. Blieben noch Tanz und Handarbeit, zu ersterem fand man die beiden noch etwas jung, letzteres gedieh unter den ungeschickten Fingern Malwidas nur zu kümmerlichem Ergebnis.

Was Malwida sich indessen von regelmäßigen Unterrichtsstunden erhofft hatte, nämlich Einblick in Literatur und Geisteswissenschaft, systematisches Durchnehmen und Kennenlernen der Werke und Namen von Gottsched bis Goethe – das alles entfiel. Und was leichtere Kost anging, beschrieb spöttisch Carl Ignatius Lorinser die Sicht seiner Zeit:

Welch großes Glück, daß sie in ihrer Jugend vor aller schädlichen Lektüre bewahrt und ihre reine Seele niemals vom Schmutz der Romane belastet worden ist.

Das stand für damalige Töchterbildung schlechthin. Auf Malwida bezogen blieb nur der gelegentliche Fischzug in Mamas Bibliothek, wenn diese es nicht bemerkte, und das nächtliche Lesen bei abgedecktem Lichtschein. Daß sie dabei, ohne die Anleitung eines Erwachsenen, niemals einen falschen Griff tat, also ihre *Seele nicht beschmutzte* war reiner Zufall.

Einer der Vorteile des nun täglichen Schulunterrichts war, daß er Malwida vom ersten großen Kummer ihres Lebens ablenkte.

Louise verheiratete sich! Einem Mann sein Herz zu schenken, das konnte Malwida eben noch verstehen, aber seinetwegen Elternhaus und Geschwister zu verlassen? Nein, das war undenkbar! Und dennoch fuhr Louise in weißer Kutsche, umweht vom Brautschleier, auf und davon und ließ die kleine Schwester verständnislos und mit wundem Herzen zurück.

»Niemals«, so schwor sich Malwida, »niemals soll ein Mann solch eine Gewalt über mich gewinnen, daß ich Mutter und Vater, Schwestern und Brüder verlasse!«

Nach den Gesetzen der Natur sucht ein jedes Vakuum sich so rasch wie möglich wieder aufzufüllen. Groll und Vorwurf gegen Louise hatten in Malwidas Herzen solch eine Leere hinterlassen, die sehnsuchtsvoll nach neuem Inhalt suchte. Malwida wandte sich voll Zärtlichkeit der Mutter zu, und diese, ohnehin längst eifersüchtig, ging erleichtert darauf ein.

Endlich am Ende ständiger Schwangerschaften, statt dessen jetzt aufwendigem Hofleben verpflichtet, schien Ernestine von Meysenbug noch einmal von der Puppe zum Schmetterling geworden. Die Karriere ihres Mannes warf auch einen hellen Schein auf sie, und, um Jahre verjüngt, wechselte sie die Kinderstube mit der Schneiderstube. Ballen von Samt und Seide, Borte und Spitze, wurden verarbeitet zu festlicher, wenn auch züchtiger Hoftracht, denn noch immer verbarg die Mode mehr, als daß sie etwas zeigte. Frau von Meysenbug besuchte fleißig Schuster und Hutmacher, der Coiffeur kam ins Haus. Das Resultat war bezaubernd. Für Tagesempfänge oder Ausfahrten, vielleicht hinaus nach Wilhelmshöhe, farbenfrohe, schlichte Kleider mit weiten Schinkenärmeln, Kapotthut, Schleifen und Bänder. Wenn Seine Kurfürstliche Hoheit zu Tanz und Ball lud, helle Farben, weitfallend der Rock und keck ein kleiner Schuh darunter hervorsehend.

»Ach, wie wunderschön du bist, Mama!« schwärmte Malwida, als es wieder einmal soweit war.

»Danke, mein Liebes, deine Schmeichelei tut mir wohl«, lachte die Mutter, bereits am Arm des Vaters, dieser in silberbestickter Weste und schwarzen knielangen Pantalons, darüber den violetten Frack mit steifem hohem Kragen. Sie hatten nur wenige Schritte zu Fuß ins Schloß hinüber, vor dem bereits Kutsche um Kutsche auswärtiger Gäste vorzufahren begann.

»Ach, Mama, wenn ich dich doch tanzen sehen könnte!« rief Malwida und suchte die Mutter stürmisch zu umarmen.

»O ja, wenn wir dich doch tanzen sehen könnten!« echote Laura, nicht weniger animiert.

»Das läßt sich vielleicht machen«, überlegte Frau von Meysenbug und wehrte der Umarmungen, um ihre Frisur zu retten. »Geht hinauf in die Wäschekammer«, riet sie dann, »das Fenster dort geht genau auf den Ballsaal im Schloß hinaus. Aber habt ein wenig Geduld und macht kein Licht in der Kammer!«

Die Eltern hatten kaum den Fuß auf die Straße gesetzt, da stürmten die beiden Mädchen schon hinauf zur Wäschekammer im zweiten Stock. Da saßen sie nun, eng nebeneinander auf einer Truhe, die sie ans Fenster gerückt hatten, und warteten. Weisungsgemäß hatten sie kein Licht angezündet, nicht etwa, wie sie erst glaubten, um kein Unheil anzurichten durch die von Petroleum gespeiste offene Flamme, sondern um besser nach draußen sehen zu können. Und richtig unterschieden sie gegenüber die hohen Fensterbögen des Ballsaales, aber zu ihrer großen Enttäuschung waren die Portieren zugezogen und ließen sich festlicher Glanz und tanzende Paare dahinter nur ahnen.

»Wir werden Mama nicht sehen können«, jammerte Laura, die schneller aufgab als die Ältere.

»Mama hat gesagt, wir sollen Geduld haben«, erinnerte Malwida und starrte zuversichtlich über das mondbeschienene Pflaster des Friedrichsplatzes, über die säulenüberdeckte Schloßauffahrt und letzte Ankömmlinge zum Fest. Und dann wurde ihre Zuversicht belohnt.

An dem zunächst gelegenen Fenster erschien eine weiß behandschuhte Hand, öffnete sich mit einem Ruck die eine Hälfte des schweren Vorhangs nach links und gleich drauf die andere nach rechts, und wurde dann ein ganzes Stück weit das Fenster selbst aufgestoßen. Der Klang von Tanzweisen war jetzt zu vernehmen, und das warme Licht blitzender Kronleuchter füllte das Viereck

des Fensters aus. Die Augen der Kinder mußten sich erst um-
gewöhnen, an die nun hellen Konturen herantasten, dann aber
sahen sie deutlich die tanzenden Paare, und richtig jetzt die Mama
am Arm des Landesfürsten. Daß sie ihnen verstohlen winkte,
mochte Einbildung sein, aber sicher war, daß sie durch den Tanz
mit dem Fürsten ganz besonders ausgezeichnet wurde. Vor allem
Malwida fühlte den Stolz darüber und war ohne jeden Zweifel,
daß der Tanzherr ihrer Mutter in seiner goldstrotzenden Uniform, seiner hoch aufragenden, wenn auch etwas beleibten Gestalt, ein über alle anderen erhabenes Wesen war. Warum war er
sonst ein Fürst? Vom großmütigen Charakter und ritterlicher Tu-
gend der Großen wußte sie aus Büchern, die sie wiederholt unter
der Bettdecke gelesen hatte. Da waren die makellosen Qualitäten
eines Harun al Raschid, eines Kaisers Barbarossa und anderer
mehr genau beschrieben, und anders konnte auch der Fürst eines
so großen Landes wie Hessen-Kassel nicht beschaffen sein.
Das Schauspiel von Musik, Bewegung und Licht wirkte auf die
phantasiebegabten Kinder und fesselte sie bis weit über Mitternacht. Als die Eltern in den frühen Morgenstunden vom Ball
heimkehrten, fanden sie sie fest eingeschlafen in der Wäschekammer.

Gefahr und Aufruhr

Einem Vergleich mit den hehren Romangestalten hielt Wilhelm II.
von Hessen-Kassel gewiß nicht stand. In sehr jungen Jahren, wie
damals üblich, mit einer Frau ebenbürtigen Blutes verheiratet,
zeugte er einen Sohn und eine Tochter und sah sein Soll der
Dynastie gegenüber als erfüllt an. Andere Frauen fesselten seine
Aufmerksamkeit, denen er sich mehr oder weniger dezent widmete. Weder nahm die bürgerliche Öffentlichkeit daran Anstoß,

noch begriff die behütete Weiblichkeit der Stadt, was vorging. Das wurde anders, als den Landesherrn die Liebe zu einer ehrgeizigen Frauensperson ergriff, die nicht bereit war, ihm nur im Bett zu dienen, sondern in Kassel eine vergleichsweise legitime Rolle zu spielen beabsichtigte. Sie stellte Bedingungen und fand beim Fürsten ein williges Ohr.

Die Bürger der Stadt wurden durch zweierlei schockiert: die Landesmutter samt Kurprinz und Prinzessin packten die Koffer und verließen Kassel, die neue Mätresse bezog ein Palais gleich neben dem Schloß. Um dem ersten Ansturm der Empörung über Verbannung der Kurfürstin einerseits, Lebensgemeinschaft mit Madame andererseits, zu entgehen, begab sich Wilhelm II. auf Reisen. Madame bedürfe der Kur, hieß es. Meysenbug gehörte wider Willen zum Reisegefolge des Fürsten.

Zu jedem anderen Zeitpunkt wäre der Sturm der Empörung vielleicht selbst jetzt nicht losgebrochen, hätte man die Eskapaden landesherrlicher Moral gottergeben hingenommen, aber die Historie bedient sich gelegentlich des Treppenwitzes. In Paris grollten erneut politische Unwetter. Den Franzosen waren seit ihrer großen Revolution die Sinne geschärft. Bestrebungen Karls X., von der Ausgleichspolitik seines Bruders Ludwigs XVIII. abzuweichen, führten sofort zu Kämpfen in den Straßen von Paris. Karl X. dankte ab. Die Nachricht davon verbreitete sich wie ein Lauffeuer, an dem sich die freiheitstrunkenen Politträumer, vor allem an den Universitäten, wärmten.

Entzündete sich anderswo der Funke an der Forderung nach Wahlrecht und Pressefreiheit, so war es in Kassel die Forderung nach Rückkehr ihrer Kurfürstin samt Kurprinzen. Die dabei endlich versprochene Konstitution schien mehr ein Folgeprodukt zu sein.

Aber zurück zu Malwida, unterdessen nicht mehr Kind, sondern junges Mädchen. Die Perspektive der Ereignisse, die sich ihr bot, war eine ganz andere. Sie erlebte den ersten Streit ihrer Eltern.

»Ich wünsche, daß *du* diese Frau grüßt«, hörte Malwida durch die angelehnte Tür zur Bibliothek, der sie gerade einen Band

Byron'scher Gedichte entnehmen wollte, »wir sind es Seiner Hoheit schuldig, Ernestine!«

»Keines Blickes werde ich sie würdigen«, kam die Stimme der Mutter zurück, »diese Person ist so gewöhnlich wie raffgierig und hat keinerlei Recht auf den Platz, den sie jetzt einnimmt!«

»Aber sie wird das Recht haben«, erklärte der Vater so ruhig, wie man einem Kind etwas erklärt, »Seine Hoheit will diese Frau heiraten.«

»Er *ist* verheiratet!« fuhr Ernestine von Meysenbug auf.

Ihr Mann suchte zu beschwichtigen.

»Ein Fürst darf zur linken Hand noch einmal heiraten, wie du weißt.«

»Das hätte ihm früher einfallen sollen! Man sagt, sie habe bereits Kinder von ihm!«

»Das ist richtig, und…«

»Dann wird sie ihre Bälger wohl ebenfalls hierher nach Kassel bringen!«

»Ja, das wird sie.«

»Und er? Will er diese Brut vielleicht auf den Thron setzen?«

»Es besteht die Absicht, er wird es versuchen…«

Einen Augenblick stockte der Streit. Malwida hätte die Bibliothek durch eine zweite Tür verlassen können, fürchtete aber, daß das Geräusch ihrer Schritte sie als Lauscherin verriet. So blieb sie, den Band Gedichte an die Brust gedrückt, atemlos stehen und horchte. Der Ton der Mutter wurde schärfer.

»Wenn das Liebesverhältnis zu dieser Frau schon so lange besteht, dann hast du doch davon gewußt, Louis!«

»Ja, das habe ich.«

»Und hast geschwiegen und gedienert!«

»Ich habe nach außen hin geschwiegen…«

»Nach innen wohl gar selbst auf ihre Gunst gehofft, wie?« Sachlicher Anspruch mischte sich plötzlich ganz ohne Grund, aus purer Streitlust, mit Eifersucht.

»Du versteigst dich, Ernestine!«

»Dann ist das ganze Volk verstiegen! Du weißt genau, sie wollen die rechtmäßige Fürstin wiederhaben!«

23

»Du versteigst dich, was mich betrifft…«

»Der einzige im ganzen Land, der diese Schande gutheißt!«

»Ich heiße nichts gut, ich will Ruhe und Frieden wahren! Und ich bin es meinem Fürsten schuldig, ihm die Stange zu halten.«

»Ja, ja, ich weiß, der Herr Minister schluckt jedes Unrecht, wenn er nur seinen Posten hält!«

War Malwida anfangs dem Standpunkt der Mutter gefolgt, da sie selbst die Wahl des Fürsten verurteilte, so tat ihr jetzt der Vater leid, da die Mutter weit übers Ziel hinausschoß.

»Dieser Posten, meine Liebe, hat dich und deine Kinder bisher recht gut ernährt«, verteidigte sich Louis, der Auseinandersetzung müde.

»Lieber lebte ich in einer Hütte bei trocken Brot als weiter aus meinem Herzen eine Mördergrube zu machen!«

Malwida hörte den Vater tief Luft holen.

»Du magst leben, wie du willst, Ernestine, meinetwegen im Wolkenkuckucksheim, deine Söhne aber wollen studieren und andere Länder sehen, deine Töchter sollen heiraten, und das bei guter Aussteuer.«

Malwida konnte einen Seufzer kaum mehr unterdrücken. Sie wußte, im Grunde hatten beide Eltern recht. Doch sie hatten sich verirrt in der Ohnmacht, das Rechte mit dem schlicht Notwendigen abzustimmen. Mamas Zorn galt weniger dem Gegenüber als der Falle, in der sie saßen. Abhängig einer vom anderen, das war das Wesen der Ehe, sich einem Herrscher unterwerfen, der aller moralischen Norm standhielt, das hätten sie gemeinsam hingenommen. Jetzt aber drifteten die Standpunkte auseinander. Die Mutter, ergriffen von der Strömung kompromißloser Freiheit, wollte die Dinge bei Namen nennen, der Vater, seinem Dienstherrn wie Freund verpflichtet, wollte lavieren, abwarten, leisetreten, und er wußte warum. Der Zwiespalt im Kleinen glich dem der Politik im Großen. Die einen gingen auf die Barrikaden, die anderen wollten retten, was zu retten war. Wo war der Ausweg? Für das System, für die betroffenen Menschen?

Malwida war nun doch entschlossen, die Bibliothek zu verlassen. Auf Zehenspitzen tastete sie sich zur Tür, da fiel das Buch zu

Boden. Aufgeschlagen lag es zu ihren Füßen. Nebenan herrschte Totenstille. Malwida bückte sich, das Buch aufzuheben. Unwillkürlich las sie die ersten Zeilen, die sich ihr boten.

Es war sein Haus berühmt in alten Tagen
Doch welchen Glanz ein Nam auch einst getragen,
Ein schlechter Sproß verdunkelt all sein Licht;
Kein Wappenschmuck auf staubigen Sarkophagen,
Kein Redeschwulst und honigsüß Gesicht
Adelt böse Tat und wendet das Gericht.

Die volle Harmonie zwischen den Eltern war noch nicht wieder hergestellt, als Vater Meysenbug seinen Fürsten ins Kurbad zu begleiten hatte. Nach kurzen Wochen des Aufenthalts dort traf das Ultimatum aus Kassel ein: Sofortige Rückkehr des Fürsten, nicht aber seiner Maitresse! Versöhnung mit der rechtmäßigen Gattin und Wiedereinsetzung des Kurprinzen in seine Rechte.

»Unerhört diese Bagage! Das ist eine Einmischung in meine ureigensten Angelegenheiten!« tobte Wilhelm in Verkennung jeglicher politischer Wandlung. Es war dann allein der Minister von Meysenbug, der seinem Herrn zum Einlenken riet.

»Hoheit sollten jetzt die Zügel in der Hand behalten, der Thron kann sonst für immer stürzen! Den Kurprinzen haben die Liberalen auf ihre Fahnen geschrieben, um in ihm, nach dem Beispiel des Bürgerkönigs in Paris, auch in Kassel ein williges Werkzeug zu haben.«

Der Fürst, erzogen im Bewußtsein des Gottesgnadentums und daher ohne Verständnis für Mitsprache aus dem Volk, vereinte in seinem Wesen hochfahrende Zornesausbrüche mit Phasen gewisser Gutmütigkeit.

»Nun, meinetwegen sollen sie ihren Willen haben«, lenkte er ein, doch, die Hand seiner Liebsten tätschelnd, setzte er hinzu »...jedenfalls zum Schein...«

Meysenbug, an der Grenze seiner Möglichkeiten, überhörte den Zusatz.

Dann kam alles wie gefordert. Wilhelm II. kehrte nach Kassel zurück, erschien vor aller Augen auf dem Balkon des Stadtschlosses, den einen Arm um die Kurfürstin geschlungen, den anderen um die Schultern seines erstgeborenen Sohnes. Mit lauter Stimme verkündete der Fürst dem Land die Genehmigung einer Verfassung. Die Menge jubelte, feierte das Ereignis mit einem Fackelzug. Doch waren die Menschen nun zufrieden? Nein, das Volk blieb unruhig, konspirierte, nörgelte. Die den Ständen vorgelegte Verfassung war diesen nicht freiheitlich genug, enthielt noch zu viele Vorrechte der Krone. Man suchte einen Schuldigen. Und man fand ihn in Minister von Meysenbug. Er war es, der das gesetzgebende Werk ausgearbeitet hatte. Er war es, der als enger Freund dem Fürsten jene Selbstherrlichkeit einredete, die zu Mißverständnissen mit seinen Untertanen geführt, er war es, der dem Fürsten die Maitressen ausgesucht und der letzten – gar zu eigenem Vorteil – den Weg zum Thron hatte ebnen wollen. Man fand noch mehr, ihm in die Schuhe zu schieben, die Stimmung war zum Bersten gespannt. Dann traf die Nachricht ein, der Fürst habe seine Geliebte auf Schloß Wilhelmshöhe etabliert. Ob Gerücht oder Tatsache, gleichwie die Lunte brannte, der Sturm brach los.

Die Familie saß im Haus Obere Königstraße zu Tisch, als ein Geräusch wie das Schwärmen wütender Hornissen von draußen hereindrang. Näherkommend unterschied man tausendfachen Tritt, drohende Rufe, hier und da höhnischen Gesang.
»Sie stürmen das Haus des abgesetzten Fürstenliebchens«, mokierte sich Frau von Meysenbug eingedenk ihres eigenen kleinen Sieges, den sie davongetragen.
»Warum sollten sie, jetzt da sie längst fort ist…?«
Der Vater legte die Serviette neben den Teller, stand auf und trat ans Fenster. Sein jüngster Sohn, der sechzehnjährige Wilhelm tat es ihm gleich, und beide sahen auf die Straße hinunter. »Das gilt nicht dem Haus gegenüber«, wunderte sich Meysenbug senior, »sie meinen uns, ja wahrhaftig sie kommen zu uns!«
Ohne Erlaubnis dazu sprangen neugierig auch Malwida und Laura auf und wollten neben dem Vater zum Fenster hinausblicken.

»Zurück!« rief dieser laut seine Warnung, da flog der erste Stein. Klirrend zerbrach die Scheibe und gleich eine zweite und dritte, durch die polternd die Wurfgeschosse ins Zimmer flogen.

»Rasch, Kinder, unter den Tisch!« Dem Gebot folgte sogar die Mutter, in der Gefahr längst wieder mit dem Vater einig. Dieser suchte nicht, sich zu verbergen, sondern gerade umgekehrt unerschrocken und mit beruhigender Handbewegung sich der wütenden Menge zu zeigen. Sein Gewissen war rein, sollten sie daraus verstehen, wie es ja auch tatsächlich sich verhielt. Aber man kehre einen Fluß um, dem das Wehr geöffnet und der in brausendem Fall sich zu Tal stürzt! So wurden Flüche und Verwünschungen immer lauter, suchten die, die am vordersten standen mit Fußtritten die Haustür zu öffnen. Schon splitterte Holz, schon kreischten Weiber Triumph, da erschollen Schüsse, die jedermann dort unten aufhorchen ließen. Ein Trupp Reiter war am Rande des Geschehens aufgetaucht, Garde in hohen Helmen, unter ihnen zwei Herren in Zivil. Der eine lenkte seinen Schimmel mitten in die Menge.

»Habt ihr den Verstand verloren?« donnerte er, während der zweite, ein junger Mann mit gekräuseltem Haar, sich hoch zu Roß seinen Weg bis vors Haus der Meysenbugs bahnte. Dort saß er von seinem Pferd ab, stieg die drei Stufen zum Eingang hinauf und wandte sich erneut zur aufgestauten Menge. Erhobenen Armes gebot er Ruhe, die ihm augenblicks gewährt wurde.

»Ich weiß nicht, was ihr wollt, Leute«, begann er mit leiser Stimme, die jedoch bis in die hinterste Reihe deutlich zu vernehmen war. »Es gibt keinen Grund für euren Zorn. Dort drinnen lebt lediglich ein getreuer Mann, der fleißig sein Bestes tut.«

Noch einmal wollte unter den Versammelten ein Murren aufkommen, doch wieder waren Gebot und Gehorsam stärker und verebbte jeder Laut des Aufbegehrens.

»Ich werde jetzt dort hineingehen«, fuhr der junge Mann fort, »und werde die Dame des Hauses in eurem Namen um Vergebung bitten, daß man sie und ihre Töchter erschreckt hat.«

Schon klopfte er mit dem Knauf seiner Reitgerte hinter sich an die schwere Eichentür, die bereits Male gewaltsamen Öffnens trug. Die Menge mahnte er, sich zu zerstreuen. »Geht nach Hause, Leute, wahrt Frieden, seid vernünftig!«

Ein völlig verängstigter Diener hatte unterdessen die Tür geöffnet.

»Kurfürstliche Hoheit…« stammelte er mit offenem Mund und vergaß vor Schreck die Verbeugung.

»Will Er mich bitte der Familie melden, guter Mann!« sagte Seine Hoheit, der Erbprinz von Hessen-Kassel, und trat ins Haus.

Die Menge zerstreute sich, ganz nach seinem Wunsch. Ein jeder trollte sich, der eine erleichtert, ein anderer befriedigt, ein dritter noch zweifelnd. Ein Teil aber, der gefährlichste, von denen manch einer die Studentenmütze trug, wurde der Enttäuschung ob des friedlichen Ausgangs nicht Herr. Sie sannen weiter, wo sie würden Gewalt säen können und auf welchem Acker diese wohl am besten gedeihe. Wie leergefegt lag die Königstraße in der Mittagssonne, nur ein struppiger Hund wechselte träge über den Fahrdamm. Doch das Bild täuschte. Die Zeit des Umbruchs hatte erst begonnen.

Bei Nacht und Nebel

Im Herbst dieses Jahres 1830 akzeptierten die Stände doch noch den Entwurf einer Verfassung, die Welle der Unzufriedenheit ebbte aber nicht ab. Aus Furcht vor Wiederholung von Schreckensszenen, wie sie soeben eine glimpflich überstanden hatten, hielten die Meysenbugs ihre Kinder im Haus. Wilhelm war ohnehin als letzter den Brüdern zu Studium oder auf Auslandsreise gefolgt, und Melanie hatte längst auch einen guten und liebevollen Ehemann gefunden. So waren es nur noch Malwida und Laura, die sich bitter über die Gefangenschaft, wie sie es nannten, beklagten.

»Können wir nicht einmal unsere Freundinnen besuchen?« begehrte Malwida auf.

»Dürfen sie wenigstens zu uns herüberkommen?« echote wie immer Laura.

Das eine verboten die Eltern zum Schutz der Familie, das andere ließen sie nicht zu, um befreundete Familien nicht in die Verlegenheit zu bringen, ihrerseits den Kontakt zu leugnen. Der einzige, der sich nicht davon abhalten ließ, die Familie weiterhin zu besuchen, war Ludwig Sigismund Ruhl, jener Onkel Ludwig, der den Schloßherrn der grünen Tapete im ehemals Meysenbugschen Salon so sicher als Herrn Blumenbach identifizierte. Ruhl, Kommilitone der Brüder Grimm und Freund Achim von Arnims, mit dem er kürzlich den betagten Geheimen Rat von Goethe besucht hatte, war längst anerkannter Maler altdeutscher Manier und verfaßte außerdem Sagen und Märchen, die er ebenso gern auch mündlich weitergab.

»Erzähl uns was, bitte Onkel Ludwig, erzähle!« bettelte die zwölfjährige Laura, und Malwida war Märchen trotz ihrer vierzehn Jahre auch nicht abgeneigt.

Ludwig Sigismund ließ sich nicht zweimal bitten.

»Es war einmal…« begann er wie jedes gute Märchen anzufangen hatte, legte einen Arm um Laura, den anderen um Malwida, aber sein Blick hing unverwandt an deren Mutter.

»Der Ruhl«, sagten die Leute, »der schleicht seit Jahren ums Haus wie ein verliebter Kater! Und jetzt, wo der Herr Minister von Meysenbug so oft aushäusig ist…«

Nun, das Sprichwort sagt: Wo Rauch ist, ist auch ein Feuer! Aber Ernestine von Meysenbug achtete behutsam darauf, daß die Flammen nicht hochschlugen. So blieb der junge Maler der ganzen Familie Freund und den Kindern der gute Onkel, ein unerschöpflicher Born geheimnisvoller Sagen und Erzählungen.

Die Hetze gegen Louis von Meysenbug war indes noch nicht zu Ende gekommen. Alles wurde ihm angelastet: die viel zu hohen Feudallasten, die immer noch ungebrochene Macht der Zünfte anstelle von Gewerbefreiheit, eine für den Handel tödliche Zollpolitik, kurz die Armut im Land. Im besonderen fand man den Minister schuldig, den Kurfürsten von sämtlichen Regierungsgeschäften fernzuhalten. Der hatte, angeblich auch unter dem Einfluß seines Freundes Meysenbug, Schloß Wilhelmshöhe als ständigen Wohnsitz gewählt, während die Kurfürstin weiterhin im Stadtschloß Kassel wohnte. Die Folge war, daß Louis Meysenbug jeden Morgen vor Tagesanbruch in verdeckter Mietkutsche nach Wilhelmshöhe hinausfuhr, seinem Herrn sehr wohl bis ins kleinste zu rapportieren, während dieser die vorgelegten Schriftstücke nicht einmal eines Blickes würdigte.

»Ach laß mich in Frieden« mit all diesen Lappalien, Rivalier!« wehrte der Fürst, der daran festhielt, den Freund so zu nennen, wenn sie beide allein waren. »Weißt du, Rivalier, ich glaube, mein kaiserlicher Vetter, Zar Alexander, hat recht, wenn er sagt, es kann nur Absolutismus *oder* Republik geben. Ich sollte den Versuch, das eine mit dem anderen zu verbinden, meinem Sohn überlassen...«

»Hoheit wollen ... abdanken?«

»Nun, nicht gerade abdanken... kein Verzicht auf den Thron, aber... sagen wir auf Reisen gehen... hierhin, dorthin, als freier Mensch leben, als einfacher Bürger...«

Unmöglich, wiederzugeben, welche Gedanken Meysenbug bei dieser Eröffnung bestürmten! Es waren die Kasseler, die Reisen und Leben des »einfachen Bürgers« bezahlen müßten! Und das in entsprechender Ausstattung samt Equipage und Gefolge! Der Prinz hingegen war noch sehr jung, zu unerfahren, ihn ohne Kiel und Ruder dem tosenden Strudel heutiger Politik zu überlassen! Wie aber sollte Meysenbug, Sündenbock schon aus Gewohnheit, den jungen Regenten unterstützen? Jegliche Maßnahme, ihr Mißlingen oder auch nur ihre falsche Auslegung, würde man ihm erneut in die Schuhe schieben! War die Sicherheit seiner Familie überhaupt noch zu gewährleisten? Von einem gesellschaftlichen Leben in Kassel ganz zu schweigen? Schon die nächsten Worte des Kurfürsten sollten Meysenbug seiner Sorgen entheben, aber auch neuen Zwiespalt schaffen.

»Du, Rivalier, wirst mich begleiten!« entschied er fröhlich, so, als habe er einem Hauptspaß noch die Krone aufgesetzt.

»Hoheit, ich habe Familie!« wagte Louis einzuwenden.

»Ja, ja, natürlich, die läßt du nachkommen! Sobald wir einen Ort ausgemacht haben, an dem wir heimisch werden könnten, sollen sie kommen! Wir mieten ihnen ein hübsches Haus, dein entzückendes Frauchen wird einen Freundeskreis finden, die Töchter lernen junge Männer kennen…« Wilhelm rieb sich die Hände und schien bereits alles wohlgeordnet vor sich zu sehen. Nur eines nicht: Wann würde das sein? Wie lange hatten Frau und Töchter im grauen Haus in der Oberen Königstraße auszuharren als Gefangene im goldenen Käfig? Lang genug, daß wieder Pflastersteine durch Fenster geflogen kamen? Lang genug, daß seine Ehe gefährdet und seine Töchter, von der Welt gemieden, zu alten Jungfern wurden? War Seine Hoheit erst einmal unterwegs von Prag bis Paris, von Karlsbad nach Kreuznach, dann konnte das mit dem »gemieteten Häuschen« Jahre hin sein.

»Komm vom Fenster weg, Liebes«, mahnte Ernestine von Meysenbug und ließ ihren Stickrahmen sinken. Wie ist das Kind doch gewachsen in letzter Zeit, dachte sie bei sich, und ihrem Vater wird sie immer ähnlicher.

»Ja, Mutter.« Malwida trat gehorsam einen Schritt zurück. Aber ein Stück der Straße wollte sie im Auge behalten, ob endlich der alte schwarze Mietwagen zu sehen sei, der jeden Abend Seine Exzellenz, den Herrn Minister von Meysenbug, von Wilhelmshöhe kommend, heimwärts fuhr. Welche Angst um den Vater jeden Morgen, jeden Abend in Malwidas Herzen wohnte, das wußte nur sie allein. Was konnte ihm, dem im Volk Verhaßten alles passieren, wenn ihn jemand in dem kümmerlichen Gefährt erkannte! Mord und Totschlag waren schnell geschehen in einer Zeit, die wieder an die Tage der Guillotine anknüpfte. Wenn es nicht ganz so schlimm kam, lag das daran, daß auch die Fürsten unterdessen lernten. Und doch! Ein Steinwurf, ein Flintenschuß, rasch und unbedacht, vielleicht nur, um vor Gleichgesinnten zu prahlen! Malwida schauderte es, wenn sie das Mögliche bedachte.

Die Erziehung im Haus Meysenbug hatte die Kinder nie sonderlich zur Religiosität angeregt, schlicht protestantisch hatten die

Eltern nie mehr als angemessene Achtung vor Gott und der Kirche verlangt. So war auch Malwida trotz aller Empfindsamkeit ihrer vierzehn Jahre nicht gerade eine Betschwester, und dennoch schloß sie in diesen Wochen einen ganz besonderen Pakt mit dem Himmel.

»Herrgott, laß meinen Vater gesund heimkehren, und ich verspreche, mich in allen meinen Schwächen zu bessern! Ich werde keine Bücher mehr aus der Bibliothek meiner Mutter stibitzen, werde geduldiger meine Handarbeiten machen und still sein, wenn die Erwachsenen reden! Bitte, lieber Gott…«

Die Straße unten, nur von einer einzigen trüben Laterne erfaßt, lag wie ausgestorben. Der Bierkutscher Herwig brachte auf seinem Karren Nachschub in eine der weiter oben gelegenen Kaschemmen, ein Liebespaar, eng umschlungen, suchte eine Toreinfahrt, dann war es wieder still. Malwida wollten schon die Augen zufallen, Laura und die Mutter tuschelten leise über ihrer Stickerei. Und dann hörte man endlich trägen Hufschlag und das Knarren von Rädern, näherkommend, vor dem Hause haltend, das Klappen des Wagenschlags, einen kurzen Gruß an den Kutscher und dann den Schritt des Vaters die Treppe herauf!

»Guten Abend, meine drei Grazien!« suchte Louis Meysenbug zu scherzen. Müde sah er aus und sorgenvoll. »Ihr Mädchen seid noch auf zu dieser späten Stunde? Ist ja längst Schlafenszeit, ihr zwei! Also marsch, zu Bett!« So sprach der Vater und dann zu Ernestine der Ehemann. »Ich hab mit dir zu reden…«

Die Töchter erhoben sich wie auf ein Stichwort, küßten der Mutter die Hand, dem Vater die Wange und wünschten knicksend gute Nacht.

»Gute Nacht, Kinder…« nickte Meysenbug, in Gedanken schon bei der Eröffnung, die er seiner Frau zu machen hatte.

»Wir gehen fort aus Kassel…« begann er ungeschickt, »ich meine… wir gehen auf Reisen…«

»Oh, Louis, das ist herrlich! Du und ich und die Mädchen!« freute sich Ernestine, wurde aber sogleich enttäuscht.

»Nein, nein, nicht du und ich, meine Liebe… Seine Hoheit und ich…« Meysenbug fuhr sich mit der Hand nervös übers Gesicht.

»Der Fürst will die Regentschaft abgeben. Er besteht aber weiterhin auf meinen Diensten…«

»Louis! Du hast eine Frau! Du hast Kinder«, empörte sich Ernestine.

»Ich weiß… ich weiß… meinen Posten hier werde ich nicht halten können… aber wenigstens den eines kurfürstlichen Reisemarschalls… oder auch Popanz, wenn du so willst! Aber das Salär bleibt das gleiche wie bisher…«

Ernestine begriff. Das hatte er ihr schon einmal vorgehalten. Sie waren eine große Familie, sie brauchten das Geld. Ihrem Mann war nichts vorzuwerfen, ihm blieb keine Wahl.

Bis spät in die Nacht besprach das Ehepaar ausführlich das Notwendige.

»Ich will nicht warten, bis Seine Hoheit festen Fuß gefaßt hat. Sobald ich sicheres Quartier für euch habe, kommt ihr nach. Man wird euch Geleit stellen und für alles sorgen.«

Genau das war dann nicht der Fall. Kurfürst Wilhelm II. zog heimliches Verschwinden einer ordnungsgemäßen Übergabe vor. Kurz vor Winteranfang wartete Malwida einmal mehr des Abends auf die Rückkehr des Vaters, aber diesmal vergebens. Die Kutsche kam und hielt vorm Haus, aber sie war leer. Der Kutscher überbrachte einen Brief. Frau von Meysenbug konnte vom Inhalt kaum weniger überrascht sein, als anderntags der Kurprinz über ein schriftliches Dekret, das ihn aus heiterem Himmel mit der Regentschaft des Landes Hessen-Kassel betraute. Der Kurfürst war abgereist, mit ihm sein Freund Meysenbug.

Für Mutter Ernestine hieß es jetzt warten und hoffen, für Malwida aber, ihren Pakt mit dem Herrgott um einige Bedingungen erweitern. Ihr Versprechen, sich in so schwerwiegenden Punkten wie dem heimlichen Lesen und der ungeliebten Handarbeit zu bessern, sollte nur gelten, wenn er auch für baldige gute Nachricht vom Vater sorgte, und damit nicht genug, auch für den Ruf an die Familie, dem Vater in ein neues Zuhause folgen zu dürfen. Der liebe Gott entschloß sich zu einem Kompromiß.

An einem kalten Januarmorgen des Jahres 1831, lang vor Tagesanbruch, stand ein geräumiger Reisewagen mit vier gemieteten Postpferden auf dem Hof des Meysenbugschen Hauses zur Abfahrt bereit. Die Mädchen Malwida und Laura, aus tiefem Schlaf gerissen, hieß man, sich anzukleiden, sich still zu verhalten und ohne Fragen einen Platz in der Kutsche einzunehmen. Gepäck wurde unterdessen aufgeladen und festgezurrt, alles so flink und so leise wie möglich. Die Mutter sah sich noch einmal im Haus um, nahm hier eine Miniatur im Rahmen, dort ein Porzellandöschen, Gegenstände, an denen ihr Herz hing, verstaute sie in ihrem Beutel. Der zurückbleibenden Dienerschaft dankte sie, drückte jedem ein Geldstück in die Hand. Dann stieg auch sie mit einem Seufzer in die Kutsche. Auf ein leises »Hüh« des Kutschers setzten sich die Pferde in Bewegung und rollte der Wagen durch schneebedeckte, menschenleere Straßen zur Stadt hinaus. Ein grauer, nebelverhüllter Himmel, noch kaum von erster Morgendämmerung erhellt, schien in doppelter Bedeutung Reiseziel und Zukunft zu verschleiern.

Endlich wagte Malwida doch eine Frage.

»Bedeutet dies, daß wir zum Vater fahren, Mutter? Werden wir ihn endlich wiedersehen?«

»Ja, mein Kind, wir fahren zum Vater«, seufzte die Mutter, »ja, wir werden ihn endlich wiedersehen…«

»Und wo, Mutter, wo?« setzte Malwida voller Neugier nach.

»Wohin geht die Reise?«

»Nach Frankfurt, mein Kind, nach Frankfurt am Main.«

Frankfurt am Main

Die alte Kindersehnsucht nach der Ferne war es nicht mehr, aber ein großes Staunen über alles, was Malwida nun zu sehen bekam.

Stunde um Stunde ging die Reise durch dichte Wälder, stiegen die Straßen an und senkten sich wieder, gaben den Blick frei über Feld und Acker, leergefegt und dem Frost anheimgegeben, mitten darin geduckte Katen, aus deren Essen in dünnen Fäden sich Rauch kräuselte. Schmucke Städtchen wie Marburg und Gießen, Gasthäuser, in denen sie für die Nacht einkehrten, alles Abenteuer und neue Erfahrung.

Und dann die Freie Stadt Frankfurt. Malwida war enttäuscht. Die Straßen schienen ihr eng, die Menschen voller Hast. Dem Kutscher war die Adresse einer Pension genannt worden, die der Vater zu ihrem vorläufigen Quartier bestimmt hatte. Fast schien es, als fänden die Pferde von ganz allein den Weg zum Eschenheimer Tor hinein, über die Hauptwache und Römer bis vor ein spitzgiebeliges Haus in der Nähe des Doms. Drinnen waren die Treppen steil, die Stuben winzig, die Fenster zugig und die Betten feucht, die Wirtin aber freundlich.

»Ei, mache Se sich's bequem. Madame und die Moisellsche, gleich gibt's e heiße Supp!«

Malwida setzte sich auf die Bettkante nieder. Ob heiße Suppe die Trostlosigkeit dieses Anfangs würde ausgleichen können, bezweifelte sie sehr. Die Vorstellung, die sie mit der Ankunft in Frankfurt verbunden hatte, nämlich den Vater zu fröhlichem Willkommen vorzufinden, sich endlich wieder in seine Arme zu stürzen, die hatte sich nicht erfüllt. Die Enttäuschung war groß und, wie Malwida sogleich bemerkte, nicht nur bei ihr.

»Gibt es Bescheid oder Botschaft von meinem Mann?« fragte Frau von Meysenbug wie mit letzter Hoffnung.

Die Wirtin schien sich zu besinnen.

»Ein Diener war da, ganz ein geschniegelter in Livree, Seine Exzellenz käme vorbei, meint er, heut oder morsche...«

»Ja, so... käme vorbei... heut oder morgen«, wiederholte die Mutter mechanisch. Ihr Blick glitt verloren über vergilbtes Tapetenmuster, als sei es das Gitterwerk eines Käfigs. Dann gab sie sich einen Ruck. »Ich danke Ihnen, Frau Wirtin.«

»Was hat sie gesagt? Wann kommt Papa?« wollte Laura wissen, die in ihrem Reisekorb wühlte.

»Ach, sei still«, rief Malwida ihr zu, dann nahm sie sacht die Mutter in den Arm.

Der Vater kam nicht an diesem Tag und nicht am nächsten. Als er endlich ins Zimmer trat, schien er sehr verändert. Er sah gealtert aus und hatte ein gehetztes, unzufriedenes Wesen angenommen. »Ich kann nicht lange bleiben«, beugte er sogleich jedem Wunsch vor, »Seine Hoheit erwartet mich pünktlich zurück...« Und dann, schon wieder auf dem Absprung, fügte er Bitte und Versprechen ineinander. »Alles wird besser! Habt nur ein wenig Geduld!«
Es wurde besser, Ernestine von Meysenbug und ihre Töchter bezogen eine größere Wohnung, eine Magd wurde eingestellt, die auch zu kochen verstand, ein männliches Faktotum besorgte die grobe Arbeit. Dennoch blieben die Besuche des Vaters flüchtig, viel zu kurz, um die Familie als vereint anzusehen.
Für eines hatte Meysenbug indes gesorgt: die Anwesenheit seiner Damen in der Gesellschaft der Stadt bekannt zu machen. Sofort wurden Visitenkarten abgegeben, und Einladungen, seien sie aus Neugier oder Mitleid, überboten einander. Da hieß es zum Tee zu den Textors, zum Diner bei den Bethmanns und auf einen Plausch zu Passavant.
Auch der beiden Töchter gedachte man, hatten sie doch jeglichen Verkehr mit Gleichaltrigen hinter sich lassen müssen und sehnten sich sicherlich danach, neue Freundschaften zu schließen. Versuche in diese Richtung endeten meist kläglich. Die Auffassung von Geselligkeit war zu verschieden.

Der Winter war fast vorüber, als dennoch eine Einladung in eines der großen Häuser Frankfurts ins Haus flatterte. »KINDERBALL« stand in Golddruck auf der Karte, die die beiden Fräulein Malwida und Laura von Meysenbug zur Teilnahme aufforderte. Frau von Meysenbug ließ beiden Mädchen eigens neue Kleider mit weit fallenden Spitzenkragen anfertigen, in denen sie eher wie junge Damen denn wie Kinder daherkamen. Aber auch sonst sollte sich bald zeigen, wie verfehlt der Ausdruck auf der Einladungskarte war.

Kaum daß die Demoiselles dem Wagen entstiegen, der sie über die Mainbrücke ins südliche Sachsenhausen gebracht hatte, wurden sie am Fuße einer Freitreppe von den beiden Söhnen des Hauses empfangen. Obwohl diese im Alter etwa dem ihrigen entsprachen,waren sie mit Frack, Zylinder und Glacéhandschuhen angetan. Deren Schwester, ebenfalls nicht älter, mimte die Gastgeberin. Atlasseide und Perlencollier dokumentierten behäbigen Reichtum. Die Arme in gezierter Manier den Gästen entgegengestreckt, perlten die Begrüßungsworte nur so von ihren Lippen, und das in fließendem Französisch. Alles in allem ein Auftritt, der Laura mit Neid erfüllte, Malwida aber schaudern machte. Unter den Meysenbugs herrschten weder gekünsteltes Timbre noch hohle Theatralik, sondern stets warmherzige Natürlichkeit. Hinzu kam, daß weder Malwida noch Laura im Französischen so geübt waren, daß sie dem ihnen unverständlichen Wortschwall auch nur einige stockende Brocken dieser Sprache hätten entgegensetzen können. So war das erste Fazit peinliche Verlegenheit. Und erst der Tanz! Laura stürzte sich mutig ins Getümmel, ihr Ungeschick dabei glich sie mit der Unbefangenheit ihrer zwölf Jahre aus. Malwida hingegen erstarrte bei der ersten Aufforderung. Ihre Ausbildung im Tanz war nicht weniger unvollkommen wie die im Französischen. Linkisch erst der falsche Fuß, dann falsch die Drehung, stocksteif der Rücken, endlich Stolpern, Stammeln und Erröten.
»O nein… vielen Dank… ich glaube, ich tanze lieber nicht…«
»Ach was, wir sind alle keine Meister«, tröstete wohlmeinend ihr Partner und errötete selbst bis unters semmelblonde Haar.
»Es ist der Kopfschmerz«, schob Malwida eilends vor, »ich krieg' ihn jedesmal beim Tanz!« Fest entschlossen, sich nicht noch einmal der Lächerlichkeit auszusetzen, schob sie ihren Arm unter den des semmelblonden Jungen. »Bitte bringen Sie mich an meinen Platz zurück!« Die wenigen Schritte zu den Stuhlreihen am Rande des Parketts führten sie an goldgerahmten Wandspiegeln vorbei, hoch und schmal, die unbestechlich auf jeden Vorübergehenden herabsahen.
Dein Kleid ist viel zu einfach, schien der erste zu sagen, deine

Frisur zu glatt, dein Haar zu fahl, lispelte der zweite, dein Gesicht zu lang, deine Stirn zu hoch, nörgelte der dritte, und der vierte endlich: Augen hast du, hell wie Quellwasser! Und sie blicken klug und unerschrocken in die Welt!

Nachdenklich saß Malwida von Meysenbug den Rest des Abends auf ihrem Stuhl. Sie beobachtete das Gewoge der Tanzenden, bewunderte die Eleganz und Weltläufigkeit dieser jungen Leute, beneidete sie um ihre unbekümmerte Selbstsicherheit. Als dann zwischen Musik und Lachen wieder und wieder wie Feuerwerk französisch gedrechselte Phrasen zu ihr herüberwehten, tat sie bei sich einen lautlosen Schwur: Ich werde es ihnen gleichtun, ich werde lernen, lernen, lernen...

Nach diesem Winter in Frankfurt bestand Frau von Meysenbug darauf, ihrem Mann wenigstens hier und da für ein paar Wochen an die jeweiligen Plätze seines Aufenthaltes zu folgen. Sie fürchtete für ihre Ehe, wenn sie weiterhin so viel getrennt wären. Nur widerwillig gab Louis Meysenbug nach. Das Frankfurter Domizil wurde also aufgegeben, statt dessen hieß es alle Naslang erneut Koffer packen, neue Orte, neue Städte, Hotels oder Gasthäuser, und dennoch bekamen sie den Vater nur selten zu Gesicht.

War er endlich einmal da, gab es mit der Zeit, nicht für die Ohren der Mädchen bestimmt, manch böses Wort zwischen den Eltern.

»Wie lange soll dies noch gehen, dies Herumzigeunern?« eröffnete meist die Mutter.

Der Vater, nicht frei von Gewissensbissen, panzerte sich durch Schuldzuweisung.

»Du hast es selbst gewollt, hast gebettelt, uns nachzureisen...«

»Um in deiner Nähe zu sein, gewiß! Es ist das Wesen einer Ehe, daß man beieinander ist!«

»Nun ja«, suchte Louis Meysenbug einzulenken, für Ernestine der Augenblick, ihre Forderungen zu präzisieren.

»Den Mädchen fehlt geregelter Unterricht!«

»Nimm eine Gouvernante, die mit euch reist.«

»Sie brauchen ein festes Zuhause, eines, wo sie hingehören, Umgang finden, Freundschaften schließen...«

»Nun ja, ich weiß…«

»Du hast es versprochen, Louis!«

»Ich werd' es auch halten!«

»Aber wann, Louis, wann? Wie lange müssen wir noch warten?«

»Wenige Wochen, ein paar Monate vielleicht… habt noch ein wenig Geduld.«

»Papperlapapp, Louis! Du willst uns gar nicht mehr, uns, deine Familie!«

»Ernestine! Mäßige dich…«

»Du hast uns verkauft und verraten!«

»Verraten? Was meinst du damit?«

»Wir haben keinen Platz mehr in deinem Leben! Längst hast du einen anderen Bund geschlossen!«

»Einen anderen Bund? Mit wem?«

»Mit dem Fürsten, deinem Busenfreund!«

Diese Auseinandersetzungen, hartnäckig wiederholt, brachten keine Besserung der Verhältnisse. Wenigstens wurde der Vorschlag aufgegriffen, zur Weiterbildung der Mädchen eine Gouvernante einzustellen. Eine solche meldete sich alsbald, war auch bereit, das ständige Wanderleben zu teilen, trat also sozusagen mit gepackten Koffern ihren Dienst an.

Laura, fröhlich und unkompliziert, freundete sich alsbald mit Mademoiselle an, Malwidas Billigung jedoch fand sie nicht.

Nicht nur, daß Mademoiselle häßlich war und ihr äußeres Erscheinungsbild zu wünschen übrig ließ, auch der Unterricht wurde dem lernwilligen Mädchen zur Enttäuschung. Was Mademoiselle in den Stunden zu vermitteln suchte, duldete keinerlei Abschweifung, etwa durch Fragen oder Interesse am Detail. Es schien, als habe Mademoiselle selbst sich mühsam angeeignet, was sie jeweils in der Stunde weitergab.

»Frankreich. 14. Juli 1789 – Erstürmung der Bastille – eine Schandtat des Pöbels!«

»Aber, Mademoiselle … könnte man nicht auch vom Auftakt zu einer großartigen Freiheitsbewegung sprechen…?«

»Kindchen, du störst den Unterricht!«

»Die Reichen wurden immer reicher und die Armen immer ärmer…« zitierte Malwida vor langer Zeit Gehörtes.

»Das gehört hier nicht her!« Mademoiselle wurde nervös, vor ihrer Schülerin aber erstand, was sie in Büchern gelesen.

»Aber ja, Mademoiselle! Die Regierung hatte den Minister Necker entlassen, den einzigen Mann, dem das Volk vertraute! Er hatte ihnen die Wahrheit gesagt, auf Heller und Pfennig! Und nun wollten sie ein Zeichen setzen…«

»Schluß jetzt! Du bist unbotmäßig!« Mademoiselle schlug mit dem Lineal auf den Tisch. »Merkt euch! 14. Juli – Sturm auf die Bastille!«

Das war nicht die rechte Art, eine Malwida von Meysenbug zu unterrichten. Die monotone Stimme der fortfahrenden Lehrerin kaum mehr beachtend, stützte sie das Kinn auf beide Hände. Sie blickte durchs offene Fenster nach draußen. Dort sah sie die Menschenmenge vor den hochaufragenden Mauern der Bastille, sie sah die Zugbrücke, die acht Rundtürme, unerreichbar, bedrohlich und feindselig. Sie sah Kanonen, Wolken von Pulverdampf, Tote, hingestreckt auf dem Platz. Sie sah die Eroberer das Tor stürmen, die Wachen sich ergeben, den Jubel des Volkes. So hätte man Malwida alle Geheimnisse der Welt nahebringen können, durch Hersagen eingelernter Jahreszahlen niemals.

Die Unterrichtsstunde war längst zu Ende, Malwida aber weit fort auf den Schwingen ihrer Phantasie, als die Mutter sacht ihre Schulter berührte.

»Malwida, Kind –«, begann sie sanft ohne Vorwurf, »Mademoiselle beschwert sich über dich…«

»Mademoiselle? Über mich?« Malwida war endgültig auf den Boden der Realität zurückgekehrt. »Umgekehrt wird ein Schuh draus, Mama! Ich wollte längst einmal mit dir reden, ob wir nicht eine andere an ihrer statt…« Freimütig zählte Malwida auf, was einer kritischen Beurteilung dieser Lehrkraft nicht standhielt. Sie bedachte dabei jeden Punkt, nur den einen nicht, daß Mademoiselle im Nebenzimmer lauschte. »Wirklich, Mama, das Wissen dieser Person hat in einer Nußschale Platz! Und ihr schmuddeli-

ger Anblick macht mir...« Die Tür wurde aufgerissen, Mademoiselle stand auf der Schwelle.
»Das genügt!« rief sie mit überschlagender Stimme. »Das habe ich nicht nötig! Ich kündige! Fristlos!«
Die Stimme brach, schien mit Tränen zu kämpfen. Mademoiselle wandte sich ab, lief hinaus und schlug die Tür hinter sich zu.
In Malwida stieg heißes Mitleid auf. Das hatte sie nicht gewollt, nicht auf diese Weise! Sich von der ungeliebten Lehrerin trennen, ja! Einem Menschen weh tun, niemals! Und doch, so begann sie mit ihren unterdessen siebzehn Jahren zu begreifen, würde sie gerade das im Leben niemals ganz ausschließen können.

Detmold

Anstoß zur Änderung und Besserung der familiären Situation kam dann von ganz anderer Seite.
Kammerherr Funck von Senftenau, jener Mann, den sich die so schwärmerisch verehrte Schwester Louise vor acht Jahren zum Ehemann wählte, war unterdessen zum Schloßhauptmann der lippischen Residenz Detmold avanciert. Die Ehe war glücklich und mit drei reizenden Kindern gesegnet. Funck machte den Vorschlag, Schwiegermutter und Schwägerinnen nach Detmold zu rufen, um ihnen dort ein steteres Leben zu ermöglichen.
»Nach Detmold?« rief Malwida ungläubig bei Erhalt der Nachricht, doch dann begriff sie. »Wir ziehen zu Louise? Wir wohnen bei ihr? Ich kann sie sehen, Tag für Tag?«
»Nicht grad bei Louise werden wir wohnen«, dämpfte die Mutter Malwidas Begeisterung, »aber doch in der gleichen Stadt, und du magst sie sehen, so oft du nur willst.«
Und so erschien der Plan Malwida als die Erfüllung ihrer geheimsten Wünsche.

Ernestine von Meysenbug holte noch das Versprechen ihres Mannes ein, sie dann und wann und auch für längere Dauer dort zu besuchen, und der Umzug war beschlossene Sache. Ein hübsches zweistöckiges Palais wurde gemietet, in dem endlich wieder mehr als nur der Inhalt von Reisekoffern Platz fand. Dann trat man die Fahrt nach dem idyllischen Städtchen Detmold an. Das ruhelose Wanderleben hatte ein Ende.

Das Fürstentum Lippe-Detmold war der Zwerg unter den Staaten des Deutschen Bundes. Auf dem Thron saß Leopold II., ein freundlicher, doch scheuer und gehemmter Mann, von dessen Intelligenz nicht allzuviel zu erwarten war. Die Regierungsgeschäfte überließ er seiner Mutter, der Fürstin Pauline. Das Resultat war ein Dornröschenschlaf, der das Fürstentum revolutionäre Bestrebungen jeglicher Form, Volkeswille und den Ruf nach Mitbestimmung, hatte unbeschadet überstehen lassen. Der Prinz, anstatt es wachzuküssen, widmete sich lieber seiner Leidenschaft zum Theater und zur Jagd.

Hielt das kleine Fürstentum auch generell am Althergebrachten fest, so besaß es eine Neuheit, die der Zeit voraus war. Vor vier Jahren schon hatte der Fürst die Erlaubnis zur Errichtung eines Mädchen-Lyzeums erteilt und sich mit 370 Talern an den Kosten beteiligt. Im Jahr 1834, dem Zeitpunkt, da die Meysenbugs nach Detmold zogen, drückten 26 Töchter aus bürgerlichen Familien die Bänke im Spies'schen Haus vor dem Schülertor. Ernestine von Meysenbug schickte ihre Töchter nicht dorthin. Das Schulgeld von 6 Talern im Quartal war es wohl kaum, das sie abschreckte, aber durch das wechselvolle Leben der letzten Jahre war die schulische Ausbildung der Meysenbug-Töchter nicht genug gefördert worden, eine Aufnahmeprüfung hätten sie kaum bestehen können. So rief man erneut private Lehrkräfte ins Haus und meldete überdies die beiden Mädchen zum längst überfälligen Konfirmandenunterricht bei Pastor Althaus an.

Malwida und ihre Schwester wanderten also zweimal wöchentlich ins Pfarrhaus hinüber, rosenumwuchert und von einem Miniaturgärtchen umgeben, in dem stets eine Horde Kinder spielte.

Die Frau Pastor empfing die Mädchen mit Kaffee und Kuchen, bis der Pastor am Fenster des oberen Stocks erschien und seine Schülerinnen zu sich heraufwinkte.

»Sehen wir, meine Damen, was der liebe Gott uns heute zu sagen hat«, begann er und wußte dann auch die Gebote Gottes so gefällig wie möglich darzustellen. Christliche Großmut war das heutige Thema, und Pastor Althaus belegte es mit Matthäus Fünf.

»Selig sind die Barmherzigen, denn sie werden Barmherzigkeit erlangen...«

Malwida war ganz Ohr und Auge. Das Ohr nahm die Botschaft wahr, das Auge sah den Herrn Pastor, einen wohlgestalteten Mann in mittleren Jahren mit ebenmäßigem Gesicht, dunkel gelocktem Haar und vollen Lippen, die fleißig Gottes Mahnungen verlasen.

»Liebet eure Feinde«, hieß es weiter bei Matthäus, »segnet, die euch fluchen; tut wohl denen, die euch hassen; bittet für die, die euch beleidigen und verfolgen.«

Die Strahlen der Nachmittagssonne senkten sich rotgolden zum Fenster herein und umfingen die Stirn des Pfarrers Althaus, der milde auf seine Schülerinnen herablächelte. Malwida fühlte lang gestaute Schleusen ihrer Seele sich öffnen. Alles schien ihr hoch und hehr im Licht völliger Hingabe.

»Seid aber Täter des Wortes und nicht Hörer allein, dadurch ihr euch nur selbst betrüget«, hörte sie und war sofort entschlossen, nicht bei den Worten stehenzubleiben, sondern christliche Askese zu üben, um den Sieg des Geistes über das Fleisch zu erringen.

Von nun an war Malwida jeden Sonntag in der Kirche zu sehen, versunken im Gebet und Wort für Wort der Predigt lauschend. Alsbald stand sie im Ruf tiefster Frömmigkeit und hörte in der Kirchenbank flüstern:

»Seht nur, die Andacht steht ihr im Gesicht geschrieben! Die gesamte Gemeinde könnte sich ein Beispiel an ihr nehmen!«

Schwager Funck hingegen spottete:

»Der liebe Gott hat den geringsten Teil an ihrer Andacht, der

Herr Pastor ist's, der sie so fromm macht. Man weiß doch, warum die jungen Mädchen so gern bei ihm Stunden nehmen.«
Das Echo von beidem verwirrte Malwida, bestärkte sie aber nur im Bemühen um Gehorsam und der Suche nach Gottes Gnade.

Die Schlange der Versuchung

War Fürst Leopold II. von Lippe-Detmold auch äußerst menschenscheu, so wurden dennoch während der Wintersaison Hofbälle gegeben, an denen er nur wenige Augenblicke oder auch gar nicht teilnahm. Diese Bälle arrangierte der Kammerherr von Funck, darum konnte er die Regel, kein Mädchen dürfe teilnehmen, bevor es nicht konfirmiert war, umgehen. Malwida also fand zur Feier ihres achtzehnten Geburtstags eine goldgedruckte Einladung vor, und widerstrebten anfangs auch ihre asketischen Vorsätze, so taten ein neues Kleid, die hellen Lichter im Ballsaal und die aufklingende Musik das Ihre. Letzte Zweifel hatte Malwida noch der Schwester vorgetragen.
»Meinst du, Louise, ich kann eine solche Vergünstigung annehmen, noch ehe ich würdig das Heilige Abendmahl genommen?«
»Ach, mach dir nicht immer so viele Gedanken«, kam ungeduldig die Antwort. Gerade dabei, einen Streit ihrer Kleinen zu schlichten, waren es die Beschwerden einer erneuten Schwangerschaft, die Louise nicht eben freundlich stimmten. Ja, Louise war in ihrem ganzen Wesen sehr verändert. So hatte schon das erste Wiedersehen Malwidas sicherlich überhöhte Erwartungen nicht erfüllt, denn Louise war ihr nicht anders als verwandtschaftlich höflich begegnet. Seither war das alte Band zwischen ihnen nicht mehr geknüpft. Was trug die Schuld an Louises Veränderung? Das beengte Leben einer so kleinen Residenz? Die fast unter-

würfige Bindung ihres Mannes an den Fürsten? Sicher aber seit neuestem das Interesse des Schwagers an der Schwägerin.

Der Ball begann. Kammerherr Funck von Senftenau, schon etwas korpulent, im dunkelblauen Frack zu weißseidenen Pantalons, führte das Fräulein von Meysenbug zum ersten Tanz. Malwida, die Hand im weißen Handschuh auf seinem Arm, spürte aller Augen auf sich, auf ihren ungewohnt nackten Schultern, umgeben von knisternd blauer Seide, auf ihrem zierlich geflochtenen Haar, in dem eine Nadel von Rubinen blitzte. Sicher setzte sie die Füße im Takt, dafür hatte ein Dutzend Tanzstunden gesorgt. Die Musik schien sie einzuhüllen, leicht zu machen, unbeschwert. Sie war glücklich. So tanzend wirbelten Gesichter um sie her wie Sterne in einem Kaleidoskop. Sie sah bekannte wie fremde, alte wie junge, einige, die ihr zulächelten, andere neugierig das Lorgnon am Auge. Und dann sah sie eines wie einen Kometen unter den Sternen: blaue Augen, hochfliegende Brauen, ein Lachen über weißen Zähnen, und dieses Bild ließ sie in ihrem tiefsten Innern erschauern.

»Was ist dir, meine Liebe?« fragte Funck, da Malwidas Schritt für einen Augenblick stockte.

»Nichts, nichts…« Malwida beeilte sich, erneut in Takt zu kommen, aber die Musik klang aus, der Tanz war zu Ende. Schwager Funck geleitete sie an ihren Platz, hob ihre Hand an seine Lippen und bedachte vorsichtshalber seine Frau mit einem Lächeln.

»Nun, Kind, wie fühlst du dich nach deinem ersten Tanz in der Gesellschaft?« Frau von Meysenbug rief es herüber von dort, wo die Matronen saßen und dem Treiben im Saal zusahen.

»Gut, Mama! Danke, Mama! Es war herrlich!« rief Malwida zurück, aber ihr Blick suchte nicht die Mutter, sondern ein Gesicht mit blauen Augen und einem lachenden Mund. Wo war es unter den vielen Menschen? Die Musik setzte erneut ein und spielte zum nächsten Tanz. Da sah sie es: schmale Schläfen, blondes Haar, lockig in einen Backenbart übergehend, das Kinn angehoben vom hohen Kragen der Uniform eines russischen Garderegiments, Fransen an goldenen Epauletten, die ihn als Offizier auswiesen. Der Leutnant kam genau auf Malwida zu, ihr schlug das Herz bis zum Hals. Die Welle heftiger Erregung war ihr selbst unverständlich. Woher dieser brausende Strom festlicher Erwartung? Schon hörte sie ihn um den nächsten Tanz bitten, wollte sich erheben, da begriff Malwida, daß er an ihr vorübergeeilt und eine junge Dame zwei Plätze weiter zum Tanz geholt hatte: Marie Mehltau, deren Vater am Ort das Bier braute. Warum gerade sie? Ihre Nase war zu lang, der Hals zu dick, ja eigentlich erschien ihr Marie geradezu häßlich. Sie sah die beiden Arm in Arm davonschweben, und sogleich verkehrten sich Welle wie Strom, eben noch so erhebend, in ihr Gegenteil. Gallebitter schmeckten Neid und Enttäuschung, und völlig grundlos färbten ihre Wangen sich schamrot. Was war nur mit ihr geschehen? Malwida stellte sich die Frage so, als sei sie eine zweite Person, die die erste unter die Lupe nahm. Du hast dich in den schmucken Leutnant vergafft, Malwida? Schlimm genug, daß du dich eitel sonnst in bewundernden Blicken, die deiner Person gelten! Du wirst nicht auch noch töricht um ein Mannsbild schmachten! Es war ganz Malwidas Art, sich schonungslos zu diagnostizieren und dennoch heillos im Gefühl verstrickt zu bleiben.

Tanz folgte auf Tanz, und zu jedem wurde das Fräulein von Meysenbug aufgefordert. Malwida wechselte von Arm zu Arm, war aber nicht mehr so recht bei der Sache. Der Leutnant, ob Russe oder in russischen Diensten, war nicht mehr aufgetaucht. Das Licht der Kronleuchter schien weniger hell, die Musik hatte an Glanz verloren. Mitternacht war überschritten, der Ball ging zu Ende. Fürstlich Lippische Kutschen brachten die Gäste nach Hause.
»Schlafe sanft und süß, mein Kind, nach dem großen Ereignis!« Ernestine war noch ganz vom Stolz auf die Tochter erfüllt.
»Danke, Mama, auch dir eine angenehme Ruhe«, gab Malwida brav zurück. Kaum aber, daß sie die Kerzen des Leuchters ausgeblasen, stand das Gesicht des Leutnants ihr vor Augen und ließ sich nicht verscheuchen. Es lachte und lockte, und unversehens glitt es mit hinüber in Malwidas Träume.

Auch in den kommenden Tagen, ja Wochen ging Malwida der Leutnant nicht aus dem Sinn. Es war ein Auf und Ab, ein Heiß und Kalt, dem sie sich hilflos ausgesetzt sah, ein Spuk absurder Wünsche und Visionen, die sie selbst als höchst ungehörig und lächerlich verwarf. Es war, als sei sie von einer Krankheit befallen, und längst ahnte sie deren Namen. Sie ertappte sich dabei, überall nach dem Grün-Rot seiner Uniform Ausschau zu halten. Eben wieder blickte sie träumerisch zum grau verhangenen Winterhimmel, der frühen Schnee versprach. Und noch ehe eine Flocke fiel, sah Malwida sich im Schlitten neben dem Leutnant, hörte das Schellengeläut der Pferde und Worte dicht an ihrem Ohr…

»…die Herrlichkeit in Ewigkeit. Amen.«

O ja, herrliche Ewigkeit… das würde es sein…

»Amen habe ich gesagt, Malwida! Amen! Bitte die Erklärung der Bedeutung des Wortes Amen! Wie lautet sie?«

Malwida schrak zusammen. Natürlich, sie saß in der Pfarrstube beim Unterricht, und Pfarrer Althaus schien am Ende seiner Geduld.

»Ich bitte mir mehr Aufmerksamkeit aus, Malwida! Also, wenn wir Amen sagen, so heißt das?«

»Wenn wir Amen sagen, so heißt das…« Fern in ihrer Seele hörte Malwida das Schlittengeläut verklingen. »So heißt das … ich soll gewiß sein, meine Bitten sind dem Vater im Himmel angenehm und sollen erhört werden…« Nein, so wußte Malwida, angenehm war ihr Bitten aus letzter Zeit dem Vater im Himmel gewiß nicht, und niemals würde er Wünsche erhören, die sich unter der Pelzdecke eines zweisitzigen Schlittens regten! Und gar nicht sicher war sie sich, ob es *also geschehen solle,* wie es am Schluß der Worterklärung heißt.

Dann hörte sie wieder die Stimme dicht am Ohr, diesmal leise, fast schmeichelnd:

»Malwida, was ist nur mit Ihnen? Was bedrückt Sie? Ich beobachte seit geraumer Zeit schon… Vertrauen Sie sich mir an…«

Niemals! Fast hätte Malwida es herausgeschrien. Wenn sie auch nur ein Wort verlieren würde über ihre Empfindungen der letzten Zeit, so bestimmt nicht zu ihrem Lehrer. Er war es doch, dem sie gewissermaßen die Treue gebrochen, dem sie Entsagung und Reinheit gelobt... Nein, was sich in ihrem Inneren abspielte, mußte darin verschlossen bleiben. Für immer und ewig.

»Es ist nichts, Herr Pfarrer, ich war nur in Gedanken...«

Malwida nahm erneut mit ungeteilter Aufmerksamkeit am Unterricht teil.

Wenige Tage vor Weihnachten saß man in trautem Kreis beim Kaffee, die Damen Meysenbug, Eltern und Kinder Funck von Senftenau. Der Herr Schwager las laut aus der Zeitung.

»Es beehren sich, ihre Verlobung anzuzeigen Wolf Ulrich von Heinau, Secondeleutnant im Dienste der Armee Seiner Majestät Nikolaus I. von Rußland, und Marie Mehltau, Tochter des...« Mit einem Hieb auf seine Schenkel unterbrach er die Lesung. »Donnerwetter, hat er sich doch die Mehltau geangelt, der Heinau! Damit ist er seine Spielschulden los und hat ausgesorgt für den Rest seines Lebens!« Ob Funck den Streich des Leutnants von Heinau anerkannte oder verwerflich fand, war nicht herauszuhören, aber Bände sprach der Blick, den er seiner Schwägerin zuwarf. »Da wird es wohl manch eine geben, die dem schmucken Leutnant nachtrauert... aber sie soll den Leutnant vergessen, er war es nicht wert.« Damit zog Funck genüßlich an seiner Zigarre und wandte sich anderen Nachrichten zu. »Hört nur! Ein gewisser Lesseps will das Mittelländische mit dem Roten Meer verbinden und dazu einen Kanal bauen! Welch verrückte Ideen die Menschen doch hervorbringen!«

Malwida achtete nicht auf die ideenreichen Höhenflüge des Herrn von Lesseps. Sie hielt ihr Gesicht auf die Kaffeetasse geneigt, um nicht das Zucken ihrer Lider und die tiefe Röte ihrer Wangen erkennen zu lassen. Der Leutnant hatte sich verlobt! Erst jetzt fiel Malwida auf, daß sie nicht einmal seinen Namen gewußt hatte! Fast wollte sie darüber lachen, wenn nicht die Glückliche Marie Mehltau geheißen hätte! So färbte für den Augenblick jedenfalls die Eifersucht Malwidas Seele kohlschwarz und war ihr nach allem zumute, nur nicht nach Lachen. Erst langsam ordnete Malwida Nummer Eins die Gedanken der Malwida Nummer

Zwei, und so kam sie zu dem Schluß, daß die Verlobung den Leutnant endgültig ihren Phantasien und Hoffnungen entzogen habe. Malwida Eins, vernunftbegabt, übernahm die Führung, und so kam Malwida Zwei langsam zur Ruhe. Sie war der Schlange der Versuchung begegnet, vom Apfel der Erkenntnis hatte sie nicht gekostet.

Aufbegehren

Seit diesem Ausflug in den Garten Eden widmete sich Malwida wieder ganz der Unterweisung durch Pastor Althaus. Doch etwas in ihr war verändert. Ihre Resonanz auf das Wort Jesu und das der Kirche war nicht mehr die gleiche. Ihr Kopf begann Gegenfragen zu stellen, die sie allerdings nicht laut auszusprechen wagte.
»Wie konnte Gott den Menschen mit der Gabe freier Entscheidungskraft erschaffen«, argumentierte Malwida für sich, »ihm zugleich aber blinden Gehorsam in seine Gebote abverlangen?« Hatte Malwida schon Schwierigkeiten mit dem Gottesbegriff, so versah sie die Bedeutung Jesu insgeheim mit einem Fragezeichen. An seiner Existenz zweifelte sie nicht, aber mit seiner Rolle als Mittler Gottes konnte sie sich nicht abfinden. Was die nahe Konfirmation anbetraf, standen in Malwida Bereitschaft und Verlangen gegen Skepsis und kühlen Verstand. Sie litt unter diesem Zwiespalt und betete inbrünstig:
»Herr im Himmel, lieber Gott, schenke mir die Gnade des Glaubens…«
Gott schien sie sehr wohl gehört zu haben und schlug seinem Erdenkind, Malwida von Meysenbug, einen Kompromiß vor, nämlich den, den Regeln der Kirche in allem Ernst zu folgen, dem eigenen Geist aber kritische Schlußfolgerungen nicht zu verweigern.

Wieder nahmen die beiden Schwestern ihren Weg zum Pfarrhaus, Malwida mit guten Vorsätzen, Laura fröhlich schwatzend.
»Warum, Malchen, müssen wir ausgerechnet Schwarz tragen zu
unserer Konfirmation? Es ist ja sehr hübsch, das neue Kleid, aber
ich komme mir darin vor wie eine Krähe. Hast du das deine schon
probiert, Malchen…?«
Malwida stieß das Tor zum Pfarrgarten auf, der vorfrühlingshaft
herausgeputzt, Hoffnung auf die schönere Jahreszeit weckte.
»Gott zum Gruß, Frau Pastor«, knickste Laura, in Gedanken einzig beim modischen Aspekt der bevorstehenden Heiligen Handlung. »Eben sag' ich, Frau Pastor, warum wir Mädchen ausgerechnet Schwarz tragen müssen, wenn wir vor den Altar treten. Ich
für meinen Teil sehe in Schwarz aus wie eine Krähe…«
Malwida verhielt sich still, nahm dankend ihre Tasse Kaffee entgegen und setzte sich an den runden Mahagonitisch, auf dem ein
Strauß erster Blüten vorwegnahm, was draußen die Natur versprach. Erst jetzt bemerkte sie einen Jungen, der im Hintergrund
der Stube sich gegen den Kamin lehnte. Einen Arm auf den ge-
mauerten Vorsprung gestützt, hielt er ein Buch in der Hand, darin
zu lesen er offensichtlich um Konzentration bemüht war. Wie er
dort stand, zeigte er sich genau im Profil. Malwida, bemüht, ihn
nicht anzustarren, nahm nur flüchtig dunkles, halblanges Haar
wahr, eine schmale, gerade Nase, eine hohe Stirn und Augen
weich und schwermütig. Sein Alter schätzte sie auf vierzehn oder
fünfzehn Jahre. Ein kurzer Gruß, der den Damen galt, gelang
dem Jungen nur linkisch ungelenk. Dann wandte er sich wieder
seinem Buch zu. Da Laura aber munter weiterschwatzte, nahm
das Profil einen ärgerlichen Ausdruck an, klappte der Junge voller
Ungeduld sein Buch zu, legte es auf den Kaminsims und verließ
mit großen Schritten den Raum.
»Wer war denn das?« entfuhr es Malwida gegen ihren Willen.
Das Benehmen des jungen Mannes, den sie noch nie hier gesehen, versetzte sie in Staunen.
»Ach, Theodor…« sagte die Frau Pastor leichthin, »richtig, Sie
kennen sich ja noch nicht… Theodor ist unser Ältester. Er lebt
nicht bei uns, kommt nur hin und wieder zu Besuch…« Sie schien

mehr sagen zu wollen, vielleicht eine Entschuldigung für das Benehmen ihres Sohnes, aber sie nahm nur die Kaffeekanne und schenkte beiden Mädchen nach.

Auch Malwida ließ das Thema fallen. Doch als der Pastor zum Unterricht rief, und Malwida, dem Ruf zu folgen, nahe am Kamin vorüberkam, warf sie neugierig einen Blick auf das Buch, das Theodor Althaus dort hatte liegen lassen. *Die Menschenerziehung,* las sie den Titel, *von Friedrich Wilhelm August Fröbel.*

Noch eine Woche war es hin bis zum Tag der Konfirmation. Gottes Lehre hatte Malwida mustergültig Wort für Wort gelernt, wie weit sie innerlich von einem mit Überzeugung abgelegten Bekenntnis entfernt war, das stand auf einem anderen Blatt. Eine letzte Woche nur lag vor ihr, um Zweifel und Bedenken zum Schweigen zu bringen.

Dann war es soweit, die Kirche bis auf den letzten Platz gefüllt, Blumen am Altar, Blumen auf dem Weg, den die Konfirmanden, in schwarzer Seide, schwarzem Tuch, brav zu zweien gingen. Aus vorderster Bank lauschten sie der einleitenden Predigt. Malwida, die gewohnte Stimme im Ohr, fühlte sich innerlich ruhig. Dann aber die letzte Vorwarnung mit den Worten: *Wer unwürdig isset von diesem Brot oder trinket von diesem Wein, der ißt und trinkt sich selbst zum Gericht.* Malwida befiel tödlicher Schrecken. Sie war nicht würdig. Angefüllt mit Zweifeln, fühlte sie ihre Seele mit fürchterlicher Verantwortung beladen. Und dann wieder die Stimme: »Bereut ihr eure Sünden aufrichtig? Wollt ihr zum Tisch des Herrn gehen, losgekauft zu werden durch sein Blut, so antwortet mit ja.«

Ein allgemeines »Ja« brauste durch die Kirche. Malwida aber erstarb das »Ja« auf den Lippen, statt dessen formte sich ein »Nein«. »Nein, ich kann nicht, ich habe nicht den rechten Glauben!« Sie hätte es hinausschreien mögen, daß sie nicht losgekauft werden wolle von einer Welt, die sie in all ihrer Buntheit liebte. »Ich liebe die Sonne, die Erde, die Blumen, die Jugend und das Glück! Ich will frohgemut leben, niemandem untertan als dem freien Willen!« Es wirklich jetzt noch verlauten zu lassen, sozusagen in letz-

ter Sekunde, wagte sie nicht. Dann war es ein Zusammenspiel von
Zufall und Gehorsam, daß auf die Lesung des Glaubensbekennt-
nisses ihr »Ja« laut und deutlich unter denen der anderen zu vernehmen war. Malwida kniete vor ihren Lehrer nieder und empfing den Segen.

»Dir gebe ich den Spruch mit auf den Weg: Sei getreu bis in den
Tod, so will ich dir die Krone des Lebens geben.«

»Getreu bis in den Tod...« wiederholte Malwida für sich. Sie
hörte Glockengeläut und den getragenen Gesang des Chors »O
du Lamm Gottes, unschuldig am Stamm des Kreuzes...« Und
schon schlug ihre Stimmung wieder um. Angst und Zweifel kehrten zurück, zu spät. Es war Zeit, Brot und Wein zu nehmen. Malwida schloß die Augen und trat vor.

»Nehmet und esset, dies ist mein Leib...« vernahm sie. Dann
fühlte sie den Kelch an ihren Lippen. »Dies ist mein Blut, das ver-
gossen wird zur Vergebung...« Malwida horchte inständig auf
Wandlung und Mysterium. Doch nichts geschah. Sie öffnete die
Augen, erhob sich von den Knien, und war noch immer die gleiche Malwida von Meysenbug, achtzehn Jahre alt, behütete Tochter aus guter Familie. Gratulanten fanden sich ein, es gab Geschenke, der Tag wurde ein Festtag bis zum späten Abend. Die
Herrlichkeit des Himmels hatte sich Malwida nicht aufgetan.

Erwachsen

Nun, da die Schwestern Meysenbug konfirmiert waren, galten sie
als erwachsen. Das brachte eine gewisse Freiheit mit sich, zumal
ihnen ihre gesicherten Lebensverhältnisse keinerlei häusliche
Pflichten auferlegten. Der Tag vom Morgen bis zum Abend stand
ihnen ganz zur Verfügung, ihn nach Charakter und Neigung zu
nutzen. Malwida zog es in erster Linie hinaus in Feld und Flur.

Auf langen Spaziergängen beobachtete sie die Tiere des Waldes, Käfer und Vögel, ja sie freute sich an der Natur in jeder ihrer Formen. Daraus ergab sich erste, noch heimliche Neigung zur Malerei, die sie mit einigem Talent, aber ohne Anweisung ungelenk ausführte. Auf Papier oder Leinwand bannte sie alles, was sie sah, vom Schmetterling bis zur sommerlichen Landschaft.

Die meiste Zeit aber verbrachte Malwida mit Lesen. In der Literatur begegneten ihr Personen, mit denen sie sich identifizierte oder auseinandersetzte, vor allem aber ihre Urteilskraft erprobte. Wenn sie bei Bettine von Arnim las: *Greife herzhaft in die Dornen der Zeit, dort wo sie am dichtesten stehen,* dann fühlte sie sich aufgerufen und las seufzend ebenfalls bei der Arnim: *Zweiundzwanzig Jahre bin ich alt, und das Schicksal hat mich noch keines Blickes gewürdigt!* Malwida wurde bald zwanzig. War nicht auch ihr Leben im Grunde leer? Mußte nicht irgendetwas kommen, das sie herausforderte, das mehr von ihr verlangte als nur das Dasein einer höheren Tochter?

Die gleichaltrigen Mädchen der Stadt hielten Malwida für hochnäsig. Wieviel besser konnten sie umgehen mit der lustigen, lebhaften Laura! Malwida schürte diesen Eindruck noch, indem sie sich bei der Schwester beschwerte:

»Diese Art von sentimentaler Zärtlichkeit ist mir lästig, ich kann mich nicht bei persönlichen Gefühlen aufhalten, wenn mein Geist nach neuen Aufschlüssen sucht.«

Genau dieses Suchen unterschied Malwida schon früh von anderen Mädchen ihrer Herkunft. Das Wie und Wo war die ständige Frage, die sie bedrängte, als sie in den Gesprächen Goethes mit Eckermann die erlösende Antwort findet.

Jedes tüchtige Streben wendet sich von innen heraus auf die Welt, so äußert sich der Dichter seinem Sekretär gegenüber, und Malwida vervollständigt zu eigenem Belang: Ich muß mich aus unfruchtbarer Spekulation zum Licht der Wissenschaften wenden, zu nützlicher, praktischer Tätigkeit! Vorerst jedoch bewahrte sie diesen Entschluß in ihrem Innern.

Nun anzunehmen, Malwida von Meysenbug habe ein Einsiedlerleben geführt, wäre völlig falsch. Sie nahm Einladungen wahr, plauderte mit Gästen, die ihre Mutter regelmäßig empfing, ging auf Bälle und besuchte vor allem das Theater, das protegiert vom Fürsten, seinem Ruf weit über Detmold hinaus wahrhaft gerecht wurde. Und gerade aus jenem Kreis ergaben sich Kontakte, ja Freundschaften wie jene mit dem Musikdirektor Hagen.

Johann Baptist Hagen verbrachte viele Abende im Hause Meysenbug; es wurde gescherzt und gelacht, diskutiert und gestritten, vor allem aber musiziert. Abgelenkt von den Klängen des Klaviers und der Gambe, bemerkte Malwida nicht die Intensität der Blicke, die Hagen ihr zuwarf und war zutiefst erstaunt, als Hagen eines Tages ihre Hand leidenschaftlich an seine Lippen zog.

»Malwida, liebste Malwida«, stieß er hervor, »Sie ahnen es längst, nicht wahr...?«

»Was sollte ich ahnen? Wovon sprechen Sie?« Sofort war sie ganz Abwehr.

»Sie müssen es doch gespürt haben... Malwida, Sie und ich...«

Nichts hatte sie gespürt und fühlte jetzt lediglich Ärger, daß er es wagte, ihre Beziehung auf eine Ebene zu schieben, auf der Malwida sie bisher nicht gesehen hatte.

Dann setzte der Herr Musikdirektor noch eins drauf, indem er dem Fräulein von Meysenbug offiziell einen Heiratsantrag machte.

Doch für eine Ehe fühlte Malwida sich nicht reif. Nicht nur, daß sie keine Liebe zu Hagen empfand, sie hatte auch Grundsätzliches gegen die Ehe, schon gar eine verfrühte, einzuwenden.

»Noch biegsame und empfängliche Naturen, in die Form einer Ehe gegossen«, argumentierte sie, *»nehmen Gestalt nach dem Diktat eines anderen an und bleiben abhängige Geschöpfe, die durch die Augen dieses anderen sehen, ja nach dessen Willen handeln.«*

Hagen jedenfalls kam immer seltener ins Palais Meysenbug und blieb endlich ganz aus. Nach geraumer Zeit nahm er den Posten eines Musikdirektors in einer anderen Stadt an.

Belastungen

Ganz so sorgenlos sollte das Leben der Familie von Meysenbug nicht bleiben. Nach der Geburt ihres vierten Kindes, einer Tochter, erkrankte Louise schwer. Drei qualvolle Monate folgten, in denen die Sorge und die Gebete der ganzen Familie allein ihr gehörten.

Malwida saß Tag und Nacht am Bett ihrer Schwester und flößte ihr löffelweise kräftige Brühe ein, schüttelte die Kissen auf oder stand ihr bei, wenn die Fieberträume kamen.

»Ruhig, ganz ruhig, Louise, Liebste…« suchte sie zu trösten, und wenn die Kranke sie nicht erkannte, sich ihr ins Gedächtnis zu rufen, »ich bin es doch, Malwida, deine Schwester…«

»Du, Malchen…?« kam dann ein kurzes Erinnern, ehe das Fieber die Sinne erneut verwirrte.

Eines Morgens dann war Louise völlig klar. Sie verlangte nach ihren Kindern, ihrem Mann, der Mutter und den Schwestern. Mit rührenden Worten nahm sie Abschied.

»Ich sehe Engel, die mir winken –«, sagte sie, und als sie das Schluchzen der Umstehenden hörte, sprach sie die Worte der Ninon Lenclos: »Warum weint ihr? Ich lasse ja gleichfalls nur Sterbliche zurück… es gibt ein Wiedersehen…« Das Bewußtsein schwand, sie starb, ohne es noch einmal wiedererlangt zu haben.

Malwida war untröstlich. Für sie war mit Louise, trotz der Entfremdung der letzten Jahre, ihre Kindheit dahingegangen.

Eine weitere Sorge, die in dieser Zeit auf der Familie lastete, war Malwidas Gesundheit, vor allem ihre Augen machten ihr Beschwerden. Die Ärzte schienen ratlos, verordneten Schonung, ja sogar zeitweise das Tragen einer Augenklappe. Das war hart für einen Menschen wie Malwida, der im Lesen und in der Literatur sein ganzes Glück fand. Hinzu kam, daß auch Ernestine am Ende ihrer Kräfte war. Ein längerer Aufenthalt in jenem Badeort wurde verschrieben, der vor langen Jahren dem Kind Malwida Inbegriff weiter Ferne gewesen, und die beiden jüngsten Töchter sollten die Mutter begleiten.

Carl von Meysenbug, der vierte der Brüder, war seit kurzem in Detmold zur Familie gestoßen, um daselbst die Karriere als Hofbeamter einzuschlagen. Tatsächlich trat er nicht nur erfolgreich in die Fußstapfen des Schwagers und wohnte mit seiner jungen Frau Sophie im Palais Meysenbug, sondern er nahm wegen der ständigen Abwesenheit des Vaters mehr und mehr die Position des Familienoberhaupts ein. Auch er riet zu der Reise, so packte man wieder einmal die Koffer, nahm Abschied und bestieg den Wagen der Extrapost. Malwida, einerseits mit Wehmut erfüllt, freute sich auf die sogenannte »große Welt«, die sie nun kennenlernen sollte.

Romanze an Krücken

Im Schatten einer Rotbuche klappte Malwida ihre Staffelei auseinander, lehnte die auf einen Rahmen gespannte Leinwand dagegen und nahm Pinsel und Palette zur Hand. Angestrengt, die Zungenspitze zwischen den Lippen, einen Augenschirm über der Stirn, suchte sie sich auf das Motiv ihrer Wahl zu konzentrieren: auf das Grün lichter Wiesen, die den Ort umgaben, auf die dunklen Töne eines Bergwaldes, der sich in weitem Oval hinzog, auf ein fahles Blau entfernt liegender Hügelketten und das Licht eines strahlenden Sommerhimmels. Am Ufer des silbrig plätschernden Flüßchens schimmerten weiß Villen und Hotels, Türmchen schiefergrau bedacht, auf Terrassen Kübel rosaroten Oleanders. Farbenfroh die Sonnenschirme der Damen auf der Promenade, gelb der Kies auf den Wegen und kunterbunt Blumenbeete im ganzen Park.
Malwida tauchte den Pinsel in Grün, mischte mit Blau, mengte Gelb hinein, hellte mit Weiß auf, wusch den Pinsel wieder aus und begann nochmals mit Rot. Malwida war unsicher, Komposition und Farbenspiel wollten nicht gelingen.

»Ich sollte Unterricht nehmen, bei einem richtigen Maler!« rief sie aus, und schon war ihr Ellenbogen ungeduldig über die Palette gefahren und prangte der Ärmel ihres Kleides in allen Regenbogenfarben. Zum Glück war es nicht eines der neuen Kleider, die Frau von Meysenbug gleich wieder dutzendweise für sich und die Töchter hatte anfertigen lassen, um mit der Mode Schritt zu halten.

»Mama wird böse auf mich sein«, gestand sich Malwida ein, »nimmt sie mir doch ohnehin übel, daß ich das Malen dem täglichen Brunnen vorziehe. Aber das Getue und Gegaffe der Kurgäste dort ist mir einfach zuwider!« In diesem Punkt hatte Malwida ihrer Mutter schon bald nach ihrer Ankunft im Kurbad eine Enttäuschung bereitet, empfand Ernestine es doch als ihre mütterliche Pflicht, ihre heiratsfähigen Töcher im Korso der Brunnen trinkenden Herren vorzuführen.

»Ach, Mama, ich komme mir vor wie die Gans auf dem Markt«, widersetzte Malwida sich scherzend, während Ernestine keinen Spaß verstand.

»Keine Widerrede, Kind! Du ziehst das neue Geblümte an, das Haubenhütchen dazu und begleitest deine Schwester und mich!«

Malwida schienen Mittel wie Zweck gleichermaßen verächtlich.

»Wenn Kleid und Hut nötig sind, um Bewunderung hervorzurufen«, argumentierte sie, »so wird der Bewunderer genarrt. Er erliegt äußerlichen Reizen, ohne etwas über die Person zu erfahren. Zudem, Mama, ist nichts tadelnswerter, als Gefühle zu erwecken, die man nicht teilen will.«

Seufzend gedachte Malwida weiterer Wortwechsel zwischen ihr und der Mutter, den erforderlichen Aufwand an Kleidung betreffend, aber auch das pünktliche Erscheinen an der table d'hôte, dem gemeinsamen Mittagstisch im Hotel. Und eben jetzt hörte Malwida die Kirchturmuhr zwölf schlagen. Eine halbe Stunde blieb ihr, wenn sie Mama nicht wieder verärgern wollte. Hastig raffte sie ihre Malsachen und das kaum begonnene Bild zusammen und machte sich auf den Weg zum Hotel, in dem sie nun schon etliche Wochen wohnten.

Der Portier riß die Tür auf, als er das leicht derangierte Fräulein von Meysenbug kommen sah. Malwida nickte ihm einen Dank zu, grüßte ein paar Herren, die in der Halle ihren Apéritif nahmen und sich höflich aus ihren Sesseln erhoben.

»Einen schönen Tag gehabt, gnädiges Fräulein?«

»Ah, Sie haben wieder gemalt, Mademoiselle!«

»Entschuldigen Sie, ich hab' es eilig!« rief Malwida ihnen zu.

Am Fuß der Treppe, die einladend breit, mit rotem Läufer belegt, nach oben führte, saß ein Gast, den sie noch nie gesehen. Nicht verwunderlich also, daß er kein Grußwort an sie richtete, aber sich zu erheben, wenn eine Dame vorüberkam, erforderte die Sitte. Dieser Herr machte jedoch keinerlei Anstalten, dem Gebot der Höflichkeit Folge zu leisten, sondern sah sie nur groß an. Malwida, ärgerlich, wollte rasch an ihm vorbei, aber ihr Blick zu Boden war von Staffelei und Malkasten, die sie an sich drückte, versperrt. Irgendetwas geriet ihr zwischen die Füße, und sie kam ins Stolpern. Sie hörte etwas laut lärmend zu Boden fallen und konnte sich gerade noch an einen Messingknauf des Treppengeländers retten. Ein Hoteldiener kam herbeigestürzt, den gefallenen Gegenstand aufzuheben.

»Bitte, mein Herr…« hörte Malwida ihn sagen und als sie sich, schon im Hinaufgehen, nochmals umwandte, sah sie gerade noch, daß der Hoteldiener dem Herrn im Sessel zwei Krücken reichte. Malwida, begreifend, und ihrer Art nach sofort von Mitleid erfaßt, verharrte einen Augenblick, aber ihr fiel kein Wort des Bedauerns ein. Verwirrt und beschämt lief sie hastig weiter die Treppe hinauf.

Eine halbe Stunde reichte nicht aus, das Kleid zu wechseln, die Frisur zu ordnen und pünktlich im Speisesaal zu erscheinen. Man war schon zu Tisch gegangen, die Suppe bereits serviert, als die hohe Flügeltür sich nochmals öffnete und Malwida einließ. Der Verspätung zum Trotz hatte sie sich besonders sorgfältig zurechtgemacht und sogar das »Geblümte« gewählt, ein Kleid mit waagrechtem Ausschnitt und tief angesetzten Puffärmeln und einem Rock, der schon fast wieder dem Rokoko nacheiferte.

»Na, da bist du ja endlich«, hörte man die vorwurfsvolle Begrüßung der Mutter, und sofort wandten sich alle Blicke zur Tür. Malwida bezwang die ihr eigene Schüchternheit und näherte sich dem Tisch. Ausgerechnet den einzig noch freien Stuhl zwischen einer ungarischen Gräfin und dem neuen Gast wies man ihr zu. Malwida fühlte sich über und über erröten, als sie sich setzte und ihre Serviette auseinanderfaltete.

»Es tut mir leid wegen vorhin...« begann sie ihre längst überfällige Entschuldigung, »es war sehr ungeschickt von mir...«

»Schon gut, schon gut«, lächelte der junge Mann zurück, »diese lästigen Dinger sind immer überall im Weg!« Damit deutete er auf die Krücken, die jetzt ordentlich nebeneinander gegen seinen Stuhl lehnten.

Malwida begann, ihre Suppe zu essen. Sogleich beugte sich die Gräfin dicht zu ihr.

»Ah, Sie haben schon seine Bekanntschaft gemacht«, begann sie flüsternd, aber so laut, daß man es am ganzen Tisch hörte. »Sie müssen wissen, meine Liebe, er hat Rheumatismus, dieser arme Mensch! Ein wahrer Held ist er, hat er sich das Leiden doch zugezogen, als er beim Untergang eines Schiffes im Eismeer Menschenleben rettete! Denken Sie nur, von der Reling ist er gesprungen, klaftertief!« Die Vertraulichkeiten der Gräfin waren nicht zu stoppen, bis Fisch und Braten serviert waren, erst ein Soufflé gab ihrer Zunge anderweitig zu tun.

»Man hat sie also darüber aufgeklärt, welch ein Held ich bin?« wandte sich endlich der junge Mann an Malwida. Um seinen Mund zuckte ein Lächeln. »Es hat nichts mit Heldenmut zu tun, glauben Sie mir!«

»Oh, Sie meinen als Christenmensch...«

»Weder Held noch Christenmensch, Gnädigste! Wenn man Frauen und Kinder im eisigen Wasser um ihr Leben kämpfen sieht, dann springt man eben. Das ist alles.«

»Sie zahlen einen hohen Preis für Ihre Tat«. Malwida deutete auf die Krücken. Ihr Nachbar lachte unbekümmert auf.

»Ach die«, rief er, »die Bäder hier am Ort tun Wunder! Der Doktor sagt, ich kann bald wieder tanzen!«

»Sie tanzen gern?«

»Für mein Leben gern! Ich gehe auf jeden Ball, wenn einstweilen auch nur, um zuzuschauen.«

Seine Antwort kam so leidenschaftlich, daß Malwida unwillkürlich aufblickte.

»Sie meinen wirklich auf jeden Ball?« staunte sie und schickte sich jetzt erst an, ihn so recht in Augenschein zu nehmen.

Sein braunes Haar, in der Mitte gescheitelt, fiel seitlich in Locken herab. Die Brauen über den Augen waren so hoch angesetzt, daß sie seinem Blick, selbst wenn er lachte, etwas Melancholisches gaben. Der Mund war klein, die Oberlippe von einem Bärtchen bedeckt, die Kleidung von gutem Geschmack. Das dritte Jahrzehnt, so schätzte Malwida, mochte er hinter sich haben. So ganz in Betrachtung versunken, schreckte sie auf, als er sich plötzlich ihr zuneigte.

»Ich heißte übrigens Sydow«, sagte er, »Arnold Sydow.«

Von jetzt an hatte Frau von Meysenbug nicht mehr über ihre Tochter zu klagen. Malwida ließ sich kunstvoll frisieren und trug alle ihre hübschen Kleider. Sie erschien jeden Tag im Kurhaus zum Brunnen trinken, pünktlich zu allen Mahlzeiten und war nicht mehr abgeneigt, an gesellschaftlichen Ereignissen teilzunehmen, vor allem nicht, wenn zum Tanz geladen war. Am Arm ihrer Mutter, ganz gehorsame Tochter, betrat sie Ballsaal oder Parkett, aber noch ehe sich ein Tänzer fand, wanderte ihr Blick die Reihe der Zuschauer entlang. Fand sie Arnold Sydow unter ihnen, war ihr Glück vollkommen. Sie tanzte ein oder das andere Mal, klagte alsbald über Müdigkeit, suchte einen freien Stuhl, wie zufällig in seiner Nähe, und ließ sich nieder. Manchmal sprachen sie ein paar Worte, manchmal schwiegen sie. Dann genügte ein scheues Lächeln oder nur das Ahnen gleicher Gedanken. Malwida liebte und wurde wiedergeliebt. Ein Gefühl ganz neuer Art hatte von ihr Besitz ergriffen, ein Gefühl weit entfernt von dem, das sie einmal für einen blonden Leutnant empfunden.

Hatte sie sich damals in innere Einsamkeit flüchten wollen, still in ihrer Kammer von ihm zu träumen, so verlangte es sie jetzt nach seiner Gegenwart. Im Glauben, Zeit stehe ihnen ungeschmälert zur Verfügung, fanden sie anfangs kein Wort gegenseitiger Erklärung. Und dann kam es nicht mehr dazu. Die Ärzte verordneten Sydow Behandlung in einem anderen Kurort; er reiste ganz plötzlich ab. Malwida, wie gelähmt, fand in ihrem Kummer zum Gebet zurück.

»Herr, wenn du ihn mir schon nehmen mußt, so laß mich ihn wenigstens noch einmal sehen! Ein einziges Mal...« betete sie inbrünstig, und Gott erhörte ihr Gebet.

Eine Woche war vergangen, die Damen Meysenbug wandelten vor dem Kursaal unter den Orangenbäumen, da sah sie ihn. Mühselig, zwischen den Krücken, kam er auf sie zu, und ließ sich, bei den Damen angekommen, auf eine Bank nieder. Malwida wagte nicht, das Wort an ihn zu richten, aber ahnungslos, wie sie vermeinte, tat es die Mutter.

»Sie wieder bei uns? Das ist ja eine Freude!«

»Nur für kurze Zeit, gnädige Frau, ich habe mich eines Gutachtens wegen den hiesigen Ärzten nochmals zur Verfügung zu stellen.«

Während er sprach, war ihm nicht anzumerken, ob er Malwidas Gegenwart überhaupt bemerkte. Sie aber war sich sicher, daß der Strom zwischen ihnen aufs neue geschlossen war.

»Und Sie haben sich wieder in unserem Hotel einquartiert?« fragte Ernestine wie beiläufig weiter.

»Ja, das gleiche Hotel, das gleiche Zimmer und, wie ich hoffe, speisen wir auch wieder gemeinschaftlich.« Hier wagte er einen kurzen Blick zu Malwida. Sie fühlte ihre Wangen sich mit tiefem Rot überziehen und helle Freude, bar jeder Vernunft, in ihr Herz einziehen.

Jedesmal, wenn sie ihm nun begegnete, befiel sie die gleiche Freude, ein erlösendes Wort wurde aber auch jetzt nicht gesprochen. Wie hätte ein junger Mann zu einem Mädchen von Liebe, von gemeinsamer Zukunft sprechen können, solange er, Jammerbild seiner selbst, an Krücken ging? Einem Mann wie Arnold Sydow jedenfalls mußte es die Lippen verschließen.

»Morgen früh reise ich endgültig«, sagte er statt dessen. Man saß im Salon beisammen, die Runde der Gäste, die seit Wochen einander bekannt und verbunden waren, hatte ein Glas auf seinen Abschied getrunken. Es wurde spät, bis einer nach dem anderen sein Zimmer aufsuchte. Auch Sydow nahm umständlich seine Krücken auf. Ernestine von Meysenbug erhob sich und kam dem jungen Mann zuvor.

»Ja, eine gute Nacht denn und für morgen gute Fahrt!« wünschte sie und winkte Laura – nur Laura –, ihr zu folgen.

Arnold und Malwida waren allein. Den Augenblick über Gebühr auszudehnen, hätte ihrem Ruf geschadet, das wußten beide. Aber er reichte zu einem Händedruck und einem Blick unsagbaren Wehs. Dann wies Arnold zur Tür.

»Gehen Sie zuerst ... bitte!«

Malwida verstand. Auch jetzt sollte sie nicht Zeuge seines Ungeschicks sein. So verließ sie den Salon.

Am Morgen dann, noch bei Dunkelheit, hörte Malwida vor dem Hotel die Geräusche seines Aufbruchs. Sie trat ans Fenster und blickte hinunter. Der Hoteldiener hatte schon das Gepäck verstaut und der Kutscher Mühe, die Pferde ruhig zu halten, als Sydow aus dem Haus trat. Die Krücken rechts und links ging er auf den Wagen zu, hielt halbwegs inne, wandte den Kopf und schaute zu ihr herauf. Es war, als suchten beide noch einmal, Unmögliches heraufzubeschwören. Dann stieg Arnold Sydow ein. Der Diener warf den Schlag zu, der Kutscher schnalzte mit der Zunge. Im Kies der Auffahrt hörte Malwida das Anrollen der Räder und trat vom Fenster zurück.

Die Post hatte einen Brief vom Vater gebracht. Malwida sah ihn offen auf dem Tisch der Mutter liegen, und da Briefe des Vaters zwischen ihnen niemals geheim gewesen, nahm Malwida ihn auf und überflog die Zeilen.

So hat das arme Kind ihn auch kennengelernt, den großen Schmerz der Liebe... las sie von der Hand des Vaters, *möge Gott sie trösten!* Die Mutter hatte also den Stand der Dinge klar gesehen und sich mit dem Vater sorgenvoll darüber ausgetauscht.

Liebe, liebe Mama, dachte Malwida voller Rührung, und mir gegenüber hat sie mit aller Zartheit Takt bewahrt.

Auch weiterhin wurde der Name Arnold Sydow zwischen Mutter und Tochter nicht mehr erwähnt. Er blieb für Malwida das Siegel eines Sommertraumes und in der Erinnerung ein unsterbliches Pfand.

Carl Morgenstern

Ein anderer Brief des Vaters brachte endlich eine Wende. Louis von Meysenbug rief seine Familie zu sich.

Müde des Umherziehens habe ich um Beurlaubung gebeten, schrieb er, *für vier oder fünf Monate zumindest. Frankfurt wäre ein Ort, an dem ich den Winter gern zubringen würde, in Ruhe und Zurückgezogenheit und mit euch an meiner Seite.*

Frankfurt wurde tatsächlich nochmals zum Aufenthalt gewählt, eine Wohnung gemietet und eingerichtet. Meysenbug, gealtert und nicht bei bester Gesundheit, hielt Wort, was die Ruhe anbetraf. Es wurden kaum Gäste geladen oder Einladungen angenommen. Die Tage gingen in Beschaulichkeit dahin, die Mutter handarbeitend, der Vater aus einem Buch lesend, die Töchter allerdings, das blieb nicht aus, trotz ihres gegensätzlichen Temperamentes alle beide von Langeweile erfüllt. Laura vermißte die Geselligkeit, junge Herren, die ihr den Hof machten.

»So finde ich niemals einen passenden Ehemann«, maulte sie.

Malwida hingegen wurde von dem erfaßt, was sie selbst ihre »heilige Unruhe« nannte, ihre Neigung zur Kunst, insbesondere der Malerei.

»Ich möchte Malunterricht nehmen«, eröffnete sie den Eltern, und diese sahen keinen Grund, ihr das zu verwehren. In der Stadt lebte ein namhafter Künstler, der für das Vorhaben wie geschaffen schien. Man fragte bei ihm an – und erhielt eine Absage! Der Meister unterrichte keine Schüler, hieß es. Louis Meysenbug, derlei Zurückweisung nicht gewohnt, reagierte verstimmt.

»Es gibt noch andere Herren dieser Zunft, die meiner Tochter den Umgang mit dem Pinsel beibringen können!«

Andere Herren dieser Zunft, wie Meysenbug sich ausdrückte, gab es sicher, wohl aber kaum einen mit dem Ruf eines Carl Morgenstern, dessen Auftraggeber wie Bewunderer zu den gekrönten Häuptern zählten und dessen Familie der Stolz aller Frankfurter war.

Malwida, keineswegs geneigt, aufzugeben, machte sich auf den Weg in die Zeil, eine breit angelegte Straße mit stattlichen Häusern wohlhabender Bürger, unter die sich Vater und Sohn Morgenstern längst zählen konnten. An der Nummer Neunundvierzig zog Malwida die Schelle, die scheppernd anschlug. Für einen Moment wurde ihr bange, beim großen Meister so einfach vorzusprechen. Sicher wüde ihr ein hochnäsiger Diener öffnen, nach Begehr und Absicht fragen, sie endlos warten lassen oder gleich wieder wegschicken. Schon hörte Malwida drinnen Schritte. Eine Frau öffnete, weiße Schürze, weiße Haube, freundliches Gesicht.

»Guten Tag«, begann Malwida fürs erste erleichtert, »ich würde gern den Meister…«

»Ei komme Se rei und gehe Se ruff! Er ist obbe…« Mit diesen kurzen Worten in Frankfurterisch winkte die Frau den Besuch herein, deutete auf eine Treppe, die sich im breiten Bogen hinaufschwang, und zog sich schlurfenden Schritts zurück.

Entschlossen stieg Malwida die Treppe hoch, die oben ohne Übergang in einen großen Raum führte, Obergeschoß und Dachstock in einem, lichtüberflutet durch hohe Fenster, die seitlich auf die Schäfergasse blickten. Rings an den Wänden standen Bilder, Skizzen und Halbstudien italienischer Landschaften. An einer Staffelei, den Rücken ihr zugewandt, sah Malwida einen Mann stehen, der offensichtlich malte. Ihn anzusprechen wagte sie nicht. Morgenstern, wer sonst sollte es sein, wandte sich langsam um und sah sie an.

»Ah«, machte er nur und säuberte ebenso langsam seinen Pinsel mit einem Lappen. Er war groß, wohlgestaltet, hatte volles blondes Haar, regelmäßige Gesichtszüge, in denen Malwida etwas von jenem Hochmut entdeckte. Was sie aber in Erstaunen versetzte, war seine Jugend. Malwida hatte einen alten Mann erwartet und wurde jetzt gewahr, daß sie wohl die Generationen durcheinandergebracht hatte. War es nun der Vater Morgenstern, dessen Bilder sie animiert, oder gar der Großvater, Hausmaler beim alten Rat Goethe, das wußte sie jetzt in ihrer Verwirrung nicht mehr zu unterscheiden. Carl jedenfalls, der Jüngste der Morgensterns, dessen Kunst sich offensichtlich an italienischen Motiven entzündete, war kaum derjenige, an den ihre Anfrage gerichtet gewesen war. Rasch schloß Malwida daher, daß dieser hier weder von ihrer Person noch von ihrem Anliegen etwas wußte.

»Ich komme, weil...« stotterte sie ungeschickt.

»Guten Tag«, grüßte Carl Morgenstern.

»Guten Tag«, sagte Malwida fest, »mein Name ist...«

»Oh, ich weiß, wer Sie sind, mein Fräulein«, schnitt er ihr das Wort ab, »unsere Stadt ist eine Freie Stadt, aber klein. Ein Jeder flüstert dem anderen zu, was es Neues gibt. Sie haben meinen Vater um Stunden gebeten, Mademoiselle Meysenbug, aber weder er noch ich nehmen Schüler an, es sei denn...«

Diesmal unterbrach er sich selbst und, den Lockenkopf hin und her wiegend, betrachtete er abschätzend seine Besucherin. Er sah ein junges Mädchen mit seltsam hellen, fast durchsichtigen Augen, die den Maler in ihm ansprachen. Was er aber auch sah, waren Entschlossenheit zur Sache wie Furcht vor Enttäuschung. Plötzlich ergriff er einen Bogen Papier sowie einen Stift und drückte beides Malwida in die Hand. »Hier, nehmen Sie«, rief er barsch, »treten Sie ans Fenster, zeichnen Sie, was Sie dort sehen! Alles!«

Malwida, ohne viel nachzudenken, gehorchte. Noch in Hut und Mantel trat sie ans Fenster. Unten bot sich ihr die Draufsicht auf einen Hof, einen Karren mit Spaltholz, eine Schar spielender Kinder, zwei schwatzende Frauen, alles in denkbar ungünstigem Blickwinkel. Sie wählte daher lieber die gegenüberliegende Häuserzeile, Giebel für Giebel, hier ein Schornstein, dort ein Fenster, eine Katze auf dem Dachfirst. Malwida zeichnete, strichelte, schraffierte. Mogenstern schien derweilen anderweitig beschäftigt. Plötzlich aber stand er hinter ihr.

»Hm…« machte er nur, nahm ihr den Stift aus der Hand, korrigierte hier und da die Perspektive, betonte Schatten und Konturen. Mit ausgestrecktem Arm hielt er das Blatt von sich und betrachtete es eine Weile. Dann faßte er seinen Entschluß.

»Kommen Sie morgen wieder. Ich unterrichte Sie. Sagen wir fünfzehn Gulden die Stunde.«

Malwidas erste Reaktion war, dem Meister vor Freude die Hand zu küssen, aber der Schrecken über den hohen Preis, den er nannte, war noch größer. Was würde der Vater zu fünfzehn Gulden sagen?

»Dazu kommen natürlich die Kosten für Leinwand und Farbe«, hörte sie Morgenstern als kühlen Rechner weiter aufzählen.

»Danke«, brachte Malwida mühsam heraus, »vielen Dank!« Wie im Traum verließ sie das Haus in der Zeil.

Dem Vater gestand Malwida dann nur die fünfzehn Gulden, kein Wort über zusätzliche Kosten. Der Verkauf einer goldenen Kette aus ihrem persönlichen Besitz, so nahm sie sich vor, sollte die Anschaffung von Leinwand und Farbe decken. Tatsächlich murrte Louis Meysenbug anfangs ein wenig.

»Fünfzehn Gulden! Davon kann eine Familie ganze Wochen leben!« Aber dann stimmte er doch dem sehnlichen Wunsch seiner Tochter zu.

Den nächsten Tag erschien die erste und einzige Schülerin pünktlich im Morgensternschen Atelier.

Carl Morgenstern war wie ausgewechselt. Nichts mehr von kaufmännischem Kalkül, nichts mehr von brüsker Manier, ganz Maler war er, ganz Künstler.

»Sehen Sie her«, rief er fröhlich und führte Malwida an eine bereitgestellte Staffelei, »Sie beginnen am besten mit Farben in Öl! Ein paar Grundtöne habe ich Ihnen auf der Palette schon angerührt.«

»Ich soll gleich in Öl malen?« freute sich Malwida.

»Aber ja, mutig drauflos! Denken Sie zunächst an die gesamte Komposition und legen Sie sich dann eine Horizontale an.«

Malwida malte. Sie dachte an nichts anderes mehr. Sie malte Himmel, Erde, Wiese, Wald und Wasser.

Bald waren es nicht mehr einzelne Stunden, die Carl Morgenstern seiner Schülerin gab, sondern Malwida verbrachte ganze Tage im Atelier auf der Zeil. Den Vater Morgenstern bekam sie nicht zu sehen. Er sei auf Reisen ins Thüringische, hieß es, wo er eine Erbschaftsangelegenheit auszufechten habe. Die Familie stammte von dort, aus Altenburg, wo Johann Christoph Morgenstern schon vor hundert Jahren malte und dessen Sohn Johann Ludwig Ernst, eben jener Hausmaler Goethes, vor siebzig Jahren nach Frankfurt einwanderte.

»Sie machen sich Ihre Kleider ganz schmutzig«, hatte Carl bald bemängelt und Malwida einen rauhen Leinenkittel gereicht, wie er selbst einen trug. »Hier, ziehen Sie das an! Das kleidet Sie hier im Atelier besser als Seide mit Rüschen.«

Auch sonst behandelte er Malwida keineswegs wie eine junge Dame, viel eher wie einen Lehrling zu Dürers Zeiten. Sie mußte alles tun, vom Farbe reiben bis zum Spannen eines Rahmens. Fehlte nur noch, daß er sie den Boden kehren ließ, aber das erledigte die alte Frau, die Malwida die Tür geöffnet hatte. Hin und wieder brachte sie den beiden in ihre Arbeit Vertieften einen Imbiß.

»Hier, esse Se, Frolleinsche, sonst falle Se mir noch um!«

Auch den Ofen schürte die Alte, denn nun war es wirklich Winter geworden. Reichlich schüttete sie von der Kohle ein, deren Preis gefallen war, seit man kürzlich große Kohlenlager links des Rheins entdeckt hatte.

Für Malwida begann die Zeit des Kopierens. Haargenau hatte sie sich an die Vorlagen italienischer Landschaften des Meisters zu halten, lernte, Effekte nicht mehr dem Zufall zu überlassen.

»Hier mehr Weiß unterlegen«, wies Carl sie an, »sonst leuchtet der Himmel nicht von innen.«

Dazu erzählte er gern von seinen Reisen durch Italien, von seiner

Begeisterung für dieses Land, seine Farben, sein Licht, seine Kontraste.

»Neapel, Capri, Taormina«, schwärmte er, »es ist anfangs gar nicht leicht, sich in der Fülle von Eindrücken zurechtzufinden. Aber dann ist ein Künstler ihnen verfallen, ein für alle Mal. Auch mich zieht es wieder in den Süden…«

Die Monate dieses Winters wurden zu den schönsten in Malwidas bisherigem Leben. Vater und Mutter aber urteilten anders.

»Du kümmerst dich nicht mehr um die Familie«, hieß es und »wie du herumläufst, Malwida, in diesem Malerkittel!«

Noch hielt man sich zurück, aber insgeheim sprach man deutlicher.

»Den ganzen Tag ist sie allein mit diesem Maler im gleichen Raum!«

»Ja, wenn es der alte Morgenstern wäre! Aber sein Sohn ist ein Mann im Heiratsalter!«

»Man darf sich nicht wundern, wenn die Leute reden…«

»Verhüte Gott, daß sie Grund haben, zu tuscheln!«

»Einen Künstler zum Schwiegersohn, das fehlte noch!«

Sie tauschten sich sorgenvoll aus, um sich schließlich gegenseitig zu versichern:

»Ach was, auf unsere Malwida ist Verlaß!«

»Gewiß, sie weiß, was sich gehört, und wird es stets beachten.«

»Sie liebt die Kunst und will sich darin messen.«

»Lassen wir ihr eine Weile die Freude.«

»Du hast recht, ein wenig Fingerfertigkeit kann niemals schaden.«

So besuchte die Tochter weiterhin das Morgensternsche Atelier und vervollkommnete sich in der Technik darstellender Kunst weit über das bloße Maß von Fingerfertigkeit hinaus. Sie lebte ganz und gar in der Welt der Schönheit, in deren Geheimnisse vorzudringen ihr zum Lebensziel wurde.

Langsam gewann die Sonne wieder an Kraft, leckte den Schnee von den Dächern und trieb die ersten Krokusse aus der Erde. Und ganz plötzlich war der Frühling da.

»Heute geht's hinaus ins Freie!« verkündete Carl Morgenstern »Sie malen einmal ganz nach der Natur!«

Das hatte Malwida ja schon zu Hause gewagt, aber jetzt, unter Anleitung des Meisters, war es etwas ganz anderes. Sie packten Skizzenbuch und Malzeug zusammen, und los ging es hinunter zum Mainufer.

Malwida wählte eine Reihe von Bäumen zum Motiv, deren Zweige dicht über dem Wasser hingen und sich darin spiegelten. Morgenstern zogen wieder einmal die Bögen und Pfeiler einer Brücke an, wie er sie schon hundertfach an Main und Nidda gemalt hatte. Ihn reizte das Wasser, aufgeteilt in Schatten und Licht, fließend oder gestaut, und darüber Pfosten und Steg aus altem Gestein und fahlem Holz.

»Malen Sie genau, was Sie sehen, Malwida«, wies Morgenstern sie an, »das Bild, so wie Ihr Auge es aufnimmt, übertragen Sie auf die Leinwand.«

Malwida mischte sich auf der Palette Grün und Braun und Blau, und diese untereinander in allen Schattierungen, und malte ein blühendes Feld, zur Rechten ein Haselnußgesträuch, fern die zarte Linie des Taunus, und darüber fröhliche Frühlingswolken.

Sie kostete jeden Augenblick aus und war glücklich. Wenn die beiden Staffeleien so nebeneinander standen, waren Maler und Schülerin einander ganz nahe, niemals aber der Mann dem Mädchen. Verdächtigungen dieser Art konnten nur mit gehässigem Unverständnis einhergehen, weit entfernt vom so viel feineren Gespinst der Seele.

An einem Regentag, der das Hinausgehen verbot, war Malwida seit dem frühen Morgen mit Studien von Bewegungsabläufen beschäftigt, harte Arbeit, wie sie die Kunst ebenfalls verlangt. Da erschien die Alte am Treppenabsatz und meldete Besuch.

»Besuch für mich?« fragte Mogenstern, von der Arbeit aufgestört.

»Nein, für's Frolleinsche!«

»Für mich? Wer ist es denn?« Malwida trat auf den Treppenabsatz hinaus. Unten stand Laura. »Laura, Liebes!« freute sich Malwida sogleich, »daß du mich hier besuchst! Komm herauf und schau dir alles an!«

»Lieber nicht, Malchen«, kam es verzagt von unten. Das war schon lange her, daß Laura den Kosenamen aus Kinderzeit benutzte und schien eben jetzt nichts Gutes zu bedeuten. »Ich komme nicht zu Besuch, Malchen, ich soll dich heimholen. Gleich jetzt!«

»Ist etwas geschehen? Mit Mutter? Oder dem Vater?«

»Nein, nein... oder doch... Vater muß fort, und wir, du und ich...«

Carl Morgenstern, der den Disput mitgehört, nickte Malwida freundlich zu.

»Gehen Sie nur, Fräulein von Meysenbug! Ich säubere schon die Pinsel für Sie!«

Malwida zog den grauen Malerkittel aus und hängte ihn an den Haken. Man schickt mir Laura, mich zu holen, wo ein Diener genügt hätte, überlegte sie, was hat das zu bedeuten?

Vorm Haus stand, wohl des Regens wegen, eine geschlossene Kutsche. Kaum eingestiegen, brach Laura in Tränen aus.

»Gerade jetzt«, schluchzte sie, »wo ich einen jungen Mann kennengelernt habe! Gerade jetzt muß der Vater wieder zu seinem Fürsten! Der hat ihn zurückbeordert.«

»Nun ja, wir wußten, daß das einmal kommen würde«, suchte Malwida zu beschwichtigen, »aber das ändert doch nichts für dich und mich...«

»O doch«, widersprach Laura heftig, »das ist es ja eben! Vater wünscht, daß Mutter mit uns sofort und unverzüglich nach Detmold zurückkehrt.«

»Nach Detmold zurück...?«

»Ja, deinetwegen!« Ein zorniger Blick aus tränenfeuchten Augen traf die Ältere. »Vater sagt, du heiratest sonst noch diesen Farbenkleckser!«

»Farbenkleckser? Hat er es so gesagt?«

»Laut genug!«

»Das heißt, sie haben wieder gestritten?«

»Nun ja, Vater läßt von seinem Fürsten nicht...«

»Und Mutter?«

»Sie hat wohl insgeheim gehofft, ihr Beisammensein sei diesmal für immer.«

»Arme Mama!«

Ein paar Straßenecken und schon war die Kutsche angelangt. Es regnete noch immer heftig, so beeilten sich die Schwestern, ins Haus zu kommen. In der Wohnung, die im ersten Stockwerk lag, trafen sie die Mutter ohne den Vater an. Ernestine von Meysenbug war mit Packen beschäftigt, Magd und Jungfer gingen ihr zur Hand. Kisten und Koffer standen überall herum, ihre Deckel aufgeklappt wie Mäuler.

»Die Pendule dort hinein!« wies sie an, ohne die Mädchen zu beachten, »die Korsagen hier in diesen Koffer!«

»Mutter, hier ist Malchen...« machte Laura sich bemerkbar, »ich hab' sie geholt, wie du es wolltest...«

»Mama«, schloß sich Malwida an, »was soll dies alles?«

Ernestine gab Magd und Jungfer einen Wink, das Zimmer zu verlassen, dann wandte sie sich ihren Töchtern zu.

Malwida erschrak über den Ausdruck im Gesicht der Mutter. Es wirkte wie versteinert. Trotz und Enttäuschung waren darin zu lesen, aber auch Gehorsam und Hoffnungslosigkeit.

»Was soll dies alles, Mama?« wiederholte Malwida.

»Du siehst es ja, wir reisen ab«, sagte Ernestine müde, räumte einen Stoß gefalteter Hemden von einem Stuhl und ließ sich darauf nieder. »Vater wünscht, daß wir den Aufenthalt hier abbrechen...«

»Aber Mama«, fiel Malwida ihr ins Wort, »müssen wir denn alle zurück nach Detmold? Könnte ich nicht hierbleiben? In einer Pension vielleicht...«

»Wo denkst du hin, Kind!« wehrte die Mutter, aber Malwida gab sich nicht geschlagen.

»Ich bin über zwanzig Jahre alt, Mama, und mitten im Kunststudium! Man sagt, ich habe Talent!«

Draußen klappte eine Tür, energischer Schritt war zu hören. Dann stand der Vater mitten im Zimmer.

»Ich höre Talent, Malwida? Das ist erfreulich, mein Kind, höchst

erfreulich! So wirst du dich in deinen Mußestunden immer zu be-
schäftigen wissen…«

Auch dem Vater fiel Malwida ins Wort.

»Es ist mehr als das, Papa! Ich liebe die Malerei, ich sehe meine
Berufung in ihr!«

»Berufung? Große Worte, Malwida! Gib dich ein wenig bescheidener und füg dich in das, was einem jungen Mädchen ziemt.«

»Mit welchem Recht«, brauste Malwida auf, »legt man mir Fesseln an, nur weil ich eine Frau bin?«

»Das, was du Fesseln nennst, haben auch Männer zu tragen. Sie
sind nur von anderer Art.«

»Und was, wenn man über das hinaus will, was ein festgelegtes
Schema Mann oder Frau zuteilt? Du mußt zugeben, Papa, die Geschichte ist voll von Beispielen…«

»Schluß jetzt, Malwida! Auch für dich wird bald ein braver Mann
kommen, der deiner wert ist, dann hast du schnell diesen ganzen
Unsinn vergessen. Bis dahin aber sind wir, deine Mutter und ich,
für deinen Ruf verantwortlich, für Ordnung und Sitte.«

»Papa!« kam es wie ein Aufschrei von Malwida. Sie erkannte
ihren Vater kaum wieder, hatte sie doch fest geglaubt, sein Verständnis und sein Vertrauen zu besitzen.

»Papa, die Malerei bedeuet mir mehr als all das! Nur wenn ich
male, bin ich glücklich! Was mir dazu noch fehlt, ist Perfektion.
Ich muß lernen wie ein Himmel sich wölbt, wie Wasser fließt,
wie ein Baum sich durch die Jahreszeiten färbt! Papa, all das ist
Kunst, ist Erfüllung! Und ich habe das Zeug dazu, bedenke doch,
ich könnte am Ende gar eine Angelika Kauffmann werden…«

Jetzt war das Gesicht Louis Meysenbugs ebenso versteinert wie
das seiner Frau.

»Ich verstehe nicht, wovon du sprichst!«

»Wahrhaftig, wir verstehen nicht…« echote schwach die Mutter.
Malwida sackte in sich zusammen. Das Unvermögen, sich den Eltern überzeugend zu offenbaren, verursachte ihr körperlichen
Schmerz. Entmutigt zog sie bei sich Bilanz. Nein, sie werden es
nie verstehen, daß eine Frau ihr Leben selbst in die Hände nehmen, den eigenen Weg auf eigenen Füßen gehen will.

»Darf ich wenigstens«, bat Malwida, »noch einmal ins Atelier hinüber, mich von meinem Lehrer zu verabschieden?«

»Wir schicken eine Botschaft. Das genügt.«

Den nächsten Morgen verließ die Familie von Meysenbug ein zweites Mal Frankfurt, der Vater, erneut seinen Dienst aufzunehmen, Mutter und Töchter heimwärts ins Meysenbugsche Palais zu Detmold.

Der junge Apostel

»Ach, Malwida, tagein, tagaus nur deine Malerei! Da hätten wir ja auch in Frankfurt bleiben können!« entfuhr es Ernestine von Meysenbug. Ihr ganzer Unwille über die Tochter machte sich Luft. »Du gehst nicht aus, nimmst gesellschaftlich keinerlei Anteil, ja nicht einmal mehr in die Kirche gehst du!«

Unrecht hatte die besorgte Mutter nicht. Gleich nach der Rückkehr hatte Malwida sich im Palais Meysenbug ein Atelier eingerichtet und verbrachte die Stunden des Tages ausschließlich mit dem Pinsel in der Hand. So war es das ganze Jahr über gegangen, und ein neues war längst angebrochen.

Malwida wandte sich von den blauen Schatten dunkeln Tannenwaldes, vom Zartgrün eben wieder sprießender Laubbäume und dem Silberblau eines frühen Morgenhimmels langsam der Mutter zu. Ihr Gesicht schien gereift in diesen zwei Jahren, der Blick ihrer hellen Augen wußte von Verzicht und Vergebung.

»Sei nicht böse, liebste Mama«, bat sie und wischte den Pinsel achtlos mit dem Tuch aus. »Du mußt mich verstehen, Detmold ist mir zu eng geworden, ich fühle mich gefangen, Mama, eingekerkert, und nur die Kunst stößt mir ein Fenster auf.«

»Ach, große Worte, Kind«, wehrte Ernestine ungeduldig, fühlte aber doch den Boden eigener Argumente schwanken. Welch absonderliche Vorstellungen diese Tochter doch immer hatte! Statt wie andere junge Mädchen sich fröhlich ins Gesellschaftsleben zu stürzen, ja froh zu sein, daß der intakte Fürstenhof solches noch bot, brachte sie ihre Tage im Malerkittel, einem Büßerhemd ähnlich, zu. Schon ohne Hoffnung, für heute noch etwas auszurichten, nahm Ernestine einen letzten Anlauf.

»Begleite uns wenigstens heute in die Kirche, Malwida! Der junge Althaus hält seine erste Predigt.«

»Der junge Althaus?« Malwidas Interesse war geweckt. Sie erinnerte sich an einen schüchternen, schlaksigen Jungen, der im Pastorhaus am Kamin lehnte und in einem Buch las. Auch später hatte sie ihn noch ein paarmal gesehen, wenn er in Ferien heimkam, die Eltern zu besuchen.

»Ja, Theodor, des Pastors Ältester«, gab Ernestine unterdessen näher Auskunft, »er studiert in Bonn und Jena und gibt auf der Kanzel sein Detmolder Debüt.«

War es, um sich der Mutter fügsam zu zeigen oder weil ihr der Knabe am Kamin nicht aus dem Sinn ging, jedenfalls schien Malwida plötzlich entschlossen.

»Gut, Mama, für diesmal komme ich mit zum Gottesdienst!«

Schon streifte sie den Malerkittel ab und warf ihn über eine Stuhllehne. Bis zum Kirchgang hatte sie ihn durch ein Kleid aus grünem Rips ersetzt, schwarze Stickerei an Saum und Ärmeln, dazu den Schutenhut ebenfalls in Grün.

Der Gottesdienst hatte bereits begonnen, als Malwida neben Mutter und Schwester das Kirchenschiff betrat. Tuscheln und Flüstern kommentierte hier und da ihr seltenes Erscheinen. Wenn modische Belange sonst ihre geringste Sorge waren, so kam ihr jetzt der schützende Schutenhut gerade recht. Der Gesang der Gemeinde war eben verklungen, da stieg ein hochaufgeschossener junger Mann im schwarzen Talar auf die Kanzel. Er beugte das Gesicht auf seine gefalteten Hände und verharrte für Minuten in stillem Gebet.

Irgendwie hatte Malwida sich nicht klargemacht, daß der Junge vom Kamin unterdessen längst ein Erwachsener geworden war. So betrachtete sie die scharfgeschnittenen, wenn auch harmonischen Züge mit Überraschung, und als er zu sprechen begann, empfand sie die sonore, wohlklingende Stimme als angenehm. Dann aber nahm der Inhalt seiner Predigt sie gänzlich gefangen: Nichts von jener sentimentalen Moral des Protestantismus, keine in unbestimmten Schwaden gestellten Forderungen, die sich der Lebensfreude entgegenstellten, diese Predigt hier, aus der Quelle brillanter Intelligenz, voll von neuen belebenden Gedanken, kam dahergebraust wie ein poetischer Bergstrom.

Malwida konnte Auge und Ohr nicht von ihm wenden, diesem jungen Apostel, wie er aufrecht dort oben auf der Kanzel stand, das dunkel lockige Haar bis auf die Schultern fallend, während er Satz für Satz mit der sparsamen Gestik seiner schmalen Hände unterstrich. Ein schlicht gesprochenes Vaterunser beendete die Predigt, das Amen der Gemeinde erscholl einmütig wie ein Dank für die außergewöhnliche Erbauung.

Tief in Gedanken trat Malwida mit den Ihren den Heimweg an.

»Es heißt, er hält in der Ressource einen Vortrag«, suchte Ernestine die Tochter zu weiterer Teilnahme anzuregen, »er wird dabei sicherlich ebenso interessant sprechen wie in der Kirche.« Dorthin begleitete Malwida die Mutter nicht. Ihr Instinkt sagte ihr, einer Begegnung dieser Art auszuweichen, obgleich sie ihre Zurückhaltung schon wieder bereute, als die Mutter nach Rückkehr von der Veranstaltung schwärmerisch ausbrach:

»Dieser junge Althaus scheint mit das Ideal eines Mannes!«

Andere Stimmen gab es, die in Presse und Öffentlichkeit ebenfalls Predigt wie Vortrag überschwenglich lobten.

Eine treffliche Arbeit! Genialität des Wortlauts, Klarheit des Gedankens, Einblick in die Zeit und Einfachheit der Form, alles zusammengenommen befriedigt es den Denker ebenso wie es das Volk zum Denken anleitet.

Der junge Theodor Althaus kehrte zu Semesterbeginn nach Bonn zurück, ohne daß Malwida ihm noch einmal begegnet wäre.

Verein der Arbeit für Arme

Die Predigt, die der Kandidat der Theologie Althaus im Sommer 1843 in der Hauptkirche zu Detmold gehalten hatte, blieb auf Malwida von Meysenbug nicht ohne nachhaltigen Eindruck. Ihr Sinn und ihre Empfindungen wandten sich erneut der Religion zu. Das wahre Christentum, so schloß sie aus Althaus' Worten, ist allein das Christentum der Tat, der Nächstenliebe.

»Weißt du was, Laura«, wandte Malwida sich eines Tages an ihre Schwester, »wir gründen einen Verein!«

»Wir tun was?« Laura hatte sich in letzter Zeit schon genug über ihre ältere Schwester wundern müssen. Für Monate abgeschieden in ihrem Atelier, nur ihre Bilder im Kopf, zeigte sie plötzlich eine rastlose Unruhe mit Hang zur Tätigkeit, diese aber ohne Ziel und Zweck. Vorschläge waren schon so manche gekommen und hatten sich wieder zerschlagen. Jetzt aber dieser hier in aller Bestimmtheit.

»Wir gründen einen Verein der Arbeit für Arme. Wir werben Mädchen der Gesellschaft zu Mitgliedern und treffen uns einmal die Woche ringsum im Haus einer jeden. Ein bescheidener Beitrag deckt die Kosten für Stoff und Material, unserer Hände Arbeit aber soll das wahre Opfer sein, das wir im Namen Jesu bringen werden!« Wieder einmal hatte sich die Flamme der Begeisterung in Malwida entzündet. »Kleider, Schürzen, Strümpfe, all das stellen wir her und verteilen es dann an die Armen!«

Anfangs wollte Laura nicht so recht an die Sache heran, suchte zwar unter ihren Freundinnen zu werben, fand aber naturgemäß, ihrer eigenen Unlust wegen, nur geringes Echo. Doch kaum waren die ersten Produkte des Vereins, der immerhin sechs Mitglieder zählte, öffentlich begutachtet und bedürftigen Familien übergeben, setzte geradezu eine Flut von Nachfragen um Mitgliedschaft ein. Unter den Töchtern der Detmolder Gesellschaft galt es als unabdingbar, dem Verein beizutreten, ja jede wollte der anderen zuvorkommen. Aus den regelmäßigen Treffen wurde ein gesellschaftliches Ereignis, aber es kam auch eine Menge Geld zusammen, und die Mädchen überboten einander in Fleiß und Kunstfertigkeit.

»Wir würden auch gern dem Armen-Verein beitreten«, meldeten sich schüchtern zwei junge Mädchen bei Malwida und unterstrichen ihre Bitte mit einem artigen Knicks vor der Älteren.

»Johanna! Elisabeth!« rief Malwida voller Freude aus, »ich hätte euch beinahe nicht wiedererkannt! Ihr seid ja zwei erwachsene Damen geworden!«

»Nun ja, die Zeit vergeht, gnädiges Fräulein«, meinte Johanna.

»Für Sie waren wir ja noch Kinder, Fräulein von Meysenbug«, setzte Elisabeth bescheiden hinzu.

Das waren sie gewesen, die beiden Schwestern des Theodor Althaus, zwei der Kinder, die Malwida manchmal hatte beim Pfarrhaus um den alten Nußbaum tanzen sehen. Ihre Erinnerung ging nicht viel weiter als an runde, fröhliche Gesichter, blonde Zöpfe, viel Gelächter und Gesang, und manchmal des Pfarrers mahnende Stimme, unten im Gärtchen nicht so viel Lärm zu machen.

»Ihr beide wollt also auch mit uns für die Armen arbeiten«, faßte Malwida zusammen, »das freut mich ganz besonders.« Warum es sie besonders freute, war klar. Ausgerechnet die Predigt des Bruders war es ja gewesen, die den tieferen Anlaß zu der ganzen Aktion gegeben hatte.

»Ja, wir wollen mitarbeiten«, bestätigte Elisabeth Althaus übereifrig, »ich bin geschickt mit Nadel und Faden, und Johanna strickt und häkelt gern.«

Malwida nannte den beiden neuen Mitgliedern des Vereins Tag und Ort der nächsten Versammlung und entließ sie mit einem freundschaftlichen Hinweis.

»Wir im Verein nennen uns alle gegenseitig bei Vornamen. Ich bin also für euch einfach Malwida, wie ich es ja früher schon war.« Johanna errötete und knickste verschämt, Elisabeth aber strahlte.

»Danke«, rief sie, »danke… Malwida!« Und ehe diese sich versah, fühlte sie zwei Mädchenarme um ihren Hals und einen herzhaften Kuß auf ihrer Wange.

»Ist ja schon gut, Kleine…« lachte Malwida nun ihrerseits verlegen, doch Elisabeth war schon auf und davon. Der Namen »Kleine« aber blieb ihr, nicht nur als Jüngste des »Vereins der Arbeit für Arme«, sondern auch ihrer für eine Siebzehnjährige noch immer kindlichen Gestalt wegen, dem pausbäckigen Gesicht und den blonden Zöpfen, wenn diese jetzt auch brav zu Schnecken gesteckt hinter den Ohren saßen.

Manch Detmolder Tochter verlor mit der Zeit die Lust an wöchentlich einmal zerstochenen Fingern und trat aus dem Verein wieder aus oder wurde zum stillen Mitglied. Etwa zwei Dutzend Paar fleißiger Hände brachten aber mit der Zeit einen stattlichen Vorrat an Kleidung und Wäsche, darunter vor allem Kindersachen, zustande. Alles wurde gehortet und sollte zu Weihnachten eine ebenso reiche wie feierliche Bescherung geben.

Ein böser Herbstwind peitschte durch die Straßen der Stadt, schob finstre Wolken vor sich her, die im November ihre erste Last an Schnee abluden. Das ließ rechte Weihnachtsstimmung aufkommen, und die Mitglieder des Vereins verdoppelten ihre Mühe, ein weiteres Dutzend Schürzen zu säumen, weitere Paare wollener Strümpfe und warme Handschuhe fertigzustellen. Für Bettuch und Leinenzeug hätte sich Malwida wohl solch eine Maschine gewünscht, von der die Hausfrauen erzählten. Ein Faden oben, ein Faden unten sollten sie sich durch Heben und Senken maschinell so miteinander verknüpfen, daß in rasender Eile eine ganze Naht fertiggestellt sei. Aber wer hatte schon je ein solches Wunderwerk zu Gesicht bekommen!
Wo immer man sich zusammenfand und beieinander saß, suchte Elisabeth Althaus einen Platz neben Malwida oder wenigstens in deren Nähe zu ergattern. Dann stellte sie der Älteren Fragen oder ließ sich von ihr belehren, tauschte Meinung gegen Meinung über dies und das und über den Lauf der Welt. Dabei erwies die »Kleine« sich nicht nur als blitzgescheit, sondern suchte darüber hinaus ganz offensichtlich den freundschaftlichen Kontakt. Malwida spürte dies Suchen und öffnete sich ihm mit einer Bereit-

willigkeit, die trotz ihrer gleichfalls jungen Jahre aus mütterlichem Herzen kam.

Einmal kam Elisabeth mit einem Brief in der Hand in die Nähstube und schwenkte ihn schon von weitem.

»Von meinem Bruder«, rief sie, »aus Bonn!« Und dann: »Hier, nimm und lies, Malwida!«

»Aber Kleine«, wehrte Malwida, »es steht mir nicht zu, deine Briefe zu lesen!«

»Nun gut, dann lese ich ihn dir vor!« Elisabeth, fest entschlossen, Malwida an den Worten des Bruders teilhaben zu lassen, nahm es in Kauf, daß die anderen Mädchen zu Zuhörerinnen wurden.

Ich nehme eine neue Feder, Dir zu schreiben, las sie, *und von hier zu berichten. Denk nur, der Senior des hiesigen Predigt Seminars forderte mich auf, einen Vortrag zu einem freigewählten Text zu halten. Ich nahm die Gelegenheit wahr, meine persönliche Überzeugung auszusprechen, die in den hiesigen Kreisen sonst ja verpönt ist. Ich wählte Korinther 1/VII, Vers 21 bis 23. »Bist du als Knecht berufen, sorge dich nicht, doch kannst du frei werden, so ziehe das vor…« bis »… werdet nicht der Menschen Knechte!« Ich wollte sagen: Welche Gedanken sollen den Christen in seinem Streben nach Freiheit leiten? Ich sprach mit Mäßigung, war aber doch eines stürmischen Echos gewiß. Wie erstaunt war ich, als mir Lob über Lob gespendet wurde! Ich will also weiterhin dem Streben nach Freiheit das Wort reden…*

Elisabeth ließ das Blatt sinken.

»Nun, was sagst du zu dem Brief, Malwida?« fragte sie und griff nach ihrer Näharbeit. Malwida schrak zusammen. Was sollte sie sagen? Sie hatte soeben eine Offenbarung erfahren. Dem Menschen Freiheit predigen, ohne Gott den Rücken zu kehren! Das war, wonach sie solange gesucht hatte.

Elisabeth, ungeduldig Malwidas Schweigen mißverstehend, hob den Blick von feiner Hohlsaumstickerei.

»Aber, Malwida, verstehst du nicht? Theo hat seinen Weg gefunden! Er wird kein frommer Kirchenmann wie Vater, er wird mehr! Ein Streiter wird er, und man wird ihn weit hören, überall dort, wo die Hoffnung erloschen ist! Glaube mir, Malwida….«

Plötzlich standen Tränen in Elisabeths blauen Augen. Malwida erschrak zum zweiten Mal. Welcher Tiefe des Empfindens war dieses Mädchen fähig, und was für ein unvermuteter Ernst steckte hinter kindlichem Übereifer und geschwätziger Fröhlichkeit! Und welch Gleichheit im geheimsten Denken! Elisabeth Althaus sollte von nun an nicht nur Freundin, sondern auf lange Zeit Weggefährtin sein.

Weihnachten kam heran. Bei leisem Schneefall strömte alles in die Kirche, lauschte dem Wort Gottes und empfing den Segen. Dann stand an weit geöffneter Kirchentür Malwida von Meysenbug, neben ihr Elisabeth Althaus, und aus vollen Körben verteilten sie an jene, die es bitter brauchten, das, was der »Verein der Arbeit für Arme« in langen Monaten erarbeitet hatte.
»Hier, Mutter Bernried, ein Paar warme Bettschuh, wenn's Euch nachts an den Füßen friert!«
»Einen warmen Schal, Großvater Lechner!«
»Zwei Dutzend weiche Windeln, Mariechen! Hattest du nicht Zwillinge dies Jahr?«
»Und Ihr, Bäuerin, bei sechs Halbwüchsigen könnt ihr sicher ein warmes Strickwams für jeden von ihnen gebrauchen!« So ging es fort, bis die Körbe leer waren. Weihnachten war endlich einmal zu dem geworden, was es seinem Sinn nach immer sein sollte, ein Tag, an dem man der Armen und Bedürftigen gedachte.

Im Januar des nächsten Jahres kam nochmals ein Brief von Theodor Althaus. Diesmal las Malwida ihn selbst.

Die Weihnachtstage verlebte ich in völliger Einsamkeit. Am Heiligen Abend hörte ich in der Predigt den Lobgesang Maria und die Widerlegung jeglicher Freiheitsidee, am ersten Festtag dann eiferte die Predigt gegen den Reichthum und pries die Armuth. Ersteres konnte mir nicht gefallen und das Zweite muß man gegeneinander in Bezug setzen, damit es Sinn ergibt. Mir wurde erst wieder freier zu Muthe als ich bei herrlichem Wetter einen Spaziergang unternahm…

Der Brief erzählte im gleichen unbefangenen Ton noch eine Weile weiter und schloß dann mit aller Herzlichkeit. Eine Herzlichkeit, von der Malwida sich ausgeschlossen fühlte. Plötzlich überkam sie etwas wie Eifersucht auf einen Bund, in dem sie gern, gewährte man ihr nur die Bitte, die Dritte gewesen wäre. Vielleicht, so suchte sie sich zu trösten, war ja der »Verein der Arbeit für Arme« ein Weg dorthin, hatte sie ihn doch ganz in Theodor Althaus' Geist gegründet.

Theodor Althaus

Noch vor Beendigung seiner Studien wurde dem jungen Althaus eine Stelle als Diakon in Coburg angeboten. Sein Großvater, Bischof von Sachsen im Ruhestand, durchkreuzte diese Absicht mit der schriftlichen Anfrage an seinen Enkel.

Möchtest Du nicht ein paar Monate in Berlin zubringen? Du könntest das Leben in größeren Verhältnissen kennenlernen und zudem Möglichkeiten zur Aufnahme einer späteren Tätigkeit prüfen. Ich weiß, daß Dir eine Laufbahn als Docent an einer Universität im Kopf herumspukt, aber auch andere Wege ins Leben ließen sich von Berlin aus für Dich öffnen.

Althaus war sofort reisebereit. Das großstädtische Treiben der preußischen Hauptstadt verfehlte nicht, Eindruck auf ihn zu machen und die gewünschten Anregungen zu geben. Nach sechs Monaten kündigte Theodor einen längeren Urlaub im Elternhaus an.
»Theo kommt! Hörst du, Malwida? Theodor kommt!« jubelte Elisabeth und schien ganz närrisch vor Freude. »Ach, Malwida, wenn du nur wüßtest, wieviel er mir bedeutet, dieser Bruder!«
Und wieder spürte Malwida den seltsamen Wunsch nach Teilnahme an der Begeisterung, nach Einbindung in den Gefühlsstrom dieses jungen Mädchens.

81

Theodor traf ein, bezog sein altes Stübchen im Pfarrhaus und saß dort über seinen Büchern, wenn die Natur ihn nicht ins sommerliche Umfeld des Lippischen Landes hinausrief. All das erfuhr Malwida durch Elisabeth, ohne ihn selbst zu Gesicht bekommen zu haben. Dann aber, wie konnte es anders sein, fiel die wöchentliche Versammlung des Vereins auf das Pfarrhaus. Zufall oder nicht, es waren nur fünf oder sechs Mädchen, die sich versammelt hatten, darunter Malwida und Laura. Man saß im Kreis, jede ihre Näharbeit auf dem Schoß, Frau Althaus bewirtete mit Kaffee und Kuchen wie in alten Zeiten. Vom Sohn war weit und breit nichts zu sehen.

»Du mußt kleinere Stiche machen, Dorothea«, sagte Malwida eben zu Dorothea Falkmann, Tochter des Fürstlichen Rates, da öffnete sich die Tür, und, von draußen kommend, trat Theodor Althaus ein.

Die Augen der Mädchen hoben sich von der Näharbeit, und fast hätte man den Seufzer der Bewunderung vernehmen können, den eine jede für sich nur schwer zurückhielt. Auch Malwida gefiel er gut, der stattliche Student im altdeutschen Rock mit dem schwarz-rot-goldenen Band und den wadenhohen Stiefeln, vielleicht sogar noch besser als damals im schwarzen Talar.

Althaus zog grüßend die Mütze mit den studentischen Farben, unter der die dunklen Locken hervorquollen, und warf einen Blick in die Runde. Neben Malwida war ein Stuhl frei. Zielsicher ging er darauf zu und setzte sich. Sofort, ohne Hemmung, begann er das Gespräch.

»Ihnen, gnädiges Fräulein, brauche ich mich nicht bekannt zu machen«, meinte er, »das hat meine kleine Schwester längst besorgt, wie ich weiß.«

»Und zudem sind Sie mir seit Jahren bekannt, Herr Althaus«, suchte Malwida auf seinen Ton einzugehen, »dort drüben am Kamin haben Sie gelehnt und ärgerlich Ihr Buch zugeklappt, Fröbels Menschenerziehung, weil unser Schwatzen Sie störte!«

Althaus lachte herzlich.

»Da sehen Sie einmal wieder, Scheu und Hochmut liegen dicht beieinander!« Plaudernd nahm er vom Schmalzgebäck seiner

Mutter. »Ich komme soeben aus Berlin, Fräulein von Meysenbug, dorthin müssen Sie unbedingt einmal reisen! Eine große Stadt, das ist nicht zu leugnen. Allein die Friedrichstraße ist eine gute Stunde lang. Und die Dorotheenstraße, in der ich wohnte, obwohl eine von den kleinsten, ist dennoch so lang wie Detmold von einem Ende zum anderen. Die Spree fließt mitten durch die Stadt und wenigstens ein Dutzend Brücken sind hinübergeschlagen, und an manchen Stellen liegt sie ganz voll von Schiffen. Vier Eisenbahnen gehen von Berlin in alle Welt hinaus! In der Stadt selbst ist es nicht schwer fortzukommen, denn ungefähr zweitausend Droschken sind in alle Straßen verteilt. Bei schmutzigem Wetter ist das höchst angenehm, allerdings kosten diese Droschken einen guten Batzen Geld, das ist weniger angenehm.« Malwida lauschte wie gebannt seinem Bericht, was seine Schilderung nur noch anfeuerte.

»Konditoreien, wo man in Ruhe Zeitung liest und Kaffee trinkt, gibt es sehr hübsche. Eine von ihnen geht durch sechs Räume, und hundertfünfzig verschiedene Zeitungen liegen aus. Doch ist alles recht teuer. Wenn man sich also amüsieren will, geht man besser in eins der Museen, eine Gemälde- oder Statuensammlung, zu denen man ohne Geld Eintritt hat.« Theodor trank einen Schluck Kaffee und warf dabei über den Tassenrand hinweg einen erschrockenen Blick auf seine Zuhörerin. »Ich langweile Sie doch nicht?«

»Ganz und gar nicht«, beteuerte Malwida wahrheitsgemäß, denn noch niemals hatte sie sich über eine Stadt, größer als Kassel oder Frankfurt, eine Vorstellung gemacht.

»Auch in Potsdam war ich«, fuhr Theodor Althaus fort. »Mein Großvater, Bischof Dräseke, ließ sich dort nieder und lud mich mehrmals ein. Mit Recht nennt man die Stadt an der Havel die Sommerstadt Berlins. Das Neue Palais, der Lustgarten, die Nikolaikirche, und endlich Sanssouci! Potsdam atmet noch immer den Geist des großen Königs, wenn auch der jetzige ein so viel kleinerer ist.«

Malwida horchte auf. Kritik an Friedrich Wilhelm IV. war ihr schon aus anderer Richtung begegnet. Er sei ein Mann von Intelligenz, mache aber als König zu wenig Gebrauch davon. Seine Ansichten vom Regieren seien mittelalterlich! Er setze ein jubelndes Volk voraus, dienende, fröhliche Bauern, biedere Bürger, frommen Klerus, treuen Adel und sehe sich selbst als geistreichen Fürsten im Kreis seiner Vasallen. Ein Traum, aus dem er angesichts wachsender sozialer Polarität, aber auch wachsenden politischen Bewußtseins im Volk, noch nicht erwacht sei.

Die von Malwida so verehrte Bettina von Arnim, die in die Versprechungen des Kronprinzen noch alle Hoffnungen gesetzt hatte, sah sich bald nach dessen Thronbesteigung bitter enttäuscht. *Die alten Notabilitäten sind wie alte Schläuche,* schrieb sie, *faßt man sie an oder wollte man sie gar mit neuem Wein füllen, so würden sie wie Zunder reißen.*

Als habe Malwida laut memoriert, kamen Althaus' weitere Worte wie eine Fortführung ihrer Gedanken.

»Er hat zwar Pläne, sich wie sein Oheim künstlerisch für Potsdam einzusetzen, als König aber zolle ich ihm meinen Beifall nicht«, vermerkte Theodor.

»Aus schwülstig verschwommenem Gerede seiner Anfangsjahre, als er noch von »Ehrlichkeit, Licht und Wahrheit« sprach, zog er keinerlei Konsequenz, aber jetzt droht er Andersdenkenden, sie würden in Preußen keine Freistätte unter den Fittichen der Regierung mehr finden.«

Unwillkürlich erinnerte sich Malwida des aufständischen Mobs vor ihrem Kasseler Elternhaus.

»Er sprach von Revolutionären«, wandte sie schwach ein.

»Wer heute anders denkt, wird es auch frei heraus sagen, und damit ist er bereits zum Revolutionär gestempelt.«

Die Sicht der Dinge war Malwida neu, aber ebenso einleuchtend und mit der Perspektive ihrer eigenen Freiheitsliebe übereinstimmend. Sie versuchte ein paar Stiche zu machen, aber weit kam sie nicht mit dem eben angefangenen Saum, denn Theodor erzählte fesselnd vom Fortgang seiner Studien und referierte wiederholt seine politischen Ansichten.

»Wenn schlesische Weber meutern, weil ihre Familien verhungern, dann genügt es eben nicht, daß der König ein paar Kreuzer spendet, aus eigenem Vermögen, wie er betont. Ihn dafür in der Presse als mildtätig zu loben, ist die Krone der Heuchelei und schreit nach Pressefreiheit!«

Pressefreiheit, eines der heißesten Verlangen derer, die von Fortschritt sprachen. Hatte doch Hoffmann von Fallersleben eben ein Spottgedicht darauf veröffentlicht:

Wie ist doch die Zeitung interessant
Für unser liebes Vaterland!
Was haben wir heute nicht alles vernommen!
Die Fürstin ist gestern niedergekommen,
Und morgen wird der Herzog kommen,
Hier ist der König heimgekommen,
Dort ist der Kaiser durchgekommen,
Bald werden sie alle zusammenkommen
Wie interessant! Wie interessant!
Gott segne das liebe Vaterland!

Das Gespräch zwischen Malwida und Theodor riß ab. Die Arbeitsstunde war zu Ende, und die Mädchen wollten aufbrechen. Malwida sah keine Möglichkeit, sich dem Aufbruch zu entziehen. Sie verstaute ihre Handarbeit in einem Korb und erhob sich wie die anderen. Man schüttelte einander die Hände.

»Auf Wiedersehen, Frau Pastor!«

»Recht schönen Dank, Frau Pastor!«

»Adieu, ihr Mädchen!«

Malwida reichte Theodor die Hand. Er nahm sie und hielt sie fest. Einen langen, viel zu langen Augenblick ruhten seine Augen auf ihr. Malwida fühlte sich ihrem Wunsch, im Bund mit ihm zu sein, ein großes Stück näher gekommen, aber sie spürte auch, daß er ihr eine andere Rolle dabei zuwies, als sie zu spielen beabsichtigte. Indem Theodor endlich ihre Hand losließ, war ihr, als stürze sie in einen tiefen Schacht. Aber der Schwindel, den ihr das Stürzen bereitete, war unendlich süß und selig.

»Malwida! Malwida!« hörte sie Elisabeth rufen, »Willst du mir denn kein Adieu sagen?«

Malwida schämte sich, sie hatte Elisabeth ganz vergessen. War aus dem Dreierbund, den sie herbeigesehnt, unversehens schon ein Zweierbund geworden?

Abstecher in den Süden

Hatte sich im Sommer 1844 um Malwida von Meysenbug und Theodor Althaus ein zartes Band geknüpft, so doch nur mit loser Schlinge. Es ergab sich keine Möglichkeit, die Tiefe ihrer Beziehung auszuloten, denn der kurzen Begegnung folgte erneut Trennung. Malwida ging auf Reisen.

Schwägerin Pauline, Frau des ältesten Meysenbug-Bruders Ulrich, litt zunehmend an schlechter Gesundheit. Die Ärzte verordneten einen Aufenthalt im Süden. Die französische Provence, das italienische Ligurien wurden ins Auge gefaßt. Keinesfalls aber reiste eine Dame allein, eine passende Begleitung mußte gefunden werden. Die Familie erging sich in ausführlicher Beratung, bis Louis Meysenbug endlich, wenn auch wieder nur brieflich und aus der Ferne, den Gordischen Knoten durchschlug.

Mag Malwida mit Pauline reisen, lautete der väterliche Konsens, *war doch Italien schon immer das Land ihrer Sehnsucht.*

Malwida schien beglückt. Daß der Zeitpunkt ihr heikel schien, ließ sie sich nicht anmerken. Wer weiß, sagte sie sich, eine Spanne der Besinnung mag Klarheit bringen. Klarheit in allen Dingen war Malwida stets das wichtigste. Noch einmal hörte sie ihren jungen Apostel von der Kanzel herab. Seine für diesen Tag gewählten Themen waren Liebe und Freiheit.

»Gott ist die Liebe, nach der wir von Herzen streben sollen«, verkündete seine wohlklingende Stimme, »aber wir fügen hinzu: Gott ist die Freiheit! Unsere Zeit arbeitet daran, diesen zweiten Satz in den ersten mit aufzunehmen. Und wir rufen alle, die die

Früchte dieser Erde genießen, auf, ebenfalls darauf hinzuwirken. Alle sollen den gleichen Lohn bekommen, auch jene, die erst in der elften Stunde gekommen sind. Einerlei, ob man uns Volksverführer, Schwärmer, Atheisten oder Kommunisten schilt, ob man uns von der Kanzel zu verdrängen sucht, wir rufen laut die Rechte des freien Menschen in alle Welt hinaus, die Rechte aller auf Glück und Genuß und die Güter dieser Erde!«

Das war eigentlich schon keine Predigt mehr, schon gar nicht eine von der Kirchenkanzel. Es war das ganz persönliche Glaubensbekenntnis des Theodor Althaus, das er mit flammender, zu Herzen gehender Vehemenz über die Gemeinde ausgoß. Die meisten der Versammelten verstanden wohl kaum, wovon er sprach, aber schon das Ungewohnte seines Tones, der unüberhörbare Ernst seiner Worte, rührte sie an. Schweigend, noch immer wie gebannt verließ die Gemeinde nach dem Gottesdienst die Kirche. Malwida blieb still versunken in der Bank sitzen, bis alle anderen gegangen waren.

Er ist kein Priester, mein junger Apostel, dachte sie, und auch kein Prediger, aber ein Heilsverkünder... Was wird aus ihm wohl noch erwachsen?

Malwida bemerkte, daß jemand gleich ihr die Kirche noch nicht verlassen hatte. Es war eine Frau einfacher Herkunft, die Malwida noch nie gesehen und die auch sogleich bekannte, hierorts fremd zu sein.

»Ich bin nicht von hier«, flüsterte die Frau und beugte sich in Malwidas Bank, »können Sie mir vielleicht sagen, wer dieser junge Geistliche war? Er lehrt den Weg zu Gott auf rechte Weise...«

Malwida sah zu ihrem Erstaunen, daß die Frau geweint hatte, geweint über Theodors mutigen Aufruf.

»Sein Name ist Theodor Althaus«, sagte Malwida und hätte, von einem unerklärlichen Hochgefühl erfaßt, ums Haar hinzugesetzt: Er ist der Mann, den ich liebe! In Wahrheit fehlte ihr der Mut, sich selbst einzugestehen, daß Theodor Althaus in ihrem Herzen wohnte, ja längst von ihrem ganzen Wesen Besitz ergriffen hatte.

Malwida nickte der Fremden nochmals zu und verließ dann selbst die Kirche.

Zu einem letzten Abschiedsabend bei den Meysenbugs brachte Elisabeth dann unvermutet ihren Bruder mit.

»Du hast doch nichts dagegen, Liebste, daß Theo mitgekommen ist? Er wollte dir auch Lebwohl sagen, ehe du in den sonnigen Süden entschwindest. Ach, Malwida, wie werden wir dich alle vermissen, wenn es auch nur für ein paar Monate ist...«

»Ich... oh, nein... natürlich...« Malwida, ganz und gar Hemmung, hätte sich gegen Elisabeths Wortschwall noch durchgesetzt, aber der Anblick Theodors, seiner hohen Gestalt, seiner über die Jahre männlichen Erscheinung, ließ sie in ihre alte Schüchternheit zurückverfallen.

»Guten Abend, Herr Althaus«, brachte sie steif eine Begrüßung zustande, die sofort um vieles höflicher und lebhafter von ihrer Mutter überboten wurde.

»Seien Sie mir willkommen, lieber Althaus! Sie kennen meinen Sohn, meine Schwiegertochter...«

Althaus wurde ringsum bekannt gemacht und dann, Zufall oder nicht, weit entfernt von Malwida zwischen Pauline und Laura gesetzt. Wein wurde gereicht, Gebäck serviert, während die Unterhaltung sich nicht über alltägliche Nichtigkeiten hinaus erhob. Malwida, mit sich uneins, warf ab und an einen Blick auf das von dunklen Locken umgebene, blasse Gesicht, nahm jetzt erst so recht die feingeschwungenen Brauen über blitzend blauen Augen, die kühn gebogene Nase, die ausdrucksvollen Lippen und das abschließend feste runde Kinn wahr. Wie gern hätte sie ihm Fragen gestellt, Antworten erhalten, anstatt wie jetzt müßig zuzustimmen, daß die Witterung heute kühler gewesen als gestern, man aber morgen mit Sonnenschein würde rechnen können. Endlich war die Qual vorüber, gab es die üblichen Abschiedsworte wie Wünsche zu guter Reise, dann aber lag für Sekunden wieder seine Hand in der ihren.

»Auf Wiedersehen«, sagte Althaus.

»Auf Wiedersehen«, sagte Malwida.

Sie ersparten einander jede weitere Floskel.

Dann war er fort. Nur Elisabeths helles Lachen klang noch von fern die Straße herauf.

Der Schmerz über den Abschied betäubte Malwida zu Beginn der Reise so sehr, daß sie trotz aller Bequemlichkeit im privat bespannten Coupé die Fahrt nicht genießen konnte. Die Eisenbahn wenigstens streckenweise zu benutzen, hatte man zu Malwidas Genugtuung gar nicht erst in Erwägung gezogen.

»Um die Schönheit eines Landes wirklich wahrzunehmen, muß man anhalten können, wo und wann es einem beliebt«, war ihr Argument gegen die Eisenbahn, »nicht das ewige Heraus und Herein ganz fremder, oft wenig sympathischer Menschen, nicht gehetzt von den Furien sowohl einer Dampfmaschine als auch den Kondukteuren!«

So zockelten also zwei brave Braune vor dem angenehm gefederten Reisewagen bergan und bergab, und Malwida, mit jeder Meile melancholischer, teilte recht ungenügend ihre Aufmerksamkeit zwischen der redseligen Schwägerin und einer herbstlich grauen Landschaft. Das ging so über Frankfurt, Mannheim, Karlsruhe und Basel, bis vor Bern mit einem Mal majestätisch die Alpen vor ihr aufragten. Die »Erd-Riesen«, wie Malwida sie nannte, erweckten sie nicht nur aus melancholischer Rückschau, sondern zu euphorischer Bewunderung, ja Begeisterung, die ihre bisherige Stimmung ins Gegenteil verkehrte. Je steiler der Weg wurde, je größer und gewaltiger die Natur sie jetzt umgab, desto freier und froher fühlte sie sich. Es war, als spüre sie Verwandtschaft zu einerseits kargem Fels und dunkler Schlucht, anderseits zu plötzlich sich öffnendem Ausblick über die Weite der sonnenbeschienenen Ebene. Da war sie wieder, diese Dualität der Seele, die von Kind an Malwidas Wesen ausmachte.

Über Lausanne und Genf verließen sie die Schweiz und erreichten der Rhone entlang Marseille, Toulon und endlich Hyères, das die Ärzte aus klimatischen Gründen zum Aufenthalt der Patientin bestimmt hatten.

Hyères, eine kleine häßliche Stadt, lag ein Stück landeinwärts in der typisch herben Landschaft der Provence. Endlich lernte Malwida die Farben kennen, in denen ihr Lehrer, Carl Morgenstern, den Süden gemalt hatte, das Ocker der Hügel, das Olive der Bäume, die blauen Schatten in flirrender Sonne und ein Himmel darüber, so blau, wie Malwida noch keinen gesehen hatte. Man muß viel Weiß unterlegen, damit der Himmel von innen leuchtet, erinnerte sie sich. Und auch das Meer lernte Malwida kennen. Bot schon der Ort einen großartigen Blick auf die Bucht mit ihren kleinen vorgelagerten Inseln, so wurde manch Ausflug hinunter unternommen, und wanderte Malwida oftmals allein am Rand ruhigen Wellenschlags dahin, so meinte sie vor Glück die Welt umarmen zu müssen.

Das äußere Leben, das Malwida in diesen Monaten an der Seite ihrer Schwägerin führte, war nicht nach ihrem Geschmack. In beengter Mittelständigkeit unterlag man sogenannten gesellschaftlichen Verpflichtungen, die Malwida lästig waren: eine Einladung bei der Frau des Bürgermeisters, regelmäßige Besuche beim Herrn Pfarrer und ein Ball der Admiralität in Toulon. Malwida erfuhr dabei, wie sehr sie innerlich all dem längst den Rücken gekehrt und wie Tanz und jegliche Art von Koketterie ihr schal geworden waren.

Eine Unterbrechung ganz anderer Art war ein Besuch im sogenannten Bagno, der Strafanstalt von Toulon. In gutgemeinter Absicht hatte der französische Pfarrer die Damen aufgefordert, ihn dorthin zu begleiten, ohne zu ahnen, welchen Schock er zumindest Malwida damit versetzte. In einem Brief nach Hause schrieb sie:

Wie tief gedemütigt fühlte ich mich angesichts all dieser Unglücklichen, die nicht nur durch die sogenannte »Gerechtigkeit« degradiert, sondern noch mit einer besonderen Grausamkeit gestraft waren: sie müssen alle eine einheitliche Kleidung in abscheulichem Gold und Rot tragen wie Karikaturen ihrer selbst. Viele, die nur durch eine kurze Verirrung schuldig wurden, liegen gar in Ketten! Hat die Gesellschaft ein Recht, so zu strafen? Und führt derlei Strafe zu Reue und Besserung? Ich wagte kaum, meine Augen auf diese armen Menschen zu richten…

Voll innerer Empörung kehrte Malwida von diesem Ausflug zurück. Zweifel an einem Rechtssystem, das immer mit menschlicher Unzulänglichkeit einherging, machten ihr zu schaffen. Wie hieß es bei Römer 13? *Es ist keine Obrigkeit ohne von Gott; wo aber Obrigkeit ist, die ist von Gott verordnet.* Luther übernimmt dies, vermutlich zum Schutz der Ordnung. Aber dreihundert Jahre später, so monierte Malwida, sollte man diesen Satz noch einmal überdenken.

Mit Pauline sich über ihre Ansicht im Gespräch auszutauschen, schien Malwida unmöglich, waren doch deren Charakter und der ihre zu verschieden. Welch ein Trost wäre es ihr gewesen, zu wissen, daß es einen gab, der ihre Zweifel teilte. Theodor Althaus äußerte zur gleichen Zeit warnend in einer Schrift:

Der Gedanke an das Reich Gottes ist kein schöner Traum, mit dem die Armen in ihren Leiden sich ruhig trösten können und den am Ende auch die Reichen in einem geistig angeregten Augenblick ihres Wohllebens herzerhebend und schön finden sollten.

Malwida blieb vorerst nur, die Natur zu durchwandern und ganz in sich aufzunehmen. Überwältigt von diesem Erleben tat sie eines Tages einen Schwur:

»Ich will nicht weichen und nicht wanken auf dem einsamen Pfad, den die verfolgen, die einzig einem Ideal leben wollen!«

Pfingsten 1846

Malwida war nach Detmold zurückgekehrt. Sie traf die Familie vollzählig und wohlbehalten an, sogar den Vater auf Urlaub daheim. Ihm schloß sie sich alsbald von neuem so herzlich an wie in Kindertagen.

»Ach, liebster bester Papa, wie schön, dich hier zu haben!«

»Ja, mein Malchen«, kam es mit einem traurigen Seufzer von Louis Meysenbug, »es ist auch diesmal nur für kurze Zeit…«

»Du mußt wieder fort, Papa? Ist er denn so unersättlich, dein Fürst?«

»Ihn trifft keine Schuld. An seiner Seite verdiene ich den Unterhalt für uns alle, auch wenn es mich zum einsamsten Mann der Welt macht.«

»Du, Papa, einsam?« Plötzlich erkannte Malwida tiefste Entmutigung in den Gesichtszügen ihres Vaters. Aufschluchzend warf sie sich ihm in die Arme. »Nimm mich mit, wenn du wieder gehst, Papa! Laß mich bei dir bleiben, dann wirst du nie mehr allein sein!«

Voll Rührung zog Louis seine Tochter an sich, aber mit keinem Wort ging er auf ihr Angebot ein. Es wäre zu schön gewesen für einen alten Mann wie ihn, aber er hatte kein Recht, sie in solcher Weise an sich zu binden. Noch war Malwida in einem Alter, in dem Frauen ihr eigenes Leben beginnen, obwohl es mit ihren neunundzwanzig Jahren schon recht spät dafür war. Ein eigenes Leben für eine Frau bedeutete nach Ansicht Louis Meysenbugs die Ehe, das Zusammenleben mit einem Mann. Einen solchen trug Malwida im Herzen und hatte gehofft, ihn bei ihrer Rückkehr wiederzusehen. Wo aber blieb Theodor Althaus? Irgendwie hatte Malwida sich vorgestellt, er werde mit ausgebreiteten Armen auf sie zugehen. In unvernünftigen Augenblicken hatte sie sich an seine Brust sinken sehen, hatte seine Lippen Geständnisse, gleichlautend mit eigenem Fühlen, flüstern hören. Doch nichts dergleichen war geschehen. Althaus ließ sich nicht blicken, und in der Familie erwähnte ihn niemand. Nach ihm zu fragen, so angemessen eine solche Frage gewesen wäre, wagte Malwida nicht. Sie war sicher, ein Zittern in ihrer Stimme hätte sie verraten. Malwida schwieg, während die Enttäuschung in ihrem Innern so bitter und beizend war wie der Rauch eines Feuers, das man gewaltsam löschte.

Nach ein paar Tagen kam Elisabeth ins Palais, um Malwida zu begrüßen.

»Endlich bist du da, meine Freundin!« rief sie so lebhaft und herzlich wie eh und je, doch sobald sie mit Malwida in deren Stube allein war, gab sie prompt Antwort auf Malwidas ungestellte Frage.
»Mein Bruder hat meine Mutter nach Potsdam begleitet, den
Großvater Dräseke zu besuchen... vielleicht ein letztes Mal,
weißt du...« Und als ob damit noch nicht alles gesagt sei, setzte
sie hinzu: »So in drei oder vier Wochen wollen sie zurück sein!«
Drei oder vier Wochen! Sie erschienen Malwida eine Ewigkeit.
Da sie sie aber alsbald wieder mit gewohnter Tätigkeit füllte,
Nähstunden mit den Mädchen, Besuche bei den Armen, gelegentlich auch die Staffelei wieder hervorholte, verging die Zeit,
und an einem herrlich warmen Frühlingstag war Theodor Althaus plötzlich da.
Malwida, in einem weißen Leinenkleid, den breitkrempigen
Strohhut unterm Kinn gebunden, war eben dabei, die ersten
Rosen im Garten zu schneiden, da kam er den Kiesweg herauf ge-
rade auf sie zu. Da war das Leuchten auf seinem Gesicht, genau
wie sie es sich vorgestellt hatte, aber die Arme hielt er nicht aus-
gebreitet, und niemals hätte sie den Mut gehabt, an seine Brust zu
sinken. Er nahm einfach ihre Hand und hielt sie wie damals in der
Pfarrstube. Ihre Blicke trafen aufeinander wie der Gruß einer
Seele an die andere.
»Endlich... Malwida...« brachte Theodor hervor. Es war das erste
Mal, daß er sie beim Vornamen nannte.
»Ja, Theodor... endlich«, schloß sie sich der neuen Vertrautheit
an.
Sie sprachen kein weiteres Wort. Theodor half Malwida, die ge-
schnittenen Rosen in einen Korb zu ordnen, den sie am Arm trug.
Dann gingen sie, noch immer schweigend, nebeneinander den
Weg zurück ins Haus.

Auch Althaus war sich seiner Gefühle zu Malwida wohl bewußt
geworden, denn von nun an nutzte er jede Gelegenheit, jeden
Vorwand, ins Palais Meysenbug zu kommen. Der Vorschlag eines
Lesezirkels, bei dem er Goethes Faust zu Gehör brachte, sollte
diesem Zweck ebenso dienen wie der Austausch von Gedichten

und deren gegenseitige literarische Rezension. Bald war es soweit, daß Theodor täglich erschien oder zumindest etwas für Malwida abgab, das erneut Begründung für sein Kommen schaffte. Das waren nicht zuletzt Briefe, die sie tauschten, deren Inhalt sich nur selten und scheu mit ihrer persönlichen Beziehung, weit mehr mit Fragen der Religion, der Politik und vor allem sozialer Belange befaßte.

Im notwendigen, wenn auch etwas nebulösen Streben nach Freiheit waren sie sich einig. Wo aber Althaus der Konvention den Kampf ansagt und schreibt: *Die Bedingung aller Sittlichkeit ist Freiheit, einer Freiheit mit ihrem eigenen Gesetz. Und dieses Gesetz ist allein das Gewissen des Menschen,* und dazu *die reife, schwere Arbeit der Vernunft* fordert, formuliert Malwida noch romantisch befangen: *Die alleinige Freiheit ist die, die zur Schönheit führt! Lehrt die Menschen den Kultus des Schönen, und ihr habt ihnen unendlich viel mehr gegeben als mit dem Gesetz...*
Beide Standpunkte sind nur zu verstehen vor dem Hintergrund einer totalen Bevormundung durch Staat und Kirche, wie sie damals bestand. Dennoch widerspricht Althaus der verschwommenen Formulierung Malwidas energisch: *Die Zeit der Romantik ist doch gottlob vorbei! Taten und gemeinschaftliches Leben treten mehr und mehr in ihr Recht ein!*
Der Kandidat der Theologie wandelt sich mehr und mehr zum liberalen Politiker mit nationaler Gesinnung, wie er es selbst in einem Vierzeiler ausdrückt:

Ich kniete einst und schöpfte aus der Flut so klar und hell
Und netzte mir aus hohler Hand die Stirn mit heilgem Quell:
Getauft zur Liebe aller Welt, obwohl ich's nicht verstand,
So taufe jetzt mich neu – zur Liebe für mein Vaterland!

Theodors Ansichten werden immer radikaler, sein Einfluß auf Malwida steigt bedenklich von der Familie her gesehen, der Gesellschaft, in die sie als Fräulein *von* Meysenbug hineingehört. Malwida aber steht unbeirrt zu Althaus. Er weiß das und honoriert es, indem er ihr eine seiner politischen Schriften schickt und dazu schreibt:

Nur Ihnen kann ich sie anvertrauen, denn Sie hören daraus, was ich von Ihnen empfing. Sie empfangen es zurück und meine Liebe dazu! Es ist Ihr Licht, das aus mir wieder ausströmt...

Trotz der Zusicherung seiner Liebe war dies an die Freundin im Geiste gerichtet, aber auch das Werben um die Frau wird in Theodors Zeilen immer deutlicher:

Mir waren weit in kranken Stunden
Die zarten Geister all entflohn;
Da fühlte sich das Herz gesunden
An deiner Stimme süßem Ton.

Als ich dich sah, da spürt' ich wieder,
Daß jung und reich noch ist mein Herz,
Daß ich noch Blüten hab und Lieder,
Nicht bloß des Geistes schweres Erz.

Doch da geschieht, was er nicht erwartet: Malwida versagt sich ihm als Frau. Sie will dem Gefühl, das ebenso mächtig in ihr gewachsen war wie in ihm, keinen anderen Namen geben als den der Freundschaft und ist entschlossen, es auf den Verkehr zweier verwandter Seelen zu begrenzen.

Die Argumente für ihre Verweigerung schildert Malwida rückblickend im Alter so:

Ich fühlte in mir die große einzige Liebe nah am Aufblühen, ich sah voraus, daß eine Flamme ausbrechen würde, die mein Leben verzehren könnte, und ich wollte seine Jugend nicht mit einer solchen Verantwortung belasten. Ich war etliche Jahre älter als er, und es schien mir, als dürfe ich nicht auf die Treue eines so jungen Herzens Anspruch erheben.

Theodor nimmt das nicht widerspruchslos hin. In seiner Männlichkeit verletzt, begehrt er auf:

Du hattest lächelnd einst verheißen
Der finstern Macht mich zu entreissen,
Nun ich dich ruf aus Herzensgründen,
Uns Liebeskerzen anzuzünden,
Bist du nicht nah, bist nicht bei mir,
Nur mütterlich ein Blick von dir!

Malwida verharrt auf ihrem Standpunkt und hat nicht ganz unrecht. Eine Liebesaffaire in ihren Kreisen kann und darf nur in
Ehe und Existenz münden. Beides kann Althaus nicht leisten, er
steht nicht nur mitten im Studium, sondern ist sich obendrein
keineswegs im klaren, in welche Richtung er beruflich marschie-
ren wird. So resigniert er endlich und fügt sich in bloße Seelen-
freundschaft, das aber vom Standpunkt des Mannes aus nicht
ohne Vorwurf:

Ich will das Fragen nun lassen,
Was wird damit geschafft!
Doch fürcht' ich, heilges Wesen,
Du liebst zu geisterhaft!

Was diesen beiden damals fehlte, war zweifellos die persönliche
Aussprache, der gegenseitige Disput in Rede und Gegenrede. Sich
täglich zu sehen, bedeutete längst nicht, sich allein zu sehen. Die
Gegenwart einer Anstandsperson war ein selbstverständliches At-
tribut und wurde jeweils durch die »Kleine«, durch Laura oder
gar Ernestine selbst gewährleistet. Bei solchen Gelegenheiten
Briefchen und Gedichte auszutauschen, galt als akzeptabel und
gewissermaßen von der Aura des Geistigen umweht.
So waren sie auch nicht allein, als sie einen Pfingstausflug unternahmen. Diesmal war Elisabeth mit von der Partie. In aller Frühe
wanderten sie hinaus auf die Grotenburg. Von dort bot sich ihnen
an diesem wolkenlosen Tag Ende Mai ein wahrhaft erhebender
Ausblick. Unter ihnen lagen Heide und Moor, verstreut Dörfer
und Gehöfte und am Horizont erste Höhen des Teutoburger
Waldes. Frisches Grün glänzte überall, dunkler, wo der Wald be-

gann, und übergehend in tiefes Blau der Himmelskuppel. Sie waren nicht allein dort oben. Gleich ihnen hatten Bauern und Landleute sich aufgemacht, den Festtag mit einem Picknick zu begehen. Man packte Wurst und Brot aus Körben, ließ einen Krug Wein von Mund zu Mund gehen.

Derweilen bestiegen Althaus und die beiden Damen die untere Plattform des alten Burgturms, den Rundblick zu genießen. Der Leute unten ansichtig, grüßte Malwida freundlich hinunter. Zur Antwort hoben die unten den Krug und winkten ihnen, mitzutrinken.

»Sieh nur, Theo, sie laden zum Umtrunk ein!« rief Elisabeth vergnügt, und da Theodor nicht darauf einging, schüttelte sie seinen Arm, »aber Theo, die dort unten sind das Volk, an das du glaubst, wie du sagst, und das du so liebst! Ein Schluck Wein mit ihnen sollten sie dir wert sein!«

Nicht zum ersten Mal warf Elisabeth dem Bruder vor, daß seine so hochherzig aufgestellten Thesen nicht damit zu vereinen seien, daß er praktische Tuchnähe mit dem gemeinen Volk gern mied, also stets ein Theoretiker blieb. Malwida hingegen, mit feinem Gespür für diese Schwäche des Freundes, machte einen anderen Vorschlag.

»Möchten Sie nicht eine kurze Sonntagsrede halten vor dieser kleinen Gemeinde hier?« Wie um ihre Bitte zu unterstützen, erschollen im selben Augenblick Kirchenglocken aus den umliegenden Dörfern, die Menschen zum Pfingstgottesdienst zu rufen. Begeistert nahm Elisabeth den Vorschlag auf.

»O ja, Theo, sprich zu ihnen! Ein Wort zu Pfingsten unter freiem Himmel, in Gottes freier Natur!«

Jetzt war Theodor Althaus in seinem Element. Er nahm den Hut ab, trat an den Rand der Rampe und hob die Stimme.

»Hört mich, ihr Leute dort unten«, begann er zum Geläut ferner Glocken, »hört, was ich euch zu sagen habe! Ihr wißt, das Reich Gottes wird kommen, es wird ein Reich des Friedens sein, der Brüderlichkeit und der Liebe. Aber damit es sich auf dieser Erde verwirklichen kann und nicht erst jenseits des Grabes, müssen wir alle etwas dafür tun.«

Unten hob mancher erstaunt den Blick, dann nahm einer nach dem anderen den Hut ab, von den Frauen falteten einige die Hände.

»Wir müssen lernen«, fuhr Theodor fort, »daß einzig Herz und Geist Adel verleihen, daß einzig Pflichterfüllung und Arbeit die Ehre eines Menschen ausmachen.«

Theodor hatte den schwarzen Rock abgelegt, im weißen Leinenhemd stand er da auf der Zinne, die Hände erhoben, die dunklen Locken bis auf die Schulter fallend.

Wie Christus auf dem Ölberg, dachte Malwida innerlich verzückt. Ihn so sehend und hörend wuchs ihre Liebe in höhere Sphären.

»Gottes Wahrheit einfach nach dem Katechismus zu lehren, ist bequem und wohlfeil«, ereiferte sich Theodor unterdessen. »Der wahre Gott ist weder in der Schrift zu finden, noch wohnt er in Tempeln und Kirchen. In welchem Schaffen, welcher Tätigkeit man seinen Gott findet, das muß jedem selbst überlassen sein. Dazu aber bedarf es der geistigen Bildung eines jeden.« Mehr und mehr entfernte sich Theodors Rede vom Inhalt einer religiösen Predigt hin zum politischen Aufruf. »Volksbildung wird unseren Beifall finden«, rief er emphatisch, »freie Schulen für Handwerker und Arbeiter, für den einfachen Mann werden wir freudig unterstützen!« Mit großer Gebärde zählte er weitere soziale Forderungen auf, sprach vom kommenden Idealstaat und schloß endlich: »Auf daß wir alle einig sind in der Liebe, die ohne Ende ist!«

»Amen«, strömte es von unten herauf, und beifälliges Gemurmel erklang, wiewohl keiner recht wußte, wer da eigentlich zu ihnen gesprochen hatte, ein Priester oder ein Agitator.

»Laßt uns gehen«, bat die Kleine endlich.

»Ja, laßt uns gehen«, stimmte Theodor mit tiefem Seufzer ein, »ich denke, wir haben noch einen weiten Weg vor uns.«

Malwida verstand, daß er nicht den Weg von der Burg hinab durch lichten Wald zur Stadt zurück meinte, sondern einen weit steinigeren, steileren, hinauf zu den Höhen eines Ideals, das, wie Malwida innig hoffte, nicht etwa im Lande Utopia lag.

Der Kuß

Kurz nach Pfingsten veröffentlichte Theodor Althaus sein erstes Buch unter dem Titel *DIE ZUKUNFT DES CHRISTENTUMS.* Es enthielt seine ganz persönliche Absage an das orthodoxe Christentum und stieß sogar bei seinen Freunden auf schweigende Ablehnung. Daß er gleichzeitig in einem Zeitungsartikel die fürstlich Lippische Familie aufs Korn nahm, ihnen Steuererhebungen, *die den Armen erpreßt werden,* vorwarf, konnte die Empörung gegen Althaus kaum mehr steigern. Funck von Senftenau mied ihn seither, Carl von Meysenbug grüßte ihn nicht mehr, Mutter Ernestine wies ihm nicht eben die Tür, aber forderte ihn auch nicht zu Besuchen auf. Theodor selbst focht das wenig an.

Jetzt am Ziele meiner großen Arbeit angelangt, ließ er brieflich verlauten, *fühle ich das Bedürfnis, den gewohnten Verhältnissen auf kurze Zeit zu entfliehen, im Freien aufzuatmen, neue Eindrücke und Kräfte zu sammeln.*

Damit packte er sein Felleisen und trat eine Fußreise durch den Harz an. Zurück blieb Malwida, den Schmähungen durch Familie und Freunde ausgesetzt.

»Gut, Kind, daß man dich jetzt öfter in der Stadt sieht«, lobte Ernestine ihre Tochter, »ich meine ohne diesen jungen Mann an deiner Seite!«

Und Laura bemerkte spitz:

»Endlich besinnst du dich des Wörtchens ›von‹ in unserem Namen, und gibst dich nicht mehr mit Demokraten ab!«

Was Malwida mehr als das verletzte, war, daß auch im Pfarrhaus die Stimmung umgeschlagen war. Man gab ihrem Einfluß die Schuld dafür, daß der Sohn sich von der Kirche abgewandt und, schlimmer noch, die gut dotierte Laufbahn eines Gemeindepfarrers aufgegeben hatte. Gott weiß, in welche Ideenwelt sie ihn verschleppt, und mit dem Teufel ging es zu, wie sie den Jüngeren an sich zu binden verstand.

»Recht hat er, der arme Junge, vor dieser Frau das Weite zu suchen!«

Einzig Elisabeth, die fest zu Malwida hielt, suchte den Eltern zu widersprechen.

»Nicht das Weite vor ihr hat er gesucht, unser Theodor, sondern vor jenen, die, blind oder mit Scheuklappen versehen, nicht glauben wollen, daß Neuerung nottut! Malwida stiftet ihn nicht an, er ist es, der die Fackel trägt, und ihr werdet es erleben, daß er als erster den Brand in alte Scheunen wirft!«

Die Kleine hatte recht damit, daß Theodors Abreise nicht Abstand von Malwida bedeutete. Jede Woche brachte der Postbote einen Brief von ihm, in dem er sie an seinen Erlebnissen teilhaben ließ. Nachdem seine Briefe ein paar Mal ausgeblieben waren, befragte Malwida den Postboten, ob er denn nichts für sie habe. Seine Antwort war alarmierend:

»Aber ja, Mademoiselle, gestern schon gab ich einen Brief für Sie ab mit der gleichen Handschrift wie die anderen!«

Es war also ein Brief gekommen! Wo aber war er geblieben? Malwida, fest entschlossen, den Verbleib aufzuklären, stellte in ungewohnt brüsker Weise die Mutter zur Rede.

»Mama, ist dir ein Brief ausgehändigt worden, der seiner Aufschrift nach einzig für mich bestimmt war?«

Ernestine, völlig überrumpelt, reichte ihrer Tochter den Brief, erbrochen und ganz offensichtlich gelesen.

»Ach, Kind, verzeih… es geschah aus Versehen…«

Malwida nahm das Papier und überflog den Text. Ein jedermann hätte die Zeilen lesen können, die die wilde Natur des Harzgebirges schilderten, von der ja Goethe schon schwärmte.

»Ich hätte ihn dir vorgelesen, Mama, wenn du mich nur offen darum gebeten hättest! Aber so…« Die wasserblauen Augen der Tochter richteten sich voller Vorwurf auf die Mutter. »Du hast mich tief enttäuscht, Mama!«

Malwida faltete das Papier erneut und schob es in den Schärpenbund ihres Kleides. Als sie das Zimmer verließ, klang das Rascheln der Seide wie helle Empörung.

Die Begebenheit mit dem Brief trug viel dazu bei, in Malwida einen ganz neuen Zug von Sicherheit und Unabhängigkeit zu nähren. Sie spürte selbst, sie war nicht mehr das sanfte, nachgiebige Geschöpf, das niemanden verletzen wollte und sich daher allem unterwarf, ja aus Gehorsam und Gefälligkeit den Weg ging, den alle gingen. Malwida war zu innerer Individualität gereift, hatte eigene Überzeugungen entwickelt und besaß die Energie, sie zu bekennen. Wie hatte sie es von Theodor gehört? *Allein das Gewissen jedes Menschen ist Gesetz.* Und so wollte auch sie sich ihr eigenes Gewissen zur Richtschnur nehmen und tun und lassen, was dieses Gewissen ihr vorschrieb.

Der Harzreise ließ Althaus eine Rheinfahrt folgen, die er anschließend in einem politisch gefärbten Versgedicht festhielt.

Rausche stolz, du alter Rhein, den Wellengruß der neuen Zeit;
Leg' an dein grünes Festgewand, laß strahlen deine Herrlichkeit!
Es drängt an deinen Ufern sich ein Volk, wie du es nie gesehn,
Und Jubelklänge werden laut, wenn unsre stolzen Fahnen wehn;
Dann versenken schweigend wir im Schein der Abendglut
Den letzten Haß aus dunkler Brust in deine tiefe Flut
Und Feuer zünden wir zur Nacht, vom Berg zum Berge lodernd fort,
Sie glüht noch spät ins stille Land der neuen Freiheit Flammenwort!

Prophetie solcher Art über viele Seiten hin mußte die preußische Staatsmaschinerie beunruhigen, zumal sich ein Bremer Verleger gefunden hatte, das Werk zu drucken und zu veröffentlichen. Der preußische Gesandte in der Freien Reichsstadt stellte Antrag auf Beschlagnahme der Schrift, ja Bestrafung des Herausgebers, widrigenfalls man den Abbruch der diplomatischen Beziehung zwischen Berlin und Bremen erwäge. Selbstverständlich gab Bremen klein bei, Althaus aber setzte ganz unnötig die Behörden auf seine Spur und machte sich aktenkundig.

Erst im Herbst kam er nach Detmold zurück. Malwida war glücklich. Waren auch die Bedingungen, sich zu sehen, weit schwieriger geworden, so war er wenigstens in der Stadt. Die »Kleine« machte den postillon d'amour, so oft es ging. Traf man sich zufällig in der Öffentlichkeit, grüßte er von fern, um sie nicht in Verlegenheit zu bringen. All das störte nicht das erhebende Gefühl, zusammenzugehören. Malwida drückt es rückblickend so aus; *So lebten wir ein Leben für uns, außerhalb der Welt, im geistigen Austausch und in reiner, vorwurfsloser Liebe.*

Weihnachten endlich bot eine Gelegenheit, sich zu sehen. Einer Tradition entsprechend machten die Damen am Nachmittag des 24. Dezember Besuch im Pfarrhaus.

Auch Malwida begab sich ungeachtet aller Bedenken auf den Weg. Es war sehr kalt, der Schnee in den Straßen war sauber zur Seite gekehrt und glitzerte weiß gegen die früh hereinbrechende Dämmerung.

Frau Althaus hatte gebacken, die Töchter Johanna und Elisabeth schenkten Kaffee aus. Malwida war eben dabei, sich umständlich eines Pelzumhangs zu entledigen und das Band ihrer gefütterten Haube aufzunesteln, als er hilfsbereit herzutrat, ihr beides abzunehmen und nebenan in einer Kammer zu verwahren.

»Guten Tag, Theodor«, sagte Malwida und nannte ihn vor allen Zuhörern bei seinem Vornamen.

»Guten Tag, Malwida…«

Die Unterhaltung der bereits anwesenden Damen verstummte sofort. Neugierig wollte man Zeuge des Zusammentreffens sein, um später hämisch darüber wispern zu können. Daß daher Rede und Gegenrede äußerst steif ausfiel, war nicht verwunderlich.

»Ich hörte, daß Sie krank waren, Theodor, Sie sehen in der Tat recht blaß aus.«

»Ja, ich hatte eine ganze Weile das Bett zu hüten, aber es geht mir wieder gut.«

»Das freut mich sehr. Dann werden Sie sicher imstande sein, zum Neuen Jahr einen Besuch im Palais zu machen.

Meine Mutter hat sich schon nach Ihnen erkundigt.«

Das war Futter für die Ohren der Damen, und da es um Malwidas Mund verräterisch zuckte, hätte Theodor am liebsten laut heraus gelacht. Sie waren wieder miteinander im Bund und einig gegen eine Welt von Feinden. Man sprach vom nahen Fest, knabberte Nüsse und Pfeffergebäck. Im Ofenrohr schmorten Äpfel, deren Duft wehmütige Erinnerungen beschwor an frommen Kinderglauben, Sankt Nikolaus und Engelsscharen, Lichterbaum und Krippenglanz. Und als sollte zumindest ein wenig davon in Zeiten erwachender Skepsis bewahrt bleiben, begannen eben die Glocken der Pfarrkirche mächtig zu läuten. Frieden auf Erden und den Menschen ein Wohlgefallen!

Die Türschelle ging, neue Gäste kamen herein, mit ihnen ein Windstoß und frisches Schneegestöber. Malwida nahm die Gelegenheit wahr und erhob sich, um zu gehen. Im Schwall allgemeiner Begrüßung ging ihr leiser Abschied unter. Nur Theodor bemerkte ihn, wurde aber selbst von den Neuankommenden mit Beschlag belegt. So suchte Malwida in der Kammer nebenan unter Capes, Mänteln und Hüten ihre Sachen. Nach der hellerleuchteten Pfarrstube war es nicht leicht, in der nur vom Mondlicht beschienenen Kammer Pelzumhang und Haube zu finden. Malwida blieb einen Moment stehen, um ihre Augen an das Dunkel zu gewöhnen. Ein leichtes Geräusch war zu hören. Sie wandte sich um. Im Türrahmen stand Theodor. Deutlich hob sich die Silhouette seines Rocks ab, der hohe Kragen, die Linie seines Profils, das weich gelockte Haar.

»Kann ich Ihnen behilflich sein?« hörte sie ihn fragen, leise, höflich, vollkommen unverfänglich. Doch dann machte er einen Schritt auf sie zu und schloß die Tür hinter sich.

»Ach ja… nein, danke… ich suche nur… Sie könnten…«

Was Malwida da stammelte, war ganz unsinnig. In unbestimmter Erwartung begann ihr Herz heftiger zu klopfen. In der engen Kammer mit Theodor allein, eingehüllt in tastendes Mondlicht, ergab sich eine Situation, auf die sie nicht vorbereitet war. Was geschehen konnte, hatte sie in Romanen gelesen, wußte es aus Poesie und Prosa, fand keinen Bezug zu ihrer Person. Dann riß alles Denken ab. Malwida fühlte einen Arm um sich, warme, atmende Nähe, und dann berührten zum ersten Mal in ihrem Leben die Lippen eines Mannes ihren Mund, die Lippen des Mannes, den sie liebte.

Vielleicht waren Sekunden vergangen, vielleicht Minuten, jeder Zeitbegriff war aufgehoben, als Theodor zum Aufbruch mahnte.

»Geh jetzt, Liebste... man könnte uns finden!« flüsterte er.

Für einen kurzen Augenblick kämpfte in Malwida das Heilige mit dem Profanen, das Höchste mit praktischer Vernunft. Sie entschied sich im Herzen für das eine, ließ nach außen hin das andere walten.

»Du hast recht... es ist besser, wenn ich jetzt gehe...«

Rasch waren Pelz und Haube gefunden, Haken geschlossen, Bänder geknüpft. Theodor öffnete die Haustür, ihre Blicke wünschten sich gute Nacht, dann trat sie hinaus auf die Straße. Es hatte erneut zu schneien begonnen, Flocken setzten sich auf Schultern, Haar und Haube. Malwida atmete tief die kalte Nachtluft. Es war Weihnachten, und die Welt hatte sich verändert.

Konfrontation

Ernestine von Meysenbug hatte sich keineswegs nach Theodor Althaus erkundigt, wie Malwida behauptet hatte, sondern sah weit eher neue Schwierigkeiten mit seiner Rückkehr verbunden. Als er sich aber der Familie zum offiziellen Neujahrsbesuch im Palais melden ließ, wagte sie nicht, ihn abzuweisen. So wurde er in den Salon geführt, überbrachte seine Glückwünsche und war darauf bedacht, sein liebenswürdigstes Wesen nach außen zu kehren.

»Gottes Segen für das Neue Jahr, verehrte gnädige Frau, und den Mademoiselles Töchtern der Wunsch, sie mögen unverändert bleiben, wie sie sind...«

Nicht ein Blick zu Malwida hin, die ihn dennoch verstand. Stattdessen der Dame des Hauses ein zierliches Gebinde aus Tannengrün und Silberdistel, von dem Althaus glaubwürdig behauptete, es selbst gebunden zu haben. Und schon war Ernestine wieder ganz und gar von ihm eingenommen. Was genau hätte sie ihm auch vorwerfen können? Und eigentlich, so im nagelneuen Frack, braungestreift mit schwarzem Kragen, die gelbe Weste darunter, dem glänzend gebürsteten Zylinder dazu, die Fülle seiner Haare ordentlich zurechtgestutzt, das Auftreten in tadelloser Manier, hatte er doch gar nichts von einem Demokraten, einem Liberalen oder, schlimmer noch, von einem Sozialisten!

Malwida beobachtete scharf das Mienenspiel ihrer Mutter und schöpfte Hoffnung. Und richtig blieb es nicht bei diesem einen Besuch des Herrn Kandidaten, sondern er ließ sich des öfteren, so im Vorbeigehen, zu einem kleinen Plausch melden. Das ging so weit, daß Mutter Ernestine, nachlässig geworden, die beiden Liebenden sogar einmal allein ließ.

»Ah, Althaus, Sie kommen gerade recht, meiner Tochter ein wenig Gesellschaft zu leisten! Wir wollten ins Theater, man gibt »Robert, den Teufel«, aber Malwida liebt diese Oper nicht, ja nennt sie gar widerwärtige Effekthascherei!«

Offenbar stolz über den Beweis ihrer Toleranz lachte Ernestine ein wenig gespreizt, verließ aber tatsächlich mit Laura das Haus.

Malwida und Theodor waren allein.

Gewärtig, daß jeden Moment einer der Dienstboten den Salon betreten konnte, war Malwida schon dankbar, daß sie sich gegenseitig einmal sagen konnten, was sonst nur als geschriebenes Wort zwischen ihnen möglich war. Theodor aber war damit nicht zufrieden und wollte sich ob der so seltenen Gelegenheit keineswegs mit verbalen Herzensbeteuerungen begnügen. Ohne ihr Einverständnis abzuwarten, schlang er seine Arme um sie und zog sie an sich. Ohne Kuß, ohne Worte, standen sie lange so, stumm versunken in jene Wonnen, die so viele besungen haben und die doch einem jeden, der sie erlebt, zur neuen unwiederholbaren Offenbarung werden. Als sie wieder sprachen, sagte Theodor etwas Seltsames:

»Und dennoch frei!«

Sollte der Sinn seiner Worte die Genugtuung des Mannes sein, zu lieben, ohne eine bürgerliche Bindung einzugehen? Oder wollte er mit seinen Worten das gewisse Maß an Liebedienerei entschuldigen, das er Frau von Meysenbug gegenüber an den Tag gelegt hatte? Auch Malwida schien in der Ausdeutung unsicher.

»Wie stolz du bist!« antwortete sie in erster Abwehr, um dann so gut es ging, das eigene gehobene Fühlen seinem Standpunkt anzupassen. »Ja, du hast recht, ich bin nicht minder stolz. Möge nie ein Glück uns teuer und heilig sein, das nicht verträglich ist mit der Freiheit!«

Fast scheint es, als gab es in diesem Augenblick trotz aller Nachgiebigkeit seitens Malwidas ein grundlegendes Mißverständnis zwischen Mann und Frau. Vielleicht war das Gespinst fortschrittlicher Gedanken, geistigen Austauschs doch nur ausgelegte Schlinge, und nun, da sie zugezogen und die Beute sicher war, befand sich der Jäger schon wieder auf dem Rückzug. Hatte Theodor mitten im Triumph versehentlich einen Warnschuß abgegeben, so hörte ihn Malwida nicht oder wollte ihn nicht hören. Sie fühlte sich weiter, auch in härtester Prüfung, dieser Liebe ganz und gar verpflichtet.

Kurze Zeit später kam der Tag, an dem Ernestine von Meysenbug alljährlich eine große Gesellschaft gab. Dazu sollten wie jedes Jahr auch die Prinzen und Prinzessinnen des fürstlichen Hauses eingeladen werden. Zu Tanz und Diner hatte man beschlossen, erstmalig Scharaden in das Programm mit aufzunehmen, lebende Bilder, deren Motto die Gäste zu erraten hätten. Ernestine und Laura versprachen sich großes Amusement davon und betrauten Lauras Freundeskreis mit verteilten Rollen, die schon wochenlang vorher eingeübt wurden. Malwida konnte keinen Reiz darin finden, mit aufgelöstem Haar auf einem Wäschekorb als Felsen Clemens Brentanos Loreley darzustellen. So stand sie etwas außerhalb der hektischen Aktivitäten, die das Fest vorbereiten sollten, bot aber an, sich auf irgend andere Weise nützlich zu machen.

»Gut, dann schreib du die Einladungen«, beschloß Ernestine und übergab Malwida einen Stoß vorgedruckter Karten, in die nur noch der jeweilige Name des Gastes einzusetzen war. Malwida machte sich an die Arbeit und schrieb in bester Handschrift:

Seiner Hoheit Prinz Leopold zur Lippe, auf die zweite Karte: *Ihrer Hoheit Prinzessin Friederike zur Lippe,* weiter ging es weniger vornehm: *Fräulein Gerlinde Hausmann, Herrn Anton Pichler und Frau Gemahlin* und so fort bis sie endlich eine Karte nahm und schrieb: *Herrn Kandidaten Theodor Althaus.* Fast zärtlich legte sie diese Karte zu den anderen und als sie die letzte geschrieben hatte, brachte sie alle zusammen ihrer Mutter. Ernestine nahm die Karten, lobte Malwidas Handschrift und ging dann Karte für Karte durch, sie mit ihrer Liste zu vergleichen. Da kam ihr die Einladung an Theodor Althaus vor Augen.

»Aber Malwida, Kind!« rief sie aus, als ringe sie mühsam um Fassung, »Theodor Althaus, o nein, Malwida! Den können wir unmöglich dazu bitten!«

Malwida schien nicht recht verstanden zu haben.

»Du meinst, Mama, wir laden ihn nicht zu dem Fest ein?«

»Auf keinen Fall, Malwida, denk nur, welch ein Affront! Er hat damals immerhin den Artikel gegen das fürstliche Haus verfaßt und überhaupt...«

»Mama, du selbst hast Theodor immer wieder ermutigt, bei uns ein- und aus zu gehen!«

»Nun ja, Kind, zur alltäglichen Unterhaltung, aber doch nicht, wenn wir die Fürstlichkeiten zu Gast haben!«

»Theodor Althaus ist mein Freund!«

»Ich weiß, ich weiß...« seufzte Frau von Meysenbug, »du bist rührend um ihn besorgt, aber früher oder später wirst du dir das aus dem Kopf schlagen müssen ... Carl und der gute Funck haben schon angedeutet...«

»Was haben sie angedeutet, Mama?«

»Nun, daß sie im Falle, ich meine ... daß sie ihrerseits dieses Haus meiden werden, wenn ich deinen Umgang mit diesem jungen Mann nicht unterbinde. Ich zögerte nur um deinetwillen ... aber was das Fest betrifft...«

»Ja, Mama, was das Fest betrifft?«

»Also, mein Kind, da bin ich ganz der Meinung deines Bruders und deines Schwagers! Die Konfrontation des Thronfolgers in meinem Hause mit einem Demokraten, der öffentlich seine politischen Anschauungen kundtat, wäre eine Beleidigung für unseren Fürsten!«

»Und daß ihr eine so angesehene Familie wie die Familie Althaus mit dieser Art von Ächtung ihres Sohnes beleidigt, ist ohne Bedeutung?« Malwida hatte die Stimme erhoben und endete in höhnendem Ton. »Natürlich wiegt das nicht, ist doch die Herkunft des Superintendenten Georg Friedrich Althaus nicht von Adel!« Malwida war empört. Keiner konnte sich innerlich so sehr empören wie Malwida von Meysenbug, und zwar immer dann, wenn ein Sachverhalt unlogisch motiviert war und zudem darauf abzielte, einen Menschen oder eine Gruppe von Menschen zu verletzen. Diese Eigenschaft Malwidas sollte ihr Leben lang die treibende Kraft zu all ihren Handlungen bleiben. Für dieses Mal endete der Disput zwischen Mutter und Tochter in einem Kompromiß. Nachdem Malwida ihrerseits die Teilnahme an dem geplanten Gesellschaftsereignis strikt ablehnte, war mit einem Mal auf Ernestines Seite guter Rat teuer.

»Um Gottes willen, Kind, nur das nicht! Wenn du nicht erscheinst, gibt das zu den schlimmsten Vermutungen Anlaß!«

»Man wird die Wahrheit vermuten, Mutter, daß ich treu zu meinem Freund steh'.«

Ernestine war den Tränen nahe.

»Ich weiß, Liebes, was Treue dir bedeutet, aber reib nicht Salz in meine Wunden!« Sie faßte Malwida an beiden Schultern und zwang so ihr Gesicht zu sich. »Hör zu, Malwida, ich mache dir einen Vorschlag...«

Der Vorschlag lautete dann, dem geplanten Fest mit nur wenigen Tagen Abstand ein zweites folgen zu lassen, zu dem Malwida selbständig einladen durfte, wen sie nur wollte, ganz selbstverständlich Theodor Althaus an erster Stelle. Malwida durchschaute, daß der Vorschlag ihrer Mutter am eigentlichen Problem zwar vorbeiging, aber um des lieben Friedens willen gab sie nach. Doch die Kluft, die sich aufgetan, sollte sich niemals mehr schließen.

Trennung

Fortan hatte Malwida damit zu rechnen, daß Bruder und Schwager nicht nur Theodor Althaus, sondern auch ihr selbst die kalte Schulter zeigten. Da konnte es geschehen, daß der eine oder andere von Mutter oder Schwiegermutter zum Tee geladen war, aber noch ehe er die Tasse zum Munde geführt, brüsk das Haus wieder verließ, nur weil Malwida es, von draußen kommend, betrat.

»Nanu, so eilig, Carl?« mochte sie dann, die Wahrheit wohl ahnend, ein wenig höhnisch fragen.

»Nicht eilig genug, liebe Schwester, um deinen Weg nicht zu kreuzen!«

»Carl«, versuchte es Malwida, jedes Streites müde, »Carl, sollten wir nicht einmal in aller Ruhe miteinander reden? Du bist mein Bruder und...«

»Zu allem Unglück ja!« fuhr er dann auf, »dein Bruder und Schloßhauptmann in fürstlichen Diensten! Dazu paßt schlecht eine Schwester, die eben, wie ich wohl recht vermute, von einem Rendezvous mit ihrem aller Obrigkeit abholden Freiheitshelden kommt!«

Zusammenstöße dieser Art ereigneten sich gleichermaßen mit Schwager Funck von Senftenau, der seine Reputation als Hofmarschall nicht durch ein Familienmitglied belastet sehen wollte, das politisch im ominösen Lager der Liberalen und Demokraten stand.

Trotz aller Drohungen und gelegentlich tadelnder Worte sah Malwida ihren Freund fast öfter als sonst. Theodor und sie unternahmen Wanderungen im aufziehenden Frühling, meist die »Kleine« dabei, führten Gespräche, die eine umwälzende Änderung der Welt schon vorwegnahmen.

»Durch Liebe und Freiheit wird eine große Gemeinschaft entstehen«, schwärmte Althaus, »die in wachsend praktischer wie aufopfernder Betätigung allmählich alle politischen Bindungen überflüssig macht.

Und Malwida formulierte fast den gleichen Gedankengang:
»Die Religion sollte aus ihrer metaphysischen Region hernieder-
steigen, indem sie Gleichheit und Brüderlichkeit unter den Menschen einführt.«

So berauschen sie sich an Vorstellungen fort vom allmächtigen
Gott, näher den realen Bedürfnissen der Menschen, ohne aber ein
rechtes Konzept zu haben. Althaus drückt es so aus:

Es ist als wenn einer sein altes Haus abbrechen, den Plan zu einem neuen
ersinnen und mit Sack und Pack, eh es noch fertig ist, den Umzug halten
muß... Und wieder faßt er, was er erhofft, auch in Verse:

Die junge Menschheit fühlt ihr Herz sich weiten,
Das ewge Reich auf Erden auszubreiten
Aposteltrieb erwacht in den Nationen
Den Völkern, die in Finsternis noch wohnen.

Malwida und Theodor Althaus erlebten einen von Liebe und
Idealen erfüllten Frühling und jeder auf seine Weise tiefempfun-
denes Glück. Ihre Ideen entwickelten sich identisch, und wo Althaus intellektuell voranschritt, beeilte sich Malwida, ihn vom Gefühl her einzuholen und fortan Schritt zu halten. Dennoch suchte
Malwida, den Freund nicht festzuhalten oder zu bedrängen. Ihre
physische Annäherung überstieg kaum einen gegenseitigen Händedruck. Malwida wollte es so, und Althaus fügte sich.

Der Sommer dieses Jahres 1847 änderte ganz plötzlich noch einmal alles.

Althaus, dem die kleine Residenz Detmold nichts mehr zu bieten
hatte, beschloß, nach Leipzig zu gehen. Keineswegs, um dort, wie
ursprünglich geplant, seine theologischen Studien abzuschließen,
sondern, wie er sich ausdrückte, um *auf den lärmenden Markt des*
Lebens hinauszutreten.

Malwida blieb erspart, allein in Detmold zurückzubleiben, denn
zum gleichen Zeitpunkt stellten sich auch für die Familie von
Meysenbug völlig neue Aspekte ein. Kurfürst Wilhelm II. von

Hessen-Kassel war soeben verstorben, und das bedeutete für Louis Meysenbug das Ende seiner Dienstzeit. Selbst müde und krank wollte er nun den Rest seiner Tage endgültig mit Frau und Töchtern verbringen und rief sie erneut zu sich. Seinerseits nach Detmold zu übersiedeln konnte er sich nicht entschließen, vielleicht um nicht wieder im nahen Umkreis eines Fürstenhauses zu leben. Der Ort seiner Wahl war wieder Frankfurt.

Ums Haar wäre der Abschied zwischen den Liebenden in der Hektik beiderseitiger Reisevorbereitungen untergegangen. Aber am letzten Abend vor seiner Abreise fand Theodor doch noch den Weg ins Palais und wurde freundlich vorgelassen. Obwohl die Familie samt Bruder und Schwager beisammen saß, begegnete man dies eine Mal der Situation mit Rücksicht und Verständnis. Einer nach dem anderen, außer Malwida, erhob sich, reichte dem Scheidenden die Hand und verließ den Salon. Malwidas lichtblaue Augen sahen zu Theodor auf. So sollte sie ihn also hergeben, den Geliebten, vielleicht für lange Zeit, obwohl der Umgang mit ihm ihr schon nach wenigen Tagen von Herzen fehlen würde. Aus langen aufreibenden inneren Kämpfen wußte sie, daß wahre Liebe sich von dem Wunsch nach Besitz zu lösen hatte. Anders Theodor, der neben ihrem Sessel niedersank, ihre Hände ergriff und, aufs höchste erregt, glaubte, ihr sein Herz und Wort für alle Zeit verpfänden zu müssen.
»Malwida, liebste Freundin, dies ist nicht das Ende unserer Liebe, glaube mir! Ich werde dich lieben, solange Atem in mir ist, das schwöre ich dir!«
In seine Augen traten Tränen, und seine Stimme schien zu brechen, dagegen kam Malwidas Antwort mit der Ruhe einer besiegten Seele.
»Auch ich glaube nicht, daß eine Liebe wie die unsere einmal enden kann, aber Theodor, wozu hilft ein Schwur?« Sie machte eine Pause und selbst in ihren Blick trat ein Lächeln, als sie hinzusetzte: »Siehst du, Liebe und Freiheit sind eins! Du selbst hast es mich gelehrt.« Und nochmals nach einer kleinen Pause: »Nur um eines bitte ich dich, Theodor…«

Voreilig schmiegte er den Kopf an ihre Schulter und rief:
»Alles, Malwida, alles, was du nur willst, sollst du haben!«
»Versprich mir, daß du in aller Offenheit mir schreibst, sobald
eine Neigung für eine andere Frau sich in dir regt – das versprich
mir, Theodor!«
Jetzt war er es, dessen Blick sich durch ein Lächeln erhellte.
»Als ob man deinesgleichen in der Welt noch einmal fände!«
lachte er heraus und umschlang sie mit beiden Armen. So um-
schlungen, wieder ernst geworden, verharrten sie für eine un-
meßbare Ewigkeit von Glück, Trauer und Dankbarkeit, Furcht,
Schmerz und Hoffnung, deren Summe Liebe heißt. Daß es ein
Ende war, wollten beide nicht wahrhaben, aber es war das Ende
des Frühlings in Malwidas Leben.
»Sei stark und vergiß nichts...« sagte er leise.
»Nein, ich werde nichts vergessen, niemals!«
Dann ging er. Malwida hörte noch seinen Schritt durch die
fliesenbelegte Halle und dann die schwere Eichentür ins Schloß
fallen.

Flügel

Kaum war Theodor Althaus abgereist, reiste auch Frau von
Meysenbug mit ihren Töchtern, um in Frankfurt am Main das
Zusammenleben mit dem Vater wieder aufzunehmen. Aber das
Gefühl, endlich wieder eine Familie zu sein, wollte sich nicht ein-
stellen. Louis von Meysenbug reagierte nervös und ohne Ver-
ständnis für die Gewohnheiten und Bedürfnisse der drei Damen.
Fast schien es, als könne er, der so viele Jahre an der Seite seines
Fürsten verbracht hatte, nun das Leben ohne ihn nicht ertragen.
Er kränkelte, und alsbald wurde daraus ernste Krankheit.

Malwida lebte anfangs ganz aus den Briefen, die mehrmals die Woche von Theodor eintrafen. Noch trugen sie die Anrede *Geliebtes Herz!* und *Meine geliebte Mali!*, berichteten von allem, was ihn bewegte, sprachen von Sehnsucht nach ihr und endeten mit dem Wunsch, an den er wohl selbst noch glaubte: *Wir wollen noch Stunden haben wie einst und allein! Wir wollen es, dann geht es auch!* Doch die Briefe wurden weniger, die Berichte kürzer, Worte der Liebe blieben aus. Von erhabener Zweisamkeit und Seelenbindung war bald nicht mehr die Rede. Malwida, die Kluge, hätte ahnen müssen, daß derlei durch stete Trennung schwinden kann, verkümmern wie ein verdorrtes Pflänzchen.

Aber da war sie wieder, die Dualität in Malwidas Wesen! Energisch gebot sie dem Verstand Schweigen, wenn er eine mögliche Abkühlung der Gefühle auch nur in Erwägung zog. Hatte Theodor sie denn nicht geküßt, und war ein Kuß nicht das unverbrüchliche Siegel einer Liebe? Im Grunde nicht realitätsfern, vertraute Malwida felsenfest auf einmal Beschworenes, glaubte also an die Erwiderung von Empfindungen, die ihrerseits etwas vom Gelübde einer Nonne hatten.

Bald enthielten Theodors seltene Briefe nur noch Abhandlungen über das Morgenrot liberaler Politik, Themen, die Malwida zu Hause im Familienkreis aus gutem Grunde mied. Vor allem dem Vater gegenüber, der naturgemäß ganz dem absolutistischen Denken verhaftet war. Ihm gegenüber ließ sie einzig schuldigen Respekt und zärtliche Liebe von der Tochter zum Vater sprechen. »An was denkst du, Vater? Über was grübelst du?« fragte sie ihn eines Abends, als er, am Fenster stehend, in die sternenhelle Nacht hinausschaute.

»Ich bereite mich vor, bald diese sterbliche Hülle abzulegen«, sagte er.

Was hätte Malwida darum gegeben, mit ihm den bitteren Kelch zu leeren. Sie wollte ganz Liebe sein, aber die Schranke, die sich mit den Jahren zwischen ihnen aufgebaut hatte, fiel nicht. Malwida litt, aber der Vater schien darüber hinaus zu sein. Wochen der Bettlägerigkeit folgten, dann Tage der Bewußtlosigkeit. Wie schon einmal bei der Schwester wich Malwida nicht von seiner Seite. Der Arzt verordnete starken Kaffee. Unermüdlich saß Malwida mit der Tasse in der Hand und wartete. Eben hatte sie sie erneut mit dem heißen Getränk gefüllt, da öffnete Louis die Augen und sah seine Tochter an.

»Ah, du bist es, mein Schätzchen«, sagte er und trank gehorsam einen Schluck, dann wandte er den Kopf ab. Es waren die letzten Worte, die Louis von Meysenbug sprach. Er starb am Weihnachtsabend, obwohl in seinem Körper noch ein paar Tage so etwas wie Atem war.

»*Für ihn ist das Rätsel des Lebens gelöst*«, sagte Malwida in grenzenloser Trauer, »*mein Leben aber ist im Gegenteil nun gänzlich aus seinen Wurzeln gerissen… ich fühle mich hinausgeworfen in die Weite des Ozeans, künftig mein Lebensschiff allein zu steuern, dem einzigen Stern zu folgen, der mir am Wolkenhimmel leuchtete: meiner Überzeugung!*«

Am Silvestertag wurde im Familienkreis das Testament des Louis von Meysenbug geöffnet und verlesen. Der Nachlaß, von liebevoller Verteilung kleinster Kleinigkeiten abgesehen, fiel denkbar kümmerlich aus. Für die Mutter eine äußerst fragliche Pension aus der Kasse der Hessen-Kasselschen Verwaltung, für die Schwestern nichts. Auch die Brüder, deren Ältester und Jüngster, neben Carl, erschienen waren, gingen leer aus. Hatten die Brüder alle soweit ihre einträglichen Posten, so ergab sich einzig die Frage: was hatte mit den Schwestern zu geschehen?

Wilhelm, nur drei Jahre älter als Malwida, unterbreitete den Plan, eine der beiden Schwestern an seinen besten Freund zu verheiraten, um diesem wohl wenig Ansehnlichen eine Frau, und der Schwester ein Auskommen zu verschaffen. Bei Malwida wie bei Laura stieß er auf erbittertsten Widerstand.

»Das möchte dir so passen«, höhnte Laura, die noch immer geheimen Hoffnungen nachhing, und Malwida zürnte:

»Sind wir jetzt auch arm, Bruder, so ist die Zeit vorbei, da Töchter und Schwestern Schachfiguren im Heiratskarussell von euch Männern sind!«

Lauras Einspruch nahm Wilhelm von Meysenbug, angehender Badischer Minister, ruhig hin, Malwida aber fuhr er böse an:

114

»Deine voltairianische Geistesrichtung kennt man doch! Dann sieh zu, wie du zurechtkommst ohne männlichen Schutz! Oder erwartest du den etwa von deinem entlaufenen Theologiestudenten, diesem Menschen ohne Grundsätze?«

Malwidas Antwort kam ruhig, aber selbstbewußt.

»Ich werde arbeiten, werde mir einen Broterwerb suchen.«

»Was wirst du?« fragten alle drei Brüder entsetzt.

»Hast du vergessen, daß du von Stand bist?«

»Du hast Rücksicht zu nehmen auf unsere Stellungen!«

»Man hat dir die beste Erziehung zukommen lassen und das nicht, damit du dich verdingst wie eine Magd!«

Alle drei waren aufgebracht und in ihrem, wie sie meinten gerechten Zorn, ließen sie Malwida vollends fallen.

Malwida, auf diese Weise allein gelassen, ging mit sich selbst zu Rate. Was könnte ich zu einem Broterwerb tun? Kenne ich eine Sache so gründlich, daß meine Kenntnis darin einen genügenden Entgelt wert wäre?

Ihre Zweifel bestanden zu Recht, das Ungenügende ihrer Erziehung wurde ihr klar. Das Studium der Malerei, mit dem sie hätte Beträchtliches erreichen können, gab sie auf Wunsch der Eltern auf. Schüchterne Versuche im Literarischen hatten vor Theodors Auge und Ohr zwar Gnade gefunden, mußten ihrem Inhalt nach aber geheimgehalten werden und waren so in irgendeiner Lade, in blaues Band gebunden, verdorrt. Malwida spielte Klavier, wie eine höhere Tochter dieses Instrument zu beherrschen hatte, zu Konzerten oder sonstiger öffentlicher Darbietung jedoch niemals genug. Unterricht in Klavier hätte sie geben können, aber wie an Schüler kommen, wie diese Absicht bekanntgeben und vor allem wem? Ungeübt und unwissend, wie zu verfahren sei, gab sie auch diesen Gedanken sogleich wieder auf.

Malwida durchdachte jede Phase ihres nun einunddreißigjährigen Lebens, wog ab, was sie bewegt, was ihr Freude gemacht, was wieder den Funken in ihr entzünden könnte. Und dann fiel es ihr ein: Kinder! Mit ihnen arbeiten, sie leiten und führen, ihnen Vertraute sein, ihre kleinen Freuden entfachen, Furcht und Kummer vertreiben helfen.

»Ich könnte Erzieherin werden«, lautete ihr Entschluß, und genau so sagte sie es der Mutter am anderen Morgen.

»Ich könnte Erzieherin werden, Mama! In diesem Beruf ist meine Herkunft eher von Vorteil, er ist nicht ehrenrührig, wie meine Brüder befürchten, und er kann mich ernähren.«

»Ach, Kind…« seufzte Ernestine, noch zu sehr von Trauer übermannt, um auch nur einen klaren Gedanken zu fassen. »Verlaß mich nicht, Malwida, laß mich nicht allein…«

»Ich verlasse dich nicht, Mama, nicht ehe dein Verbleib und deine Versorgung geklärt sind.« Ihr Versprechen begleitend, fuhr Malwida der Mutter liebevoll übers gescheitelte Haar. Wie weiß es geworden ist, dachte sie bei sich, sie leidet mehr, als ich dachte. Und wieder sprechend gab sie ihrer Stimme einen festen zuversichtlichen Klang. »Allein bist du auch nicht, Mutter, bleibt dir doch immer noch Laura, wenn ich gehe.«

»Ja, mir bleibt Laura, aber von all meinen Kindern, Malwida, bist du es, von der ich immer wünschte, ihr mögen einmal Flügel wachsen, mächtige Schwingen…«

»Mutter!« rief Malwida »Das hast du mir nie gesagt! So hast du nie gesprochen!«

»Nein, Kind, wozu auch…« kam es mit unendlicher Müdigkeit von Ernestine, »ich hätte sie dir stutzen müssen, deine Flügel… wie ich es manchmal ja schon tat…«

Malwida, glücklich über dies Zeichen späten Verstehens zwischen ihr und der Mutter, kniete sich zu ihr und bettete ihren Kopf in die bauschige Seide ihres Rockes.

»Ach, Mama, liebe, gute Mama…!«

Nun war es Ernestine, die Malwidas Haar streichelte.

»Vielleicht, Malwida«, begann sie leise, »vielleicht, wenn das versprochene Geld vom Rentamt kommt und wir uns recht einschränken, reicht es ja für uns alle drei…«

Fast heftig hob Malwida ihren Kopf aus dem Schoß der Mutter.

»Daß wir jeden Kreuzer umdrehten, verkrochen irgendwo in stiller Klause, dankbar, wenn Carl oder Wilhelm oder auch Ulrich uns hin und wieder etwas zusteckten? Nein, Mama, nein! Wenn ich fort will, mir eine Arbeit, eine Aufgabe zu suchen, so ist es nicht allein um des Brotes willen! Ich will frei sein, selbständig, unabhängig, vor allem von den Brüdern!« Erschrocken über ihre eigene Heftigkeit hielt sie inne. Langsam, ganz langsam stieg ein seltsames Glimmen in ihre wasserhellen Augen, der sich entzündende Funke einer neuen Gewißheit. »Weißt du, Mama«, sagte sie mit einem feinen Lächeln, »weißt du, ich glaube fast, die gestutzten Schwungfedern sind nachgewachsen, die Flügel bereit, sich endlich zu entfalten... noch ein paar Übungen am Nestrand, Mama und dann... dann laß mich fliegen, hoch und weit, so wie du es für mich gewünscht hast...!«

Malwidas Worte endeten lachend, der Mutter aber lief eine Träne über die Wange.

»Ja, Kind, so hätte es der Vater auch gewollt! Er hat es nie gezeigt, aber ich weiß es.«

Von draußen war Glockengeläut zu hören, deutlich zu unterscheiden der Dom, Nikolai und Paulskirche, sie läuteten das neue Jahr ein.

1848

Bei seiner Krönung vor acht Jahren hielt König Friedrich Wilhelm IV. eine Ansprache. *Ich erkläre hiermit* sagte er, *daß ich ein Gegner jeglicher schriftlicher Verfassung bin. Einrichtungen dieser Art zerstören das natürliche Verhältnis zwischen dem Fürsten und seinem Volk.* Und noch im vorigen Jahr hatte er fast wörtlich wiederholt: *Es drängt mich zu der feierlichen Erklärung, daß Ich es nun und nimmermehr zulassen werde, daß sich zwischen unseren Herrgott im Himmel und unser Land ein beschriebenes Blatt gleichsam als zweite Vorsehung eindränge, um Uns mit seinen Paragraphen zu regieren und durch sie die alte heilige Treue zu ersetzen.*

Das hieß Ellbogen frei zur Alleinherrschaft, Absolutismus bis in die Knochen. Mit dieser Regierungsweise so ganz gegen den erwachenden Zeitgeist, stand Preußen nicht allein. Souveräne dachten so durch ganz Europa bis hinab in den Stiefel Italiens, wo Ferdinand II. gern das Wort Ludwigs XIV. auf sich bezog: *L'état c'est moi! – Der Staat bin ich!* Und genau von dort ausgehend löste sich eine Welle der Befreiung von Süd nach Nord.

Gleich zu Beginn des Jahres meldeten die Zeitungen:

AUFSTAND IN NEAPEL – die Massen verlangen nach Freiheit, Reden auf öffentlichen Plätzen!

Malwida ist begeistert, sie jubelt innerlich.

»Ach, wenn man doch dabei sein könnte, inmitten eines Volkes, das ein unerträgliches Joch abwirft!«

Sie sollte dabei sein, sehr bald schon. Neapel aber und auch Sizilien gelang es nicht, das Joch abzuwerfen. Der Aufstand wurde blutig niedergeschlagen. Die Welle setzte sich dennoch fort.

In Mailand, zu Österreich gehörig, entbrannten Straßenkämpfe. Nach fünf Tagen zogen die Österreicher ab. Ein vorübergehender Sieg.

Noch im Januar zog weitsichtig Dänemark die Konsequenz: König Friedrich VII. bewilligte eine Gesamtverfassung. Am 24. Februar brannte es in Paris. König Louis Philippe, ohnehin nur »Bürgerkönig«, wurde vom Thron gestoßen, die Republik ausgerufen.

In Wien sah man den Schuldigen in Metternich, war doch der Kaiser nur Marionette in seiner Hand. Lord Palmerston warnte den Fürsten. *Ihre Unterdrückungspolitik, die keinerlei Widerstand duldet, ist gefährlich und führt ebenso gewiß zu einer Explosion wie ein hermetisch verschlossener Kessel, dem es an einem Sicherheitsventil fehlt.*

Aber Metternich, alt und müde, stellte sich taub, und dann war es zu spät. Er mußte fliehen, packte überhastet seine Koffer und landete bei Nacht und Nebel in England. Den Kriegsminister aber, Graf Latour, hängte man in der Bognergasse an einem Laternenpfahl auf. Der Kaiser, von all dem nichts begreifend, unterzeichnete die Abdankungsurkunde zu Gunsten seines Neffen Franz Joseph.

Der Brand schwelte weiter, Stuttgart, Mannheim, Heidelberg, Köln und flackerte in München hell auf. Ludwig I. von Bayern versprach politische Reformen, konnte sich aber dennoch nicht halten. Er dankte für seinen Sohn Max ab.

Und was geschah in Berlin?

Ein Major Oelrichs brachte dem König die ersten Nachrichten aus Wien und München nach Potsdam hinaus.

»Ich traf Seine Majestät«, berichtete Oelrichs über seine wichtige Mission, »in einer kleinen abgelegenen Kammer, in der er damit beschäftigt war, seine Socken und ein paar Taschentücher zu trocknen. Meinem Bericht schenkte er wenig Beachtung, forderte mich stattdessen auf: ›Kommen Sie, lieber Oelrichs, essen Sie eine Suppe mit Uns!‹«

Dann schienen dem König die Nachrichten aber doch den Appetit verdorben zu haben.

»Nein, das ist zu arg. Ich kann nicht mehr essen«, rief er aus und ließ sich nach Berlin fahren, wo er gegen Abend eintraf.

Am kommenden Tag, Sonnabend, dem 18. März, versammelte sich eine große Menschenmenge auf dem Schloßplatz. Es war fast sommerlich warm, man stand dicht gedrängt, aber friedlich. Ein paar Sprecher formulierten die Forderungen: Pressefreiheit, Verfassung, freie Wahlen. Gegen ein Uhr mittags trat der König auf den Balkon, winkte und nickte gnädig. Das Volk nahm es als Zustimmung und jubelte. Plötzlich wollte jemand einen Soldaten gesehen haben, eine Entdeckung, die zum allgemeinen Ruf »Fort mit dem Militär« eskalierte. Mißverständnis oder nicht, die Stimmung schlug um in wilde Wut.

»Majestät, die Menge könnte das Schloß stürmen!« warnten ein paar Generäle und trafen den König damit genau auf dem anderen Fuß.

»Herrgott, nehmen Sie Kavallerie und machen Sie dem Skandal da draußen ein Ende!« befahl Friedrich Wilhelm IV.

Es war zwei Uhr mittags. Manche Geschichtsbücher vermerken, es seien an diesem Nachmittag ein paar Schüsse gefallen. Es waren genau eine Salve mit Kartätschen, vier mit Kugeln, zwei mit Granaten in der Königstraße, in der Breitenstraße einundzwanzig Salven mit Granaten, vier mit Kartätschen und drei mit Kugeln, am Oranienburger Tor eine Salve mit Kartätschen, die Friedrichstraße hinunter mehrmals mit Kartätschen und vier Salven mit Kugeln. Die Infanterie feuerte fast unablässig. Die Menge stürmte das Zeughaus und bewaffnete sich ebenfalls, goß auf offener Straße Kugeln, schliff Gartenzäune zu Lanzen, schleuderte Pflastersteine. So ging es die ganze Nacht. Zweihundert Menschen ließen ihr Leben.

Am 19. März knüpfte der König den Abzug der Truppen noch an Bedingungen, am 20. März zog er sie ohne jede Bedingung ab. Am 21. März ritt der König samt seinen Ministern mit breiten schwarz-rot-goldenen Bändern, den Farben der Republik, am Ärmel durch die Straßen der Stadt. Ernestine von Meysenbug las es ihrer Tochter aus der Zeitung vor.

»Nun wirst du doch zufrieden sein«, fügte sie bitter an, »was können du und deinesgleichen mehr wünschen?«

Malwida war keineswegs zufrieden.

»Das ist nichts als Maskerade. Der König, wetterwendisch, fügt sich dem augenblicklichen Druck. Was ich wünsche, Mama, sind nicht Gnadengeschenke königlicher Zugeständnisse, sondern eine echte Volksregierung, vor der die Fürsten sich beugen oder verschwinden müssen!« So deutlich hatte sie der Mutter gegenüber ihr politisches Credo noch niemals geäußert. Und so sehr diese sich gerade zu Malwida bekannt hatte, war ihr doch beklommen zumute, als Malwida weitersprach. »Ich weiß sehr wohl, daß es zwischen den Menschen immer Unterschiede geben wird, aber ein Platz »oben« muß durch Leistung verdient werden, nicht durch bloße Geburt in den Schoß fallen. Und wer »oben« ist, darf sich für die »unten« nicht den Blick verstellen lassen! Sonst kommt es zu Dingen wie dieser Tage…«

Halbschluchzend brach Malwida ab. Sie sah im Geiste die vielen Toten und Verletzten in ihrem Blut die Straßen säumen, Arbeiter, Studenten, ja selbst Beamte und Junker unter ihnen. War das der Weg zu Freiheit, Liebe, Gerechtigkeit, zu jener großen brüderlichen Gemeinde, von der Theodor so oft gesprochen hatte? Hatte sie, Malwida, ihm zu idealistisch gelauscht, alles nur im rosa

Licht gesehen? Sicher hatte sie der Opfer nicht gedacht, den Preis zu niedrig angesetzt. Aber einmal, so glaubte sie auch jetzt noch, einmal mußte es doch werden!

Bald sah es so aus als sollte Malwida recht behalten. Erst Gerücht, dann Gewißheit: eine Versammlung zur Errichtung eines Vorparlaments sollte am 31. März in Frankfurt zusammentreffen.

»Ausgerechnet Frankfurt!« jubelte Malwida, »ich bin dabei, ich erlebe es mit! Ein Geschenk des Schicksals!«

An diesem letzten Tag des März schmückte sich die Stadt mit Fahnen, Blumen und Girlanden wie in ihren alten Tagen der Kaiserwahl. In den Straßen fröhliche, hoffnungsvolle Menschen, festlich gekleidet, ihre Kinder mit sich führend, damit diese teilhaben sollten am großen Neubeginn. Hier und da ungläubige Gesichter, andere, die ein Lied anstimmten, in das ganze Gruppen mit einfielen, wieder andere, die die Gelegenheit zu Aufruf und öffentlicher Rede nutzten.

»Seid bereit, einen freudigen Kampf zu kämpfen um die heiligsten Rechte der Menschheit!« Seit dem frühen Morgen wartete man auf die Delegierten, die aus allen Richtungen in die Stadt gereist kamen, manchen spannte man die Pferde aus und führte sie im Triumph zum Römer. Die Stadt glich einem Ameisenhaufen. Nichts von alldem, wollte Malwida versäumen. Sie hatte ihr bestes Kleid herausgesucht, weinrot mit gesteppten Applikationen, weiß die Manschetten und der kleine Kragen, weiß Glacéhandschuh und Pompadour.

»Wo willst du hin, Kind?« kam mit vorgefaßtem Verdacht die Frage der Mutter, als Malwida eben das Schutenhütchen unterm Kinn festband.

»Hinaus, Mama, die Zeil entlang zum Römer!«

»Allein auf die Straße?«

»Ich bin nicht allein, Mama! Hunderttausende sind dort draußen! Aber, wenn es dich beruhigt, Mama, eine Nachbarin kommt mit mir, wir sind züchtig zu zweien.«

Seltsam, dachte Malwida für sich, diese Generation, die nicht umdenken kann! Eine Epoche wird geboren, in der die Frau, dessen bin ich sicher, ihren gleichberechtigten, wenn auch nicht mehr privilegierten Platz finden wird, und Mama ficht es an, daß ich den öffentlichen Gehsteig womöglich mit einem Tagelöhner teilen könnte.

Noch eilten Malwidas Vorstellungen den Tatsachen voraus. Keine der vom Volk eingereichten Petitionen bis hin zum Katalog der von Karl Marx aufgestellten Forderungen enthielt auch nur ein einziges Mal das Wort »Frau«, geschweige denn einen Vorschlag zu ihrer persönlichen Befreiung. Schon halb und halb im Treppenhaus, machte Malwida der Mutter einen Vorschlag.

»Warum kommst du nicht selbst mit uns, Mama?«

»Ich? Unter diesen Pöbel?«

Malwida war bemüht, ihrer Antwort den Ton einer geduldigen Belehrung zu geben, wie man sie etwa einem Kind erteilt.

»Dieser Pöbel, wie du ihn nennst, Mama, wird soeben eingesetzt, uns zu regieren. Bauern und Arbeiter! Sie sind es, die wissen, was zum Leben nottut.«

Ebenso hätte sie der Mutter erklären können, ein Elefant sei auf dem Mond gelandet. Zu einem Gang durch die Stadt war sie jedenfalls nicht zu überreden. Die Nachbarin, eine mit Malwida etwa gleichaltrige Frau, wartete schon unten vor dem Haus.

»Kommen Sie, kommen Sie rasch, im Palais in der Eschenheimer Gasse wollen sie die dreifarbige Fahne aufpflanzen!«

Malwida wußte, was das zu bedeuten hatte, und folgte der Nachbarin mit langen Schritten, um rechtzeitig einzutreffen, wenn das Schwarz-Rot-Gold am Mast des Thurn und Taxi'schen Palais hochging, in dem der Deutsche Bund so lange nicht zum Heil, sondern zum Unheil Deutschlands getagt hatte.

Und rechtzeitig kamen sie an, eingeklemmt in eine dichte Menschenmenge, und sahen das dreifarbige Tuch sich entfalten und die Strahlen der Märzsonne darauf spielen. Einen Augenblick war es ganz still, dann ging wie in einem Rausch des Entzückens ein »Ah« und »Oh« durch die Reihen, bis ein Ruf »Auf zum Römer!« daran erinnerte, daß es dort noch Wichtigerem beizuwohnen galt, dem Eintreffen der Delegierten, deren Einzug in den alten Kaisersaal, Beratung und Beschlußfassung daselbst.

Malwida und ihre Begleiterin wurden mit der Menge mitgerissen, mitgeschoben über die Hauptwache hinweg, die Neue Kräme hinauf. Auf dem Römerplatz angekommen, fanden sie es unmöglich, auch nur einen Blick vom Geschehen zu erhaschen. Die Menschen standen dicht bei dicht, ihre erwartungsvollen Gesichter einem bunten Mosaik gleich.

»Ei, Sie da! Komme Se rauf!« rief ihnen eine Frau aus einem Fenster der zunächst liegenden Häuser zu, und mit Freuden nahmen die beiden die freundliche Einladung an. Die Frau führte Malwida und ihre Begleiterin in eine Kammer im zweiten Stock. Dort lag ein Säugling in seiner Wiege und verschlief das Weltgeschehen, das Fenster aber bot den Damen freie Sicht auf die Stufen des ehrwürdigen Römer. Und eben dort trafen die Kutschen und Wagen der Abordnungen ein, im Geschirr nicht Pferde, sondern begeisterte Studenten und Bürger der Stadt, sich zum feierlichen Einzug in den alten Kaisersaal zu formieren. Die Aufgabe der Versammlung bestand zunächst darin, ein sogenanntes Vorparlament zu gründen, dessen Präsidenten zu wählen, und die Gründung eines Hauptparlamentes, der Frankfurter Nationalversammlung, zu beschließen.

Die Menge stand geduldig wartend eine ganze Weile, dann erscholl Salutschüsse und dröhnend das Geläut aller Kirchenglocken zum Zeichen, daß sich das Vorparlament, also das erste Parlament überhaupt, konstituiert hatte.

Das große Mittelfenster des Römer wurde weit geöffnet, und von dort oben, von wo einst die gewählten Kaiser dem Volk verkündet wurden, verkündete nun einer der Deputierten den Namen des gewählten Präsidenten: »Heinrich von Gagern!« und erntete stürmischen Beifall und nicht endende Hochrufe.

»Das ist der rechte Mann«, freute sich auch Malwida, »Heinrich von Gagern! Wer ihn kennt, wird ihm Achtung zollen und alle Hoffnung auf ihn setzen.«

Was die Achtung vor Gagern anbetraf, so hatte Malwida zweifelsohne recht, ihre spezielle politische Hoffnung aber konnte durch ihn, den eingeschworenen Monarchisten, nicht erfüllt werden. Doch sie hielt unerschüttert daran fest, daß nun alles gut würde und sah, wie es im Zitat heißt: *unverhofft ein ewig Glück auf goldenen Strahlen glänzend niedersteigen.*

Als dann die Beratungen in der Paulskirche unter Öffentlichkeit fortgesetzt wurden, war der Andrang so stark, daß Malwida und ihre Begleiterin sich kaum bis ans Portal durchkämpfen konnten. Endlich, als es ihnen gelungen war, und sie eben einen Fuß hineinsetzen wollten, hielt eine barsche Stimme sie zurück.

»Halt! Hier dürfen Sie nicht rein! Nur männlichem Publikum ist der Zutritt erlaubt!«

In ihrer Enttäuschung wollte Malwida aufbegehren, darüber, daß ihr Geschlecht wieder einmal zu den Benachteiligten gehöre, als die gleiche Stimme, die einem Mittelding zwischen Polizist und Portier gehörte, sich erneut vernehmen ließ.

»Tut mer forschba leid, lieb Frausche, aber die Leut hocke da drinne ja scho übereinander, da lasse ma nur die Männe noch rei!«

Das klang schon viel freundlicher und war zudem einzusehen. Das Innere der Kirche war tatsächlich mehr als überfüllt, und es grenzte an Lebensgefahr, sich noch einen Platz erobern zu wollen. Selbst außerhalb wurden Rednertribünen errichtet für diejenigen, die ungefragt dem Volk etwas zu sagen hatten oder einfach sich selbst gern reden hörten. Eine Turnergruppe in malerischer Tracht präsentierte sich »frisch, fromm, fröhlich, frei« nach Turnvater Jahn, der drinnen selbst als Abgeordneter an der Sitzung teilnahm. Schausteller nutzten die Menschenansammlung, ließen für ein paar Saltos und Kaspereien den Hut herumgehen, Marktschreier priesen ihre Ware an, eine Gruppe stimmte ein Lied an, eine andere ließ ihre Instrumente erklingen. Mütter hoben ihre Kinder hoch, Väter trugen sie auf ihren Schultern, Pärchen gingen heimlich Hand in Hand, selbst Taschendiebe kamen auf ihre Kosten.

»Kommen Sie, Fräulein von Meysenbug, wir sollten jetzt gehen.« Die freundliche Nachbarin zupfte Malwida auffordernd am Ärmel. »Daheim wird man uns längst vermissen.«

Doch Malwida konnte sich nur schwer vom Anblick der Menge trennen. Es lag eine so frohe, wenn auch nicht ausgelassene Stimmung über der Szene, man spürte Erleichterung, Erwartung, ja

Hoffnung und Vertrauen. Wenn dies das Volk ist, dachte Malwida, das soeben ein unerträgliches Joch von seinen Schultern geworfen hat, so habe ich dabei zwar nicht auf der Zeugenbank gesessen, aber Zuschauerin war ich immerhin. Noch einmal ließ sie fast zärtlich einen Blick über die Menschen gleiten, dann schob sie ihren Arm unter den der Nachbarin.

»Sie haben recht, gehen wir! Wir sollten längst wieder bei unseren Lieben sein!«

Doch noch in der Paulskirche

Zu weiteren Beschlüssen tagte das Vorparlament am 2. und 4. April. Unter anderem wurden sämtliche Ausnahmegesetze gegen demokratische Bestrebungen außer Kraft gesetzt und der erste Zusammentritt des endgültigen Parlaments auf den 18. Mai festgelegt.

Sechs lange Wochen des Hoffens, Wartens und Bangens lagen vor der Öffentlichkeit, in denen auch Malwida sich nichts sehnlicher wünschte, als den Ereignissen nahe zu sein. Dieser Wunsch sollte ihr erfüllt werden, und zwar schon am dritten Tag der Verhandlungen, dem 4. April 1848. Die gleiche freundliche Nachbarin, die Malwida auf den Römer begleitet hatte, riß fast die Glocke ab, so heftig läutete sie an der Meysenbugschen Wohnungstür.

»Kommen Sie, kommen Sie, Fräulein! Der Schwager meines Bruders ist bei der Garde, die die Paulskirche bewacht, er hat versprochen, uns hineinzubringen! Aber eilen müssen Sie sich!«

Und wie sich Malwida beeilte.

Eine große Menschenmenge hatte sich bereits um die Paulskirche versammelt, als die beiden dort eintrafen. Schon von fern winkte ihnen der Schwager, an Schulterriemen und hoher Mütze als Nationalgardist kenntlich. Als solcher fiel es ihm nicht schwer, die

Damen zu einer Hintertür des Gebäudes zu geleiten und dort eine steile Treppe hinauf, die unmittelbar auf der Kanzel landete, die glücklicherweise zum Innern der Kirche hin mit schwarz-rot-goldenen Tüchern verhängt war. Der Schwager bedeutete ihnen unnötigerweise Stillschweigen und verschwand wieder über die Treppe. Der Lärm der sich unten versammelnden Deputierten, das Rücken von Stühlen, Scharren von Füßen, Räuspern und Rufen, ja gelegentlicher Unterhaltung hätte ohnehin jedes Wort oben übertönt. So auch die gedämpfte Begrüßung durch andere Damen, die bereits in dem Versteck Platz genommen hatten.

»Sehen Sie nur«, sagte die eine und schob das Schwarz-Rot-Gold ein paar Fingerbreit auseinander, »sehen Sie, das Rednerpult ist direkt unter uns. Wir werden jedes Wort deutlich hören können.«

Dann wies sie auf einzelne Herren, die gerade anlangten, sich ihren Sitz in der Bank suchten oder, wo ihnen nur noch ein Stehplatz blieb, sich an eine der Säulen des Kirchenrundes lehnten.

»Dort drüben, das ist der Dichter Ludwig Uhland und dort Professor Dahlmann, Professor Arndt und Jakob Grimm!«

»Und sehen Sie zur Linken den jungen Mann?« mischte sich eine der anderen Damen ein, »das ist Julius Fröbel, der Neffe des berühmten Pädagogen!«

Julius Fröbel, dachte Malwida, das war ja Theodors Freund aus Leipzig! Sie wollte unbedingt versuchen, mit ihm ins Gespräch zu kommen. Seine Ideen über soziale Gerechtigkeit faszinierten sie schon lange.

Turnvater Jahn erkannte Malwida selbst, hatte sie doch die Darbietungen seiner Schüler bereits bewundert. Auch den Hünen mit dem blonden Christuskopf kannte sie, der verspätet, aber allgemein bewillkommnet, die Kirche betrat. Es war Friedrich Hecker, ein Anwalt aus Mannheim, dessen liberale Forderungen Malwida seit langem von Herzen bejahte, dessen Politik aber jeglicher Diplomatie entbehrte. Ihn heute hier zu sehen, erfüllte Malwida erneut mit Hoffnung, wie auch die nun durch die Versammlung festgelegte Tagesordnung des künftigen Parlaments. Punkt für Punkt sah sie darin ihre politischen Träume wahr werden, schloß in ihrer Begeisterung ein Mißlingen von vornherein aus. Gleichstellung politischer Rechte ohne Unterschied der Religion, volle Pressefreiheit, Steuerpflicht nach Steuerkraft, Schutz der persönlichen Freiheit, Unabhängigkeit der Justiz, so lautete der Katalog, und weiter: Schutz der Arbeit durch neue Maßnahmen, Arbeitsunfähige vor Mangel bewahren, Erwerbslosen lohnende Beschäftigung verschaffen.

Alles das war Musik in Malwidas Ohren und ganz besonders horchte sie auf, als Schulunterricht aus Staatsmitteln gefordert wurde, und zwar für alle Klassen und Berufe.

»Endlich wird ein jeder lernen dürfen«, rief sie fast zu laut, »arm und reich, jung und alt, Männer und Frauen! Es gibt ein ganzes Heer von Menschen, die weder lesen noch schreiben können.«

»Schscht«, machten beschwichtigend die geheimen Lauscherinnen, denn eben wurden unten die zu behandelnden Themen auf Bundesebene aufgestellt: Schleswig und Holstein sollten staatlich und national verbunden, die Teilung Polens als schmachvolles Unrecht gebrandmarkt werden. Abschließend wurde festgelegt, wer zur Wahl der Abgeordneten in die Nationalversammlung berechtigt sein soll, und nochmals das Datum 18. Mai zum Zusammentritt bestätigt.

Um sechs Uhr abends erst wurde die Sitzung beendet. Ohne Pause, ohne Mahlzeit hatte Malwida seit dem frühen Morgen ausgehalten. Noch auf dem Heimweg durch menschenfrohe Straßen, durch frühlingsahnende Gärten, fühlte sie sich von einem Schwindel des Glücks erfaßt. Ihr Herz war erfüllt vom Glauben an eine bessere Zukunft, Frankfurt verkörperte das Symbol dieser Zukunft, eine Stadt, in der sie sich schon einmal zu Hause gefühlt und nun, nahe am Puls einer neuen Zeit, immer leben wollte.

Ein lauer Wind wehte ihr den Duft erster Blüten zu, von fern drangen die Klänge eines Musikkorps herüber, das den Abgeordneten ein Abschiedsständchen brachte. Sie spielten die Marseillaise. Malwida hätte am liebsten laut mitsingen wollen, diesen schönen Gesang der Freiheit, aber sie wußte, was sich gehört, befand sie sich doch zur Dämmerstunde allein – die Nachbarin hatte weit weniger Ausdauer gezeigt – zu Fuß auf dem Heimweg.

Endlich vor dem Etagenhaus angekommen, schloß sie das schwere Tor und oben die Tür der Wohnung auf. Mattes Licht einer Petroleumlampe, wie sie die Mutter noch gern in Gebrauch hatte, drang aus der Tür zum Salon.

»Ich bin es, Mama!« rief Malwida und streifte ihr Cape von den Schultern, »ich bin zurück, Mama!« Sie hängte das Cape auf und trat an die halboffene Tür. »Es war einfach herrlich, Mama, du glaubst nicht, was sich bewegt und ganz plötzlich Bahn bricht! Endlich spechen sie miteinander, Männer entgegengesetzter Pole! Frankfurt ist zum lebendigen Podium geworden, Mama, zum politischen Sonnenaufgang! Wir werden es noch erleben, daß diese Stadt…«

Plötzlich fiel Malwida auf, wie wortkarg die Mutter reagierte. Kerzengerade, den Rücken gereckt, saß sie auf dem Sofa und hielt das blasse Gesicht auf eine Handarbeit gerichtet.

»Was hast du, Mutter, was ist…?«

»Wir werden diese Stadt sehr bald verlassen. Die Vermögenslage, wie dein Vater sie uns hinterließ, erlaubt es nicht mehr, eine Wohnung wie diese zu halten. Ich habe daher beschlossen, und zwar unwiderruflich, daß wir nach Detmold zurückkehren. Dort werden wir – du, deine Schwester und ich – in Zukunft einfach und unseren Einkünften entsprechend leben.«

»Nach Detmold zurückkehren –?«

Malwida konnte es nicht fassen. Schon einmal hatte sie an gleicher Stelle fast die selben Worte gehört, die gleiche Enttäuschung und beschämende Ohnmacht empfunden. Damals hatte der Beschluß, nach Detmold zurückzukehren, sie das Malstudium gekostet, heute bedeutete er, lebendigem Geschehen den Rücken zu kehren, sich auszuschließen von den großen Ereignissen nationaler Entwicklung, um in den Mauern einer verstaubten rückständigen Residenz Rosenmuster zu sticken und Klavier zu spielen. Malwida fühlte nicht anders, als habe sie soeben ihr Todesurteil vernommen. Nur mühsam formte sie die Worte zu einem schwachen Versuch.

»Wenn es schon sein muß, Mama, könnte ich nicht hier in Frankfurt allein…?«

Es war der gleiche Vorschlag, der ihr schon einmal abgelehnt worden war. Und richtig konterte Frau von Meysenbug mit dem einzigen Argument, das aus ihrer Sicht für eine Tochter aus gutem Hause unumstößlich bindend war. Sie ließ ihre Handarbeit in den Schoß sinken und sah Malwida fest an.

»Ich habe das mit deinen Brüdern besprochen, und sie sind ganz und gar meiner Meinung.« Für einen Augenblick war dann in ihren Augen ein Hauch von Verständnis. »Es tut mir leid, Kind, wirklich von Herzen leid…«

Unbeweglich stand Malwida noch immer im Türrahmen zum Salon, die eine Hand unschlüssig auf der Klinke. Kaum vom Lichtkreis der Lampe erfaßt glich sie eher einer Statue als der Silhouette eines lebenden Menschen. Die Falten ihres Kleides warfen Schatten, nur Manschetten und Kragen schimmerten hell. Das Halbdunkel ließ ihr Gesicht friedlich, ja unbeteiligt erscheinen, und doch tobte darin ein Waterloo. Ich bin einunddreißig Jahre alt, grollte sie innerlich, und noch immer kann meine Familie über mich bestimmen, als wäre ich ein Gegenstand! Noch immer haben meine Brüder Verfügungsgewalt, ohne mich auch nur nach meiner Meinung zu fragen. Daran kann etwas nicht stimmen, und bei Gott, ich werde es ändern! Nur das Rascheln der Krinoline verriet eine kurze heftige Bewegung, dann hatte sie sich wieder in der Hand.

»Nun gut, Mama, wenn es sein muß«, sagte Malwida leise, »wann denkst du, daß wir reisen werden?«

»Nach Möglichkeit noch diesen Monat, in ein, zwei Wochen vielleicht.«

Die Stimme der Mutter verriet Erleichterung darüber, daß ihre Tochter sich zu fügen schien.

»In ein, zwei Wochen also«, klang gehorsam das Echo und schon halb abgewandt: »Dann gute Nacht, Mama!«

»Gute Nacht, mein Kind.«

Noch einmal hörte man es rascheln, als die Silhouette sich im Dunkeln aufzulösen schien.

Don Carlos

Unter den Verboten und Bannsprüchen, die das Frankfurter Parlament aufhob, war jenes gegen die Aufführung Schillerscher Dramen. Sogleich strömten die Menschen ins Theater. So auch Malwida von Meysenbug.

»Sie wagen es gleich mit dem »Don Carlos«!« triumphierte sie und suchte dieses Mal die Schwester zu gewinnen. »Komm mit mir, Laura, ich hab' zwei Karten ergattert, wenn auch nur im Parkett. Du wirst sehen, welch prächtiges Stück und welch mächtiges Sprachrohr dieser Schiller ist!«

Laura ließ sich überreden, wenn ihr auch die Garderobenfrage wichtiger als Schillers Carlos war.

»Meinst du, das rosa Stufenkleid mit den Ärmelbündchen wird es tun, Malwida, oder sollte ich lieber die Schneiderin...?«

»Nichts da, Liebste, ob rosa oder violett, Stufen, Falten oder Rüschen, man wird nicht auf dich sehen, sondern auf die Bühne.«

So war es dann auch, als die Gaslampen im Zuschauerraum gelöscht wurden und der Vorhang sich hob. Blakendes Bühnenlicht auf Blumenkübel und ein gemalter Ausblick auf hohe Hecken und steinerne Putten. Der königliche Garten.

»Die schönen Tage in Aranjuez sind nun zu Ende...«

Unwillkürlich krampfte sich Malwida das Herz zusammen. Auch ihre schönen Tage in Frankfurt gingen bald zu Ende, die, die ihr noch blieben, konnte sie an einer Hand abzählen.

»Wär noch ein Wunsch zurück, den der Himmel Euch verweigert?«

»O ja«, schluchzte es in Malwida, der Wünsche blieben ihr so viele! Dabei zu sein, wenn die Sonne des 18. Mai über dieser Stadt aufging! Dem unablässigen Strom politischer Maßnahmen beizuwohnen, die der Menschenwürde zu ihrem Recht verhalfen!

»O, wer weiß, was in der Zeiten Hintergrunde schlummert?«

hörte Malwida den spanischen Infanten und fragte sich: Wer weiß, warum es mir beschieden ist, mich in den Willen anderer zu fügen, Frankfurt zu verlassen und in der Enge Detmolds meine Träume zu begraben?

»Ich drück' an meine Seele dich, ich fühle die deinige allmächtig an mir schlagen.«

War es das? Die Liebe? Fast hatte Malwida sie vergessen.

»Wenn Detmold ein Wiedersehen bedeutet...« flüsterte sie unhörbar, »ein Wiedersehen mit Theodor...«

»O, jetzt ist alles wieder gut. In dieser Umarmung heilt mein Herz.«

Ja, dann wär alles wieder gut. Da, so schwor Malwida, wollte sie an einer Vorsehung niemals mehr zweifeln.

»An deinem Herzen heiße Tränen weinen, du einz'ger Freund!«

Plötzlich schossen solch Tränen auch Malwida in die Augen. Alle Sehnsucht, alles Verlangen nach ihrem »einz'gen« Freund waren mit einem Schlag wieder erwacht und lasteten auf ihrer Seele.

»Theodor...« flüsterte Malwida wie im Einklang mit den Worten die Carlos oben auf der Bühne sprach:

»Was immer deine Liebe mir gebeut, ich werfe mich in deine Arme!«

Jetzt war sie sicher, daß es bald ein Wiedersehen gab. An der Seite Theodors würde sie auch fern von Frankfurt an den Ereignissen der Weltgeschichte teilhaben und an der Verwirklichung eines Ideals mitarbeiten, wie Schiller es vorauseilend heraufbeschwor.

»Sanftere Jahrhunderte verdrängen böse Zeiten, sie bringen mildre Weisheit, und Bürgerglück wird dann versöhnt mit Fürstengröße sein!«

Als endlich der Vorhang gefallen war, verließ Malwida das Theater wie im Traum. Frau von Meysenbug hatte den Lohndiener mit einer Laterne geschickt, die Töchter heimzugeleiten.

»Was meinst du, Malchen«, begann Laura noch im Bann des Gesehenen, »was ist aus Carlos wohl geworden?«

»Das ist unwichtig, Dummchen«, belehrte die Ältere, »Schiller läßt das absichtlich offen. Seine Absicht ist, aufzurütteln.«

»Aha«, machte Laura, »aber, nicht wahr, Malchen, mein Kleid gehörte mit zu den schönsten?«

»Ja, Liebes«, beteuerte Malwida.

Den Rest des Weges schwiegen die Schwestern. Vor dem Mietshaus angekommen, half der Diener, das Tor zur Einfahrt aufzustemmen.

»Eine gute Nacht den Fräuleins«, wünschte er unbeholfen.

»Gute Nacht, Schorsch«, erwiderte Malwida, und hinter beiden schlug dumpf das Tor wieder zu.

Heimkehr wider Willen

Wer von Frankfurt nach Detmold reisen wollte, konnte im Tau-nusbahnhof die Eisenbahn besteigen, die ihn immerhin schon bis nach Wiesbaden-Biebrich brachte, wo man sich dann stromab-wärts den Gewässern des Rheins anvertrauen mußte. In Köln konnte man erneut die Bahn besteigen, über Duisburg, und Hamm nach Bielefeld fahren. Fürs letzte Stück war man dann von Herzen froh, dem fauchenden und pfeifenden Koloß zu entflie-hen, nicht mehr gerüttelt und gestoßen zu werden, sich einer ge-federten Kutsche, dem vergleichsweise Flüstern trabender Pfer-dehufe zu überlassen. Von Komfort nämlich war bei der Eisenbahn, ausgenommen vielleicht der Ersten Klasse, noch nicht viel zu spüren. Auf hölzernen Bänken, in beängstigender Enge, ständig das Rattern der Räder im Ohr, das Zischen austretenden Dampfes, sah man sich in ungewohnt naher Gemeinschaft mit völlig fremden Menschen, unrettbar deren Benehmen, Ausdün-stungen und Gewohnheiten ausgesetzt.

Nicht zu Unrecht nennt daher Alexander von Sternberg sie auch die *demokratische Eisenbahn* und begründet es mit dem Hinweis: *Man sehe nur die Vornehmen und Exklusiven, wie verbittert sie gegen die Eisenbahn sind. Daß sie rasch an einen Ort kommen, das nehmen sie ge-fällig hin, daß sie es aber nicht mehr auf ihre Weise machen sollen, das ist ihnen ein Greuel. Wie denn? Ein Häuflein untergeordneter Kreaturen, Krämer, Handwerker, hat sich zusammengefunden und zwingt einen Vor-nehmen, mit ihnen gemeinschaftliche Sache zu machen?*

In einem Coupé eben solcher Eisenbahn saß Malwida von Mey-senbug jetzt, und es war gerade dieser demokratische Aspekt, der *ihren* Beifall fand. Ihr gegenüber saßen ein paar junge Soldaten, Blumen im Knopfloch, Wimpel am Tornister, blank die Augen, rot die Wangen vor Begeisterung über ihren ersten Transport.

»Wo soll es denn hingehen?« fragte Malwida so teilnehmend wie neugierig.

»Nach Schleswig rauf!« kam die fröhliche Antwort, »dem Dä-nenkönig werden wir es zeigen!«

»Denkt ihr denn, daß es zum Krieg kommt?« Diesmal war es von Malwidas Seite weniger Frage denn Überlegung. Sie wußte sehr gut – denn es stand ja in allen Zeitungen –, daß die Nationalliberalen der neuen dänischen Regierung unter Frederick VII. darauf drangen, Schleswig bis zur Eider hin dem dänischen Staat einzuverleiben. Zahllos die Beispiele in der Historie, daß Erbansprüche zu derlei Verschiebungen herhalten mußten. Gewöhnlich wurde das Volk darüber nicht befragt. Diesmal aber griff es zur Selbsthilfe, Schleswig-Holstein bildete eine Provisorische Regierung mit Sitz in Kiel. Diese zu unterstützten, gegebenenfalls mit Waffengewalt, hob der Deutsche Bund Truppen aus.

»Nun, wenn es nicht dazu kommt und man uns gegen Dänemark nicht braucht, so ziehen wir gleich weiter nach Polen!« verkündete einer der Soldaten, und die anderen fielen enthusiastisch mit ein.

»Jawohl, nach Polen, am besten gleich nach Warschau!«

Da war zwar Politik wie Strategie eigenmächtig aus den jungen Hitzköpfen entsprungen, aber gerade darum wollte Malwida mehr wissen.

»Und was wollt ihr in Polen?«

»Nun, die Freiheit natürlich!« rief einer der Soldaten im Ton eingeübter Schlagworte. »Die Zeit der Freiheit ist angebrochen! Das weiß doch ein jeder!«

»Wovon wollt ihr die Polen befreien?«

»Von den Russen! Von Zar Nikolaus I.«, war die Antwort nach Schema, aber einer von ihnen wußte es genauer.

»Viermal sind die Polen aufgeteilt worden, hat sich jeder der umliegenden Staaten genommen, was ihm paßte. Wir wollen den Polen helfen, Polen zu sein.«

Malwida, im Grunde ihres Herzens gleicher Meinung, bedachte die tragische Seite der überschäumenden Begeisterung. Als Soldaten zum Gehorsam verpflichtet, durch Halbwahrheiten stimuliert, wurden sie letztlich verschoben wie Schachfiguren, und junge Lippen, die heute laut die Freiheit priesen, konnten bald für immer schweigen, Augen, in denen frischer Mut leuchtete, für immer geschlossen sein. Wo also war der Übergang vom ersehn-

ten Ideal zu dessen realer Durchführung? Nachdenklich geworden glitt ihr Blick zum Fenster, wo Häuser, Bäume, Zäune wie
betrunken vorbeitorkelten, als sei der Grund unter ihnen fortge-
zogen.

»Den Damen ein Stück Kuchen gefällig? Meine Mutter hat ihn
mir eingepackt!« Einer der Soldaten hatte seinen Tornister geöffnet und bot stolz vom Gebackenen seiner Mutter an. Ein anderer
tat es ihm gleich und packte Wurst und Brot aus.

»Reisen macht hungrig, greifen Sie zu, Fräulein!«
Malwida nickte freundlich und nahm dankbar Wurst und Kuchen
zugleich.

»Auch Sie, Fräulein!« wagte der Soldat sich ebenfalls an Laura zu
wenden, die bisher geschwiegen hatte. Unschlüssig, ob sie sich
dem freien Ton der Schwester anschließen sollte oder nicht, warf
Laura erst einen Blick zur Mutter hin. Frau von Meysenbug, mit
der Unterhaltung so wenig einverstanden wie mit der Gastfrei-
heit, saß stocksteif in ihrer Ecke. Die Leutseligkeit ihrer Ältesten
war ihr aufs höchste peinlich. Im einzelnen mochte Malwida ja
recht haben, waren ihre freiheitlichen Ideen, ihr politisches Interesse ja anzuerkennen, aber die Vertraulichkeiten, die sie immer
wieder an den Tag legte, waren doch wirklich mehr als degoutant!
Liebend gern hätte Ernestine ja Billets in einem Wagen Erster
Klasse genommen, aber ihre derzeitige Finanzlage, die sie ja
überhaupt zu dieser Reise zwang, erlaubte ihr die Verdoppelung
zum niedrigsten Fahrpreis nicht. Notgedrungen hatte sie sich zur
mittleren Klasse entschlossen, die immerhin schon einen halben
Taler pro Fahrtstunde und Person kostete.

»Vielen Dank, wir haben unseren eigenen Reiseproviant mitgenommen«, sagte sie und preßte sich ein Lächeln ab.
In Bielefeld entstieg der Meysenbugschen Kutsche, die sie ab-
holte, zur größten Freude Ernestines Carl, noch immer fürstlich
Lippischer Schloßhauptmann.

»Endlich, liebste Mama!« begrüßte er seine Mutter in schlecht
verhohlenem Vorwurf, als habe sie die Übersiedlung von Frankfurt ungebührlich hinausgeschoben. Kaum herzlicher fiel der
Gruß an die Schwestern aus.

»Nun, liebe Laura, kommst du mit einem Bräutigam im Gepäck oder war wieder keiner gut genug für dich?«

Trotz der beißenden Bemerkung küßte er sie auf beide Wangen, Malwida hingegen reichte er nur die Hand.

»Und dir, Schwester, falls du dir Hoffnungen auf ein Wiedersehen gemacht hast, will ich nur gleich sagen, dein Freund ist abgereist!« Und als mache es ihm in seiner galligen Laune besondere Freude, setzte er hinzu: »Gestern erst, und zwar nach Frankfurt!«

Es traf Malwida wie ein Schlag. Dem Bruder Fragen zu stellen, was die Abreise bedeute, verbot ihr augenblicklich aufflammender Stolz. Er sollte sich nicht an ihrer Enttäuschung weiden. Gestern erst... nach Frankfurt... klang es in Malwidas Ohren mißtönend fort. So hämisch konnte doch kein Zufall sein! Malwida fühlte ihren Hals eng werden, die Falle war zugeschnappt. Es gab kein Entrinnen mehr. Detmold, die verstaubte kleine Residenz, in der nie etwas passierte, würde sie in ihre Arme ziehen und, ohne auch nur zu blinzeln, ihren hundertjährigen Dornröschenschlaf weiterschlafen. Malwida fühlte sich sterbenselend, als sie alle zusammen die Kutsche bestiegen, um die letzten paar Meilen zwischen Hoffnung und Haft hinter sich zu bringen.

Noch ehe sie das Palais Meysenbug erreicht hatten, berichtete Carl von Ereignissen, die unterdessen auch die Lippische Residenz erschüttert hatten und wohl seine gallige Laune erklärten.

»Die Menge rottete sich vor dem Schloß zusammen und forderte die Einberufung der Kammer!«

Was Carl da voller Empörung als ungerechtfertigten Anspruch darstellte, war nichts als das gute Recht der Lippischen Untertanen. Wozu gab es seit langem eine sogenannte Kammer, der über dreißig Bürger als Deputierte angehörten, wenn der Fürst kontinuierlich ihr Zusammentreten unterband? Jetzt, da das Beispiel von Frankfurt ihnen den Rücken stärkte, hatten sie nichts Ungebührliches verlangt, weder ihren Fürsten verjagt, wie es anderswo geschah, noch sonstwie Gewalt angewendet. Ein paar Hofbeamten wurden die Fensterscheiben eingeschlagen, man pfiff sie in der Öffentlichkeit aus, aber worum es den Bürgern ging, war ihr Recht und endlich die Freiheit, es in Anspruch zu nehmen.

Der Fürst zögerte glücklicherweise, die einzigen beiden Kanonen seines Arsenals, alt und verrostet wie sie waren, gegen die Revolte seines Volkes einzusetzen. Er fügte sich, wenn auch gegen den Rat seiner Minister wie auch dem des Erbprinzen, dem laut auf dem Schloßplatz vorgetragenen Begehren.

»Stellt euch vor«, eiferte Carl sich von neuem, »zum Dank daß Seine Hoheit nun den Zusammentritt der Kammer gestattete, setzte diese als ersten Punkt der Tagesordnung eine Kontrolle des fürstlichen Finanzbudgets fest!«

Wo Carl mit gleichfalls empörtem Echo rechnete, kam von Malwida sachlicher Einwand.

»Nach diesem Budget richtet sich immerhin die Höhe der einzutreibenden Steuern! Und wie jeder weiß, gehen Unsummen allein auf Schauspieler und Opernsänger, die der Fürst hält.«

»Das Theater ist das einzige Vergnügen, das Seine Hoheit sich leistet«, suchte Carl zu verteidigen.

»Ein Vergnügen, drei- und viermal die Woche, und das bei stets wechselndem Ensemble aus ersten Häusern! Wenn man auch nur die Hälfte dieser Ausgaben streicht, würde das die Steuerlast erheblich senken.«

»Nun, ich weiß, auf welcher Seite du stehst, Malwida! Du hältst jedenfalls nichts vom guten alten Spruch: Wes Brot ich esse, des Lied ich singe!«

»Nicht, wenn das Lied die falsche Melodie hat, Carl, dann würde ich es vorziehen, mein Brot anderswo zu essen.«

Trotz Argwohn ahnte Carl nicht, wie sehr seine Schwester längst entschlossen war, die Konsequenz aus ihren Worten zu ziehen. Nun das Wie und Wo standen noch zwischen ihrem Vorhaben und seiner Durchführung. Sie mußte warten und Geduld haben, so schwer es ihr auch fiel.

»Ich bin sicher, meine Liebe«, fuhr Carl von Meysenbug schulmeisterlich fort, »du spielst auf einen jungen Mann an, der aus diesem Grunde von der Kanzel stieg und sich aufrührerischen Kräften verschrieb. Ja, man hat ihn auch hier gesehen! Er hat zu

den Leuten gesprochen, ihnen Parolen eingeflüstert, das Volk auf-
gehetzt! Kein Wunder, daß er überstürzt abreiste! Unsere Justiz
hätte Mittel und Wege gefunden…«
Malwida errötete vor Freude, daß auf diese Weise von Theodor
die Rede war. Er hatte sich also in seiner Heimatstadt für die
Sache der Freiheit eingesetzt und bewährt. Im Ansturm erster
Enttäuschung, Theodor nicht in Detmold anzutreffen, befürchtete sie, seine Abreise könne im unmittelbaren Zusammenhang
mit ihrer Ankunft stehen. Will er mir aus irgendeinem Grunde
ausweichen? hatte sie sich gefragt. Jetzt aber wußte sie, daß das
Datum seiner Abreise Zufall und der Grund einfach die Beendigung seiner hiesigen Aktion war. Warum gerade Frankfurt und
was Theodors weitere Pläne waren, das wollte Malwida im Pfarrhaus erfragen. Gleich morgen, nahm sie sich vor, als mein erster
Besuch! Derweilen fuhr die Kutsche vor dem Meysenbugschen
Palais vor.

»Willkommen, untertänigst willkommen!« krächzte der Major-
domus, unterdessen in die Jahre gekommen, und die neue
Küchenhilfe, gerade vierzehn Jahre alt, überreichte knicksend
einen Strauß von Wiesenblumen.
Malwida betrat Halle und Treppenhaus, ließ einen langen Blick
über die gewohnte Einrichtung gleiten. Erinnerungen stiegen in
ihr auf, aber keinerlei Gefühl vertrauter Heimkehr, im Gegenteil
schien ihr ganz Detmold, schon gar ohne Theodor in seinen Mauern, als sei sie hier zu Festungshaft verurteilt. Doch als sie die Tür
zu ihrer Stube öffnete, dem Jungmädchenzimmer mit dem Bett-
vorhang, der Waschkommode, dem zierlichen Schreibsekretär,
der Staffelei am Fenster mit den Tüllgardinen, da mußte sie über
den eigenen Trotz schon wieder lachen.
»Dies als finstere Gefängniszelle ist gar so schlecht nicht«,
schmunzelte sie, »hier werd’ ich meine Fäden spinnen und mich
einpuppen, bis, wer weiß, vielleicht doch noch ein bunter
Schmetterling daraus schlüpft!«
Der Humor hatte Malwida nicht verlassen.

137

Ich eile in die Laube zu ihr...

Zu Malwidas Ärger kam es nicht gleich am nächsten Tag zu ihrem Besuch im Pfarrhaus. Erst eine Woche später konnte sie ihr Versprechen einlösen. Elisabeth Althaus, die »Kleine«, weilte zu dieser Zeit bei ihrem Großvater in Potsdam, aber Frau Althaus breitete weit die Arme aus.

»Endlich, liebes Kind«, rief sie herzlich, »wie freue ich mich, Sie zu sehen! Kommen Sie herein in die Stube und erzählen Sie, wie es Ihnen geht.«

Malwida trat ein, und drinnen, zwischen rotsamtenem Sessel und Sofa, Spiegelkommode und Blumenétagère, überkam sie jenes Gefühl der Heimkehr.

»Ach, wie schön, alles ist beim alten!« rief Malwida unwillkürlich aus. Doch als sie sich umwandte und das volle Tageslicht auf Frau Althaus fiel, erkannte Malwida, daß nicht alles unverändert geblieben war. In die Gesichtszüge der Frau Pastor war mit tiefen Furchen das Alter gezeichnet, und als Malwida sich noch fragte, wie so plötzlich das hatte kommen können, bemerkte sie noch anderes in diesem Gesicht, das ihr fremd war. Frau Althaus mied ihren Blick, schien seltsam gehemmt und nervös. Fast glaubte Malwida, ihr Besuch sei der Frau Pastor peinlich, ja käme zumindest ungelegen. Und dennoch hatte ihre Herzlichkeit nichts Gekünsteltes, als sie weiter ausrief:

»Und gerade ist unser Theo abgereist! Er hätte Sie sicherlich gern getroffen, da Sie beide sich doch gut verstanden.«

Malwida schien die Formulierung zu schwach gewählt, da Frau Althaus ja wissen mußte, wie es um sie und Theodor stand. Doch für den Augenblick kam sie ohnehin nicht zu Wort. Wie gehetzt sprach die Pastorin weiter. »Ja, ja, er ist nun Korrespondent bei der Bremer Zeitung, sogar Berichterstatter in der Frankfurter Nationalversammlung! Er verdient gutes Geld dort, sagt er, und lernt alle die großen Politiker kennen. Aber davon, mein Kind, werden Sie mehr wissen als ich: Sie waren ja in Frankfurt, wo die neue Zeit anbricht, wie Theodor das nennt. Und von seinen Plänen wird er Ihnen ja längst geschrieben haben...« Sie brach ab, und ihr Blick ging wie verloren ins Leere.

»Nein, ich hörte nichts von seinen Plänen, besser gesagt, ich hörte überhaupt nichts von Theodor, seit Monaten nicht!« Mutig sprach Malwida aus, was sie vor sich selbst seit langem nicht wahrhaben wollte und daher ständig neue Entschuldigungen seiner Saumseligkeit einräumte: Er ist überlastet, hat viel zu tun, ist viel auf Reisen und der Suche nach Arbeit! Damit hatte Malwida einen wehrhaften Wall um den Glauben an ihre gemeinsame Liebe gebaut. Mit der Zeit hatte sich in ihrem Bewußtsein eine taube Stelle gebildet wie Schorf über einer schwärenden Wunde. Da sie jetzt laut eingestand, keinen Brief von Theodor Althaus mehr erhalten zu haben, wirkte der innere Schutz nur noch unvollkommen nach.

»Er ist wahrhaftig schreibfaul, mein Theodor«, räumte seine Mutter tadelnd ein, »was das betrifft, hab' ich ihm gehörig die Leviten gelesen, ehe er nach Frankfurt ging. Wozu haben wir dich das Schreiben gelehrt, wenn du keine Zeile von dir hören läßt, so habe ich gesagt und er, er hat gelacht und Besserung gelobt. Und denken Sie, schon heute kam der erste Brief! Sicher möchten Sie hören, was er schreibt... wo hab' ich ihn nur...«

Frau Althaus klappte den Schreibschrank auf und tastete nach Brief und Brille. Kaum saß letztere ihr auf der Nase, begann sie zu lesen, fast hastig, als wolle sie es hinter sich bringen.

Die Politik hat mich ergriffen wie ein wilder Strudel. Die Wahl der Abgeordneten zur Nationalversammlung hat mich zutiefst enttäuscht. Da gibt es Professoren, Anwälte, Kaufleute, Schriftsteller, Ärzte, Gutsbesitzer, aber nicht ein einziger Arbeiter ist dabei! Das soll ein Parlament des Volkes sein? Mein so empörter wie liberaler Bericht an die Zeitung wurde von der Bremer Kaufmannschaft schlecht aufgenommen. Wenn mein Freund Andree und ich mit unserem Radikalismus keinen Boden finden, werden wir die Redaktion nach Hannover verlegen als »Zeitung für Norddeutschland«. Den Mund verbieten lassen wir uns jedenfalls nicht! Aber das, liebe Mutter, willst du ja alles nicht wissen. Du willst hören, ob es deinem Sohn gut geht. Ja, er ist glücklich und zufrieden. Von Morgen bis zum Abend bei der

Arbeit und dann... Die Frau Pastor brach ab und rückte ihre Brille zurecht.

»Nun, was ist, Mutter Althaus? Warum lesen Sie nicht weiter?«

»Ach... ich weiß nicht... vielleicht sollte ich...« Ratlos ließ sie den Bogen in den Schoß sinken.

In Malwida stieg Argwohn auf.

»Lesen Sie, Mutter Althaus, lesen Sie!«

Nur schleppend kam Theodors Mutter dieser Bitte nach.

...dann eile ich in den kleinen Garten, in die Laube zu ihr; ich helfe ihr die Wolle wickeln, während wir friedlich miteinander plaudern; das ist mein ganzes Glück, meine ganze Erholung.

Frau Althaus hob den Blick und sah Malwida voll an.

»Ach, Malwida, mein Kind, ich wußte nicht, wie ich es Ihnen sagen sollte...« Ruhe und Güte waren in ihre Augen zurückgekehrt, aber auch der Ausdruck tiefen Kummers.

In Malwida war gar keine Reaktion. Trifft ein vergifteter Pfeil, braucht auch das Gift den Bruchteil eines Augenblicks, um seine verheerende Wirkung zu zeigen. Malwida legte ihre Hände ineinander, als suche die Linke an der Rechten Halt.

Noch hatte sie die Kraft, Fragen zu stellen.

»Er hat es Ihnen gesagt, als er hier war, nicht wahr, Mutter Althaus?«

»Ja«, gab Frau Althaus unumwunden zu, »und nicht nur das, er trug mir auf, es Sie wissen zu lassen, Ihnen zu sagen, daß er noch gute Freundschaft empfände, aber...«

»Gute Freundschaft...« klang bitter das Echo von Malwida, »Freundschaft, die alles erträgt, alles versteht? Meint er das?« Ihre Stimme war laut und scharf geworden und brach sich in wildem Aufschluchzen.

Frau Althaus legte den Brief, den sie immer noch hielt, beiseite und beugte sich tröstend vor.

»Malwida, mein Kind, bitte! Sie müssen sich fassen...«

»Ja, das muß ich wohl«, kam es zurück. Malwida richtete sich steil auf und schien tatsächlich jetzt ganz ruhig zu sein. Ihre Augen waren trocken, aber wie brennend in die Ferne gerichtet. »Ja, ich werde mich fassen... es wird schon gehen... auf die eine oder andere Art...«

Wann und wie sie das Pfarrhaus wieder verlassen hatte, daran konnte sie sich später kaum mehr erinnern. In ihr war nur der eine Gedanke gewesen, nicht zusammenzubrechen. Die Frau Pastor, gütig, aber ungeschickt im Bemühen, sollte nichts erfahren vom Chaos, das sie angerichtet, nichts vom eisigen Hauch, der durch Malwidas Seele wehte und die einzig blühende Oase in ihrem Herzen zum Erliegen brachte. Irgendwie hatte sie sich kurz und hastig verabschiedet und war gegangen. Kaum auf der Straße wollten die Tränen erneut hervorbrechen.

»Schönen guten Tag, Fräulein von Meysenbug«, grüßte eine rundliche Dame in grüngesteppter Krinoline. »Sie kommen doch sicher zu unserem Vereinsbasar, meine Liebe? Ich zähle auf Sie!«

Um ein Haar hätte Malwida die Frau Kammerdirektor Rodewald umgerannt. Die Tränen mußten warten.

»Gewiß, Frau Kammerdirektor, gewiß«, lächelte Malwida stattdessen und flüchtete sich auf die andere Straßenseite.

Doch dort zog der Advokat Ziegler devot seinen Hut.

»So eilig, gnädiges Fräulein? Bitte richten Sie Ihrer werten Frau Mutter aus, das verlangte Aktenstück ist fertiggestellt.«

»Vielen Dank, Herr Advokat, ich werde es ausrichten.«

Noch einmal mußten die Tränen warten. Malwida erreichte das Palais, die Außenstufen, die Haustür und mußte dem Diener, der öffnete, ein freundliches Gesicht zeigen. Drinnen, so hoffte sie, konnte sie unbemerkt ihr Zimmer erreichen und endlich ihrem Kummer freien Lauf lassen. Noch hatte sie die Treppe nicht erreicht, als Frau von Meysenbug die heimkehrende Tochter entdeckte.

»Da bist du ja endlich, Kind! Wir haben Gäste heut abend und dich bitt' ich, für frischen Tischschmuck zu sorgen.«

»Ja, Mama.«

»Ist dir nicht gut, Malwida?«

»Doch, Mama.«

»Machst ein Gesicht wie drei Tage Regenwetter, Kind!«

»Nur ein wenig Kopfweh, Mama.«

»Nimm ein Pulver und leg dich eine halbe Stunde aufs Ohr.«

»Ja, Mama.«

Endlich ihr Zimmer, endlich eine geschlossene Tür zwischen sich und der Welt. Endlich durfte sie weinen. Malwida ließ sich auf den Stuhl vor der Waschkommode fallen, stützte beide Arme auf und blickte vor sich in den Spiegel. Sie sah sich blaß und kummervoll, die hohe Stirn, das ovale Kinn, die hellen Augen ein wenig gerötet, aber die Tränen blieben aus. Sie konnte nicht mehr weinen, konnte das Gefühl abgrundtiefer Enttäuschung und Verlassenheit nicht fortschwemmen. Wie erstarrt blieb sie sitzen, betrachtete die Frau im Spiegel. Nein, kein junges Mädchen mehr, wie sie sich eingestand, eine Frau von einunddreißig Jahren und den ersten kleinen Fältchen um den schmalen Mund.

»Theodor ist fünfundzwanzig«, sagte sie laut vor sich hin, »das Mädchen in der Laube vielleicht zwanzig, achtzehn oder noch jünger, sie hat dunkle, ausdrucksvolle Augen ... helles, glänzendes volles Haar...« Malwida schüttelte ratlos den Kopf, das Spiegelbild tat es ihr gleich. »Was hab' ich mir nur eingebildet... all die Zeit... an Gefühle geglaubt, so hoch und hehr... an unverbrüchliche Liebe... an Treue...« Malwida seufzte und bettete das Gesicht in die Armbeuge. Und dann kamen sie doch noch, die Tränen...

Fieber und Feme

In der Familie sprach Malwida mit niemandem darüber, daß Theodor Althaus sie verlassen hatte. Sie zeigte ein freundliches Gesicht und betrug sich ausgeglichen wie gewohnt. Was aber ihre Seele versuchte, gelassen hinzunehmen, machte ihren Körper krank. Sie begann zu husten und bei der kleinsten Erregung zu fiebern. Besorgt rief man nach dem Arzt. Von Doktor Gottwald

wußte man, daß er schon der alten Fürstin Pauline die Hand gehalten, wenn diese kränkelte. Das machte ihn zum Hausarzt der
besseren Familien Detmolds, obwohl sein medizinisches Wissen
kaum an den Standard seiner Zeit heranreichte. Er verordnete
stets warme Wickel und Bettruhe und richtete damit wenigstens
kein Unheil an. Ein Unheil anderer Art sollte er aber dennoch an-
stiften.
In Bratenrock und Backenbart betrat er Malwidas Zimmer, fühlte
ihren Puls und wiegte den Kopf.
»Das gnädige Fräulein wird sich angesteckt haben bei einer
Krankheit, wie sie in Schmutz und Verwahrlosung gedeihen.«
Einem Einspruch von Malwidas Seite wehrte er mit erhobener
Hand. »Sagen Sie nichts, meine Liebe, man hat Sie gesehen! Sie
waren wieder bei den Armen, haben womöglich an deren Tisch
gegessen und getrunken!«
Natürlich hatte Malwida längst wieder ihre Besuche bei den
Armen und Bedürftigen aufgenommen, ihnen an Geld und Gut
gebracht, was ihr selbst unterdessen knapp geworden. Vor allem
aber hatte sie ihnen von den Ereignissen in Frankfurt erzählt und
Hoffnung geschürt. »Es wird ein Recht auf Arbeit geben und
staatliche Schulen, an denen jeder lernen kann, der es nur will!«
»Wenn das so ist, Fräulein«, war die freudige Antwort, »wenn unsere Kinder es wirklich einmal besser haben sollen, dann tragen
wir gern unser Los in Geduld.«
Die Häuser dieser Ärmsten der Armen hatte Malwida stets sauber
und ordentlich vorgefunden, aber weder ein Feuer im Herd noch
im Ofen, als der Sommer in kalte, regnerische Witterung umschlug.
»Einen Schnupfen werd' ich mir geholt haben, sonst nichts!« warf
Malwida nochmals ein, doch ein Disput mit Doktor Gottwald
schien ihr zwecklos.
»Warme Wickel und strengste Bettruhe«, verordnete dieser er-
wartungsgemäß, »ich sehe nächster Tage nochmal herein.«
So lag denn die Patientin in ihren Kissen und haderte mit dem
eigenen Schicksal ebenso wie mit dem der Nation.
»Theodor liebt eine andere«, klagte sie lautlos, »das mag mensch-

lich sein, aber wieviel weniger Schmerz hätte es mir bereitet, wenn er offen zu mir gesprochen, mir seine Gefühle erklärt und eingestanden hätte! Offenheit war vereinbart und von ihm gutgeheißen! Aber nicht ein Wort war ich ihm wert!« Der schwarze Engel Eifersucht umflatterte Malwida im Schlafen und Wachen, sie konnte seinem Flügelschlag nicht wehren. Zwei Gestalten in der Gartenlaube, eng umschlungen, seufzend und flüsternd, und – wie Malwida deutlich zu hören glaubte – ihrer hohnlachend!

»Unsinn!« gebot sie laut den Phantasien Einhalt und zog fröstelnd die Decke bis unters Kinn. Doch schon erhoben sich andere Ängste und drückten ihr die Brust ab. Der Hoffnungssame, den sie vielfach ausgesät und gleichfalls in sich trug, schien eben als zartes Pflänzchen zu verdorren. Das Parlament in Frankfurt trat auf der Stelle. Die Wahl eines Erzherzogs zum Reichsverweser war ein Mißgriff. Konservative Kräfte gewannen wieder an Boden. Die Revolution wurde zur bloßen Meuterei, die vom Volk gewählten Vertreter zu Rebellen. Wo sind sie, die Versprechen der Paulskirche? Freiheit für Polen? Unkontrollierte Presse? Gerechte Steuern? Bildung für jedermann? Es wurde so beschlossen! Ich weiß es doch! Ich war dabei! Die Kirche voller Männer, die Garde aufmarschiert, aber wir Frauen oben hinter der Kanzel…« läßt mich hinein… die Tür geht so schwer… hilf mir doch… Theodor!«

»Wach auf, Kind, wach auf! Du hast geträumt, Liebes!« Frau von Meysenbug beugte sich über die Tochter und strich liebevoll eine Haarsträhne von der glühend heißen Wange.

»Du, Mama?« Welch eine Erleichterung, statt der drängenden Last des Alptraums das freundlich besorgte Gesicht der Mutter zu sehen. Noch einmal durchflog Malwida die Schreckgestalten des Traumes.

»Hab' ich im Schlaf gesprochen, Mama? fragte sie vorsichtig, und auf das Lächeln der Mutter: »Was hab' ich gesagt?«

»Nichts, mein Kind, was ich nicht schon geahnt hätte.«

»Du meinst Theodor und ich…?«

»Es ist der Schmerz, den die Unbeständigen den Beständigen zufügen, seit die Welt besteht. Du wirst die Kraft finden, ihn zu tragen, wenn nicht aus dem Glauben, so aus dir selbst.« Ernestine half der Tochter, sich aufzurichten, schüttelte Kissen und Deckbett zurecht, legte ein wollenes Tuch ihr um die Schultern. »Die Köchin hat eine kräftige Brühe auf dem Herd, ein wenig Huhn, ein wenig Rind und ein Täubchen darin. Sie will sie dir selbst heraufbringen und sehen, wie du sie ißt, Löffel für Löffel, bis auf den Grund der Tasse…«

Malwida hörte die Worte der Mutter wie einen zärtlichen Singsang, unter dem sie, vom Fieber geschwächt, noch einmal in Halbschlaf verfiel, doch diesmal heilsam entspannt ohne quälenden Traum.

Malwidas Zustand besserte sich bald, und es wurde ihr erlaubt, Besuch zu empfangen. Als erste stürmte Elisabeth Althaus ins Zimmer, einen riesigen Strauß Herbstblumen im Arm.

»Malwida, endlich! Ich bin schon seit Tagen von Potsdam zurück, aber man ließ mich nicht zu dir!«

Überschäumend bewies die »Kleine« ihre Sorge und Liebe, ihre zärtliche Freundschaft, erzählte und schwatzte, nur ihren Bruder erwähnte sie mit keinem einzigen Wort.

»Übrigens, Liebste«, sagte Elisabeth plötzlich, »ich bin nicht allein gekommen, ich hab' jemanden mitgebracht, wenn du erlaubst!«

Malwida erschrak. Sollte sie etwa doch den Bruder…? Aber es war eine Frau, die auf den Wink der »Kleinen« das Zimmer betrat. Sie mochte im Alter zwischen Malwida und Elisabeth Althaus liegen, hatte ein breites, aber nicht unschönes Gesicht mit dunklen aufmerksamen Augen, ebenso dunkles, glattes Haar, das sie nach der Mode frisiert trug. Ihr Auftreten wirkte bescheiden und dennoch selbstsicher.

»Verzeihen Sie mir den Überfall, Fräulein von Meysenbug. Es war Elisabeths Idee, und Sie wissen, wie schwer es ist, ihr zu widerstehen…«

Ihren Blick fragend auf Elisabeth gerichtet, nahm Malwida die dargebotene Hand.

»Das ist Anna Koppe«, platzte diese heraus. Wir haben uns bei Großvater kennengelernt, und ich will, daß ihr Freundinnen werdet!«

145

Anna neigte mit einem bezaubernden Lächeln ihren dunklen Kopf.

»Sie sehen, wir haben keine Wahl, Fräulein von Meysenbug!«

»Laß das ›Fräulein‹ weg«, bestimmte Elisabeth energisch, »du bist einfach Anna, und sie ist Malwida! Ich kenne euch beide und weiß, ihr seid wie geschaffen füreinander! Ihr werdet's schon sehen, die gleiche Ansicht, den gleichen Geist und...« nur einen Moment stockte sie »den gleichen Kummer!«

Der Verlauf des Besuches wie auch der weiterer Besuche bestätigte die Aussage der »Kleinen«. Die erste Kostprobe erhielt Malwida als sie um Lektüre für die Zeit der Rekonvaleszenz bat.

»Noch soll ich das Bett hüten. Das gibt mir die rechte Ruhe zum Lesen.«

Das nächste Mal kamen die beiden, jede mit einem Stoß Bücher unterm Arm.

»Wir sind an das Pult in Theodors Zimmer gegangen«, strahlte Elisabeth, »aber ich habe Anna auswählen lassen.«

Es blieb das einzige Mal, daß Theodors Name fiel. Die Bücher erwiesen sich nicht nur nach Malwidas Geschmack, sondern erweiterten ihr Wissen in genau die Richtung, der sie sich ohnehin verschrieben hatte.

Ihr Befinden war schon wieder ganz im Lot, als Doktor Gottwald ein letztes Mal nach ihr sah.

»Nun sind wir wieder ganz gesund«, meinte er munter im Plural, »frische Luft und gutes Essen und wir sind wieder ganz die Alten!« Neugierig griff er dabei nach den Büchern auf Malwidas Nachttisch und überflog jeweils Titel und Autor. Hatte er allenfalls erbauliche Jungmädchenromane erwartet, so war er jetzt schockiert. Fichtes »Reden an die Nation« fand er da, Schopenhauers Bekenntnisse, die »Soziale Politik« von Julius Fröbel, Rousseau und Hegel. Das war ja unglaublich!

»Meiner Tochter hätte ich derlei Lektüre niemals erlaubt!« rief er voller Empörung, »aber sie war, Gott sei es gedankt, stets ein braves Mädchen, das sich eine eigene Meinung niemals herausnahm!«

»Und damit, lieber Doktor«, entgegnete Malwida frank und frei, »zu jener Hälfte der Menschheit gehört, deren Beitrag zum Weltenlauf verkümmert ist. In den Händen der Frau liegt die erste Erziehung des Kindes, aber ihr selbst sind Bildung und Kenntnis versagt. Wie können Völker sich regenerieren, wenn brach liegt, was unser Geschlecht über das Gebären hinaus zu leisten imstande ist?«

Zweifelsohne hatte Malwida damit mehr gewagt, als klug war. Aber die blinde Anmaßung des Doktors, befangen im männlichen Vorurteil seiner Generation, hatte sie herausgefordert. So war dieser dann auch nahe daran, an seiner eigenen Entrüstung zu ersticken.

»Da mühe ich mich um die Gesundheit Ihres Körpers«, rief er hochroten Gesichts, »derweilen Sie Ihren Geist vergiften! Ich weiß wirklich nicht, Malwida, was aus Ihnen noch einmal werden soll!« Kopfschüttelnd packte Doktor Gottwald Hörrohr und Tasche und verließ überhastet das Zimmer.

Das Sprichwort sagt: Wes das Herz voll ist, des geht der Mund über, und da der Doktor bei seinem nächsten Krankenbesuch noch die Entrüstung über Malwida im Herzen trug, wußte man bald darüber in der ganzen Stadt und auch im Schloß.

»Wie ist doch die Familie Meysenbug zu bedauern, daß sie eine solche Tochter hat!« hieß es, und da das Genaueres nicht aussagte, dichtete man noch schnell einiges hinzu.

»Sie soll einer Verschwörung angehört haben!«

»Eine Schwesternschaft der Freimaurer hat sie gegründet nach englischem Vorbild!«

»Ach was, erwischt hat man sie bei der schwarzen Messe!«

Von all diesem Unsinn erfuhr Malwida zum Glück nichts, aber hier und da blieb ihr doch Gewisper nicht verborgen. Man tuschelte ihr nach und wechselte die Straßenseite, wenn man ihrer ansichtig wurde. Und dann eröffnete Fürst Leopold im frühen September die Ballsaison, Einladungen gingen hinaus an alle adligen oder sonst höhergestellten Familien. Auch im Palais Meysenbug traf eine solche ein.

Seine Fürstliche Durchlaucht gibt sich die Ehre, einzuladen:
Frau Ernestine von Meysenbug
Fräulein Franziska Laura von Meysenbug...

Keine Einladung für Malwida.

Carl suchte bei einer der seltenen gemeinsamen Familienmahlzeiten, diese Maßnahme zu verteidigen.

»Wie in aller Welt soll Seine Hoheit denn anders handeln? Immerhin hat Malwida selbst dafür gesorgt, daß man ihren Ansichten wie auch ihrem Umgang mit aller Vorsicht begegnen muß.«

»Du sprichst als Schloßhauptmann, Carl«, mahnte Ernestine mit ernster Miene, »als Bruder solltest du immerhin einräumen, daß Malwida einen solchen Affront nicht verdient hat.«

Malwida schwenkte ihre Serviette wie eine weiße Fahne.

»Es ist schon gut, Mutter, es macht mir nichts aus. Wirklich nicht. In gewisser Weise hat der Fürst ja recht. Ich sympathisiere mit der Revolution und beklage ihre schleppende Entwicklung. Daß ich ihm seinen Thron von Herzen gönne, so er dem Volk auch nur eine Hand reicht, das kann er ja nicht wissen.«

»Du tanzt ja ohnehin nicht gern«, bemerkte Laura spitz und füllte ihren Teller nochmals mit Kompott, »so hast du einen Abend mehr, an dem du ungestört lesen kannst!«

Die Mahlzeit setzte sich in frostigem Schweigen fort, und Carl, dem als Hofbeamter Quartier im Schloß zustand, verließ das Palais sofort nach dem Mokka.

»Adieu, Mama, servus, Laura«, aber kein Gruß zu Malwida hin.

Die drei Damen blieben im Salon sich selbst überlassen. Laura klimperte ein wenig am Piano, Ernestine setzte sich zu Malwida auf ein breites Sofa und faßte ihre Hand. Sie schien zu überlegen, wie das Gespräch sinnvoll zu beginnen sei, aber dann war es Malwida, die als erste sprach.

»Ich glaube, Mama, es ist Zeit, daß ich Detmold verlasse.«

»Aber nicht doch, Kind«, widersprach Frau von Meysenbug im ersten Impuls, aber aus rechter Überzeugung hatte sie nichts dagegen zu setzen. Auch ihr war klar, daß von nun an niemand mehr ihrer Tochter die Tür öffnen, niemand mehr ein gutes Wort für sie haben würde.

»Am liebsten würde ich nach Amerika auswandern«, platzte Malwida heraus. »Das Leben dort ist jung, und so sind auch die Ideen jung.«

Laura, die halb und halb etwas gehört hatte, unterbrach ihr Spiel mit einem mißtönenden Akkord.

»Amerika«, rief sie, »das ist gut! Ich sehe meine Schwester schon in ihren Baumwollfeldern, umgeben von Sklaven! Oder, Malwida, willst du auch dort die Welt verbessern und hältst es mit dem Norden, der sich mit den Negern an einen Tisch setzt?« Mit hellem Lachen zollte sie ihrem eigenen Witz Beifall.

Mutter und Schwester achteten nicht auf sie.

»Nach Berlin könnte ich«, überlegte Malwida jetzt ernsthaft, »im Hause Koppe wäre ich willkommen.«

Das war wahr. Anna Koppe hatte ihren Besuch in Detmold zwar beendet und war wieder abgereist, aber nicht ohne eine ausdrückliche Einladung nach Berlin zu hinterlassen.

»Unser Haus bietet Platz genug«, hatte sie durch die »Kleine« ausrichten lassen, »kommen Sie, wann Sie wollen, und bleiben Sie, solange Sie wollen!«

»Nach Berlin«, überlegte Frau von Meysenbug sichtlich nicht abgeneigt, »für wie lange würdest du denn einen solchen Aufenthalt planen?«

»Ein paar Wochen, ein paar Monate, ganz gleich wie lange, Mama, wenn ich nur hier fortkomme!« Malwida hatte sich in eine Erregung hineingesteigert, die der Mutter einen Begriff davon gab, wie sehr ihre Tochter unter den hiesigen Verhältnissen litt. »Wenn ich hierbleibe, muß ich mich schämen, Mama, nicht für mich, sondern für diese Stadt.«

»Gut, Malwida«, klang Frau von Meysenbug jetzt sehr entschlossen, »ich werde mit deinem Bruder darüber reden.«

»Mit Carl?« fragte Malwida ungeduldig, »können wir denn nicht einmal etwas ohne meinen Bruder entscheiden, Mama?«

Ernestine legte beschwichtigend ihre Hand auf die ihrer Tochter. »Ich fürchte, dazu ist es eben der ungünstigste Augenblick, mein

Kind. Du vergißt das liebe Geld. Unsere Finanzen sind seit Vaters Tod noch immer nicht geklärt, zum besten sieht es jedenfalls nicht aus.«

Für den Augenblick mußte Malwida sich darin bescheiden, daß wieder einmal jeder Schritt, den sie tat, von der Gunst einer ihrer Brüder abhing, in diesem Falle von Carl, der sich als Hofbeamter und an gleichem Ort wohnend zum Vormund der Familie aufgeschwungen hatte.

Der Tag des Eröffnungsballes kam. Malwida hatte ihn lesend in ihrem Zimmer verbracht und kaum bemerkt, wie er vergangen und sich bereits abendlich eingefärbt hatte. Die Tür wurde aufgerissen, und herein tänzelte Laura, so als befände sie sich schon im fürstlichen Ballsaal.

»Sieh her Malchen, was Carl mir für das Fest spendiert hat! Ist es nicht ein Traum von einem Kleid?«

Richtig drehte und wendete sie sich in einer Wolke von rosa Tüll über weit ausholender Krinoline, Hals und Schultern frei, den Ausschnitt von einem Gerank künstlicher Rosen begrenzt. Laura schien einer ekstatischen Verzückung nahe.

»Nun sag schon, Malchen, gefällt es dir?«

Malwida fiel das Urteil schwer. Laura, nur zwei Jahre jünger als sie selbst, wär mit einer gedeckten Farbe besser beraten gewesen, einem zarten Silbergrau, allenfalls noch Violett oder Schilfgrün. Die Rosen aber grenzten ans Peinliche.

»Sehr hübsch, Liebes«, brachte Malwida zögernd hervor. Laura zu betrüben, lag ihr fern, ihren Überschwang zu teilen aber war ihr unmöglich. »Die Rosenranken vielleicht, Laura, ein wenig deplaziert, meinst du nicht?«

Laura stand wie angewurzelt.

»Natürlich, ich hätte es mir denken können! Du bist neidisch, Malwida! Nichts als neidisch! Dein Galan hat dich verlassen, wie unterdessen jeder weiß, und bei Hofe darfst du dich nicht blicken lassen! Seither gönnst du mir nichts! Carl sagt auch…«

Was Carl sagte, erfuhr Malwida nicht mehr. Leise war Ernestine eingetreten und gebot der Jüngeren Schweigen.

»Du wirst dich verspäten, Laura«, mahnte sie, ohne die Stimme zu heben, »Carl hat versprochen, dich abzuholen. Sein Wagen kann jeden Augenblick vorfahren.«

»Aber du, Mama…« Laura sah mit offenem Mund auf ihre Mutter im schlichten dunkelbraunen Tageskleid, »du bist noch nicht zum Ball gekleidet?«

»Ich besuche keinen Ball, auf dem eine meiner Töchter nicht willkommen ist.« Frau von Meysenbug sagte es ebenso schlicht wie bestimmt. »Du aber eile dich, Laura, nimm dein Cape und warte unten in der Halle.«

Ohne ein weiteres Wort gehorchte Laura. Malwida aber griff nach der Mutter Hand und küßte sie voller Ehrfurcht.

»Ich danke dir«, sagte sie, »ich danke dir von Herzen.«

Ernestine suchte ihre Rührung zu verbergen.

»Ach, übrigens, ich habe mit Carl gesprochen…«

»Und ist er einverstanden?«

»Ja, Carl ist einverstanden. Er lobt deinen Entschluß und wünscht dir eine gute Reise.«

Was Ernestine nicht sagte, war, daß Carl sich hoch erfreut gezeigt hatte, seine Schwester eine Zeitlang loszuwerden. Dafür spendierte er sogar ein Billet im Zugabteil Erster Klasse – schlimm genug, daß Malwida allein reiste – und darüber hinaus der Schwester ein neues Reisekostüm aus bestem englischen Tuch.

Konterrevolution

Mancher, der das alte Berlin noch gekannt hat, wird sich entsinnen, wie still plötzlich die Friedrichstraße wurde, wenn man, dem Halleschen Tore zu, eine bestimmte Linie passiert hatte. Die Kochstraße zog die Grenze zwischen Stadt und Vorstadt: diesseits lag der Lärm, jenseits die Stille. So schrieb Theodor Fontane zwanzig Jahre später über das Berlin, das Malwida von Meysenbug nun kennenlernte. Und genau in jener Kochstraße, zwischen Lärm und Stille, lag die Wohnung der Familie Koppe. Malwida, dort aufs herzlichste aufgenommen, staunte über die Stadt mit all ihren verschiedenen Gesichtern: auf breiten gepflasterten Straßen die Hektik der Kaleschen und Droschken und fast ohne Übergang gemütliche Idylle.

»Hier spürt man, daß dem Menschen Raum nötig ist«, seufzte Malwida, »Raum für seine Gedanken wie auch für die Tat, mit einem Wort: die Freiheit, nach seinen innersten Bedürfnissen zu leben.«

Die beiden Damen, die sich bald in ernster wie in fröhlicher Freundschaft noch näher zusammenfanden, planten jeden Tag ein Stück Berlin. Spaziergänge im Tiergarten, Wachablösung am Schloß, eine Kremserfahrt an die Spree. Ein Besuch im Café Kranzler Unter den Linden gehörte dazu wie auch in dem noch in seinen Anfängen steckenden Zoologischen Garten. Noch nie hatte Malwida einen lebendigen Löwen gesehen, geschweige denn einen Leoparden und bedauerte die Tiere in ihren viel zu engen Käfigen von Herzen.

Bei alledem aber blieb das Hauptinteresse der Freundinnen auf die politische Entwicklung und deren Hintergründe gerichtet.

Die Ereignisse des September hatten allerdings euphorische Erwartungen der beiden stark gedrosselt. In Wien wie auch in Frankfurt waren die konservativen Kräfte im Anmarsch. Ihre Straße war das Unvermögen der Wohlmeinenden. Schwatzsucht und Wankelmütigkeit der Nationalversammlung löste allgemein Enttäuschung aus, der Volkszorn geriet außer Kontrolle. In Frankfurt wurde der Abgeordnete Felix Fürst Lichnowsky mit Regenschirmen erschlagen und General von Auerswald, ebenfalls Abgeordneter, beim Verlassen der Paulskirche erschossen.

Schockiert durch diese Morde, waren Malwida längst Zweifel gekommen. War das Volk überhaupt reif für eine Revolution? Hatte sie geglaubt, es sei fähig, mit einer Zunge, nämlich der deutschen Zunge zu sprechen, so mußte sie jetzt einräumen: *Von der Parteien Gunst und Haß verwirrt...* glich zumindest die Frankfurter Versammlung eher einem Babylon. Allein das Preußische Parlament, Kammer genannt, war noch einigermaßen intakt.

»Hier in Berlin reden sie nicht viel drumherum«, fiel es Malwida auf, »sie gehen direkt auf ihr Ziel los.«

Das taten sie denn auch an einem Tag, an dem die Abschaffung des Adels verhandelt wurde. Die überwältigende Mehrheit der Anwesenden war dafür, wenn es zum endgültigen Beschluß auch noch nicht kam.

Auf dem Heimweg, den die Freundinnen unter oktobergoldenem Himmel antraten, schien Malwida sehr nachdenklich geworden. Blätter schwebten rot, gelb und braun von den Bäumen und, wo sie schon gefallen waren, raschelte das Laub unter ihren Knöpfstiefeln.

»Malwida«, begann Anna ernst, »wenn sie diesen Beschluß durchbringen, gehörst du zu den Betroffenen. Würde es dir etwas ausmachen?«

Malwida antwortete nicht sofort, doch dann mit großer Entschiedenheit.

»Wenn es der Gerechtigkeit und der Einigkeit dient, kann ich sehr wohl auf das kleine ›von‹ vor meinem Namen verzichten. Es würde aber auch bedeuten, daß man die positiven Kräfte unseres Standes, die in der Tradition wurzeln, entmutigt, ja ausschließt. Und das ginge nicht mit den Anfängen dieser Revolution überein, die ja nicht einmal den Fürsten ihre Throne nehmen wollte.«

»Du hast recht«, sinnierte Anna Koppe, »auch mir scheinen die Anfänge ins Rutschen gekommen.«

»Zu Beginn war alles so klar, so erhebend und befreiend«, führte Malwida weiter aus, »und jetzt sinkt es herab zu kleinlicher Rechthaberei.«

»Ja«, seufzte Anna, »wo zwei sind, gibt es zwei Meinungen, wo es vier sind, haben sie vier Ansichten und wo es hundert sind, redet alles durcheinander.«

»So meinst du also, ein Scheitern des Ganzen sei möglich?«

»Ich fürchte ja, Malwida, und vielleicht ist das Ende aller Bemühungen gar nicht mehr fern...«

Sie sollte recht behalten.

Bald zeigte sich ein griesgrämiger November, der die Stadt in Nebel und Nässe hüllte. Eine Stimmung, grau in grau, bemächtigte sich der Menschen, machte sie zu teilnahmslosen Zuschauern einer neuen Phase der Politik.

Der König sorgte sich um den wachsenden Verlust an Autorität und wurde in dieser Sorge von seinen Ratgebern unterstützt, unter ihnen ein Landjunker ohne Amt und Ressort, sein Name war Bismarck.

»Ach, Bismarck«, klagte Friedrich Wilhelm IV., »ich weiß nicht, was ich tun soll! Ich kann nachts schon nicht mehr schlafen…«

»Ein König darf nicht schlafen!« war Bismarcks Antwort.

Am 8. November verfügte die preußische Regierung die Verlegung der preußischen Nationalversammlung aus Berlin nach Brandenburg, einem unbedeutenden Flecken in der Provinz. Das kam einer Verbannung gleich. Noch hieß es, es geschähe nach den Vorkommnissen in Frankfurt zum »Schutz der Abgeordneten«. Ausgerechnet am nächsten Tag erfolgte in Wien die »standrechtliche« Erschießung Robert Blums. Blum genoß als Abgeordneter der Paulskirche parlamentarische Immunität. Seine Erschießung war gegen jedes Recht und diente in Berlin zum Beweis, daß Abgeordnete des Schutzes bedürfen.

So überlagerten sich die Interessen und kreuzten sich die Fäden zu einem undurchschaubaren Gewirr.

Da sollte denn einer Ordnung schaffen, und das war General von Wrangel, den die einen einen Volksverräter hießen, die anderen aber den guten alten »Papa Wrangel«.

Gerüchte liefen um, lockten die Bürger aus ihren Häusern auf Straßen und Plätze, rätselratend, diskutierend, unsicher und verängstigt. Mitten im Gedränge auch Malwida und Anna Koppe.

»Der König hat die Armee gerufen!«

»Die Stadt ist umzingelt!«

»Man hat das Standrecht verhängt!«

»Die Delegierten sollen erschossen werden!«

»Mein Bruder ist im Parlament…«

»Mein Sohn ein Abgeordneter…«

Die Stimmen überschlugen sich. Jemand rief »Auf zur Kammer!«

Schiebend und drängend setzte sich das Volk in Bewegung, zog mit geballter Faust in Richtung Festungsgraben, wo noch die Nationalversammlung in der Singakademie tagte. Die Menge schwoll an durch ebenfalls aufgebrachte Gruppen, die aus Nebenstraßen dazustießen. Hinter Malwida ein paar Bäckerjungen mit ihren Kiepen, vor ihr ein Trupp Arbeiter, zwei Herren in Weste und Zylinder. Eine Wäscherin nutzte energisch ihre Ellenbogen und trennte Anna von Malwidas Seite. Erst auf dem Platz vor der Singakademie fanden sie sich wieder, hielten sich fest an den Händen.

Schulter an Schulter zum Stillstand gekommen, senkte sich ratlos Schweigen über die Menge. Plötzlich mitten hinein Kommandostimmen, Hufschlag, Säbelrasseln. Und dann kamen sie, geschlossen in Sechserreihen, die preußische Kavallerie, genau gesagt 15 000 Mann zu Pferd und zu Fuß, eben vom Schleswig-Holsteinischen Kriegsschauplatz abgezogen, die nun unter ihrem Oberkommandierenden, General von Wrangel, die Stadt in Besitz nahmen.

»Das ist das Ende der Revolution«, seufzte Malwida und faßte die Hand der Freundin noch fester.

»Wer weiß«, flüsterte Anna Koppe zurück, »die Bürgerwehr hat noch nicht eingegriffen.«

»Wenn sie das tut, gibt es ein Blutvergießen ohne Ende!«

Malwida wußte nicht, was sie wünschen sollte, den blutigen Widerstand, der auch nicht mehr viel retten würde, oder den Verzicht auf Gegenwehr, der zweifelsohne den Sieg der Reaktion bedeutete. So oder so war sie jeder Entscheidung enthoben. Eine Kommission, die über den bewaffneten Einsatz der Bürgerwehr zu entscheiden hatte, stimmte untereinander demokratisch ab. Die Mehrheit war gegen bewaffneten Widerstand. Die Bürgerwehr blieb in ihren Quartieren. Die preußische Armee hatte leichtes Spiel, wenigstens fiel nicht ein Schuß. General Wrangel erschien persönlich im Parlament, wo die Abgeordneten, ohne sich um das Gebot der Verlegung zu kümmern, tagten.

»Meine Herren«, sagte er fast gemütlich, »ick lasse hier jeden raus, aber keenen mehr rinn!«

Doppelte Posten an jeder Tür unterstrichen den Sinn seiner Worte. Einer der Herren trat ans Rednerpult und erklärte, daß sie lediglich der Gewalt weichen würden. Dann erhoben sich alle Abgeordneten, formierten sich und verließen in geschlossener Prozession Saal und Haus. Draußen empfing sie verhaltenes Murren. Einzeln tauchten sie in der Menge unter. Dann passierte Seltsames. Binnen weniger Minuten schlug die Stimmung unter den Versammelten um. Es war, als zünde jemand einen Reisighaufen an verschiedenen Stellen gleichzeitig an.

»Gut so! Schluß mit dem langen Debattieren!«

»Die Armee wird endlich Ordnung machen!«

»Die Soldaten werden uns schützen!«

»Es lebe der König!«

Und schon brannte ein helles Feuer begeisterter Reaktion. Plötzlich waren Blumen da, wurden den Soldaten an die Röcke geheftet, die Mädchen küßten sie, Branntwein ging um.

Malwida konnte es nicht fassen.

»Anna! So hör doch! Was ist nur geschehen?«

Anna aber packte die Freundin entschlossen am Arm und zog sie mit sich fort.

»Komm mit nach Hause, Malwida! Glaub mir, für uns ist jetzt kein Platz hier.« Malwida gehorchte nur widerstrebend.

»Was ist mit diesen Leuten, Anna? Sie kämpften eben noch für Recht und Freiheit!«

»Sie sahen keine Resultate, jetzt sind sie müde.«

»Was ist mit dem Arbeiter, der bei Arbeitszeit und Löhnen mitbestimmen wollte?«

»Er verstand das alles nicht. Er will sein Brot, sein Bier und seinen Frieden.«

»Und der kleine Mann, der nicht mehr buckeln brauchte, der in seiner Zeitung die Wahrheit lesen, seine Kinder zur Schule schicken konnte? Was ist mit dem?«

»Sie wollen alle nur noch Ruhe.«

»Das Standrecht ist verhängt, es wird Kontrollen geben, Verhaftungen, Polizeiaktionen, Denunziantentum!«

»Das sind sie gewöhnt, Malwida. Es ist ihnen vertrauter als Denken, Entscheiden und Handeln, als all die verschwommenen Dinge, die sich hinter dem Begriff Freiheit verbergen.« Die beiden waren bis in eine ruhigere Nebenstraße vorgedrungen, als Malwida noch einmal stehenblieb.

»Dann war also alles umsonst, Anna? Frankfurt, die Paulskirche? Die Toten vom März?«

»Nein, das glaube ich nicht«, sagte Anna, die auch stehengeblieben war, »seit der Guillotine von Paris ist von jeder Erhebung etwas übriggeblieben, wuchert und wächst im Verborgenen und wird irgendwann einmal zum Blühen kommen, Frucht tragen, deren Samen Gedanken waren, die wir, du und ich, Menschen, die das Gute wollen, heute denken.« Anna nahm wieder Malwidas Arm. »Wir werden es wohl nicht erleben, unsere Zeit ist noch nicht reif dafür.«

Über den Bäumen, nun ganz kahl geworden, öffnete sich der graue Himmel einen Spalt und schickte einen blassen Sonnenstrahl auf die Erde, gerade dorthin, wo Arm in Arm die Freudinnen nach Hause gingen.

Schwanengesang

Noch einmal schlug die Stimmung der Bevölkerung um. Die Soldaten trugen keine Blumen mehr am Rock, dafür Gewehre, schußbereit mit scharfer Munition. Ein Königlicher Erlaß vom 12. November 1848 erklärte den Belagerungszustand für Berlin. Der Artikel Fünf des Erlasses lautete:

Alle Fremden, welche sich über den Zweck ihres hiesigen Aufenthaltes nicht gehörig legitimieren können, haben bei Vermeidung der Ausweisung binnen 24 Stunden die Stadt zu verlassen.

»Du solltest auch abreisen, Malwida«, gab Anna Koppe zu bedenken, »man weiß nicht, was hier noch wird!«
Genau um das abzuwarten, hautnah dabei zu sein, plädierte Malwida gegen eine Abreise.
»Die Stadt wimmelt von Soldaten«, hielt Anna weiter dagegen, »man will jeden aufkommenden Widerstand brechen! Alle Häuser werden durchsucht, es gab bereits Verhaftungen!«
Das war genau, was Malwida selbst vorausgesagt hatte, aber noch immer wollte sie sich der Vernunft nicht beugen. Anna rang die Hände.
»Du hast nicht grad verheimlicht, Malwida, daß du eine Sympathisantin der Revolution bist, die ganze Nachbarschaft weiß davon!«
Noch zeigte Malwida trotzige Entschlossenheit, in der Stadt zu bleiben. Erst ein letztes Argument von Annas Seite konnte sie umstimmen.
»Wie könnte ich es deiner Mutter gegenüber je vertreten, wenn dir etwas geschieht! Denk an sie, die sich zu Tode ängstigt, solange sie dich im belagerten Berlin weiß!«
Nun war Malwida bereit, abzureisen, aber nach Detmold zurück wollte sie nicht.
»In Potsdam habe ich eine Adresse, bei der ich vorläufig unterschlüpfen könnte!«

Anna Koppe brachte ihren Gast zum Bahnhof, auf dem ein unbeschreibliches Durcheinander herrschte. Die Wartesäle waren überfüllt von Menschen, die mit Sack und Pack die Stadt verließen, einfaches Volk drängte sich neben vornehmer Herrschaft, um in einem der Züge Platz zu finden, wobei ihnen Ziel und Richtung scheinbar gleich war. Nur fort wollten sie.
»Berlin soll bombardiert werden!« behaupteten die einen, die anderen wollten wissen, daß die Bürgerwehr nun doch eingriff und man also zwischen zwei Fronten geriete.
»Sie werden keinen Stein auf dem anderen lassen!« hieß es übertrieben und fachte die Panik weiter an.
Tatsache war, daß der König die Bürgerwehr sofort auflöste, die

Wrangelschen Truppen aber auf 40 000 Mann aufgestockt wurden. In dieser Hinsicht erinnerte Friedrich Wilhelm IV. an einen Vater, der die Späße seines Kindes zuerst mitmacht, es aber, sobald er selbst die Lust verloren, doppelt empfindlich straft. Keine acht Monate war es her, daß der König den Berlinern zugerufen hatte: »Ich trage eure Farben...«, womit er das Schwarz-Rot-Gold der Revolution meinte, und weiter waren damals seine Worte: »Ich will keine Krone, keine Herrschaft! Ich will Deutschlands Freiheit, Deutschlands Einigkeit!« Und setzte hinzu: »Preußen geht fortan in Deutschland auf!« Heute waren die, die damals seinen Versprechungen zujubelten, Hals über Kopf auf der Flucht.

Die Freundinnen nahmen kurz aber herzlich Abschied voneinander.

»Wenn alles vorbei ist, kommst du zurück«, suchte Anna zu trösten.

»Ja, ich komme zurück«, versprach Malwida.

Irgendwie kam sie dann heil an dem Militärposten vorbei, der jeden Abfahrenden kontrollierte, und fand einen Platz im Zug nach Potsdam. Draußen dämmerte es längst und wurde rasch dunkel, während der Zug pfeifend und zischend in scheinbar rasender Geschwindigkeit durch die Nacht fuhr. Ein Gespräch im dicht besetzten Abteil kam nicht auf, fürchtete doch ein jeder, seine Gesinnung zu verraten.

Plötzlich ein ohrenbetäubendes Signal, ein Rucken und Stoßen, schrill das Quietschen der Bremsen, und der Zug stand auf freier Strecke still. Sofort Panik unter den Reisenden. Man riß die Fenster auf, lehnte sich weit hinaus, rief nach Aufklärung über die Ursache des Halts. Andere sprangen nach draußen auf die Schienen, suchten Deckung vor einem vermutlichen Überfall. Frauen schrien, Kinder weinten, Männer fluchten. Endlich kam schwankend die Laterne des Zugführers in Sicht, der sich mit den Schaffnern beriet.

»Zwischen hier und Potsdam ist die Schiene aufgerissen«, hörte Malwida die Meldung. Unmöglich zu sagen, ob der Boykott von links oder rechts kam, ob er den Zorn des Volkes oder den der Besatzer ausdrückte. Ein Glück jedenfalls, daß der Zug das Signal aufgefangen und kein weiteres Unheil entstanden war. Eine gute Stunde mußte man warten.

»Ach, was wird noch werden«, jammerte eine einfache Frau, »hat mein Mann schon vorher keine Arbeit gehabt, wie wird er jetzt...«

»Und meinen, den ham Se zus Militär geholt und nu muß er mit em Bajonett vielleicht gegen seine eigene Leute...«

»Das mit der Einigkeit, det kann doch nischt werden, wo immer einer über allet zu bestimmen haben will...«

Furcht, nichts als blanke Furcht und Resignation erkannte Malwida darin, und als der Zug endlich wieder anruckte, drückte sie sich still in ihre Ecke.

In Potsdam endlich angekommen, unterschied sich die Situation grundlegend von der in Berlin. Verschlafen lag der Bahnhof da, nicht ein Soldat war zu sehen. Die Aussteigenden verteilten sich rasch über den Bahnhofsplatz, jeder zielsicher in seine Richtung. Nur Malwida stand verloren, die schwere Reisetasche neben sich, und überlegte, wie sie weiterkäme.

Der Droschkenplatz war leer bis auf ein Gefährt, das samt Pferd gleich auseinanderzufallen drohte. Malwida winkte dem Kutscher, der tatsächlich sein Pferd in Gang brachte und quer über den Platz auf sie zukam. Die Reisetasche mußte sie ohne Hilfe des Kutschers verstauen, denn der blieb ungerührt auf dem Bock sitzen. Als sie ihm dann das gewünschte Ziel der Fahrt angab, murrte er und protestierte halblaut.

»So weit außerhalb der Stadt und das bei nachtschlafender Zeit! Da müssen Se mir doppelt zahlen, Frollein!«

Malwida sagte ihm das zu, und er gab seinem Tier die Peitsche, daß es anzog und in Zuckeltrab fiel. Zum Glück hatte die Droschke ein Verdeck, denn die Nacht war feucht und kalt.

Sie fuhren durch immer engere Straßen, dann war die Straße nur noch einzeilig bebaut, sandiger Grund schluckte jeden Laut. Gärten wechselten mit lockerem Kiefernbestand, Hasen hoppelten über den Weg, ein Uhu strich ab zur nächtlichen Jagd. Schon zweifelte Malwida, ob der Kutscher vielleicht in die Irre fuhr, als der Wagen ruckartig anhielt. Der Mond beschien ein einzelnes

Haus, eben noch erkennbar Spalierwände und ein winkeliger Dachfirst, Fensterläden ringsum geschlossen, kein Zeichen von Leben. Wohnte hier überhaupt jemand? War das wirklich die Adresse, die sie genannt hatte, fragte sich Malwida, plötzlich unsicher geworden. War es nicht ein zu kühnes Unternehmen, hier ohne jede Anmeldung um Unterschlupf zu bitten? Nun gut, sie wollte die Glocke ziehen, aber wenn niemand öffnete, war sicher ein Hotel oder Gasthaus in der Stadt die einzige Lösung.

»Warten Sie hier«, wies Malwida den Kutscher an.

Der Kutscher aber war wieder nicht einverstanden.

»Det wird ja imma schöner! Erst durch die Nacht gondeln und denn noch warten! Ne, Frollein, ich will nach Hause!«

Doch schon war sein Fahrgast ausgestiegen, durch ein Vorgärtchen auf die Haustür zugeschritten und zog dort erst zaghaft, dann kräftiger an einem eisernen Glockenstrang. Nichts tat sich. Auch nicht auf einen dritten Versuch. Der Kutscher in Malwidas Rücken wurde immer ungeduldiger.

»Wat is nu? Soll det bis zum Morgen gehn? Ich will mein Geld und mein Pferd in sein Stall!«

»Noch einen Augenblick!« rief Malwida und zog die Glocke nochmals. Sie mußte eine Entscheidung treffen. Warten oder umkehren. Zum Glück hatte sie die Droschke nicht ausbezahlt. Der Mann wäre imstande, sie hier allein zurückzulassen. Langsam verschwand der Mond hinter einer Wolke, in einem fernen Gehöft bellte ein Hund. Es ging auf Mitternacht zu.

»Bringen Sie mich zur Stadt zurück, Kutscher! Es soll Ihr Schaden nicht sein«, entschied Malwida.

Im gleichen Augenblick drehte sich ein Schlüssel im Schloß der Haustür. Sie wurde einen Spalt geöffnet, und eine Frauenstimme verlangte ängstlich Auskunft.

»Wer ist da? Was wollen Sie?«

»Gott sei's gedankt!« entfuhr es Malwida. Sie nannte ihren Namen und erklärte die unwirtliche Stunde. »Ich komme aus Berlin! Allen Fremden war zur Abreise eine Frist gesetzt.«

Die Frauenstimme hinter der Tür bekam einen freudigen Ton, als sie jetzt laut drinnen jemandem Bescheid zurief.

»Es ist das Fräulein von Meysenbug, Vater! Die Malwida ist es!«
Weit schwang die Tür auf. Im warmen Schein einer Lampe unterschied Malwida eine ältere Frau in Nachthaube und einen Greis in samtener Hausjacke.

»Kommen Sie herein, mein Kind, seien Sie willkommen, Malwida!« rief Bischof Dräseke, und seine Tochter, der Schwester in Detmold zum Verwechseln ähnlich, zog Malwida am Ellenbogen ins Haus.

»Schnell in die warme Stube, liebes Fräulein von Meysenbug, Sie werden sich sonst noch den Tod holen, so bei Nacht und Nebel!«
Im Nu war der brummige Droschkenkutscher entlohnt und Malwida betrat dankbar Haus und Heim von Theodors Großvater.

War das preußische Parlament im November nur aus der Stadt verlegt worden, so befahl der König am 5. Dezember seine gänzliche Auflösung. Voller Verachtung sprach Friedrich Wilhelm vom *Ludergruch der Revolution, der albernsten, dümmsten, schlechtesten – wenn auch gottlob nicht bösesten dieses Jahrhunderts.*
Der Revolution war gründlich der Hals gebrochen, damit mußte man sich abfinden. Erster Enttäuschung folgte innere Erschöpfung, der auch Malwida sich hingab. Der erste Schnee fiel und verwandelte die Umgebung in einen Zauberwald, Havel und Heiligensee waren eisbedeckt, das Schilf am Ufer erstarrt. Da war es gut, am Kamin zu sitzen und Großvater Dräsekes Geschichten aus alter Zeit zu lauschen. Eines Abends kramte er in einer alten Schatulle.

»Ich habe alles von ihm aufgehoben, seine Artikel, seine Aufsätze und seine Briefe«, sagte er, und es war nicht schwer, zu erraten, daß er von seinem Enkel Theodor sprach. Aus einem Zeitungsbeitrag des vergangenen Sommers zitierte er:

Die Ziele der Revolution liegen in der Gründung deutscher Einheit und einer Freiheit, die dem fortgeschrittenen Geist des Jahrhunderts entspricht. Es kann trotz aller Mäßigung kaum überraschen, daß der Revolution das Gelingen auf den ersten Wurf versagt blieb. Die ausgesäten Gedanken werden dennoch im Stillen weiterreifen.

Und als seien die Worte an sie selbst gerichtet, hörte Malwida den Großvater aus Theodors zuletzt eingetroffenem Brief lesen:
Wie wohl es tut, eine Stimme der Liebe und Anerkennung zu hören! Wenn ich den Kopf so ganz voll habe, im Wachen und im Schlafen, und so ganz und gar an meine Arbeit hingegeben bin, weiß ich, daß ich meinem Gegenüber sein volles Recht nicht geben kann! Und Du weißt, daß ich in allem nur ein Ganzes brauchen kann. Es kommt auch einmal wieder anders...
Und auch den Trost, der in diesen Zeilen zu liegen schien, münzte sie auf sich und schöpfte nach langer stiller Resignation noch einmal neue Hoffnung: Es kommt auch einmal wieder anders...

Der Postbote kam durch den hohen Schnee zum Haus des Bischofs gestapft. Er brachte einen Brief aus Detmold.
»Er ist von Elisabeth«, freute sich Dräseke, machte aber beim Lesen ein sorgenvolles Gesicht.
»Deine Schwester ist krank«, wandte er sich an seine Tochter, »Elisabeth bittet dich, zu kommen!«
»Ich, Vater? Ich laß dich nicht allein, nicht einen Tag!« Malwida sah von einem zum anderen und machte dann den Vorschlag, der ihr am vernünftigsten schien.
»Ich werde fahren«, erklärte sie, »bin ich doch selber fast Tochter im Pfarrhaus.«

So kam es, daß Malwida sich gegen ihre ursprüngliche Absicht nun zurück nach Detmold auf den Weg machte.
Am letzten Tag des Jahres 1848 traf Malwida von Meysenbug in Detmold ein, gerade noch rechtzeitig, um Mutter Althaus das letzte Geleit zu geben. Die Aussegnung hatte bereits stattgefunden, der Sarg, geschmückt mit Tannengrün und bleichen Christrosen, kam gerade den Weg von der Kirche her, als Malwida sich am offenen Grab einfand. Aus grau verhangenem Himmel schwebten dicke Flocken herab, die Trauergemeinde, schwarz gekleidet, die Köpfe gesenkt, erinnerte an einen Schwarm Krähen auf freiem Feld.

Malwida unterschied Pfarrer Althaus, starr vor Kummer, Elisabeth, klein und verloren, Fritz, einen jüngeren Bruder Theodors, und Theodor selbst. Ihr stockte fast der Herzschlag. Natürlich hatte sie erwartet, ihn hier zu treffen, aber sich dennoch nicht zur Genüge klargemacht, was es ihr bedeuten würde.

Wieder übte seine männliche Gestalt einen Reiz auf sie aus, den anzuerkennen sie sich standhaft weigerte. Streng rief sie sich zur Ordnung. Immerhin hatte er sich unterdessen ja einer anderen zugewandt! Ihr, Malwida, konnte Theodor Althaus nur mehr Freund und Kamerad sein. Ihm als solchem zu begegnen, fand sich Gelegenheit,nachdem der Sarg herabgelassen, Segen gespendet und Worte des Beileids gewechselt worden waren. Die Trauergäste wurden zu einem Imbiß ins Pfarrhaus geladen, und dort kam Theodor Althaus mit ausgebreiteten Armen auf sie zu.

»Malwida«, rief er herzlich, »ich hörte, Sie seien beim Großvater in Potsdam? Wie schön, daß Sie gekommen sind!«

Zwar benutzte Theodor das förmliche Sie, aber in seinen Augen stand aufrichtige Freude.

»Ich fuhr die Nacht von Potsdam her und hoffte, die Grüße von Bischof Dräseke noch ausrichten zu können, aber...«

»Auch ich kam diesen Morgen erst von Hannover, wo ich die Nachricht von Mutters Tod gestern erhielt.«

»Hannover sagen Sie? Dann ist der geplante Umzug Ihrer Zeitung also vollzogen?« Auch Malwida bediente sich der förmlichen Anrede. Es gab ihr den Halt, den sie brauchte, sonst hätte der Sturm der Gefühle sie umgerissen.

»Nein, nein, keineswegs. Es gibt noch viel zu tun. Morgen in aller Frühe muß ich wieder dort sein.«

»Morgen schon...« wiederholte Malwida zutiefst enttäuscht.

»Ja, heute noch trete ich die Rückreise an.« Sie standen sich unschlüssig gegenüber. Plötzlich aber verschwand das Lächeln aus Theodors Zügen. »Höre –«, sagte er in gänzlich anderem Ton, »hör mir zu, Malwida...« Er umfaßte mit beiden Händen die ihren und hielt sie fest. Die Gegenwart der Trauergäste schien vergessen. »...es hätte so ganz anders kommen können ... mit uns beiden meine ich, aber...«

Malwida wurde es heiß und kalt. Theodor sprach viel zu laut, manch einer wandte sich bereits nach ihnen um. Entschlossen nahm er nun ihren Ellenbogen und führte sie aus der überfüllten Pfarrstube. Wieder lag draußen Schnee, wieder waren Pelze, Mäntel und Hüte zahlreicher Gäste in der kleinen Kammer gestapelt, zu der Theodor eben die Tür öffnen wollte. Doch Malwida schreckte zurück. Nicht Entsetzen packte sie, wie schon einmal dort drin allein mit ihm zu sein, sondern viel eher die Furcht vor Entweihung einer Erinnerung, die sie all die Zeit hochgehalten und sich als letzte Zuflucht ihrer Träume bewahrt hatte.

»Nein, nicht...« bat sie leise, und er schien zu verstehen.

»Komm mit hinauf«, schlug er statt dessen vor und stieg ihr voran die Treppe empor. Oben betraten sie des Vaters Arbeitszimmer, das nun in ganz anderer Weise Erinnerungen heraufbeschwor. Mädchenhafte Frömmigkeit, erste Bereitschaft zu innerer Hingabe, aber gewiß auch behütete Naivität einer Achtzehnjährigen. Wieviel war seither geschehen, wieviel zerstört und durchlitten. Der Kampf um Menschenrechte, gottgefällig zwar, aber der Kirche entfremdet. Auf diesem Weg war Theodor ihr Wegweiser und Vertrauter gewesen. In dieser Gewißheit erwartete sie, was er ihr zu sagen hatte.

»Ich weiß nicht, was mit uns geschehen ist«, begann Theodor und durchmaß die Stube in rastlosem Auf und Ab. »Ich denke, wir lebten zu ausschließlich einer im anderen; so war es fast natürlich, daß es zu einem Ausbruch kam...« Er hielt inne und sah Malwida scharf an. »Du weißt, daß ich ein junges Mädchen in Frankfurt?«

»Ja, ich weiß.«

»... viel eher eine junge Frau... liebenswert, lustig und von anschmiegsamen Wesen... bei der ein Mann findet, nach was er immer auf der Suche sein wird...«

Malwida hätte in den Boden versinken mögen.

»Ich wollte es nicht, glaube mir...« fuhr Althaus in vorwurfsvollerem Ton fort, »aber du, Malwida, wenn du mich nur ein einziges mal ermutigt, ein wenig weibliche Koketterie gezeigt hättest! Du hättest gegen jede andere den Sieg errungen, aber so ... es fehlte immer etwas zum Ganzen.«

Malwida sagte nichts. Ihr war, als habe man in ihr das unterste zu oberst gekehrt. Nicht nur, daß ihr weibliche Koketterie als verwerflich erschien, hatte sie die Macht, die diese Waffe selbst über bedeutende Männer gewinnen konnte, stets verachtet. Dem Mann schlechthin schien die Herausforderung einer kapriziösen Frau zu immer neuer Eroberung ihrer Gunst zu gefallen, während in den Augen Malwidas wahre Liebe nichts anderes fordert, als das Gebäude des Lebens friedlich im Schatten des Alltags zu errichten.

»Ich weiß natürlich«, suchte Theodor jetzt zu beschwichtigen, »der Vorwurf, den ich dir mache, heißt nichts anderes als nach üblichem Maß dein Loblied zu singen.« Er schien jetzt mehr zu sich selbst zu sprechen, gewissermaßen Bilanz zu ziehen. »Ich bewundere deine hohe Intelligenz, deinen mutigen Geist, deine Fähigkeit, über dich selbst hinauszuwachsen! Ich achte dich wie sonst kein menschliches Wesen!« Abrupt blieb Theodor vor Malwida stehen, so dicht vor ihr, daß sie seinen Atem spürte. Sein Gesicht war ihr zugeneigt, sein lockiges Haar, das er immer noch schulterlang trug, streifte beinahe ihre Wange. In Malwida stieg ein Gefühl auf, das sie fast übermächtig zu ihm hintrieb. Sie wünschte, er würde seine Arme um sie legen und sie an sich ziehen. Um nichts in der Welt aber wollte sie diesem Wunsch Ausdruck geben oder ihn verleiten, ihm nachzukommen. Er war der Mann, sie hatte abzuwarten. Aber daß sie ihn noch immer liebte, das wußte sie mit einer geradezu schmerzlichen Gewißheit. Plötzlich trat er einen Schritt zurück und streckte ihr mit ruckartiger Bewegung seine Hand entgegen.

»Malwida«, sagte er, »schlag ein! Auf gute Freundschaft!«
Malwida sah auf das Innere seiner Handfläche nieder, sah deutlich den Verlauf der Herzlinie, die ausgeprägte Schicksalslinie und den Ansatz einer kurzen, sich verzweigenden Lebenslinie. Sie wußte sehr gut, was er ihr bot. Freundschaft galt ihr als das Höchste, als Krönung jeder Beziehung zwischen Menschen, wenn er es auch nur als Teil eines Ganzen sah. Gleichwie, Malwida wollte retten, was zu retten war. Entschlossen legte sie ihre Hand in die seine.

»Auf gute Freundschaft!« sagte sie.

»Na, siehst du!« lachte er erleichtert auf, umfaßte mit dem freien Arm nun doch noch ihre Schulter. Einen Augenblick glaubte Malwida, er würde sie küssen, aber er ließ sie sogleich wieder los.

»Komm«, sagte er, »laß uns hinuntergehen, man wird uns schon vermissen.«

Die ersten Trauergäste verabschiedeten sich. Jemand rief: »Ach, da kommen sie ja!«

Malwida fühlte sich peinlich entdeckt, dazu kam die innerliche Überzeugung, sie habe Theodor soeben für immer verloren.

In doppelter Bedeutung sollte sie mit dieser Vermutung recht behalten. Nach dem letzten Aufbegehren revolutionärer Kräfte und deren brutaler Unterdrückung hieß es im Leitartikel der »Zeitung für Norddeutschland« vom 13. Mai 1849, das Volk solle sich bewaffnen und zu einer neuen, weit radikaleren Revolution schreiten. Für Text und Aufruf zeichnete Theodor Althaus verantwortlich. Am 14. Mai wurde er verhaftet, des Hochverrats angeklagt und im folgenden Prozeß zu drei Jahren Festungshaft verurteilt.

»Hochschule für das weibliche Geschlecht«

Ganz aus privater Initiative, auf der Grundlage einer Aktiengesellschaft finanziert, war in Hamburg eine Frauenschule ins Leben gerufen worden, deren Ziel es war, dem Ruf nach erweiterter Bildung der Frau nachzukommen. In erster Linie verantwortlich für die Gründung war eine gewisse Emilie Wüstenfeld, zur Leitung der Schule waren Karl Fröbel und seine Frau Johanna eingesetzt. Das Haus selbst konnte sechs Schülerinnen beherbergen. Weitere Schülerinnen, junge Mädchen, aber auch junge

Frauen aller Schichten, konnten als Externe am Unterricht teilnehmen. Der Lehrkörper setzte sich aus Professoren und Gelehrten zusammen, die auf zumeist ehrenamtlicher Basis das Unternehmen förderten. Der Unterricht wurde frei gestaltet, jeder
religiöse Bezug bewußt ausgespart.

Die Nachricht von der erfolgten Gründung dieser Schule kam
Malwida einer Offenbarung gleich. Sie war sofort entschlossen,
sich für einen dreimonatigen Kurs einschreiben zu lassen. Trotz
ihrer dreiunddreißig Jahre mußte Malwida zu einem solchen
Schritt wiederum die Erlaubnis ihrer Familie einholen. Abgesehen von der Bevormundung als solche, die sie schon demütigend
genug empfand, hielt sie nicht einen Pfennig in Händen, über den
sie hätte frei verfügen können. Malwida schwor sich insgeheim,
diesen Zustand zu ändern. Es sollte das letzte Mal sein, daß Bruder Carl als Familienoberhaupt ihr in die Gestaltung ihres Lebens
hineinreden konnte.

Zu Malwidas höchstem Erstaunen gab Carl von Meysenbug aber
wiederum ohne Umschweife seine Erlaubnis, ja stellte obendrein
die nötigen Mittel zur Verfügung. Sein Motiv war offensichtlich
das gleiche wie zur Reise nach Berlin: Ihm war die Gegenwart
seiner eigenwilligen Schwester einfach lästig. Eine Bedingung allerdings stellte Carl. Die Mutter sollte Malwida nach Hamburg
begleiten und einige Tage bei ihr bleiben.

Malwida akzeptierte diese Bedingung, auch wenn ihr eine völlige
Trennung von der Familie lieber gewesen wäre.

Vielleicht würde eine solche letzte Gemeinsamkeit ja der Mutter
das Verständnis für Malwidas Pläne und Hoffnungen erleichtern.
Die Vorbereitungen zogen sich hin, Malwida mußte ihre Ungeduld zügeln, bis Mutter und Tochter endlich, und im letzten Augenblick auch Laura mit ihnen, im Oktober 1850 nach Hamburg
reisen konnten. Ihren Antrittsbesuch Am Holländischen Brook
25 allein zu machen, darauf bestand Malwida.

»Bleibt ihr solange im Hotel und wartet auf mich«, wies sie die
beiden bereits im Tenor neuer Selbständigkeit an, der freundlich
und geschmeidig, keinen Widerspruch duldete.

In der Schule wurde es dann weniger ein Antrittsbesuch als ein herzliches Willkommen. Professor Karl Fröbel kam Malwida mit ausgestreckten Armen entgegen.

»Wie schön, Sie hier zu haben!« rief der Endvierziger mit dem gütigen Blick jener Menschen, die das Interesse anderer vor das eigene setzen. Und dann auf eine zierliche Person neben sich weisend: »Und das ist meine Frau Johanna, mit der Sie gleich Freundschaft schließen können!«

Das war rasch getan. In Johanna Fröbel traf Malwida eine annähernd Gleichaltrige, die ihr auf dem Weg der Emanzipation zwar schon ein ganzes Stück vorangegangen war, ohne indes die Brücken hinter sich abgebrochen zu haben. Sie war noch ganz die bescheidene und wohlanständige Tochter aus gutem Hause und traf den Ton, wie er Malwida vertraut und gewohnt war.

»Ich hoffe, Sie hatten keine zu beschwerliche Reise, meine Liebe, ich werde Ihnen sogleich Ihr Zimmer zeigen, das von nun an ganz Ihr eigenes Reich sein soll!«

Das Zimmerchen, klein, aber mit weißen Mullgardinen und hellen Möbeln anheimelnd und von bequemer Wohnlichkeit, war dann wirklich geeignet, sich vom Fleck weg zu Hause zu fühlen.

Noch am gleichen Tag wurde Malwida Emilie Wüstenfeld vorgestellt. Obwohl um ein Jahr jünger, wirkte diese weit gesetzter und älter, ja flößte die etwas rundliche, aber sehr energische Person Malwida im ersten Augenblick Furcht ein. Die hängenden Augenlider und der verkniffene Mund schienen die Besucherin hochmütig abzuweisen. Zum Auftakt rezitierte Fräulein Wüstenfeld die Ziele ihres Unternehmens.

»Wir streben die ökonomische und geistige Unabhängigkeit der Frau an, das heißt sie zu einem Wesen zu machen, das sich selbst Zweck ist und sich frei nach den Bedürfnissen und Fähigkeiten seiner Natur entwickeln kann. Es gibt für die Frau nur ein Mittel, die dann erlangte Freiheit zum Segen zu gestalten: Bildung!« Ihre Stimme brach ab, als habe sie ein Ausrufungszeichen gesetzt. Dann teilten sich die festgefügten Lippen zu einem plötzlichen Lächeln, das das ganze Gesicht veränderte. Die Züge wurden weich, und in den grauen Augen blitzte es fröhlich auf. »Aber das alles wissen Sie ja schon«, sagte Frau Wüstenfeld, »Sie werden die erste sein, die unsere Absicht in die Tat umsetzt! Seien Sie mir von Herzen willkommen!«

Das Eis war ein für alle mal gebrochen, und einem freundschaftlichen Umgang stand auch hier nichts mehr im Wege. Malwida war nach Hamburg gekommen, um als Schülerin ihre Bildung zu erweitern, ihr Wissen zu vertiefen. Sie hatte sich vorgestellt, mit einer Klasse junger Mädchen in der Bank zu sitzen, den Unterweisungen zahlreicher Lehrer und Gelehrten, die sich ambulant dem Institut zur Verfügung hielten, zu lauschen. Die ersten Wochen verliefen auch genau so. Bald aber – Mutter und Schwester waren längst wieder abgereist – wurde Malwida mehr und mehr selbst mit der Betreuung von Schülerinnen beauftragt. Sechs junge Mädchen, die gleich ihr im Hause wohnten, scharten sich sogleich mit Begeisterung um sie, aber auch junge Frauen, die extern am Unterricht teilnahmen, wurden schnell mit ihr vertraut. Malwida fand bald heraus, daß die Schule mit finanziellen Schwierigkeiten zu kämpfen hatte. Da waren Honorare an Lehrkörper zu zahlen, ein großer Haushalt mußte bestritten, Bedienstete für die zum Teil verwöhnten Zöglinge gehalten werden. Malwida schritt zur Tat. Sie, die selbst noch niemals Hausarbeit zu machen gezwungen war, besorgte des Morgens ihr Zimmer selbst, machte das Bett, räumte auf, kehrte aus und leerte die Waschschüssel. Es brauchte nicht vieler Worte, und die Mädchen folgten ihrem Beispiel. Malwida ging einen Schritt weiter und begann, ihre Leibwäsche zu waschen, im Hof, dem Herbstwind ausgesetzt, aufzuhängen, und, sobald sie trocken war, mit dem am Herd geheizten Eisen zu bügeln. Auch hierin folgten ihr die Mädchen und interessant dabei war, wieviel Spaß alle zusammen beim Ausprobieren der ungewohnten Arbeit hatten. Hantierten ihre gepflegten Hände am Waschtrog mit Lauge und Rubbelbrett, wurde dabei gelacht und geschwatzt, aber auch die Vorlesung vom Vormittag durchgesprochen und beispielsweise das Eherecht von 1794 diskutiert.

»Nenne mir noch einmal den ersten Paragraphen, Luise!« forderte Malwida auf, während sie Kernseife auf ein Wäschestück rieb.

»Paragraph Eins nennt den Hauptzweck der Ehe, das Erzeugen und Erziehen von Kindern!«

»Siehst du, Luise, und damit sind wir bereits abgestempelt. Der Mann benötigt, um diesen ›Hauptzweck‹ zu erreichen, nur wenige, kurze und ihm oft sehr willkommene Augenblicke. Uns Frauen aber füllen sie die besten Jahre unseres Lebens, ohne daß uns Raum und Recht zu persönlicher Entfaltung zugestanden werden.« Und mit aller Kraft einen Unterrock auswringend: »Und du, Wilhelma, was weißt du übers Güterrecht in der Ehe?«

»Es ist ein wirtschaftliches Bedürfnis in der Ehe, die Verwaltung des gemeinschaftlichen Vermögens in eine Hand zu legen, und diese ist die des Mannes.«

»Siehst du, das nennt man ›Geschlechtsvormundschaft‹, was du im praktischen Leben mit Entmündigung der Frau gleichsetzen kannst. Wir dürfen ja auch vor Gericht nicht für uns selbst sprechen, sondern müssen immer durch Vater oder Ehemann vertreten sein.«

Bei der ebenfalls neu eingeführten Putz- und Flickstunde kamen dann vielleicht Themen wie die Auswirkung der rasant anwachsenden Industrie zur Sprache.

»Natürlich hat die einfache Frau immer mitgearbeitet«, überlegte Malwida laut und stichelte an einem aufgegangenen Saum, »aber es ist ein Unterschied, ob sie Heimarbeit macht oder viele Stunden außer Haus in der Fabrik arbeitet. Der Herd bleibt kalt, und die Kinder sind allein.«

»Und was sie an Lohn heimbringt, ist der Bruchteil von dem, was ein Mann an der gleichen Maschine verdient«, empörte sich eins der Mädchen, das sich bisher noch niemals über den Wert des Geldes Gedanken gemacht hatte.

»Da hast du recht, Hedwig, und das macht es, daß die Unternehmer so gern Frauen einstellen, allerdings…« Verflixt! Der Faden war ihr aus der Nadel gerutscht. »…allerdings ohne sich für die Doppelbelastung Heim und Arbeitsplatz auch nur irgendwie verantwortlich zu fühlen.«

Die Leitung der Schule war Malwida äußerst dankbar, daß sie durch ihre Arbeit mit den Mädchen dem Institut pekuniäre Erleichterung verschaffte. Ihr schönster Lohn aber waren Bemerkungen aus dem Kreis der Eltern, nämlich wieviel ernster und vernünftiger ihre Töchter geworden wären und welche Veränderung zum Guten ihr Wesen genommen hätte.

Dieses Echo war Malwida erster Beweis eigener pädagogischer Fähigkeiten. Und das sollte von ausschlaggebender Bedeutung für ihre weitere Laufbahn sein.

Der Antrag

»Sieh her, Johanna, ein Brief von meinem Bruder!« rief Professor Fröbel bei der morgendlichen Postbesprechung, an der auch Malwida teilnahm, und fingerte aus einem Bündel Rechnungen, Anmeldungen, Beschwerden und Mahnungen ein großes Kuvert heraus, das über und über gestempelt und mit Vermerken versehen war. Eine Briefmarke aber, wie man sie von England und anderen Ländern Europas her kannte, trug er noch nicht. Er mußte von Übersee gekommen sein, wohin Julius Fröbel ausgewandert war.

»Hör zu, was er schreibt«, forderte der Professor seine Frau auf und begann, ohne Rücksicht auf Malwidas Gegenwart, laut vorzulesen.

Amerika! Welch ein Land! Man glaubt, eine freiere Luft zu atmen. Politische Ziele, die wir daheim verfehlten, scheinen hier von selbst zu wachsen…

Amerika! Das ließ Malwida aufhorchen. Ihr Traum, nach dort auszuwandern, war noch nicht ausgeträumt.

»Er hat sich also gut in den Staaten eingelebt«, meinte Johanna, und Karl vermutete gar:

»Julius wird es sicherlich drüben zu etwas bringen! Am Ende zu einem Lehrstuhl auf seinem Fachgebiet.«

»Auf seinem Fachgebiet?« warf Malwida neugierig ein.

»Ja, mein Bruder ist Mineraloge! Eine gefragte Wissenschaft in einem Land, das erst erschlossen wird.« Da klang ein wenig Stolz mit, und eifrig setzte er hinzu: »Gleich morgen werd' ich ihm eine Antwort schreiben!«

Nur als kleinen Gruß gedacht, legte Malwida dann in Karls Brief an seinen Bruder ein Zettelchen mit ein:

Sie schwärmen vom freien Amerika, lieber Freund, und wecken den alten Wunsch in mir, dies Land auch einmal zu betreten. Würden Sie mir denn dazu raten?

Die Antwort ging prompt nach zwei Schiffspassagen, also vierzig Tagen, ein:

Kommen Sie!

Nicht daß Malwida sich sogleich zur Reise gerüstet hätte, lagen ja noch die drei Monate ihres Lehrgangs vor ihr, aber eine rege Korrespondenz entwickelte sich zwischen diesen beiden Menschen, die sich nur durch Dritte kannten. Lockung von ihm und halbes Widerstreben von ihr, in immer vertrautere Worte gekleidet, gipfelten in einem Brief zu Beginn des nächsten Jahres:

Wir achten uns nach den Zeichen die wir einander gegeben haben: wir fühlen die Freundschaft füreinander, die aus der Übereinstimmung unserer Bestrebungen entspringt! Wir wünschen uns zu lieben, weil das Zusammentreffen von Liebe und Achtung uns ein seltenes Glück bereiten würde. Aber ob wir uns lieben würden, wissen wir nicht, ehe wir uns nicht persönlich kennen. Was ist zu tun? Sie müssen herüberkommen. Es ist sehr wahrscheinlich, daß dies zu jener innigen Verbindung führen wird, für welche die Ehe die rechte Form ist.

Dies war ganz klar ein Antrag, vorsichtig, aber keineswegs halbherzig. Julius Fröbel war sechsundvierzig Jahre alt, Schriftsteller, Politiker, Professor der Mineralogie, engagiert, aber unabhängig, ein ganzer Mann. Malwida war vierunddreißig, hatte nach der Enttäuschung mit Theodor, die Möglichkeit, sich je wieder einem

Mann aufzuschließen, ausgeklammert. Und nun stand sie vor dem Wunder einer ihr aufrichtig entgegengestreckten Hand. Keine Hand, wie Theodor sie ihr dargeboten, um ihre Gefühle zu neutralisieren, sondern die Hand zum Bund fürs Leben. Malwida wollte nichts lieber, als diese Hand ergreifen.

Entweder war ihre Bindung an die Familie doch stärker als die keimende Selbständigkeit, oder anderes spielte im Hintergrund eine Rolle. Jedenfalls teilte sie frohgemut die Neuigkeit der Mutter mit. Eine Mitteilung, keine Anfrage, es sei denn um ihren Segen.

Nicht ein Hauch von Leichtsinn oder Phantasterei ist in mir, schrieb Malwida, *bedächtig, ernst und in tiefster innerer Prüfung ist das alles gereift und beschlossen. Ich habe ein innerstes Vertrauen, daß es das Rechte ist und Segen daraus wachsen wird.*

Die Antwort der Mutter war niederschmetternd.

Du wirst Dich mit einem solchen Menschen doch nicht einlassen, einem aufrührerischen Subjekt, das bereits im Gefängnis gesessen hat! Und nicht nur das, sondern sich durch die Flucht nach Übersee dem gerechten Urteil der Richter entzogen hat, nämlich dem Tod durch den Strang!

Für Ernestine von Meysenbug kam ein Sozialist einem Kriminellen gleich, und das zu einer Zeit, da soziale Forderungen den elementarsten Bedürfnissen der untersten Klasse galten. Sozialisten in der Mitte dieses Jahrhunderts sprachen nicht irgendwelchen Aufmüpfigkeiten das Wort, sondern gezielt Dingen wie trockene Wohnungen, erträglichem Mietzins, Kranken- und Altersversorgung, Freizeit, Nachtarbeit, Mutterschutz und vor allem Schulbildung. Da Julius Fröbel bekanntermaßen seine Feder derlei Forderungen geliehen hatte, galt er ohne jegliche Differenzierung als ein Linker und somit gesellschaftlich für ihre Tochter untragbar. Dazu hatte sich ein Wust von Gerüchten und vorgefaßten Meinungen über ihn gebildet, aus dem Frau von Meysenbug willkürlich herausgriff, was nur immer geeignet war, Malwida von ihrem Vorhaben abzuhalten.

In Amerika gibt es eine Sekte, die sich der Vielehe verschrieben hat. Dieser soll Dein Auserwählter nahestehen, so daß Du, mein Kind, also Gefahr läufst in einer Art westlichem Harem zu verschwinden! Fröbel sollen teuflische Kräfte innewohnen, die er der Erde entnimmt. Diesem Menschen ist nichts heilig, glaube mir! Wenn Du nicht zur Einkehr zu bestimmen bist, muß ich Dich für eine Verlorene halten. Gleiches denken Deine Schwester und Deine sehr um Dich besorgten Brüder.

Malwida ist empört über diesen Brief. In ihrer Antwort stellt sie die Tatsachen richtig: Als Folge der gleichen nationalen Volkserhebung in Wien, der unter anderem Robert Blum zum Opfer fiel, wurde auch Julius Fröbel zum Tode verurteilt, allerdings im Laufe weiterer Verhandlungen begnadigt. Ausgewandert war er ein Jahr später, als freier Mann und keineswegs, um sich seiner Strafe zu entziehen. Seine mineralogischen Forschungen drüben mögen ihn in Wüstengebiete innerhalb der Staaten geführt haben, in denen sich eben die Sekte der Mormonen ansiedelte. Ein näherer Zusammenhang bestand zu keiner Zeit.

Was Fröbel angeht, so erkläre ich für Lüge und niedrigste Verleumdung ein jedes Wort, das ihn anzutasten wagt! schreibt Malwida und ist weiterhin schockiert über den Ton, den die Mutter anschlägt. *Daß ein solcher Brief zwischen uns möglich war, das fasse ich nicht! Mein einziger Wunsch dabei sei, daß Ihr alle nie bereuen mögt, so von mir gedacht und so von mir geredet zu haben.*

Aber dann geschieht das Unglaubliche. Malwida gehorcht den Geboten der Familie, sie verzicht auf den Bund mit Julius Fröbel. Was war geschehen? Gab es anderweitigen Druck außer dem rüden Brief der Mutter? Nein, es gab nichts, das sich erklären ließe, außer: Malwidas Geist, ihre Ideen und Überzeugungen waren modern und fortschrittlich, ihr innerer Mechanismus aber noch in den Vorstellungen ihrer Generation und ihrer Klasse befangen.

Emilie Wüstenfeld und das Ehepaar Fröbel beobachten Malwidas Kummer und stille Verzweiflung. Sie bieten ihr den Posten einer

175

Betreuerin in der Frauenschule, sowie einen Platz im Vorstand an und damit erstes selbstverdientes Geld. Malwida bleibt in Hamburg.

Carl Schurz

Die Fröbels führten ein geselliges Haus. Da sahen alte Freunde kurz herein, Eltern von Schülerinnen kamen um Rat, Mäzene und Gönner der Schule informierten sich über Stand und Fortgang. Meist kam es bei Punsch und Kaffee in Fröbels Wohnstube zu gemütlichem Beisammensein, an dem auch Malwida, ganz wie ein Familienmitglied, teilnahm. Da wurden Neuigkeiten ausgetauscht und heftig diskutiert, wie beispielsweise die Nachricht, daß Gottfried Kinkel, Literat, Universitätsprofessor in Bonn und Kunsthistoriker, nach der Belagerung von Rastatt durch die Preußen gefangengenommen und zu Festungshaft verurteilt wurde.

»Skandalös, wirklich skandalös«, kommentierte Fröbel, und tatsächlich war der ganze Fall Kinkel skandalös. Sieben Monate wartete Kinkel in Naugard zwischen gemeinen Verbrechern auf seinen Prozeß. Den Kopf geschoren, im einfachen Drillich der Strafgefangenen, hatte der Universitätsprofessor grobe Wolle zu zupfen und zu spulen. Endlich in Köln die öffentliche Verhandlung über wenigstens einen der beiden Anklagepunkte: Sturm auf das Waffenlager von Siegburg. Kinkel verteidigt sich selbst.

»Was ich getan habe, habe ich getan als ein Mann von Ehre«, schließt er nach langer politischer Erörterung, »mein Recht wälze ich auf Ihr Gewissen, – nun richten Sie!«

Das Urteil der Geschworenen lautet: »Nicht schuldig!«

Der König von Preußen, dem Kinkel ein Dorn im Auge ist, macht seinen ganzen Einfluß geltend, Gottfried Kinkel erhält lebenslänglich Zuchthaus, verbüßt seine Strafe in Spandau zwischen Dieben und Raubmördern. Und das für seine Überzeugung als Sozialist und Demokrat. Die Gemüter seiner Freunde waren darob noch erregt, als eines Abends Besuch gemeldet wurde.

»Zu so später Stunde?« wunderte sich der Professor, »wer mag das sein?«

Sobald aber der Besucher in der Tür stand, sprang Fröbel auf, ihn freudig zu begrüßen.

»Ah, du bist es! Sei uns willkommen, lieber Freund!« An Malwida gewandt folgte stolz die Erklärung: »Das ist Carl Schurz, neben Kinkel der zweite Held von Rastatt!«

»Pschscht«, machte Schurz sofort und legte einen Finger an die Lippen. »Keinen Namen bitte! Der Polizeipräsident von Berlin ist immer noch auf der Suche nach mir, setzt alle Hebel in Bewegung, einen Mann namens Carl Schurz dingfest zu machen. Ich reise daher unter dem Namen Heribert Jüssen!«

Von Johanna Fröbel ebenfalls auf das herzlichste begrüßt und nach dem Woher und Wohin befragt, antwortete Schurz:

»Nun, was Herrn Jüssen anbetrifft, so hat dieser harmlose Geschäfte im Woll- und Tuchhandel abzuwickeln…«

»Ich verstehe, ich verstehe«, warf Frau Fröbel rasch ein, während Fröbel auf Malwida wies, sie dem Freund vorzustellen.

»Unsere wertvollste Mitarbeiterin, lieber Schurz!«

Schurz verbeugte sich und ließ einen prüfenden Blick über Malwida gleiten.

»Sie müssen wissen, mein Fräulein, welch überragende Rolle Professor Kinkel in Bonn spielte…«

»Ich glaube, ich kann es ermessen«, erwiderte Malwida reserviert.

»Ein guter Freund von mir hörte seinerzeit mittelalterliche Kirchengeschichte bei ihm.«

»Hat dieser Freund auch einen Namen?« fragte Schurz ein wenig spitz.

»Althaus«, sagte Malwida, »Theodor Althaus«.

Schurz schien nachzudenken.

»Althaus? Nein, das muß vor meiner Zeit gewesen sein«, schloß er.

»Es war in den vierziger Jahren. Professor Kinkel hielt damals schon privat Zirkel im Poppelsdorfer Schloß und brachte den Studenten die Ideale einer Demokratie nahe.« Malwida sah auf ihre im Schoß gefalteten Hände nieder. »Ich weiß noch«, lächelte sie, »Theodor sprach immer vom ›Kränzchen bei Kinkel‹.« Das Lächeln, von der Erinnerung hervorgezaubert, belebte ihr Gesicht auf seltsam intensive Weise, und als sie es hob und Carl Schurz ansah, war er zutiefst von ihr gefangen.

Er selbst beschrieb später den Wechsel seines Eindrucks so:

Sie sah zwar älter aus, als sie wirklich war, und die Natur hatte sie ihrem Aussehen nach nicht gerade begünstigt, aber sobald man mit ihr Freund war, vergaß man ihr Äußeres schnell. Das eifrige Interesse, mit dem sie alle Ereignisse verfolgte, ihre große Belesenheit und ihr Mut, sich auf dem politischen Felde zu behaupten, sprachen mich besonders an.

Ein fast ungestümer Enthusiasmus für alles Schöne und Edle beseelte sie, was sie zuweilen zu einer strengen Richterin über das Frivole machte. Dabei aber war ihr Wesen so einfach und anspruchslos, ihre Herzensgüte so unerschöpflich, daß jeder, der sie näher kennenlernte, nicht umhin kam, sie auf das höchste zu achten.

Man saß die halbe Nacht beisammen. Das Thema war wieder einmal die Politik, dazu Erinnerungen, Betrachtungen und auch Befürchtungen. Endlich erhob sich Schurz und schob seinen Stuhl zurück.

»Ich denke«, sagte er mit einem schiefen Grinsen, »der Tuchhändler Jüssen sollte sich jetzt in sein Gasthaus begeben, die Polizei prüft neuerdings die Anwesenheitsbücher.

Von nun an kam Schurz täglich zu den Fröbels, und bald wurde dem Professor klar, daß die Besuche einer ganz bestimmten Person in seinem Haus galten.

»Ist Fräulein Malwida da?« kam stets die erste Frage, und Malwida war tatsächlich immer da, sei es im Klassenzimmer, sei es beim Korrigieren der Hefte, beim Abhorchen von Vokabeln oder dem Prüfen der Bäckerrechnung, selten nur auf ein Stündchen Ruhe im kleinen Zimmer mit den Mullgardinen.

»Das wär doch was«, raunte Fröbel seiner Frau Johanna zu, »Carl Schurz und unsere Malwida...!«

»Wo denkst du hin, sie wird dreiunddreißig und er ist eben zweiundzwanzig!«

»Nun ja...« Der Professor zuckte mit den Schultern und gab sich geschlagen. Nach dem Verständnis der Zeit hatte der Mann eingedenk seiner Beschützerrolle in einer Ehe immer der ältere zu sein. Eine Ausnahme von der Regel war allenfalls eine lohnende Mitgift.

Nicht unerwartet machte Schurz den Vorschlag:

»Was hielten Sie davon, mir einmal die Stadt zu zeigen, Malwida?«

»Ich?« kam es ungläubig zurück, »ich wär ein schlechter Fremdenführer, bin ja selbst noch kaum vor die Tür gekommen und kenne Hamburg nicht weiter als bis zur nächsten Straßenecke.«

»Nun, das macht nichts«, lachte Schurz ihr spitzbübisch ins Gesicht, »dann mach' eben ich den Cicerone! Nach dem Motto ›immer der Nase nach‹ werden wir uns schon zurechtfinden.«

»Welch gute Idee«, stimmten beide Fröbels zu, »so kommt unsere Malwida endlich mal ein bißchen raus!«

Zögernd nahm Malwida ein warmes Schultertuch um, als aber Schurz sie fröhlich unterhakte, trat sie entschlossen mit ihm auf die Straße.

Sie schlenderten am Alsterufer entlang, betrachten die Auslagen eleganter Läden, als Schurz meinte:

»Wir sollten unbedingt noch den Hafen sehen!«

Dort angekommen, war es schon fast dunkel. Lichter tanzten überm Hafenbecken und in den Takelagen der Schiffe, die dort vor Anker lagen, aus aller Herren Länder kommend. Ein bewegendes Bild, untermalt vom Schrei der Möwen und dem Tuten der Schaluppen.

Malwida ließ das Bild auf sich wirken. Alles war so neu für sie, so erregend und ihre Phantasie beflügelnd, daß es ihre eigenen Worte hätten sein können, als Carl Schurz sprach.

»Wenn ich hier stehe, spüre ich, wie groß die Welt ist und daß sie auf mich wartet! Sie will erobert werden, erschlossen, und ich will dabei sein!« Er schwieg wieder eine Weile und setzte in völlig anderem Ton, fast beschwörend hinzu:

»Eines dieser Schiffe dort draußen wird mich eines Tages mit hinausnehmen, hinüber über den Ozean nach Amerika! Die Ideale, für die ich gekämpft habe, werde ich dort verwirklichen. Es ist eine neue Welt, eine freie Welt, eine Welt großer Ideen und Ziele! In dieser Welt wird es für mich eine neue Heimat geben. Ubi libertas, ibi patria…«

Malwida sagte nichts, spürte, daß er mit seinen Gedanken weit fort war. Und richtig spann er den Faden weiter.

»Ja, ich werde auswandern, aber zuvor muß ich…« Er brach ab, als habe er sich die Zunge verbrannt.

»Sie haben Pläne?« drängte Malwida vorsichtig.

»Pläne? Viel mehr als das! Ich habe einen Schwur getan…«

Wieder stockte Schurz, schien nicht zum Reden bereit, doch nun war Malwidas Neugier geweckt.

»Einen Schwur? Was haben Sie geschworen, Schurz?«

Die Lichter über dem Hafenbecken brachen sich in seinen Brillengläsern, als Carl Schurz sich plötzlich entschlossen Malwida zuwandte.

»Ihnen kann ich es sagen, Malwida, Ihnen allein anvertrauen, aber bitte…« er faßte hart nach ihrem Arm, ohne darauf zu achten, ob er ihr wehtat, »…Sie werden es für sich behalten, nicht wahr, Malwida? Schweigen gegen jedermann?«

»Schweigen gegen jedermann«, versprach Malwida. Es war nicht mehr Neugier, die sie veranlaßte Schweigen zu geloben, sondern die Erkenntnis, daß es Carl Schurz längst drängte, sein Geheimnis mit jemandem zu teilen. Wie schon so oft wurde Malwida die Rolle der Zuhörerin zugeschoben, und sie nahm sie willig an.

»Ich werde Gottfried Kinkel befreien!« platzte Schurz heraus und, ihren Arm loslassend, hob er die Hand, als wiederhole er von neuem den Schwur. »Bei Gott, ich werde ihn herausholen, wo man ihn eingekerkert hat wie einen gemeinen Verbrecher, ihn, den edelsten unter allen denkenden, strebenden Geistern!«

Seine großen Worte erschreckten Malwida.

»Aber Carl«, rief sie ihn unwillkürlich bei Vornamen, »wie in aller Welt wollen Sie das tun? Spandau ist berühmt für den aufs höchste gesicherten Gewahrsam! Mauern, Türme, Gräben!«
Schurz ließ die Arme sinken, schien in sich zusammengesackt.
»Ehrlich gesagt, ich weiß es selbst noch nicht. Doch ich sehe ihn immer vor mir! Professor Kinkel mit geschorenem Kopf, bei Hungerration! Acht Stunden täglich grobe Wolle zupfen, Bücher und Briefe verboten! Und das einem Gelehrten wie ihm!«
»Sie wissen, wie sehr ich Ihre Empörung teile, lieber Schurz, aber nochmals: Wie wollen Sie es beginnen?«
Schurz trat nahe an die Kaimauer und sah ins dunkel schwappende Wasser hinab.
»Es muß mir gelingen, es muß«, sagte er leise, »ich habe Hilfskräfte. Ein Wärter ist bestochen, ein Fuhrkutscher bereit, mir zu helfen. Aber ich brauche Geld und Zeit. Geld werde ich schon auftreiben, und Zeit soll helfen, Spandau in der erregten Öffentlichkeit ein wenig vergessen zu lassen. Aber dann…« Langsam hob sich sein Blick, tastete die Silhouetten der Schiffe ab, Mast oder Schornstein, und wieder klang seine Stimme beschwörend »… dann wird mich einer von denen nach Übersee bringen! Hier auf dem alten Kontinent habe ich meine Schuldigkeit getan!«
Und plötzlich, seinen Ton noch einmal ändernd, wandte er sich an Malwida. »Und Sie, Malwida?« Er machte einen Schritt nach vorn, der Schein einer Laterne erhellte seine jugendlichen Züge.
»Wollen Sie nicht mit mir kommen?«
Überdeutlich ihrer tieferen Bedeutung nach stand die Frage zwischen ihnen. Malwida überlegte lange, ehe sie ihm Antwort gab.
»Nein«, sagte sie, »nein! Es gibt Knoten, die ich nicht lösen kann.«
Auch Carl Schurz ließ sich Zeit, etwas zu sagen. Und dann war es nur ein einziges Wort.
»Schade«, sagte er, und es klang wie ein Seufzer. Plötzlich zog er sie zu sich in den Lichtkreis der Laterne. Er sah ihr ins Gesicht, als suche er dort eine Erklärung für ihre Ablehnung. Vielleicht waren es jene kleinen Fältchen, die sich um Mund und Augen gebildet hatten? Vielleicht der müde Kummer, der in ihren hellen Augen stand?

»Schade«, sagte Carl Schurz noch einmal und küßte Malwida flüchtig die Wange. »Aber von nun an wird jede Frau an meiner Seite sich mit Ihnen messen müssen, Malwida!« Er zog seine Uhr aus der Westentasche und warf einen Blick darauf. »Es ist spät geworden. Wir sollten für den Heimweg eine Droschke nehmen«, schlug er vor und faßte sie herzhaft unter.

Im November des gleichen Jahres 1850 brachten sämtliche Zeitungen die sensationelle Nachricht von der Befreiung Professor Gottfried Kinkels aus dem Spandauer Zuchthaus. An einem Seil habe er sich aus einem der oberen Fenster herabgelassen, eine Kutsche habe unten auf ihn gewartet und über Dänemark sei er noch in der gleichen Nacht ins Ausland entkommen. Wer ihm das Seil zugespielt, darüber stellten die einzelnen Blätter unterschiedliche Vermutungen an, aber der Triumph über das gelungene Unternehmen erklang ziemlich einhellig. Der Name Carl Schurz wurde nicht erwähnt. Nur Malwida wußte, daß er seine Hand im Spiel hatte. Was sie noch nicht wußte, war, daß er noch einmal ihren Weg kreuzen sollte.

Noch einmal Theo Althaus

Die Frauenschule erhält eine neue Schülerin, über die Malwida sich ganz besonders freut: Anna Koppe. In der immerhin so anstrengenden wie anspruchsvollen Arbeit eine so nahe Freundin neben sich zu wissen, ist für Malwida ein großer Gewinn. Mit Anna kann sie sich auch aussprechen, als von Elisabeth Althaus ein Brief kommt. Ihrem Bruder sei wegen guter Führung die Hälfte der Haft erlassen worden, Freude darüber kommt kaum auf, denn weiter heißt es sorgenvoll:

Theodors Gesundheit hat in den anderthalb Jahren Gefängnis sehr gelitten, ja nach meinem Urteil würde ich sagen, mein Bruder ist sehr krank!

Althaus tritt eine Kur bei einem Doktor Hassenstein an. Von dort aus meldet er sich selbst:
Ich kam hier halbtot an! Die furchtbaren Stöße der mecklenburgischen ungepflasterten Straßen haben sich mir auf Lunge und Herz geschlagen. Unaufhörliche Brustbeklemmung war die Folge. Heute geht es mir soweit besser, daß ich Ihnen wenigstens diese Zeilen schreiben kann. Ich vertraue auf die Kur, der Arzt scheint liebenswürdig und sorgsam.

Malwida nimmt die Korrespondenz mit ihm erneut auf, er dankt ihr und klagt über seinen raschen körperlichen Verfall.
Ich habe noch immer meinen vollen Atem nicht wieder und auch nicht meine volle Bewegungskraft. Einige Male im Saal auf und ab zu gehen, erschöpft mich vollkommen. Was ich in den Jahren der Haft ausgestanden, das fühle ich noch an allen Gliedern.

Bald darauf berichtet er von einer heftigen Krise, nach der er nun ganz ans Bett gefesselt sei. Das Weihnachtsfest geht vorüber, und Theodor klingt traurig: *Am zweiten Festtag ward es mir doch etwas wunderlich, so gar niemanden zu sehen...*

»Ich fahre hin!« erklärte Malwida, als sie seine Zeilen gelesen hatte.
»Du meinst, du willst nach Gotha... zu ihm?« Anna traute ihren Ohren nicht. Nach ihrer Ansicht waren Malwida und Theodor entzweit, hatte er Malwida mit einer anderen hintergangen. Und nun wollte sie an sein Krankenbett eilen und ihm Trost spenden?
»Ja, das will ich! Theodor soll nicht auch noch zur Jahreswende allein und verlassen sein.«
Malwidas Entschluß kam ruhig, anscheinend ohne Emotion, einfach als Unterpfand einer beschworenen Freundschaft.

Malwida nahm Urlaub und reiste nach Gotha. Als sie durch die Tür von Theodors Krankenzimmer trat, erhob sich ein Sturm unterschiedlichster Gefühle in ihr. Sie brauchte einen Moment, in dem abgemagerten, vom schwarzen Bart umwucherten Antlitz überhaupt den Freund zu erkennen. Erst als seine tief in den Höhlen liegenden Augen vor Freude aufleuchteten, sah sie darin den »alten« Theodor Althaus, den Apostel, den Revolutionär, den Demokraten und Weltverbesserer. Ihr war klar, daß ihre Liebe zu ihm noch nicht erloschen war, aber sie durfte nur die Rolle der mütterlichen Freundin spielen.

»Guten Tag, Theodor«, sagte sie, »ich wollte einmal nach dir schauen...« Sie erschrak über die kraftlos matte Hand, die sich ihr entgegenstreckte.

»Malwida«, kam es ungläubig von fiebrig trockenen Lippen, »daß du gekommen bist!«

Und dann war es, als sei die Zeit zurückgedreht, spürten beide zwischen sich das Band, aus Höherem gewoben als der Liebe zwischen Mann und Frau, war alle Bitterkeit getilgt und schienen Worte überflüssig. Dennoch sprach Theodor:

»Malwida, was ich jemals für dich empfand, das war das beste in meinem Leben, die edelste Blüte meiner Jugend!«

Plötzlich schien ihn alle Kraft verlassen zu haben. Seine Stirn und Wangen glänzten fahlweiß und feucht. Seine Finger öffneten sich, und seine Hand glitt aus Malwidas Hand und fiel auf die Bettdecke zurück.

»Für heute ist es genug«, gestand er erschöpft ein, »aber morgen, kommst du morgen?«

Malwida kam wieder, eine ganze Woche lang jeden Tag. Silvester saß sie an seinem Bett und feierte mit ihm den letzten Tag des Jahres. Als sie ihm aber für das neue Jahr Besserung seiner Gesundheit wünschte, nahm er ihre Hand und hielt sie diesmal fest in der seinen.

»Es gibt keine Besserung, Malwida, ich habe mich längst damit abgefunden und meinen Frieden geschlossen. Dazu gehört auch, daß ich dich, meine Freundin, noch einmal sehen durfte.«

Die Pflichten der Frauenschule riefen Malwida nach Hamburg zurück. Vor ihrer Abreise ließ sie sich bei Theodors Arzt, Doktor

Hassenstein, melden, um seine Ansicht zu erfahren. Dieser schüttelte nur den Kopf.

»Ich fürchte, gnädiges Fräulein, für Ihren Freund gibt es keine Rettung mehr.«

Tatsache war: Der Patient litt an einer schleichenden Krankheit, der die hygienischen Verhältnisse während der Festungshaft Vorschub leisteten. Diese Krankheit greift die Milz und benachbarte Organe an. Ein Professor der pathologischen Anatomie an der Universität Würzburg, namens Virchow, nannte es die »Weißblütigkeit«, änderte aber den Namen nach weiteren Jahren der Forschung in »Leukämie«.

Am 2. April 1852 verstarb Theodor Althaus im Alter von dreißig Jahren an dieser Krankheit.

Das Ende der Frauenschule

Was geschah unterdessen mit der Hamburger Frauenhochschule? Pietistische Kreise hatten in einer Hamburger Druckerei Pamphlete drucken lassen, die die Hochschule als einen Herd der Demagogie hinstellten, wo unter dem Mantel der Wissenschaft revolutionäre Pläne geschmiedet würden.

Unter den Vorwürfen, die die Schule von außen treffen, klingt die Vokabel »Atheismus« an, den man notwendig im praktischen Sozialismus inbegriffen glaubt. Tatsächlich hatte es unter den Befürwortern der Hochschule Stimmen gegeben, die forderten, anstelle der Religion habe endlich der Humanismus Einzug zu halten. Das vielleicht mißverständliche Wörtchen »anstelle« brachte die Frommen in der Stadt auf.

Man hat uns also offen den Krieg erklärt! lauten Malwidas eigene Worte über diese Periode. *Die Freunde der Unwissenheit und des Aberglaubens, die sich von jeher der Religion bedient haben, um ihre*

Zwecke durchzusetzen, haben sich gegen uns bewaffnet, weil wir die Frauen ihrem schmählichen Joch entziehen wollen. Die Gefahr macht mir die Hochschule noch teurer, und ich gelobe, sie nicht zu verlassen und ihr Schicksal zu teilen.

So ließ sich Malwida nicht beirren und nahm ihre gewohnte Tätigkeit wieder auf.

Der Ausdruck »Hochschule« war für das Unternehmen eigentlich verfehlt. Leider war es Professor Karl Fröbel selbst, der hier den Bremser machte. Eine universelle Bildung sah er doch noch allein dem Mann vorbehalten, der sich damit auf sein öffentliches Wirken vorzubereiten hatte. Für die Frau, so meinte er, mit einem Bein im alten Denken verhaftet, genüge Bildung auf Familie und praktischen Alltag bezogen. Rechnen beispielsweise sollte der Haushaltsbuchführung genügen, Naturlehre der Kenntnis von Nahrungsmitteln, allenfalls der Heilkraft von Pflanzen dienen. Historie sei von Interesse, soweit sie nicht zu weit zurück greift, Literatur lediglich als *das Leben erheiternde Unterhaltung*. Philosophie gesteht er einem weiblichen Wesen zu, soweit das philosophische Gedankengut aus dem Umgang mit Kindern heraus entwickelt wird. Hier folgt Karl Fröbel seinem Vorbild Friedrich Fröbel.

Malwida, anfangs kritiklos begeistert, stieß sehr bald an die Grenzen des Gebotenen. Wieder sollte der Frau nur häppchenweise zugestanden werden, was dem Mann genehm war. Diese Erkenntnis führte dazu, daß die Schule auch von innen geführte Attacken zu bestehen hatte. Diese, an der Sache entzündet, richteten sich alsbald gegen die Person Professor Fröbels. Der wehrte sich, so gut er konnte.

»Bei allem, was wir anstreben, muß die Frau doch Frau bleiben! Auch wer Fortschritt will, darf sich nicht gegen bestehende Sitten auflehnen und nicht vergessen, daß die erste Aufgabe der Frau die Familie ist.«

»Familien«, begehrte Malwida auf, der Tyrannei ihrer Brüder eingedenk, »gerade Familien sind es oft, die sich ehrbar, und betulich nach außen, als wahre Kerkermeister erweisen!«

»Um gewisse Zugeständnisse kommen wir eben nicht herum«, beharrte Fröbel auf seinem Kurs zum Kompromiß, »ich kann Töchter nicht gegen den Willen ihrer Eltern zu Blaustrümpfen machen! Was aber noch schwerer wiegt, ich kann keine finanziellen Zuschüsse von verärgerten Vätern und Ehemännern erwarten. Und ohne diese Zuschüsse, das wißt ihr genau, kann unsere Anstalt nicht bestehen und ist jeder reformerische Versuch dem Untergang geweiht.«

Ganz unrecht hatte Fröbel nicht. Die Propaganda gegen die Prinzipien der Schule wurden weiter angeheizt. Geldspenden und selbst Schulgelder blieben aus oder tröpfelten nur noch. Es waren Gehälter zu zahlen, Lebensmittel zu kaufen, allein die Miete des Schulgebäudes betrug monatlich 1200 Kurantmark. Die Kassen waren leer. Die Schülerinnen blieben aus. Die Stadt drohte mit polizeilicher Schließung. Fröbels waren die ersten, die die Konsequenz zogen. Sie verließen zu Beginn des Jahres 1852 die Schule und kehrten in die Schweiz zurück. Emilie Wüstenfeld widerstand dem Unabänderlichen noch geraume Zeit, dann gab sie nach und schloß die Hochschule freiwillig.

»Die Schließung meines Instituts ist nicht die Folge eines falschen Prinzips«, betonte sie ausdrücklich, »sondern einzig der ungenügenden finanziellen Mittel.«

Malwida ging noch einen Schritt weiter.

Was den moralischen Erfolg anbetrifft, so schieden wir als Sieger, nicht als Besiegte.

Mit diesen Worten schließt sie in ihren Aufzeichnungen das Kapitel Frauenhochschule ab.

Damit stand Malwida aber vor der Frage: Was nun? Und sofort war Anna Koppe auf dem Plan.

»Du kommst mit mir! Nach Berlin. Ganz selbstverständlich.«

Malwida war einverstanden. So richtete sie sich denn wieder in der Berliner Kochstraße bei den Koppes wohnlich ein. Die Kastanien vor ihrem Fenster, die sie zuletzt herbstlich bunt gesehen hatte, bildeten eben aufs neue ihre fingrigen Blätter aus.

»Die dicke bürokratische Luft«

Noch war sich Malwida nicht schlüssig, welcher sinnvollen Beschäftigung sie sich nun zuwenden sollte. Mit dem Ende der Frauenschule hatte sie sich notgedrungen abgefunden, nicht aber damit, daß der Verrat des Grundprinzips dieser Schule aus den eigenen Reihen gekommen war. Ausgerechnet Professor Fröbel hätte die Frau gern wieder an den Herd verbannt gesehen. Malwida wollte nachweisen, daß die Position der Frau bereits in früheren Jahrhunderten höher gehandelt worden war wie beispielsweise in der Antike oder auch in der italienischen Renaissance. Sie unterzog sich eingehender Studien zu diesem Thema und setzte sich hin, um eine diesbezügliche Abhandlung zu verfassen. Sie schrieb unter anderem:
In den kunstgeweihten Seelen der Griechen lebte das schönste Ideal der Frau. Wollten ihre Dichter und Künstler den höchsten menschlichen Eigenschaften Ausdruck verleihen, so taten sie das in Gestalt einer weiblichen Person.

Malwida bot den Artikel ohne große Hoffnung der Presse an und erlebte die Freude, daß er mit größtem Lob angenommen wurde. Das bewies ihr, daß sie auch mit der Feder Geld zu verdienen imstande war. Welch eine Perspektive! Der Redakteur jener Zeitung, die Malwidas Erstlingswerk druckte, kam sogar zu Besuch in die Kochstraße. Die Übereinstimmung ihrer politischen Standpunkte führte zu weiteren Besuchen des Redakteurs, zuweilen auch in Begleitung gleichgesinnter Freunde. Da ging es um die verschiedensten Themen wie eines Tages um Kindererziehung.
»Haben Sie gehört, daß man von der Regierung aus sämtliche Kindergärten verbot, die nach dem Prinzip Pestalozzis geführt werden?«
»Das ist ja unerhört«, erregte sich Malwida, ohne die Stimme zu senken, »welche Grundlage hat denn dieses Verbot?«
»Es hieß, die Erzieher in diesen Kindergärten versenkten den Keim der Freiheit bereits in die Gemüter der ganz Kleinen.«

»Welchen Keim sonst wünschen denn die Herren der Regierung in die Gemüter der Kleinen zu senken? Ich nehme doch wohl nicht an, den der Königstreue und des Gehorsams gegen die Kirche!«

Das Gespräch wurde immer politischer, aber leider auch immer lauter.

»Schscht«, suchte der mehr zur Vorsicht neigende Redakteur sie zu beschwichtigen, was ihm aber kaum gelang. Weiter mit erhobener Stimme, für jeden Lauscher hörbar, führte Malwida aus: »Die Methoden dieser Kindergärten basieren auf dem Prinzip, den guten Kern im Kind zu wecken und zu fördern, ganz gleich, in welche Richtung er sich dann entwickelt. Das kommt allerdings der Freiheit des Individuums am nächsten.«

Lebhaft stimmte die Runde ihr zu.

Fast konnte man sagen, in Malwidas Stübchen in der Kochstraße habe sich in kleinstem Umfang eine politische Zelle gebildet. Anstatt aber jeden Verdacht zu zerstreuen, schrieb Malwida Briefe an ihre Hamburger Freunde, die von diesen Diskussionen berichteten und sie noch erweiterten. In einem dieser Briefe bediente sich Malwida der Worte *die dicke bürokratische Luft hier in Berlin ist erstickend.*

Dieser Brief wurde versiegelt, mit einer Briefmarke beklebt, an deren Gebrauch sich Malwida gar nicht recht gewöhnen konnte, und zur Post gegeben. Gerüchten, die besagten, Briefpost würde stichprobenartig von den preußischen Polizeiorganen geöffnet und geprüft, wollte sie keinen Glauben schenken.

Dennoch gab es bei der amtlichen Behörde ein Aktenstück, das von Tag zu Tag dicker wurde und dessen Deckel in großen Buchstaben die Aufschrift *M. VON MEYSENBUG* trug.

Es braute sich etwas zusammen. Malwida aber beachtete weder Annas Warnungen noch die auf die Lippen gelegten Finger des neuen Freundes von der Presse.

Eine weitere Warnung, die ihr förmlich ins Haus getragen wurde, ließ sie ebenfalls unbeachtet. Zurückhaltung dort, wo sie sich im Recht glaubte, war nicht Malwidas Stärke.

Wilhelm Hermann von Meysenbug, der jüngste Bruder Malwidas, hatte einen Posten bei der deutschen Regierung inne. Aus gleichem Grund wie Carl in Detmold war ihm die Anwesenheit seiner Schwester in Berlin wenig willkommen. Andererseits hatte er ein Ohr hinter den Kulissen und wußte von Malwidas Akte. Er wollte sie also so schnell wie möglich wieder unter Bruder Carls Fittichen wissen. So erschien er denn widerwillig bei den Koppes und kam ohne Umschweife zur Sache.

»Du gehst Wege, Malwida, die ich als Monarchist und Aristokrat nicht billigen kann!«

Aha, dachte Malwida bei sich und fühlte einen Stich in der Herzgegend, er kommt nicht als Bruder, sondern als Ankläger. Also reagierte sie wachsam.

»Ich weiß nicht, wovon du sprichst, Wilhelm...«

»Ich spreche davon, daß du den falschen Umgang suchst und daß man höheren Orts ein Auge auf dich hat. Verlasse Berlin, Schwester, reise ab!«

»Abreisen? Wohin sollte ich deiner Meinung nach reisen?«

»Dein Platz ist in der Familie, an der Seite deiner armen Mutter! Wir haben dir lediglich erlaubt, nach Hamburg zu gehen, und dort bist du ja gescheitert.«

»Du irrst, Wilhelm, wir sind nicht gescheitert, nicht unsere Ideen, nicht unser Kampf für Bildung und Freiheit.«

»Papperlapapp! Was haben eure Ideen der Menschheit schon Gutes getan? Sie wollen ihr die einzig wahre Basis entziehen, nämlich die Gesetze Gottes. Ihr wollt Chaos und Untergang. Aber hier in Berlin sieht man solchen Leuten auf die Finger. Und laß dir eins sagen, Malwida, solltest du Unannehmlichkeiten bekommen, rechne nicht auf mich. Ich muß an meine Karriere denken und will unseren Namen reinhalten.«

Malwida war entsetzt. Noch einmal versuchte sie es in versöhnlichem Ton.

»Aber, Wilhelm, so steig doch herunter von deinem hohen Roß! Als wir jung waren, du und ich, hast du auch einmal die Welt verbessern wollen, hast gezweifelt, bist gestrauchelt... du und ich, wir verstanden einander einmal, saßen daheim in unserer Gartenlaube beisammen, und du hast gehadert, warum es Reiche und

Arme auf der Welt gibt und keine Brücke zwischen ihnen, selbst du, und ich will helfen, diese Brücke zu bauen. Ein Pfeiler der Brücke sind Bildung und Wissen, ein anderer Freiheit des Geistes, ein dritter aber die Mitsprache der Frauen, denn sie sprechen für die Hälfte der Menschheit.«

Einen Moment stand Wilhelm ratlos da, dann packte ihn Zorn.

»Ich sehe, du willst nicht verstehen, bleibst unbelehrbar! Wir haben uns nichts mehr zu sagen, Malwida, ich gehe!« Er nahm Hut und Mantel und lief die Treppe hinab. Unten blieb er stehen und wandte sich noch einmal um. »Du wirst ja sehen, was du von deinem Starrsinn hast!« rief er hinauf. Dann verließ er das Koppesche Haus.

Vorgeladen

Wenige Tage darauf meldete der Koppesche Diener wieder einen Besuch.

»Ein Herr möchte Sie sprechen, gnädiges Fräulein«, und als Malwida an ihm vorbei zur Treppe wollte, flüsterte er: »Ich glaube, Fräulein, es ist die Polizei!«

Die Warnung kam gerade noch zurecht, daß Malwida sich wappnen konnte.

»Sie wünschen?« fragte sie daher kühl, sobald sie unten angekommen einem Mann in bürgerlicher Kleidung entgegentrat. Dieser gab sich in der Tat gleich als Beamter der Polizeibehörde zu erkennen.

»Ich habe den unangenehmen Auftrag, Ihre Papiere zu durchsuchen und Sie aufs Polizeiamt zu laden.«

Malwida atmete tief durch und zwang sich zu Fassung und Ruhe.

»Darf ich wissen, welches die Ursache einer solchen Maßnahme ist?«

»Nun, gewisse Briefe und Korrespondenzen, aber wie gesagt, ich handle lediglich im Auftrag. Bitte führen Sie mich in Ihr Zimmer, Fräulein von Meysenbug.«

Malwida blieb nichts anderes übrig. Sie ging dem Beamten voraus, und ihre Gedanken arbeiteten fieberhaft. Was würde er suchen? Was würde er finden? Natürlich hatte sie sämtliche Antworten aus dem Ausland aufgehoben und verwahrt, was allein schon den Behörden anstößig sein mußte. Aber auch eigene Schriften und Entwürfe lagen zuhauf in Malwidas Schreibsekretär, wie auch Notizen zu Themen des Frauenrechts und der demokratischen Entwicklung, die sie sich in den Vorlesungen der Frauenhochschule zu machen pflegte. All dies fand der routinierte Beamte mit sicherem Griff, sobald er ans Durchsuchen der Fächer und Schubladen ging.

»Und was ist das?« fragte er und hielt ein Bündel Briefe hoch, das sorgfältig mit seidenem Band verschnürt war. Malwidas Wangen färbten sich in raschem Wechsel hell und dunkel, Schrecken und jäher Zorn stritten mit letztem Bemühen um Fassung. Was der Beamte in seiner Hand hielt, waren die Briefe Theodors, das heiligste Pfand der Erinnerung.

»Diese Briefe sind privater Natur«, brachte Malwida stoßweise heraus, »die haben Sie gar nicht zu interessieren!«

»Ich fürchte doch, Fräulein, mein Auftrag lautet, alles Schriftliche mitzunehmen.«

Mit Empörung sah Malwida den Beamten das Bündel zu den anderen Papieren in eine große lederne Tasche versenken, die er zu diesem Zweck mitgebracht hatte. Man nahm ihr das teuerste Andenken an glückliche wie auch unglückliche, aber unwiederbringlich kostbarste Stunden ihres Lebens. Es fiel ihr schwer, weiterhin Haltung zu bewahren.

Der Beamte schien das zu bemerken, jedenfalls sah er sie einen Augenblick mitleidig an.

»Ich bitte Sie als Mensch um Verzeihung«, sagte er, »für das, was ich als Beamter tun muß.« Dann wurde seine Miene wieder dienstlich. »Sie haben binnen einer Stunde auf dem Polizeiamt zu erscheinen, Fräulein von Meysenbug, und sich dort einem Verhör durch den Herrn Polizeichef zu stellen.« Dem Befehl folgte eine höfliche Verbeugung, mit der sich der Beamte, die Tasche unterm Arm, verabschiedete. »Sie haben mich verstanden, Fräulein?« vergewisserte er sich nochmals, als er schon halb und halb zur Tür hinaus war.

»Ja, ich habe verstanden«, bestätigte Malwida mechanisch, »in einer Stunde. Ich werde kommen.«

Sie trat ans Fenster, um dem unerwünschten Besucher nachzublicken. Fast tat er ihr leid. Wie quälend muß es sein, wenn die Pflicht als Beamter und die als Mensch in so großem Widerspruch stehen. Dann aber sah Malwida, auf die Straße hinunterblickend, was sie vor Empörung höhnisch auflachen ließ. Man hatte doch tatsächlich eine bewaffnete Wache vor dem Haus aufgestellt! Welch Aufhebens, um bei einer Dame den Schreibtisch zu durchsuchen! Malwida unterrichtete Anna und deren Familie vom Vorgefallenen.

»Ich komme mit dir aufs Polizeiamt!« rief Anna sofort, und der Rest der Familie Koppe versicherte: »Wir begleiten Sie alle zusammen in die Höhle des Löwen!«

Voll Rührung bedankte sich Malwida, aber entschied anders.

»Ich werde allein gehen. Ich will auf keinen Fall jemanden kompromittieren.«

Dann machte sie sich zu Fuß und ohne jede Begleitung auf den Weg. Im Polizeiamt angekommen, fragte sie sich mühsam durch, wurde von Tür zu Tür geschickt, bis endlich der Polizeichef sie in einem fast wohnlich eingerichteten Büro sehr höflich empfing. Hinter einem aktenbeladenen Tisch saß ein rundlicher Herr, das pomadige Haar in der Mitte gescheitelt, der sich sofort erhob und halb und halb eine Verbeugung andeutete.

»Bitte, Fräulein von Meysenbug, nehmen Sie doch Platz!«

Malwida folgte der Anweisung und setzte sich auf einen recht bequem wirkenden Sessel. Der Polizeichef wählte einen ihr gegenüber stehenden Stuhl und sah ihr, sich weit vorbeugend, tief in die Augen.

»Fräulein von Meysenbug«, begann er und schien jede Silbe des Namens einzeln zu kauen, »Sie sehen mich außerordentlich bestürzt darüber, daß die Regierung sich gezwungen sieht, in dieser Weise gegen eine Dame von Stand und Angehörige einer geachteten Familie vorzugehen.« Er rang die Hände und ließ dabei die Fingergelenke knacken. »Im besonderen ist es peinlich, da Ihr eigener Bruder der Regierung angehört und sich in hervorragender Stellung in Berlin daselbst befindet.«

»Mein Bruder...?« fragte Malwida, und ihr kam entfernt eine Ahnung über die Zusammenhänge. Wilhelm hatte ihr ja gedroht, sie würde schon sehen, was sie von ihrem Starrsinn hätte.

»Um Himmels willen«, begann der Polizeichef wieder und richtete seinen Blick flehend nach oben, »wie konnte es nur so weit mit Ihnen kommen!«

»Wie weit, Herr Polizeipräsident?« erkundigte sich Malwida ungerührt.

»Sie plädieren für Ansichten, die einer Dame nicht würdig sind! Wer immer Sie auf diesen Weg getrieben hat, muß ein Verführer gewesen sein!«

»Sie meinen, es braucht eine solche Person, Herr Polizeivorsitzender? Sie halten es nicht für möglich, daß eine Frau eigene Überzeugungen entwickeln und Ziele verfolgen kann?«

Die Antwort war ein Schulterzucken. Dann nahm Malwidas Gegenüber Papier und Bleistift zur Hand und begann ein förmliches Verhör.

»Stehen Sie mit Kreisen der Emigration in London in Verbindung?«

»Ja.«

»Ist Ihnen der Redakteur der hiesigen Zeitung«, er nannte den Namen des Blattes, in dem Malwida einen Beitrag veröffentlicht hatte, »bekannt? Und hat dieser Sie mehrfach besucht?«

Beides bejahte Malwida freimütig.

»Hat dieser Herr auch gewisse andere Leute zu diesen Zusammenkünften mitgebracht?«

Malwida erwähnte, daß sie unter »gewissen anderen Leuten« sich nichts vorstellen könne. Damit hatte sie glücklich die Spur von jenen Freunden des Redakteurs abgelenkt, die tatsächlich mehrfach mit bei ihr zu Besuch waren. Die damals geführten Gespräche über die allgemeine Misere der arbeitenden Klasse, Möglichkeiten, wie man ihnen neben einem Zwölfstundentag Wissen und Bildung zukommen lassen, wie man Kindern von neun bis zwölf Jahren neben einer Arbeitszeit von zehn Stunden täglich wenigstens das Alphabet beibringen könne, wollte Malwida der Polizei nicht preisgeben.

Eine Weile gingen die gezielten Fragen nach »wann und mit wem« weiter, dann setzte der Beamte eine joviale Miene auf und änderte seinen Ton.

»Sie wissen ja, mein Fräulein, daß dies alles zu Ihrem Besten geschieht, daß wir Ihnen helfen wollen! Aber natürlich auch, um einer so hochstehenden Familie wie der Ihren dienlich zu sein.«

»Dafür bin ich Ihnen Dank schuldig«, meinte Malwida, wobei es trotz aller Vorsicht um ihre Lippen zuckte, »aber Ihre Mühe ist schlecht angewandt, Herr Präsident, denn mein Gewissen ist mein einziger Wegweiser und spricht in vielem eine andere Sprache als jene sprechen, die heutzutage das Sagen haben. Meine Freunde und ich…«

Hier fiel ihr der Polizeichef ins Wort. Er hatte eine Lücke entdeckt, die er ausnutzen wollte.

»Ihre Freunde? Verlassen Sie sich ja nicht zu sehr auf diese! Sie wohnen im Haus einer Familie, der wir detaillierte Hinweise auf Ihre politischen Aktivitäten verdanken, im besonderen die Tochter, Anna Koppe, ließ uns wissen…«

Weiter kam er nicht. Aufgebracht fiel Malwida ihm ins Wort.

»Kein Wort weiter! Sie verlassen den Pfad der Wahrheit, mein Herr!«

Malwida war scharf geworden. Sie kannte die Techniken bei Verhören, um Lager zu spalten. Immerhin war es ihrem Gegenüber gelungen, sie aus der Ruhe zu bringen. Und genau das schien der Zweck der heutigen Vorladung zu sein.

»So kommen wir nicht weiter, Fräulein von Meysenbug. Ich werde mir, was Sie betrifft, weitere Instruktionen von oben kommen lassen. Sie werden erneut vorgeladen. Sie können jetzt gehen, allerdings…«

»Allerdings was?«

»... sollten Sie Ihren Aufenthalt in Berlin abbrechen, so haben wir nichts dagegen.«

War das ein Wink, sich den Unannehmlichkeiten zu entziehen?

»Sie wollen sagen, ich soll Berlin verlassen?« fragte Malwida, »das täte ich gern, der Aufenthalt hier ist mir jetzt verleidet.«

»Ja, nicht wahr, die *dicke bürokratische Luft** hier in Berlin ist erstickend!*«

Malwida sah den Beamten scharf an.

»Das ist ein Ausdruck, den ich vor kurzem in einem wohlversiegelten Brief an einen Freund in Hamburg gebraucht habe. Wird in Preußen so das Briefgeheimnis gewahrt?«

Nun war *er,* scheint's, aus der Ruhe gebracht, jedenfalls war er bemüht, das Verhör schleunigst abzubrechen. Der dadurch überstürzte Abschied war alles andere als freundlich.

Vor dem Polizeigebäude, wieder auf der Straße, fühlte Malwida ihre Kräfte versagen. Der Sinn und Zweck des eben Erlebten war ihr nicht ganz klar, daß sie aber einer Verhaftung nahe gewesen war, mußte sie sich eingestehen. Beide Hände vors Gesicht geschlagen, lehnte sie sich gegen einen Laternenpfahl. Es war längst Abend, jetzt zu Fuß zurückzukehren, hatte sie weder die Kraft noch schien es geraten. So winkte sie einer vorbeifahrenden Droschke und gab die Adresse in der Kochstraße an.

Die Familie Koppe empfing sie in allergrößter Sorge. Vor allem Anna schien außer sich. Sie der Denunziation zu bezichtigen, wie es der Beamte andeutete, war einfach absurd.

»Du bist so lange ausgeblieben, wir dachten schon...« rief sie.

»Daß man mich ins Gefängnis wirft, meinst du? Ach, so weit wollte man wohl nicht gehen, aber mir einen tüchtigen Schrecken einzujagen, das war wohl die Absicht.«

Annas Vater, ein würdiger alter Herr, wiegte bedächtig den weiß umkränzten Kopf.

---

* Artikel 33 der Preußischen Verfassungs-Urkunde vom 31. 1. 1850 (Preußische Gesetzsammlung S. 17): »Das Briefgeheimnis ist unverletzlich. Die bei strafgerichtlichen Untersuchungen notwendigen Beschränkungen sind durch die Gesetzgebung festzustellen.«

»In der ersten Instanz mag das stimmen, Malwida, aber es sind zahlreiche Fälle bekannt, daß Bürger unserer Stadt schon eine Stunde nach einem solchen Verhör inhaftiert wurden.«

»Sie glauben wirklich…« Malwida wurde unsicher.

»Man erwartet von Ihnen Namen, Fräulein Malwida, Namen von Andersdenkenden, die von außen weiterhin Einfluß üben, aufwiegeln, wie man das bei der Reaktion nennt.«

»Ich habe keine Namen genannt!« erwehrte sich Malwida auch nur der entferntesten Möglichkeit, jemanden aus ihrer zahlreichen »andersdenkenden« Bekanntschaft verraten zu haben.

»Natürlich nicht, meine Liebe, aber was Sie heute erlebten, das war ein harmloses Vorgeplänkel. Haben Sie einmal sechs Wochen in Untersuchungshaft gesessen, Schreien und Klagen aus anderen Zellen mitangehört, dann ist Ihr Widerstand mürbe geworden.«

»Mein Gott, Sie glauben doch nicht…« Langsam wurde Malwida der Ernst der Lage klar.

Anna sprach endlich aus, was unumgänglich schien.

»Ja, Malwida, Vater hat recht! Was er meint, ist, du solltest das Feld räumen, so schnell wie möglich!«

»Ich könnte Fräulein Malwida zu den Bechsteins bringen«, bot sich der jüngere Bruder Annas an, »dort könnte sie übernachten, und morgen sehen wir weiter.«

»Ihr meint«, kam es stockend von Malwida, »ihr meint, ich soll noch heute nacht?«

»Jedenfalls nicht mehr in unserem Haus zu finden sein«, bekräftigte ein anderes Mitglied der Familie, »wenn erst Gewehrkolben an unsere Tür klopfen, dann ist es zu spät!«

»Sie machen mir Angst! Ich bin doch keine Verbrecherin.«

»Haben Sie nicht die Wache bemerkt, heute am Mittag? Und was das Verbrechen anlangt, Fräulein Malwida, so haben Sie aus Ihrem Herzen nie eine Mördergrube gemacht und frei eine Meinung geäußert, die mit den Richtlinien der Regierung nicht übereingeht. Das wissen Sie ganz genau.«

Malwida wußte es. Sie wußte, daß sie manch hohem Herrn ein Dorn im Auge war, nicht zuletzt ihrem eigenen Bruder. Sie in einem Berliner Gefängnis zu wissen, wäre ihm sicherlich peinlich, sie aber loszuwerden, würde er alles tun. Und dazu war das Verhör heute nur der Anfang gewesen, darüber wurde Malwida sich klar. Andererseits sehnte sie sich nach einer Umgebung, in der sie nicht nur frei ihre Meinung äußern, sondern fruchtbar für sie arbeiten konnte. Malwida senkte einen Augenblick nachdenklich den Kopf, aber nur um ihn sogleich umso entschlossener zu heben.

»England! Ich gehe nach England!« Und dann, als sie ringsum besorgte Blicke sah: »Ich werde es schaffen, ich habe mir eine kleine Summe Geld gespart. Sie wird genügen, denke ich.«

Dann ging alles sehr schnell. Man beschloß, Malwida solle bereits diese Nacht bei den eng befreundeten Bechsteins verbringen, sie dürfe nicht mehr als eine unverfängliche Handtasche mitnehmen und – ein letzter Vorschlag von Vater Koppe – sie solle den Zug morgen früh nicht von einer Berliner Station aus nehmen, sondern sich von einem zuverlässigen Kutscher nach Spandau fahren lassen und von dort aus die Reise nach Hamburg antreten.

»Ja, so ist es das beste«, beschlossen die Koppes im Interesse von Malwidas Sicherheit, »womöglich hält hier die Bahnpolizei ein wachsames Auge auf Sie.«

»Aber mir wurde doch geradezu nahegelegt, Berlin zu verlassen«, konterte Malwida in letztem Zweifel.

»Eben das könnte sich als eine Falle erweisen. Mag sein, der hiesige Beamte wollte sich gern des Falles entledigen, einer höheren Instanz aber käme es gelegen, Sie der Flucht zu bezichtigen.«

Malwida wurde von den zwiespältigsten Gefühlen übermannt, als sie der Reihe nach von ihren Beschützern Abschied nahm. Ein Händedruck ringsum, eine letzte Umarmung mit der Freundin, dann nahm Malwida die Handtasche mit den notwendigsten Habseligkeiten. Von nun an war sie Flüchtling, eine von jenen zahlreichen, wie Ludwig Uhland sie mit den Worten beschrieb, *die nach dem Schiffbruch nationaler Hoffnungen auf dessen Planken schwimmend dem Verlust der Heimat, Freiheit und bürgerlicher Ehre verfallen sind…*

Über den Kanal

Emilie Wüstenfeld, in der Sache gescheitert, aber sonst ungebrochenen Mutes, protegierte weiter soziale Aktivitäten, wie beispielsweise die Ausbildung von Dienstmädchen. Sie sorgte für ihre Unterrichtung im Nähen, Flicken und Stopfen ebenso wie im Rechnen und Schreiben, um sie dann in gute Haushalte zu vermitteln, in denen sie nicht mehr, wie es ohne diese Kenntnisse der Fall wäre, als niedere Magd behandelt wurden. Vor allem aber hielt Frau Wüstenfeld ihr Haus offen für jedermann, der Rat oder Hilfe suchte: enttäuschte Demokraten, politisch Verfolgte oder einfach interessierte Bürger der Stadt. Alle Augenblicke läutete die Hausglocke zur Wüstenfeld'schen Wohnung. Beim nächsten Läuten stand Malwida von Meysenbug vor der Tür. Emilie öffnete selbst.

»Malwida! Welche Freude, dich zu sehen! Kommst du direkt aus Berlin? Was hat dich wieder nach Hamburg getrieben? Du siehst müde aus, Liebes, komm herein! Möchtest du eine Tasse Kaffee?«

Malwida bejahte den Wunsch nach einer Tasse Kaffee und ließ sich in Emilies Salon auf einen Sessel fallen. Sie war wirklich müde.

»Nun erzähle«, forderte Emilie sie auf und setzte sich ebenfalls auf einen der zierlichen Nußbaumstühle. »Was drückt dich, Malwida? Ich sehe es deinem Gesicht an, etwas ist geschehen.«

Und Malwida erzählte. Sie berichtete genau, was vorgefallen und welche Befürchtungen wohl daraus abzuleiten seien.

»Ich gehe nach England, Emilie.«

»Du tust recht daran. Es sind schon viele von uns drüben. Sie haben es nicht leicht, und ihre Briefe klingen nicht glücklich, aber sie sind frei. Sie setzen auf die Zukunft.«

»Weißt du, wann ein Schiff geht?«

»Ich schicke jemanden zum Hafen und werde es herausfinden.«

Bereits am nächsten Morgen, so lautete dann die Auskunft, sollte ein englisches Schiff auslaufen. Eine Kabine für eine Dame sei noch zu haben, und man bot an, bereits zur Nacht die Kabine zu beziehen, da das Schiff mit der ersten Flut morgens ablegen würde. So wartete Malwida nur den Abend ab und begab sich ohne Gepäck, nur mit ihrer Tasche, in sorglicher Begleitung Emilies zum Hafen.

»Weißt du schon, wo du in London unterkommen kannst, Malwida?«

»Nein, aber ich denke, das wird sich finden«, war die recht unbestimmte Antwort.

»Hier hast du eine Adresse, wohin du dich gleich nach der Ankunft wenden solltest.« Emilie Wüstenfeld reichte Malwida einen gefalteten Zettel, den diese mit Dank einsteckte. Dann hieß es Abschied nehmen.

»Behüt dich Gott«, sagte Emilie und zog die Weggefährtin über zwei gemeinsame Arbeitsjahre an ihr weites Herz, »wenn ich könnte, so würde ich mit dir kommen, aber es ist zu vieles, das mich hier hält. Auf einen Urlaub vielleicht, um nach euch allen zu sehen«, rief sie zur Reling hinauf, als Malwida schon den Steg zum Schiff überschritten hatte. Der Abendwind verwehte Emilies letzte Worte. Sie winkte noch und ging.

Malwida fühlte sich sehr allein, während sie dort oben stand und über die Lichter des Hafens hinwegblickte. Es ist wie damals, dachte sie, mit Carl Schurz. Da plante er Kinkels Befreiung und vertraute mir seinen Plan an. Nur mir… Kinkel kam frei, und jetzt sind Gottfried und Johanna Kinkel drüben in London. Nein, ich bin nicht verlassen, ich habe Freunde.

Mit einem tiefen Seufzer suchte sie ihre Kabine auf, ein winziges Viereck, Koje, Stuhl und Tisch, kaum Platz sich umzudrehen. Malwida suchte Papier und Stift heraus und schrieb einen Brief an ihre Familie.

Diesmal gehe ich, ohne euch um Erlaubnis zu bitten. Ich brauche sie nicht mehr. Ich gehe als Flüchtling, als Verstoßene aus einer Heimat, die mich und mein Anliegen nicht verstehen will.

Eure Tochter und Schwester Malwida.

200

Der Steward würde den Brief besorgen, dafür sorgte eine Münze, fast die letzte aus Malwidas Geldbörse.

Das also war erledigt. Malwida legte sich in Kleidern auf ihr Bett, so müde, daß sie sich gegen den Schlaf nicht mehr wehren konnte. Irgendwann in der Nacht vernahm sie das Einsetzen der Schiffsmotoren und hörte die Kommandos zum Ablegen. England! Es bringt mich nach England! dachte sie und überließ sich vertrauensvoll dem einsetzenden Stampfen und Schlingern des Schiffes.

Zwei Tage und zwei Nächte dauerte die Fahrt, dann tuckerte das Schiff in die Themsemündung und lief den Hafen von London an. Angesichts der riesigen Dampfer, die überall vor Anker lagen, der hohen Häuser, die den Fluß säumten, tat sich Malwida eine ganz neue Welt auf. London! Eine Welthauptstadt! Am Kai gab es rings um sie her Umarmungen und Willkommensrufe, niemand aber begrüßte Malwida. Sie passierte den Zoll, ohne daß ein Beamter nach ihrem Paß fragte. Schon das erschien Malwida als der Inbegriff der Freiheit. Sie fragte einen Polizisten nach dem Weg zum Stadtteil Sankt-Johns-Wood, seine Antwort aber verstand sie nicht. In der Hochschule hatte sie sorgfältig Englisch gelernt, war aber auf die Verzerrung durch örtliche Mundart nicht vorbereitet. Endlich begriff sie, sie habe den von Pferden gezogenen Omnibus zu besteigen, und legte ihr Schicksal mehr oder weniger in die Hände des Schaffners. London schien kein Ende zu nehmen. Hohe Straßenschluchten, über denen ein schmaler grauer Himmel stand, dann Parks und endlich kleine wohnliche Vorstadthäuser.

An einem dieser Häuschen, deren Adresse Emilie Wüstenfeld ihr gegeben hatte, zog Malwida die Glocke und wartete. Oben öffnete sich ein Fenster, und eine Frau sah heraus. Malwida, ihrem Schulenglisch nicht trauend, rief nur einfach ihren Namen und setzte gestelzt hinzu:

»I am coming from Hamburg; Germany.«

Ein Freudenschrei war die Antwort.

»Malwida! Sind Sie es wirklich und wahrhaftig?«

Einen Moment noch, in dem oben die Frau verschwand und dann die Tür aufgerissen wurde, die gleiche Frau, klein, untersetzt, aber mit einem vor Freude leuchtenden Gesicht, zog Malwida ins Haus hinein.

»Ich bin Johanna Kinkel!« Und schon umfingen Malwida zwei Arme und wurde sie herzlich auf beide Wangen geküßt. »Herein mit Ihnen, Malwida! Seien Sie uns herzlich willkommen!«

»Ja, herzlich willkommen«, kam das Echo in einer tieferen Tonlage, und auch Gottfried Kinkel, ein ausgesprochen schöner Mann, begrüßte Malwida auf das herzlichste. Dazu das Spatzengezwitscher der vier Kinkelschen Kinder, die ohne den Sachverhalt zu begreifen, die freudige Aufregung der Eltern teilten.

»Wo haben Sie Ihr Gepäck, Malwida?« fragte Johanna Kinkel im Gedanken, sie habe es im Hafen deponiert und man müsse einen Boten danach schicken.

»Ich habe keins«, gestand Malwida, »nichts außer dieser Tasche.« Das warf natürlich ein Licht auf die Umstände, unter denen Malwida die Heimat verlassen hatte, und sogleich, kaum daß man in einem niedrigen, mit Erinnerungen vollgestellten Kaminzimmer Platz genommen hatte, begann ein ausführliches Erzählen.

»Sie wohnen natürlich bei uns«, entschied Johanna rigoros, aber Malwida, die auf den ersten Blick die äußerst beengten Verhältnisse im »cottage«, wie die Kinkels ihr Haus nannten, erkannt hatte, wehrte das Angebot ab.

»Nein, nein, ich will Ihnen auf keinen Fall zur Last fallen! Es wird sich doch ein Zimmer oder eine kleine Wohnung finden.«

Derlei fand sich sogar noch am gleichen Tag und nicht allzu weit von den Kinkels entfernt. Eine mürrische Vermieterin machte sich daran, Malwida das Quartier zu zeigen. Es war nur ein Raum, schmal, eng und dunkel, mit einem breiten Bett schon fast vollständig möbliert, aber der Preis, den die Frau nannte, war annehmbar.

Mit der Ankunft in England hatte sich für Malwida noch einmal Grundsätzliches geändert. Geld verdient hatte sie in Hamburg zwar auch schon, aber doch immer noch in familiär festgefügtem Rahmen. Wohnen und Essen war garantiert, die Arbeit mehr oder weniger nichts anderes als die praktische Umsetzung ihrer Ideale und Überzeugungen und das in der Gemeinschaft Gleichgesinnter. Jetzt aber mußte sie erstmalig das tägliche Brot verdienen. Darüber hatte sie sich schon Gedanken gemacht. Das einzige, was Malwida zu verkaufen hatte, war die deutsche Sprache, also plante sie, Deutschstunden zu geben. Aber wie viele Flüchtlinge aus Deutschland gab es bereits, die das gleiche anboten? Sie mußte schnell eine Arbeit finden, wenn sie die erste Woche Miete zahlte, war ihr Geldbeutel leer. Darüber hinaus besaß Malwida nur, was sie am Leib trug, und vor ihr lag eine lange Kette von Tagen, an denen sie Schilling für Schilling selbst ihre Existenz sichern mußte. Aber es gab Freunde, und das war schon sehr viel. Malwida warf einen kritischen Blick in die Runde, über Bett, Waschtisch, einen schiefen Kleiderrechen und die längst verblaßte Tapete. »Gut, ich nehme es«, sagte sie zu der Frau und nickte.

Malwidas letztes Geldstück verschwand in der aufgehaltenen Hand der Hauswirtin, die mit einer Warnung, ja keinen Herrenbesuch zu empfangen, ihre neue Mieterin allein ließ. Malwida trat an das einzige schmale Fenster und sah auf einen kahlen, düsteren Hof hinab. Ihr Leben als Emigrantin hatte begonnen.

Aller Anfang ist schwer

Das England, auf das Malwida von Meysenbug im Jahre 1852 ihren Fuß setzte, war ein vergleichsweise freies Land. Hier war alles fortschrittlicher und manches erreicht, das in Deutschland noch zu wünschen übrig ließ. Ein Beispiel: die Pressefreiheit. Allerdings mußte sich diese Presse von Lord Derby, Premierminister aus dem konservativen Lager, sagen lassen, *wenn sie an Einfluß mit den Staatsmännern wetteifere, so solle sie doch auch deren Verantwortung teilen!*

Die Waage von Kritik und Gegenkritik funktionierte im englischen Regierungssystem und, wo es Sinn machte, sprach man auch mit einer Stimme. Wieder ein Beispiel: Von einem neuen Handelsgesetz, das der Konkurrenz freie Hand ließ und gleichzeitig alle Schutzzölle aufhob, waren sich Konservative wie Liberale einig darüber *daß die dadurch gesenkten Kosten der Hauptnahrungsmittel der ärmeren Bevölkerung bestens zugute kommen.*

Derlei war neu für Malwida. Noch zu kurz im Lande, um auch die Schattenseiten zu sehen, verbrachte sie die erste Zeit trotz des steinigen Anfangs in euphorischer Stimmung. Mutig nahm sie den Alltag in Angriff.

Die scheinbar so mürrische Hauswirtin erwies sich zum Glück als eine ebenso feinfühlige wie hilfsbereite Seele. Am Morgen fand Malwida eine Kanne heißen Tees vor der Tür, und zu Mittag klopfte es zaghaft, und ihr wurde ein Teller Suppe oder sonst etwas Nahrhaftes zugereicht. Dem Versuch, von Bezahlung zu sprechen, wurde heftig abgewunken.

»Don't worry! You might pay later.«

Aus Berlin war eine Frachtkiste eingetroffen, mit der Anna Malwidas Kleider und persönliche Sachen nachschickte. Dabei ein Brief, der weitere polizeiliche Repressalien schilderte, denen die Koppes Malwidas wegen noch ausgesetzt gewesen waren.

Und einen Geldschein hatte Anna beigelegt, der in Malwidas Situation einem Vermögen gleichkam. Als erstes kaufte sich Malwida einen Hut. Diese Anschaffung entsprang weder ihrer Eitelkeit noch verschwenderischem Leichtsinn. Man hatte ihr sehr bald bedeutet, wer in England eine Dame sein wollte, und das wollten alle bis hinab zur Fischfrau, tat nicht einen Schritt vor die Tür ohne Hut auf dem Kopf. So thronte denn, sobald Malwida das Haus verließ, ein schutenförmiges Etwas aus geflochtenem Stroh und lila Band auf ihrem gescheitelten Haar.

Malwidas Erfahrungen mit dem Kreis der übrigen Emigranten jedoch dämpften bald ihre anfängliche Euphorie. Sie waren in zwei Lager gespalten. Die einen, zu denen das Ehepaar Kinkel gehörte, hatten sich mit den Tatsachen abgefunden und einer sinnvollen und nutzbringenden Tätigkeit zugewandt, die anderen aber fanden sich in Scharen regelmäßig im Haus einer Baronin Brüning ein, um gemeinsam ihr Schicksal zu beklagen und der Welt, die ihnen solches zumutete, gekränkt Vorwürfe zu machen. Das hinderte nicht, daß manch Neuankömmling, unter ihnen vorzügliche Geister, zuerst das Brüningsche Haus aufsuchte, es aber bald enttäuscht wieder verließ.

Malwida fand zwar bei der zweiten Gruppe die herzlichste Aufnahme, ja wurde geradezu eifersüchtig umworben, neigte aber ihrem Charakter nach zur ersteren. Auch sie zog es vor, sich tätig mit den Gegebenheiten auseinanderzusetzen, vor allem aber ihre Unabhängigkeit zu behaupten.

Das jedoch war leichter gesagt als getan. Malwida setzte auf Unterrichtsstunden in der deutschen Sprache, und die Kinkels waren auch bemüht, ihr Schüler zuzuführen. Die Baronin aber war da ganz anderer Ansicht.

»Deutschunterricht! Ich bitte Sie, was bringt Ihnen das?«

»Zwei und einen halben Shilling«, nannte Malwida die wirklich bescheidene Summe.

»Und wie viele Schüler unterrichten Sie die Woche?«

»Nun, vorläufig sind es zwei, manchmal drei, aber vielleicht…«

»Viel mehr werden es auch nicht werden«, unterbrach die Baronin, »wie in aller Welt wollen Sie da zurechtkommen?«

Malwida blieb die Antwort schuldig. Frau von Brüning mit ihrem gesicherten Auskommen hatte gut reden. Die Baronin hatte Malwida vom Fleck weg ins Herz geschlossen und suchte sich wegweisend ihrer anzunehmen.

»Wir werden einen hübschen Posten als Erzieherin für Sie finden«, schlug sie vor, »eine gute Familie, ein paar nette Kinder, vielleicht in einem großen adligen Hause!«

Malwida sträubte sich innerlich. Nicht nur, daß damit ihre persönliche Unabhängigkeit wieder aufgehoben wäre, sie hatte auch schon ihre Erfahrungen in dieser Richtung gemacht. Bei jeder Bewerbung als Erzieherin kam als erstes die Frage:

»Welcher Religion gehören Sie an?«

Malwidas wahrheitsgemäße Antwort, nämlich keiner Religion,

führte unweigerlich zu bedauernder Ablehnung. Darüber hinaus hatte sie erfahren, daß der Posten einer Erzieherin in England nicht sehr hoch gehandelt wurde. Erzieherinnen rangierten nahe dem Dienstpersonal. Man aß bei Tisch zwar mit den Herrschaften am unteren Ende der Tischordnung, aber sobald Gäste angesagt waren, Lord Sowieso und Lady Dingsda, hatte man mit den Kindern im Kinderzimmer zu speisen.

In Malwida, ohnehin in ihrem Wesen zwiegeteilt, regte sich eingedenk dieser Ordnung neben Aufbegehren gegen soziale Abstufungen an sich ein ganz gehöriger Standesdünkel.

»Ich bin nicht sicher, Baronin, ob ein solcher Posten das Rechte wäre für mich...«

»Nun, wir werden sehen, meine Liebe...« Die Baronin hatte sich in den Kopf gesetzt, aus Malwida eine herrschaftliche Gouvernante zu machen, und so schnell gab sie den Gedanken nicht auf.

Entgegen aller pessimistischen Voraussagen mehrten sich die Nachfragen nach deutschem Sprachunterricht. Bald verdiente Malwida genug, um bescheiden leben zu können. Doch es gab ein großes Aber, und das war ihre Gesundheit.

Deutschstunden zu geben, hieß nicht einfach, sechzig Minuten Grammatik oder Vokabeln zu vermitteln. Es hieß auch, Stunden vor der angesetzten Zeit London mit dem Pferdebus zu durchqueren, oftmals von einem Ende zum anderen, durch City und Vorstadt, zum Einsteigen oder Umsteigen an zugigen Haltestellen zu warten, und das in einer Stadt, die für ihren feuchten, undurchdringlichen Nebel berühmt war. Jeweils im Heim eines ihrer Schüler angekommen, mußte sie in ihren von Feuchtigkeit durchdrungenen Kleidern die Stunde über ausharren, oftmals ohne daß man ihr auch nur eine Tasse Tee zum Aufwärmen anbot. Malwida begann zu husten und verfiel in einen physisch so schlechten Zustand, daß jedermann, vor allem aber ihre Freunde, die Kinkels, begriffen, daß sie Erholung brauchte, und zwar in einem gesünderen Klima, als London es bot.

»Malwida«, begann daher Gottfried Kinkel bei nächster Gelegenheit, »erinnern Sie sich an das Ehepaar Schwabe?«

»Schwabe?« überlegte Malwida, »aber natürlich! Frau Schwabe hörte Vorlesungen bei uns in der Hochschule, und selbst er wagte sich zuweilen in unsere heiligen Hallen. Sie waren beide sehr interessiert, und ich glaube manch anonyme Spende kam von ihnen.«

Das kam der Wahrheit sehr nahe. Die Schwabes, politisch den Liberalen zuzurechnen, hatten Deutschland aus ähnlichen Gründen verlassen wie andere enttäuschte Gönner der Hochschule, gehörten in England aber nicht zum Kreis der Emigranten, sondern hatten wohlhabend Fuß gefaßt.

»Die Schwabes möchten Sie einladen, Malwida, sie haben ein Landgut auf der Insel Anglesey. Sie müßten mit der Bahn bis Bangor fahren, dort holt man Sie mit dem Wagen.«

»Mit der Bahn bis Bangor?« rief Malwida, da sie an die Kosten dachte. Die Kinkels errieten ihre Sorge, so beruhigte Frau Johanna sofort:

»Man schickt Ihnen das Ticket ins Haus. Man rechnet für Freitag mit Ihnen.«

»Freitag schon...?« überlegte Malwida, während Johanna Kinkel sie mahnte:

»Bedenken Sie, Ihre Gesundheit ist Ihr Kapital! Sie müssen es sich erhalten, wenn es Zinsen bringen soll!«

»Sie haben recht«, entschied Malwida, »ich werde fahren. Nächsten Freitag.«

Besuch auf dem Land und eine Reisebekanntschaft

Drei Wochen blieb Malwida bei den Schwabes auf deren von gesunder Seeluft umwehtem Landsitz. Anfangs hatte sie sich Gedanken gemacht, ob das Ehepaar noch die hilfreichen Bekannten aus Deutschland geblieben waren oder unterdessen zu reichen

Engländern geworden waren, deren Horizont über Jagd und Rosenzucht nicht hinausging. Dann aber war die Begrüßung in aller Herzlichkeit ausgefallen. Frau Schwabe freute sich aufrichtig:
»Liebste Malwida, wie ich mich freue, daß Sie kommen konnten!«
Dem herzlichen Ton schloß sich Herr Schwabe an:
»Willkommen in unserem Haus, Fräulein von Meysenbug!«
Und auch die Nagelprobe bestanden die Schwabes bestens.
»Wir haben heute abend Gäste, meine Liebe«, kündigte Frau Schwabe zu Malwidas Schrecken gleich am ersten Abend an. Die Gäste kamen, und zwar genau jene Lords und Ladies, vor denen gedemütigt zu werden Malwida sich fürchtete. Die Damen waren dekolletiert, die Herren trugen weiße Westen, während Malwida ihnen nur ein schlichtes hochgeschlossenes Kleid entgegensetzen konnte. Der Butler meldete das Dinner. Herr Schwabe bot Malwida seinen Arm.
»Darf ich Sie zu Tisch führen, Fräulein von Meysenbug?«
Malwida atmete auf. Alles war in Ordnung.
Seither genoß sie jeden Tag der abgeschiedenen Ruhe des alten Landsitzes mit dem weitläufigen Park, vor allem aber die gesunde und gesundmachende Seeluft. Malwida bewohnte ein hübsches Zimmer mit geblümter Tapete und einem riesigen Himmelbett. Sie konnte tun und lassen, was sie wollte, ruhen oder ein Buch zur Hand nehmen, spazierengehen oder mit Frau Schwabe in Erinnerungen schwelgen und das Leid der Welt erörtern.

Aber auch diese schöne Zeit ging zu Ende. Malwida mußte zurück nach London. Herr Schwabe ließ es sich nicht nehmen, sie eigenhändig mit dem »dog cart« zum Zug zu bringen.
»Ach, übrigens«, begann er auf dem Bahnhof Bangor, »würde es Ihnen Freude bereiten, mit Lord und Lady Palmerston im Coupé zu fahren? Sie nehmen jedes weekend den Zug nach London.«
Malwida bejahte lebhaft. Lord Palmerston! Das wär mal etwas! Henry Temple Palmerston, bis zum vorigen Jahr britischer Außenminister, als zynisch und selbstherrlich bekannt, den Liberalen zuneigend, was ihn nicht hinderte, einen auf einer seiner

Besitzung gestellten Wilderer hängen zu lassen. Kurz, jener Palmerston, über den deutsche Blätter in den vierziger Jahren dichteten: *Hat der Teufel einen Sohn, so heißt er sicher Palmerston.*

Herr Schwabe geleitete seinen Gast zum besagten Abteil der ersten Klasse, das bis auf ein älteres Ehepaar noch leer war.

»Eine gute Reise, meine Liebe, und auf Wiedersehen«, verabschiedete er sich auf deutsch und ging.

Malwida nahm in einer Ecke des Abteils Platz und stellte den Proviantkorb, den Frau Schwabe vorsorglich mitgegeben hatte, neben sich auf den Sitz. In dem Herrn ihr gegenüber erkannte sie leicht Lord Palmerston. Das faltige Gesicht mit dem Backenbart war oft genug im politischen Witzblatt »Punch« karikiert. Die Dame war demnach »her ladyship« und offensichtlich wenig davon angetan, daß sich eine Fremde ins Abteil drängte.

Etwa eine Viertelstunde war der Zug schon die Küste entlanggerattert, als Lord Palmerston seine Zeitung zusammenfaltete und sie Malwida reichte.

»Bitte sehr, mein Fräulein, möchten Sie lesen? Entschuldigen Sie mein schlechtes Deutsch…«

»Thank you, Mylord, I am very interested in reading English newspapers.«

Palmerston sagte noch etwas Höfliches auf englisch, Lady Palmerston machte ein säuerliches Gesicht, und Malwida vertiefte sich in einen Artikel über das erste Dampfschiff, das die Strecke England–Australien in drei Monaten zurücklegen sollte. Ein zweiter Artikel beschrieb den jubelnden Empfang, den man in Wien dem Kaiser nach einer Rundreise durch das befriedete, besser niedergeworfene Ungarn bereitete. Malwida ließ kopfschüttelnd die Zeitung sinken.

»Der Enthusiasmus über das neue Dampfschiff mag hingehen«, kommentierte sie halblaut, »aber die Begeisterung der Wiener erscheint mir schamlos angesichts Tausender hingemordeter ungarischer Brüder! Anzunehmen, daß man Jubel und Vivatrufe polizeilich befohlen hat. Das macht sich besser zum Empfang Seiner Majestät als Schmährufe und Tränen der Betroffenen.«

Palmerston sah auf. Welch mutige Worte! Diese deutsche Dame, schlicht gekleidet und mit diesem unmöglichen Hut auf dem Kopf, sah so gar nicht danach aus! Wirklich erstaunlich, dachte der Lord.

Malwida nutzte den Augenblick, von ihren Weintrauben anzubieten.

»Bitte schön, Mylady, ganz frisch aus dem Gewächshaus! Greifen Sie zu, Mylord!«

Lady Palmerston wandte sich wortlos ab, Lord Palmerston nahm ein paar Trauben.

»Sagen Sie, mein Fräulein, spiegeln Ihre Worte die öffentliche Meinung in Deutschland oder sprechen Sie nur für sich selbst?« fragte er interessiert.

»Viele in unserem Lande hoffen darauf, daß die Reaktion mit all ihren Schrecken nicht mehr lange währt und eines Tages wieder ein freiheitlicher Wind weht. Und was Ungarn angeht, Mylord, so hörte ich, daß auch englische Herzen vornehmlich für dessen Befreier schlagen.«

»Sie meinen Kossuth?«

»Ja, Mylord, ich meine Kossuth.«

Lajos Kossuth hatte am 14. April 1849 ein freies, von den Habsburgern unabhängiges Ungarn ausgerufen und wurde von den Magyaren zum Reichsverweser gewählt. Kaiser Franz Joseph aber rief die Russen zu Hilfe. Zar Nikolaus I., ohnehin als »Gendarm Europas« verschrien, marschierte in Ungarn ein. Kossuth mußte fliehen und war heute, nicht anders als Malwida und viele andere auch, Emigrant auf englischem Boden.

»Ich kenne Kossuth«, bekannte Lord Palmerston nachdenklich geworden, »er wirbt weiterhin in aller Welt für die Unabhängigkeit seines Landes. Ich war bereit, ihn zu unterstützen, aber die derzeitige britische Politik läßt es nicht zu. Ihre Majestät, die Königin höchstselbst, hat mir verboten, Lajos Kossuth offiziell zu empfangen.« Bedauern klang aus Palmerstons Worten, und mit einem Seufzer setzte er hinzu: »Unterdessen bin ich nichts anderes als ein Privatmann und habe keine Macht mehr, den Ungarn beizustehen.«

Eine Weile hielten der Lord und Malwida das Gespräch noch aufrecht, kam sie für ihren Teil auf Themen, die ihr am nächsten lagen.

»Ich plädiere für Bildung der Frauen schlechthin, aber gebe zu, für den kleinen Mann, den Bauern, den Arbeiter, steht es nicht besser. Wer weder lesen noch schreiben kann, versteht auch sonst nicht, seine Not zu artikulieren.«

»Wir haben in England über viertausend Schulen mit staatlichem Zuschuß«, warf Palmerston triumphierend ein.

»Was nützen diese, Mylord, wenn es keine gesetzliche Schulpflicht gibt? Welches Kind im Lernalter, das neun Stunden am Webstuhl saß oder sonst eine Maschine bediente, geht am gleichen Tag noch freiwillig zum Unterricht? Und wenn es das täte, es würde erschöpft über Pult und Büchern einschlafen!«

»Nun gut, aber Schlaf erhält seine Arbeitskraft, mit der es zum Erhalt der Familie beiträgt, Wissen hingegen sät Unzufriedenheit.«

»Umgekehrt wird ein Schuh draus! Wissen bringt Selbstbestimmung und damit Freiheit, ein Anspruch, den die Politiker nach Paris und Frankfurt nicht mehr wegdenken können!«

»Derlei Ideen, Miss, lassen wir Briten nicht über den Kanal kommen.«

»Doch, Mylord! Wir bringen sie mit, wir Emigranten, die wir so gastlich von euch aufgenommen werden, aber wir glauben, damit fruchtbar zu wirken wie Samen, den der Wind herweht...«

An diesem Punkt der Unterhaltung hielt der Zug in Birmingham, und weitere Passanten stiegen ins Abteil. So schwieg man bis London, wo alles ausstieg. Lord Palmerston hatte seiner Frau beim Aussteigen behilflich zu sein, aber sobald diese den Fuß sicher auf den Perron gesetzt hatte, wandte er sich Malwida zu, um ihr die Hand zum Aussteigen zu reichen.

»Es war sehr interessant, mit Ihnen zu sprechen, Miss«, sagte er höflich, »ich wünsche Ihnen alles Gute für Ihre Zukunft.« Und lächelnd setzte er auf deutsch hinzu: «Auf Wiedersehen, mein Fräulein!«

»Auf Wiedersehen, Mylord!«

So gern Malwida an den Aufenthalt auf dem Land, der ihrer Gesundheit so wohlgetan, zurückdachte, machen ihr die Verhältnisse, in die sie Einblick genommen, zu schaffen. Sie drückt es einmal schriftlich so aus:

Der ungeheure Grundbesitz Einzelner scheint mir eine Sünde gegen die Nationalökonomie wie gegen die Humanität. Hunderttausende leben unter bleigrauem Himmel in vom Kohlenrauch geschwängerter Luft, abhängig vom Despotismus des Kapitals, während Boden, der allen Brot geben könnte, brach liegt zum eleganten Müßiggang einer begünstigten Gesellschaft.

Ein Wiedersehen in London freute Malwida ganz besonders.
»Ich wähnte Sie längst in der Neuen Welt!« rief sie, als sie unvermutet Carl Schurz in Kinkels Haus begegnete.
»Amerika ist noch immer mein Ziel«, bestätigte Schurz, »was mich hier noch aufhält und mich bewog, die Reise über den Ozean aufzuschieben, ist etwas Persönliches... ja, sehr Persönliches sogar.« Da er bei diesen Worten errötete und zu Boden sah, faßte Malwida ihn beim Arm.
»Nun, Carl, beichten Sie«, rief sie vergnügt, da seine Reaktion eindeutig auf zarte Bande, in die er unvermutet sich verstrickt sah, schließen ließ.
»Ja, denken Sie nur, das war nämlich so...«
Weiter kam er mit der Beichte nicht, da Johanna Kinkel, die eben mit einem Teetablett das Zimmer betrat, mit der Bemerkung herausplatzte:
»Verlobt hat er sich, der Carl!«
Schurz sah auf, und das Glück in seinen Augen war unverkennbar.
»Ja ja«, sagte er, »so gut wie... aber noch hat Margarete nicht die Erlaubnis...«
»Die Erlaubnis ihrer Eltern meinen Sie, Carl?«
»Nein, nein, ihr Bruder hat die Vormundschaft, er ist es, der die Erlaubnis verweigert, mit mir nach Übersee zu gehen.«
»Welchen Grund führt er an, sich so in das Glück seiner Schwester einzumischen?«

»Nun, viele Menschen haben bei dem Begriff Amerika die Vorstellung von Indianerüberfällen und Massaker an Siedlern, aber mein Amerika, das sind die großen Städte, die Universitäten, an denen ich Vorträge halten will...« Er brach mutlos ab, setzte aber trotzig hinzu: »Eine Frau kann ich damit allemal ernähren!«

Wieder einmal ein Bruder, der seine Schwester bevormundet, dachte Malwida, und laut stellte sie fest:

»Sie lieben sie sehr, Ihre Margarete, nicht wahr?«

»Ja«, sagte Carl, »und ich habe auch nicht vergessen, was ich damals zu Ihnen sagte, Malwida. Sie waren der Maßstab, den ich anlegte, als ich Margarete kennenlernte.«

Malwida, gerührt über seine Bemerkung, schlug, einem inneren Impuls folgend, vor:

»Ich könnte dem Bruder schreiben und für euch bitten, wenn Ihnen das recht ist...«

Carl akzeptierte das gern. Malwida verbürgte sich also in einem Brief für den Charakter und die schlummernden Möglichkeiten im jungen Carl Schurz und versicherte, da sie Margarete unterdessen kennengelernt hatte, in überzeugenden Worten:

Sie geben das liebenswürdigste Paar ab, das man sich nur denken kann! Man muß nur einmal hören, wenn sie gemeinsam musizieren, wenn Schurz einfühlsam den seelenvollen Gesang seiner Braut begleitet, was sie, dank Ihrer Güte, doch wohl bald sein wird.

Die Einwilligung traf postwendend ein, zur Vermählung ebenso wie zur Übersiedlung in die Staaten.

»Das haben wir alles nur dir zu verdanken, Malwida«, schluchzte Margarete glückselig auf und fiel Malwida um den Hals. Carl Schurz wäre ums Haar ihrem Beispiel gefolgt.

»Und Dank auch dafür«, sagte er stattdessen, »daß Sie an mich glauben, Malwida, ich werde Sie nicht enttäuschen!«

Carl Schurz und Margarete Meyer heiraten am 6. Juli 1852 in der Pfarrkirche von Marylebone in London. Am 21. August 1852 liegt die »City of London« abfahrbereit am Kai von Portsmouth. Als endlich die Segel hochgehen, und der Wind sie gewaltig aufbläst, stehen Margarete und Carl Schurz an der Reling und winken ihren Freunden zum Abschied. Für Malwida ist es ein Abschied von glücklichen, unbeschwerten Tagen voller Freundschaft und Zuneigung. Tapfer winkt auch sie mit spitzenumsäumtem Taschentuch, muß es aber dann, als das Schiff sich von der Kaimauer löst und wasserwärts dreht, gegen beide Augen pressen, um dem Strom der Tränen Einhalt zu gebieten.

»Adieu und lebwohl, wenn auch kein Wiedersehen, meine Freunde«, seufzt sie leise, »geht eure Wege und blickt nicht zurück!« Noch immer schluchzend wendet sie sich ab, gesellt sich zu jenen, die mit ihr den Scheidenden das Geleit gaben.

Der Weg, den Carl Schurz dann ging, ohne sich umzublicken, führte ihn die Stufen einer politischen Karriere hinauf bis zum Innenminister der Vereinigten Staaten. Als Senator besuchte er auch Deutschland wieder. Welch ein Wandel der Zeiten aber, wenn ein Mann namens Carl Schurz, wegen der Befreiung Gottfried Kinkels in Abwesenheit vom preußischen Gericht zum Tode verurteilt, als Vertreter Amerikas zu Gast an Bismarcks Tafel sitzt!

Alexander Herzen

Malwida trauerte um den Weggang ihrer Freunde Carl und Margarete. Lange Wochen hielt sie sich fern vom Kreis der Emigranten, war auch bei den Kinkels nur selten zu sehen. Der Nebel über London war längst frostig geworden und machte die Fensterscheiben über nacht blind und trüb, als Malwida beschloß, ihr Einsiedlerdasein aufzugeben. Nicht mehr das Strohhütchen, sondern eine wärmende Pelzmütze auf dem Kopf, ein hochgeschlossenes Cape umgenommen, machte sie sich auf den Weg zu den Brünings.

»Die Herrschaften sind ausgegangen«, bedauerte das Mädchen, das die Tür öffnete, »es ist niemand da, Miss, außer...« ihre Miene nahm einen verschwörerischen Ausdruck an, »außer einem russischen Herrn, Miss, den ich hier noch nie gesehen habe, aber er bestand darauf, im Salon warten zu wollen.«

»Es ist gut, Jane, ich werde einmal nachsehen.«

»Ich bringe Tee, Miss, für Sie und für den russischen Herrn.«

»Danke, Jane, Tee wird gut tun bei diesem Wetter.«

Schon hatte Malwida den gewohnten Weg durch die Halle zum Salon genommen, aus dem heraus meist Stimmengewirr die Anwesenheit von mindestens einem Dutzend hitzig diskutierender Besucher verriet. Diesmal drang kein Laut durch die Tür. Malwida übergab dem Mädchen Cape und Mütze, ehe sie eintrat. Auf den ersten Blick sah Malwida niemanden, der, wie Jane angab, etwa im Salon wartete. Doch dann erhob sich aus einem der tiefen Sessel, die mit dem Rücken zu ihr standen, ein Mann.

Später konnte Malwida sich nicht mehr erklären, warum sie ihn anstarrte wie eine Erscheinung. Er schien nichts Ungewöhnliches an sich zu haben, eine gedrungene Gestalt, kaum größer als Malwida, zeigte er eine hohe Stirn, buschige Brauen über etwas hervorquellenden Augen, eine breite, kräftige Nase und den Wildwuchs eines üppigen Vollbarts. Obwohl kaum älter als vierzig, war er altväterisch gekleidet: in einen braunen Samtrock mit Weste, die eine goldene Uhrkette umspannte.

»Ich bin Alexander Herzen«, sagte der Mann.

»Ja, ich weiß«, sagte Malwida verlegen, obwohl sie bis zu diesem Moment nicht gewußt hatte, daß es Alexander Herzen war, der hier im Salon auf die Brünings wartete. Was Malwida eigentlich ausdrücken wollte, war, daß sie sehr wohl wußte, wer er ist, dieser Alexander Herzen. Die ganze Kolonie sprach seit Jahren von ihm.

In Rußland geboren als Sohn eines reichen Adeligen, Iwan Alexewitsch Jakowleff, der Alexanders Mutter, eine Deutsche, achtete und hochhielt, aber nicht mit ihr verheiratet war. Dem Jungen, in allem Luxus des väterlichen Landhauses aufgewachsen, umgeben von der zärtlichsten Liebe seiner Eltern, wurde der

Makel unehelicher Geburt erst sehr spät bewußt. Dann allerdings mit einem Schlag und mitten im Aufbruch einer ohnehin umstürzlerischen Phase, die er mit etlichen Altersgenossen, unter ihnen sein Freund Nikolaus Ogareff, teilte. Noch war ihr Aufbegehren undurchdacht und allgemein, dennoch genügte ein öffentlich vorgetragenes Spottlied auf den Zaren, und Herzen wurde zum Tode verurteilt. Nikolaus I. begnadigte ihn zu Verbannung in eine der fernsten Provinzen Rußlands. Herzen hatte strafweise Dienst im Büro des Gouverneurs von Wjatka zu versehen, wo sich ihm der muffige Geruch einer korrupten Beamtenwelt wie Mehltau auf Geist und Seele legte. In dieser Abgeschiedenheit gedieh zweierlei bestens: Die nun durch Erfahrung fundierte Auflehnung gegen Staat und Regierung und die durch Briefe entstandene Liebe zu seiner Kusine Natalie.

Was die beiden vornehmlich verband, war die Tatsache, daß Natalie wie Alexander unehelich gezeugt und geboren waren. Gesehen hatte sich das Paar nur einmal kurz unter Aufsicht einer Tante, fühlte sich nun aber brieflich einander verschworen und suchte nach nächster Gelegenheit, dem näher Ausdruck zu geben. Diese Gelegenheit ergab sich, als Herzen, ausgerechnet auf Fürbitte des Thronfolgers und Namensvetters Alexander, nach dem Moskau nahegelegenen Wladimir verlegt wurde. Hierhin konnte Natalie aus der Obhut der Tante entfliehen, und rasch war ein Pope überredet, sie zu trauen. Alexander liebte und wurde wiedergeliebt, so gerieten die letzten Jahre seiner Verbannung zu den glücklichsten seines Lebens.

Sobald aber die Verbannung endgültig aufgehoben war und Herzen seinen Vater beerbt hatte, zog es ihn fort aus seinem geliebten und doch so bitter angeklagten Rußland. Unter großen Schwierigkeiten erhielt er endlich 1847 einen Reisepaß für sich, seine Mutter und seine unterdessen fünfköpfige Familie und begab sich außer Landes. Ruhelose Wanderjahre begannen. Königsberg, Berlin, Köln und Brüssel, im Revolutionsjahr 1848 Paris, dann Rom, Genf und endlich Monaco. Dort ereilte ihn das bitterste Leid, das einem Mann begegnen kann, und das in doppelter Gestalt. Natalie verließ Alexander wegen eines anderen

Mannes. Herzen litt Qualen der Eifersucht, Enttäuschung und Einsamkeit, verzieh ihr aber, als sie reumütig zurückkehrte. Gerade in der Verzeihung blühte die gegenseitige Liebe erneut auf. Da geschah das Entsetzliche. Bei einem Schiffsunglück ertranken Herzens Mutter und sein zweiter Sohn Kolja. Natalie verwand den Verlust ihres Kindes nie. Ihr Körper kränkelte, ihr Geist verdunkelte sich, das Leben wurde hinweggeschwemmt. Alexander begrub seine Frau noch zu Ende des Jahres 1851.

Und nun war er hier in London, sich dem Kreis der Emigranten anzuschließen.

»Sind Sie schon länger in England?« begann Malwida mit der üblichsten Frage unter Emigranten.

»Einige Tage erst«, ging Herzen auf ihren konventionellen Ton ein, »man könnte sagen, gerade angekommen.«

»Oh«, machte Malwida voller Mitgefühl, »dann fühlen Sie sich noch recht fremd und einsam, nicht wahr?«

»Fremd ja, einsam weniger. Ich habe meinen Sohn bei mir, er ist dreizehn Jahre alt und fühlt sich schon ganz erwachsen.

»So, so… und konnten Sie schon ein passendes Quartier finden? Das ist in London gar nicht so leicht, meine ich…«

»Ich hatte Glück«, freute sich Herzen ganz offensichtlich, »ich fand ein Haus jenseits des Regentparks, typisch englisch und leider scheußlich möbliert!«

Sein Lachen, durch den Bart verborgen, verriet sich nur im Aufblitzen seiner braunen Augen.

»Ja, da muß man als Mieter hierzulande manches hinnehmen«, gestand Malwida im Hinblick auf die eigene Behausung und kam auf Thema Nummer eins: die herbstliche Jahreszeit. »Schlimm dieser Nebel heute wieder! Daran werden Sie sich auch erst gewöhnen müssen, denke ich.«

»Ja, schlimm ist er, der Nebel! Er umgibt einen wie Rauchschwaden und löst alle Umrisse auf. Man sagt, es bleibt den ganzen Winter so in England?«

»Ich kam im Frühjahr her, dennoch wurde der Nebel mir schon zum guten alten Bekannten.«

Während sie so den Ball nichtssagender Konversation zwischen sich hin und her warfen, stieg in Malwida ein wohltuendes Gefühl auf, etwa wie nach einem errungenen Sieg oder einem unvermutet zugefallenen Gewinn. Malwida selbst formulierte später so:

Ich war mir dessen sicher, daß eine bedeutende Persönlichkeit in mein Leben getreten war, mit der mich durchaus Harmonie verband.

Was ihre ureigene Gefühlswelt anlangte, hatte sie damit zweifels-ohne recht. War einmal Theodor Althaus der Stern am Himmel, dessen Bahn für Malwidas Geist und Seele bestimmend gewesen war, so zog jetzt ein neuer Stern von ungeheurer Leuchtkraft herauf, dem sie gleichfalls zögernd folgte.

Für den Augenblick wurde ihre Unterhaltung durch die Ankunft der Baronin unterbrochen, die sich durch laute und herrische Erkundigung gegenüber dem Hausmädchen ankündigte.

»Besuch sagst du, Jane? Wer ist es?« Und schon kam sie in den Salon gestürmt. »Alexander Herzen!« rief sie überschwenglich und mit jener Theatralik, die ihren Schützlingen Wärme vermitteln sollte.

»Ich sehe, unsere liebe Malwida hat Ihnen Gesellschaft geleistet! Sie ist das Juwel unserer kleinen verschworenen Emigrantenfamilie! Sie konnten keinen besseren Anfang finden, mein Freund! Seien Sie mir willkommen in meinem Haus, das von nun an auch Ihr Zuhause sein soll, wann immer Sie Rat und Zuspruch brauchen in unser aller Schicksal als Ausgestoßene…« So ging es eine Weile fort zu Malwidas Pein und des Russen widerstrebendem Ergötzen. Kein Wunder, daß dieser den Kreis um die Baronin bald mied. Statt dessen traf Malwida Alexander Herzen öfters als Gast bei den Kinkels.

»Ah, Sie kennen einander schon?« fragte Johanna Kinkel beim ersten Mal, da die beiden sich ohne Umschweife die Hände schüttelten.

»Ja, das Juwel der Emigranten, wie Madame de Brüning sagt, kenne ich bereits«, rief Herzen, und seine braunen Augen blitzten. »Die Baronin hat recht, ich konnte keinen besseren Anfang machen!«

Malwida fühlte sich erröten, eine lästige Gewohnheit aus ferner Jungmädchenzeit, und spätestens in diesem Augenblick verlor sie auf ihre scheue, irreale Weise ihr Herz an diesen Mann. Doch hätte es ihr jemand auf den Kopf zugesagt, sie hätte es geleugnet. »Liebe? Zu einem Mann? In meinem Alter? Unmöglich!« Und wieder einmal verbot sie sich in ihrem Innern jede andere Bezeichnung ihres Gefühls als die der Freundschaft und der geistigen Übereinstimmung.

Um letztere unter Beweis zu stellen, besorgte sich Malwida eine von Herzen veröffentlichte Schrift, die Hoffmann und Campe in deutscher Übersetzung unter dem Titel *Vom anderen Ufer* zwei Jahre zuvor herausgebracht hatte.

Und sie wurde fündig.

Jeder Schritt zur Verwirklichung des sozialen Gedankens ist ein Sich-los-lösen vom Bestehenden, ein Verlassen geschlossener Mauern. Was aber liegt jenseits? Freiheit ja, aber kein gebahnter Weg! Darf man denn gehen, ohne zu sehen, wohin? Darf man das Alte aufgeben, ohne zu wissen, was man gewinnt? Hätte Kolumbus so weise räsonniert, er hätte nie die Anker seiner Schiffe gelichtet. Es war Wahnsinn, einen Ozean zu durchsegeln, den niemand je durchfurcht hatte. Aber mit diesem Wahnsinn entdeckte Kolumbus die neue Welt.

Das waren Worte nach Malwidas Herzen, eine Sprache, die sie verstand, Perspektiven, die sie selbst eben erst, wenn auch fast kindlich naiv, in Verse gefaßt hatte.

Laßt uns steuern durch den Sturm
Mutig unverzagt
Auf der Freiheit Ozean
Vorwärts, bis es tagt.
Denn für diese schaffen wir
Eine neue Welt,
Jede Kette brechen wir,
Die uns hemmend hält.

Wie sich die Bilder gleichen! Aufbruch zu hochgesteckten Zielen, zu hoch, da sie in der Tat soeben verfehlt wurden. Alexander Herzen, im Grunde Idealist wie Malwida, zeigt ebenfalls illusionslos auf, woran die hochgesteckten Ziele einer sozialen Bewegung des letzten Jahrhunderts scheiterten.

Die Verfechter der Revolution glauben, die Welt, diese Greisin, könne wieder jung werden. Aber die Verwirklichung ihrer Ideale würde allem Bestehenden den Todesstoß versetzen, also auch der Ordnung! Den Liberalen erschien das Jahr 1848 als ein Sieg, dennoch lebten sie in ihren Häusern wie bisher. Als das Volk seine Stimme hören ließ, erschraken sie und verleugneten es dreimal. So wurden aus Verfolgern Verfolgte. Die Liberalen schlugen zwar die Brücke, aber sie wurden von jenen bedrängt, die ans andere Ufer wollten.
Klarsicht und Resignation, eine bittere Mischung. Doch selbst aus diesen beiden konnte Malwida nur lernen.

Es wurde ihr zur Gewohnheit, abends zu den Kinkels hinüber zu gehen in der Hoffnung, Herzen dort anzutreffen. Oftmals war das der Fall, sie saßen beieinander, ihre Gespräche vertieften sich, und Malwida war auf eine verborgene, ja ihr unerklärliche Weise glücklich.
Mehrmals brachte Herzen seinen Sohn mit, Alexander Alexandrowitsch, einen ausgesprochen schönen Knaben mit wachem Verstand. Dieser blitzte aber nur selten in kurzen Bemerkungen auf, denn meist saß der Junge still unter den Erwachsenen.
Noch einmal änderte sich Grundlegendes in Malwidas Dasein, als sie sich finanziell in der Lage sah, ihr düsteres Zimmer aufzugeben und sich eines der typischen, schmalbrüstigen Häuser zu mieten, die pro Stockwerk nur einen Raum haben. So verfügte sie jetzt über Wohnzimmer und Schlafzimmer getrennt, und das brachte nebst schönem Ausblick auf einen der sogenannten »Squares«, einem rasenbedeckten, blumenverzierten Platz, den Vorteil, daß sie endlich ihrerseits Besucher empfangen konnte. Unter den ersten war Alexander Herzen.
Es war längst strahlender Frühling geworden, aber noch etwas

frisch, so saß man sich am wärmenden Kaminfeuer gegenüber. Herzen schien an diesem Abend bedrückt, als käme er nicht einfach als Besucher, sondern mit einer bestimmten Absicht, die zu formulieren ihm schwerfiel.

»Was ist Ihnen, Alexander Iwanowitsch?« fragte Malwida und hielt sich damit an die russische Regel, jemanden mit eigenem und dem Vornamen seines Vaters anzureden. Sie schenkte vom obligaten Tee ein und forderte ihren Gast nochmals auf: »Beichten Sie, was Ihnen Kummer macht!«

»Ach...« begann er und nahm, statt weiterzusprechen, einen Schluck Tee.

»Ach ist keine Antwort, mein Lieber«, tadelte Malwida halb neckend, halb sorgenvoll. »Ich kenne Sie heute kaum wieder! Macht meine neue Wohnung Sie so einsilbig? Ich dachte, sie würde Ihnen gefallen...«

Herzen sah sich um, als nähme er den liebevoll eingerichteten Raum erst jetzt wahr. Zu Möbeln von schimmerndem Mahagoni hatte Malwida einen zartgrünen Teppich mit Rankenmuster erstanden, und an den Wänden prangten Blumenstücke und sogar eine Photographie, wie man sie seit kurzem so lebensnah herstellen konnte.

»Ihre Wohnung gefällt mir, Malwida«, bekannte Herzen artig, aber seine Gedanken schienen ganz woanders zu sein. Plötzlich stellte er seine Tasse ab und hob den Kopf. Er hatte sich entschlossen, zu sprechen.

»Ich möchte meine Töchter aus Paris holen, Malwida! Ich weiß, ich führe hier in London ein Junggesellenleben, nicht geeignet für zwei so kleine Mädchen, aber ich möchte meine Kinder um mich haben am...« Noch einmal unterbrach er sich, warf Malwida einen hilfesuchenden Blick zu, und diese begriff augenblicklich, worum es ging.

»Am Jahrestag des Todes Ihrer Frau meinen Sie, nicht wahr?«

»Ja«, bekannte der Russe erleichtert, »ja, sie starb an einem herrlichen Frühlingstag, fast so wie heute...«

Malwida ließ ihm etwas Zeit, sich der Erinnerung hinzugeben, dann kam sie auf die praktischen Umstände zurück.

»Sie könnten eine Haushälterin nehmen, Alexander Iwanowitsch, und vielleicht ein etwas größeres Haus...«

»Haus und Haushälterin sind nicht das Problem, ich suche eine Erzieherin für meine Töchter, jemanden, der sie bildet, aber auch sich mütterlich um sie kümmert...« Seine braunen Augen unter den buschigen Brauen waren fast flehend auf Malwida gerichtet. Sie verstand sofort und spürte eine tiefe Freude über das Vertrauen, das dieser Mann ihr entgegenbrachte. »Ich dachte an Sie, Malwida«, sagte Herzen in einer letzten Anstrengung. Und dann war es um ihn geschehen. Alles, was je auf ihm gelastet, was je seine Seele bedrängte tat sich in diesem Moment zusammen und suchte mit geballter Kraft einen Ausweg. Alexander Herzen brach in Tränen aus, ja schluchzte, von innerster Pein geschüttelt.

Malwida, selbst von Gefühlen bedrängt, aber jeglichen sichtbaren Ausdrucks unfähig, saß da wie erstarrt. Wohl sah sie, wie sehr dieser Mann Trost brauchte, seine geschundenen Nerven sich nach wohltuender Berührung sehnten. Aber aufzustehen, sich zu ihm zu beugen, gar sein wirres Haar zu streicheln – es wäre ihr unmöglich gewesen! Hatte doch niemals jemand sich ihrer in brüderlicher Zärtlichkeit genähert, so daß sie jetzt zu schwesterlicher Liebkosung einfach nicht imstande war. Alexander schluchzte noch einmal auf und beruhigte sich dann langsam.

»Entschuldigen Sie, Malwida«, sagte er, »ich hatte geglaubt, Sie könnten mir helfen, meinen Kindern ein rechtes Zuhause zu geben, so wie sie es brauchen...«

Herzen wischte sich mit einem großen weißen Taschentuch über die Augen und faltete es umständlich wieder zusammen. Da hörte er Malwida sprechen.

»Ich werde Ihnen helfen, Alexander Iwanowitsch, ich werde Ihre Kinder unterrichten und ihnen ein Zuhause geben, so gut ich es kann.«

Alexander Herzen sah auf.

»Danke«, sagte er, »danke, meine Freundin!«

Kossuth und Mazzini

Durch Alexander Herzen lernte Malwida unter den Emigranten manch einen kennen, den man zu den Eckpfeilern der Freiheitsbewegung dieses Jahrhunderts zählen kann, die sämtlich guter Absicht waren und doch so kläglich scheiterten.

»Ich gehe heut zu Kossuth«, sagte Herzen eines Tages, »wollen Sie mich nicht begleiten, Malwida?«

Und ob sie wollte! Angetan in Krinoline und Kapotthut war sie pünktlich zur Stelle. Die Visite geriet dann eher zu einer förmlichen Audienz, wie man es Kossuth spöttelnd nachsagte. Im Salon hatten sich bereits mehrere Besucher versammelt, die Mehrzahl unverkennbar Ungarn, als sich die Tür öffnete, und der feierliche Ruf erscholl: »Meine Herrschaften, der Herr Gouverneur!«

Alles erhob sich und bildete eine Gasse, und herein schritt, begleitet von seinen Adjutanten, alle im ungarischen Schnürrock, Lajos Kossuth. Er grüßte mit ein wenig Herablassung nach beiden Seiten und ließ sich dann nach und nach, rechts und links mit einzelnen Personen seiner Bevorzugung in ein Gespräch ein.

In Malwida erweckte er zunächst keinen guten Eindruck. Das Gehabe, das er an den Tag legte, war ihrer Natur ganz und gar zuwider. Leise machte sie zu Herzen eine Bemerkung darüber, der aber schmunzelte.

»Es waren ausgerechnet die sonst so kühlen Engländer, die ihn zu solchen Auftritten ermutigten. Wie haben sie ihm zugejubelt, als er, aufrecht im Wagen stehend, den Dolman malerisch zurückgeschlagen, sein Gefolge zu Pferde hinter sich, das erste Mal durch London ritt! Daß er seinen Ungarn in dieser Pose gefallen würde, war klar, daß er die Engländer zu Ovationen hinriß, war eine neue Erfahrung, die er nun kalkuliert für sein Vorhaben einsetzt.«

»Sein Vorhaben? Hat er denn nicht aufgegeben?«

»Das wird er wohl nicht, solange er lebt. Seine Vision bleibt ein freies Ungarn.«

»Dem die englische Politik aber nicht zustimmen kann«, erinnerte sich Malwida an die Worte Lord Palmerstons.

»Richtig«, bestätigte Herzen, »das britische Königshaus wird es sich nicht mit den Habsburgern verderben wollen.«

Ausgerechnet in diesem Augenblick hatte Kossuth sich Herzen zugewandt, den er von früheren Begegnungen her kannte. Beide Hände nach ihm ausstreckend, hatte er die letzten Worte wohl mitgehört.

»Ja, ja, genau so ist es, mein Freund! Wie sagt man in Deutschland? Eine Krähe hackt der anderen kein Auge aus!«

Liebenswürdig kehrte er das Gesicht Malwida zu, die ihn nun aus der Nähe betrachten konnte. Kossuth war ein schöner Mann, das mußte sie zugeben, das Haar bereits ergraut über einer gedankenschweren Stirn, ein trauriger Ausdruck in träumerischen Augen.

»Mademoiselle«, sagte Kossuth und wollte eben Malwidas Hand an seine Lippen ziehen, als es Herzen etwas spät einfiel, sie ihm vorzustellen.

»Fräulein von Meysenbug...«

»Lassen Sie nur, Herzen, ich weiß, wer Malwida von Meysenbug ist! Sie vergessen, ich lebe nun schon geraume Zeit hier, und was das angeht, ist London ein Dorf!« Er küßte Malwida die Hand, wie auf dem Kontinent üblich, und fuhr fort, über sie zu memorieren. »Fräulein von Meysenbug tritt leidenschaftlich für die Rechte der Frau ein, stimmt es?«

»Sie haben recht, Herr Gouverneur«, bekannte Malwida freimütig und hielt den Blick des Ungarn aus, »ich glaube an die Befreiung der Frau durch Bildung und Wissen! Sie muß lernen, ihre eigene soziale Unterdrückung zu begreifen! Wie aber kann sie das, wenn sie wie Millionen von Frauen weder lesen noch schreiben kann!«

Malwida erschrak, da sie sich ereifert hatte, aber Kossuth blieb gelassen.

»Eine wahrhaft interessante Variante, möchte man meinen! Ich selbst weiß nichts von Sozialismus. Ich habe mich nie damit beschäftigt. Mein Ziel ist, dem ungarischen Volk nationale Unabhängigkeit und eine freisinnige Staatsführung zu erkämpfen.«

Was heißt freisinnig? Welche Art der Staatsführung? Und ist eine solche überhaupt denkbar, ohne den sozialen Gedanken zu streifen? Diese und noch viele Fragen gingen Malwida durch den Kopf, und manche davon hätte sie gern gestellt, aber Kossuth erachtete das Gespräch offensichtlich für beendet. Er grüßte höflich mit erhobener Hand und sprach, ins Ungarische wechselnd, die nächste Gruppe an. Malwida und Herzen suchten den Ausgang. Wieder draußen auf der Straße lachte Herzen laut auf.

»Irgendwie ist er ein Scharlatan!« Und da Malwida nicht in sein Lachen einstimmte: »Sie sind enttäuscht von Ihrem Helden, nicht wahr?«

»Auf seine Person trifft es zu, wenngleich ich seine Absicht noch immer hoch bewerte.«

»Lassen Sie es gut sein, meine Freundin, ich habe Ihnen den Löwen einmal vorgeführt, aber Lajos Kossuth hat auch andere Seiten. Sie werden es sehen, wenn ich ihn zu mir einlade, dann ist er Freund und Mensch.«

Das sollte sich bewahrheiten, sobald Alexander Herzen seinen Hausstand, zu dem auch Malwida gehörte, vergrößerte und einem weiten Kreis von Gästen aufschloß. Kossuth war dann einer unter vielen, und in lockerem Gespräch manchem Gedanken aufgeschlossen.

An einem anderen Tag schlug Herzen vor, einen Mann zu besuchen, der in Wort und Tat sich leidenschaftlich für die Befreiung Italiens einsetzte.

»Guiseppe Mazzini ist in der Stadt«, bemerkte Herzen wie beiläufig, »ich sah ihn zuletzt in Genf und würde ihn gerne hier begrüßen.« Überflüssig zu sagen, daß er auf Malwidas Begleitung zählte. Ihr Einverständnis und ihre Bereitschaft zu diesem Besuch sollen diesmal ihre eigenen Worte widerspiegeln:

Lange schon hatte ich gewünscht, den großen Italiener, den Feuergeist kennenzulernen, an dessen Flammen ein ganzes Volk seit zwanzig Jahren seinen patriotischen Enthusiasmus aufrecht erhielt.

Malwida spricht von zwanzig Jahren, in denen erstmals in der Geschichte der Ruf nach einem geeinten Italien laut wird, geweckt und getragen vom Geheimbund der CARBONARI, den man auch die Stiefschwester der Freimaurer nennt. Diesem ganz ähnlich gründet Mazzini den Bund JUNGES ITALIEN mit dem gleichen Ziel, Italien zu befreien. Noch herrscht Habsburg über die nordwestlichen Teile Lombardo-Venetien, und werden überdies die Österreicher von Sardinien und dem Königreich beider Sizilen zu Hilfe gerufen, als es in Neapel und Piemont anfängt zu kriseln. Überall hat Mazzini seine Hände im Spiel. Fürst Metternich, Drahtzieher des Wiener Kongreß, klagt über ihn:

Ich kam mit Kaisern und Königen zurecht, konnte Zar, Sultan und Papst miteinander einigen, aber kein Mensch auf Erden hat mir je so viel Schwierigkeiten bereitet, wie dieser italienische Brigant mit Namen Giuseppe Mazzini.

Das Äußere dieses »Briganten« schildert Malwida von Meysenbug so:

Mazzini war von mittlerer Größe, fein und schlank gebaut, eher mager als stark, keine imponierende Gestalt – allein sein Kopf entsprach der Vorstellung, die man sich von ihm machte, und die edlen Züge betrachtend, die Stirn, auf der seine Gedanken zu thronen schienen, im Auge zugleich das Feuer des Fanatikers wie die Milde des Gemütsmenschen, so fühlte man sich gleich im Bann dieses Menschen und begriff, daß er eine Persönlichkeit war.

Ihre erste Reaktion auf Mazzini unterscheidet sich also sehr von der, die sie auf Kossuth zeigte. Und tatsächlich gibt es einen fundamentalen Unterschied zwischen diesen beiden Männern, zu wessen Vorteil, das sei dahingestellt. Wo Kossuth klar den unabhängigen ungarischen Staat will, für den ihm auch Blut zu vergießen lohnt, sagt Mazzini: *Mir liegt nichts an Italien, wenn es um seine Größe und sein Wohlergehen geht! Was einzig des Kampfes wert scheint, ist dies: ein Italien, das die Mission des Fortschritts erfüllt, indem es edler, moralischer und pflichttreuer werde als andere!*

Wie gefährlich das Mystische seiner Botschaft ist, will Malwida nicht erkennen. Mazzini in seiner ganzen Erscheinung hält sie gefangen. Sie hört die beiden Männern diskutieren, Mazzini das

»Dogma der revolutionären Aufgabe« verteidigen, während Alexander Herzen mit klaren Beispielen unzähliger blutiger Niederlagen warnt. Mazzini indessen ruft, sich an den eigenen Worten berauschend aus:

»Rom wird ein drittes Mal die Welt beherrschen! Diesmal durch die Macht der Liebe – nämlich in der Umkehrung seines Namens ROMA in AMOR – und durch wahre Brüderlichkeit als ein leuchtendes Beispiel für andere Völker!

Dem Sinne nach verschwommen, trifft der Tenor Malwidas schwärmerische Ader, und das mehr noch, als Mazzini in Schlagworten umreißt, wie er sich die Lösung der sozialen Frage schlechthin vorstellt.

»Befreiung der Arbeiter aus der Knechtschaft jener wenigen, die das Kapital in Händen halten. Verteilung der Produkte im Verhältnis der geleisteten Arbeit. Moralische und intellektuelle Erziehung der Arbeiter.«

In den fünfziger Jahren ist das nicht mehr originell, war schon hundertmal gesagt, klang aber in Malwidas Ohren immer noch gut. So reihte sie Guiseppe Mazzini ein in die still verehrten Heroen ihres Glaubens und ihrer Überzeugung. Ob sie darin wohl schwankend geworden wäre, wenn sie gewußt hätte, daß keine acht Wochen zuvor auf Mazzinis Befehl beim Mailänder Fasching österreichische Soldaten während des Tanzens mit Dolchen niedergestochen, zehn von ihnen getötet und über sechzig schlimm zugerichtet, und damit nicht genug, etliche lebendig mit langen Nägeln an ihre eigenen Haustüren genagelt worden waren? Und dies nur als eines der von England aus organisierten »Feuerzeichen«, die Mazzini aussandte, während er liebenswürdig plaudernd seine Gäste verabschiedete.

Auf ihrem Heimweg durch den Londoner Abendnebel war es recht still zwischen Alexander Herzen und Malwida von Meysenbug. Er sorgte sich mit gebotener Klarsicht um die Möglichkeiten politischer Umsetzung, ihr aber tönte verlockend das trügerische »Freiheit, Gleichheit, Brüderlichkeit« im Ohr.

Die Familie der freien Wahl

Unterdessen hatte Herzen ein größeres Haus im Londoner Vorort Putney, in der Cholmondely Lodge, gefunden, es wohnlich eingerichtet, die notwendige Anzahl Personal angeworben und war dann selbst nach Paris gereist, um seine beiden Töchter nach England zu holen.

Wenige Tage nach seiner Rückkehr klingelte es an der Tür zu Malwidas Wohnung. Das Hausmädchen, das ihr neuerdings für ein paar Schilling grobe Hausarbeit abnahm, wollte eben öffnen, als Malwida es ihr verwehrte.

»Laß nur, Betty, ich öffne selbst!«

Draußen stand Herzen, ein etwa siebenjähriges Mädchen an der Hand, das sich schüchtern hinter ihm versteckte.

Alexander Iwanowitsch nahm seinen großen Schlapphut ab, den er im Sommer gern trug, und als er sprach, war der Klang zärtlichen Stolzes unüberhörbar.

»Guten Tag, liebe Freundin, dies ist meine Tochter Natalie«, sagte er und erinnerte das Kind daran, einen Knicks zu machen.

Natalie trat vor und kam ihrer Pflicht auf graziöse Art nach. Malwida erschrak fast vor der überirdischen Schönheit des Kindes. Es hatte außergewöhnlich große Augen mit dem sanften Blick altrussischer Ikonenmadonnen. Das dunkle Haar, die getönte Haut und das hoch angesetzte Jochbein trugen noch zur Fremdheit ihres Typus bei wie auch der farbig bestickte Kittel nach russischer Art.

»Wir nennen sie übrigens selten Natalie«, erklärte der stolze Vater, »wir sagen meist Tata zu ihr.«

Malwida verstand den Wink, sich durch die rechte Anrede dem Kind vertraut zu machen und kniete sich zu ihm nieder.

»Guten Tag, Tata! Ich freue mich, dich kennenzulernen!«

Nur für einen kurzen Augenblick stand Zweifel in Natalies großen Augen, doch dann reichte sie Malwida spontan die Hand.

»Enchanté, Mademoiselle!« kam die eingelernte Floskel, die Scheu war dennoch verflogen.

Herzen hatte die erste Annäherung mit Anspannung beobachtet, war jetzt aber erleichtert. Seine Tochter und ihre künftige Erzieherin würden sich gut vertragen.

Malwida ihrerseits empfand vom ersten Moment an die wärmste Zuneigung zu Natalie, wie sie sich überhaupt im Umgang mit Kindern wohl fühlte. Sie sah in ihnen die Erben all dessen, was Generationen zuvor schmerzlich durchdacht und durchlebt, um den Weg zu einer besseren Zukunft zu bahnen. Keine Mühe sah sie als vergebens an, in die Seelen der Kinder jenen Samen zu senken, der – wenn er denn aufging – das Dasein auf Erden zu einem vollkommenen Kunstwerk machte. Daran glaubte Malwida und suchte auch den Sinn ihrer verbliebenen Tage darin:

Um Zeuge davon zu sein, lebe ich noch gern mit junger Freude am Leben, das ja für mich persönlich die schönsten Stunden schon begraben hat.

»Wir wollten Sie abholen, Tata und ich, um mit uns zu Mittag zu speisen, Malwida! Meine neue Köchin versteht ihr Handwerk!« Er lachte in seinen Bart und bemühte sich dann, die Hauptsache nebensächlich klingen zu lassen. »Und zu Hause wartet auch noch Natalies Schwesterchen auf Sie!«

Als ich das Haus betrat, schreibt Malwida von Meysenbug später, *fand ich im Wohnzimmer eine Kindsmagd, die mit Nähen beschäftigt war und gegen ihren Schoß geschmiegt ein ganz kleines Mädchen von zwei Jahren, ein Miniaturwesen von wunderbarer Lieblichkeit.*

Dieses Miniaturwesen sollte noch geschwinder als seine ältere Schwester Malwidas ganzes Herz erobern und es behalten, solange diese lebte.

»Du bist also Olga, nicht wahr?« sagte Malwida und kniete sich auch zu diesem Kind nieder, um nicht von oben herab, sondern in gleicher Augenhöhe mit ihm zu sprechen, wie es von Pestalozzi überkommen die moderne Pädagogik vorschrieb.

Olga, im Gegensatz zu Natalie vom hellen Blond der deutschen Großmutter, heftete ihre dunkelblauen Augen fest auf Malwida. Der Stromkreis gegenseitiger Sympathie schien geschlossen.

Es fiel Malwida nicht leicht, ihre eigene Wohnung aufzugeben, denn sie brauchte die einsamen Stunden mit sich selbst, aus denen, wie sie es nannte, *die Kraft erwächst, die Zerrissenheit des alltäglichen Lebens zu ertragen.* Aber sie hatte sich nun einmal entschlossen, ganz für die Töchter Herzen da zu sein, und gerechterweise muß gesagt sein, daß dadurch das alltägliche Leben weit weniger Zerrissenheit aufwies. Das gesamte Hauswesen war bestens organisiert, Malwida erhielt ein hübsches Zimmer für sich, hatte nur für den geistigen Fortgang der Mädchen zu sorgen, während die Kindsmagd sie praktisch versorgte. Der Sohn Alexander Alexandrowitsch hatte eigene Lehrer, die umschichtig ins Haus kamen. Zu den Mahlzeiten, an denen Malwida mit den Kindern teilnahm, erschienen meist Gäste, und das Gespräch befaßte sich mit der politischen Lage, den Hoffnungen und Befürchtungen für die nahe Zukunft.

»Napoleon, jetzt ja stolze kaiserliche Majestät, spielt sich auf als Beschützer der Heiligen Stätten Palästinas…«

»… eine Rolle, die Zar Nikolaus sich keinesfalls nehmen lassen will!«

»Und das alles auf türkischem Boden!«

»England wird der Türkei beistehen, wie es aussieht!«

»Dann kommt es unweigerlich zum Krieg, meine Freunde.«

Durch diese Gespräche, die in englisch, französisch oder auch auf deutsch geführt wurden, das Herzen durch seine Mutter beherrschte, hatte Malwida das Gefühl, wieder näher am Weltgeschehen zu sein.

Ein anderes, das sich ihr im Hause Herzen sehr bald eröffnete, war die russische Literatur.

»Kommen Sie mit in mein Zimmer, Malwida«, sagte Alexander Iwanowitsch gelegentlich, wenn die Gäste gegangen und die Kinder zu Bett gebracht waren, »ich habe eine deutsche Übersetzung der ›Brüder Karamasov‹ für Sie.«

Mit ihm in seinem Arbeitszimmer zu sitzen, zwischen seinen Büchern und Schriften, vermittelte eine Intimität, mit der umzugehen beide einen Modus gefunden hatten. Herzen brauchte Malwida, und Malwida hielt sich streng an die Wegmarkierungen ihrer neuen Geisteswelt, die da hießen: Dostojewski, Puschkin, Lermatoff, Gogol und natürlich allen voran Lew Tolstoi. Aus ihnen allen strömte ihr ein Hauch von Naturfrische entgegen, erfühlte sie Poesie ohne hohle Phrasen.

Ihr Amt als Erzieherin faßte Malwida von vornherein dreigeteilt auf. Natalie war sie Lehrerin, übte mit ihr Schreiben, Lesen, Rechnen, Olga war sie Märchenerzählerin oder sang mit ihr Lieder, beiden aber wollte sie, wenn nicht Mutter, so doch mütterliche Freundin sein. Und sie gestaltete diese Rolle aus tiefster Seele heraus. Worin sich Malwida gleichfalls zum Wohl des Familienlebens durchsetzte, war dies: Alexander Herzen liebte die Geselligkeit, wogegen nichts zu sagen war. Alsbald hatte sich sein Haus in einem Maße Besuchern geöffnet, unter ihnen vor allem russische und französische Refugées, daß man nur noch vom Einfall eines Heuschreckenschwarms sprechen konnte. Herzen begann selbst darunter zu leiden. Keinen Abend hatte er Ruhe, und die Kosten für die Tafel, die er gastlich unterhielt, überstiegen bald seine finanziellen Möglichkeiten.

»Hören Sie, Alexander Iwanowitsch, bestimmen Sie zwei Abende in der Woche zum Empfang Ihrer Freunde und widmen Sie sich die übrige Zeit Ihren Kindern, die den Vater und seinen lenkenden Zuspruch dringend benötigen. Ich kann für sie tun, was nur in meinen Kräften steht, ihnen ein glückliches Heim zu schaffen, den Vater aber, den kann ich ihnen niemals ersetzen!«

Herzen, sonst kein Freund von Belehrung und Bevormundung, hörte sich Malwidas Strafpredigt geduldig an und unterbot sogar die geplante Beschränkung. Einen einzigen Tag die Woche öffnete Alexander Herzen von nun an sein Haus, sah Freunde wie Fremde bei sich zu Tisch, großzügig bewirtet, und gab sich jeden sonstigen Tag seiner neu aufgenommenen Arbeit hin, nämlich der Herausgabe einer eigenen Zeitung, dem POLARSTERN, die mit jeder Zeile zu politischer Einkehr mahnte. Die Abende und die Sonntage widmete der Vater nun ganz den Kindern. Da gab es Spiel und Spaß, Ernstes und Wissenswertes, vor allem aber traute Nähe und besinnliche Ruhe. Zur Schlafenszeit trat die Kindsmagd in Aktion, aber den beiden Mädchen in ihren langen weißen Nachthemden zärtlich gute Nacht zu wünschen, ließ Malwida sich nicht nehmen.

»Nun guten Schlaf und angenehme Träume, ihr zwei«, sagte sie mit Wärme und küßte beide auf die glatte, weiche Kinderstirn.

»Mademoiselle ... Malwida ... bleibst du jetzt für immer bei uns?« Welch bange Inbrunst klang aus dieser Frage! Wie hätte Malwida sie anders beantworten können als mit ihrer heiligsten Absicht übereinstimmend?

»Ja, Olga, ja! Ich bleibe für immer bei euch!«

Mehr und mehr kümmerte sich Malwida auch um den Haushalt, wurde von der Dienerschaft als dessen Vorstand akzeptiert. Die Köchin beriet den Speiseplan mit ihr, der Gärtner fragte an, welche Blumen er pflanzen solle, die Diener gehorchten Malwida auf jeden Wink. Keine Frage, Malwida führte das Regiment einer Hausfrau und Mutter, was Wunder, daß es ihr gelegentlich auch zur Imitation der Ehefrau geriet. Herzen, der ihr für das erste und zweite dankbar war, ging spürbar in Reserve, wo Malwida die Grenzen zu verschieben drohte.

»Ich weiß, meine Liebe, Sie suchen als gute Freundin in meinem Leben auszugleichen, was es mir an Traurigem angetan hat. Es ist Ihnen auch gelungen, aber...« Mit diesem »Aber«, ohne es näher zu erläutern, setzte Herzen den Punkt. Und Malwida quittierte betrübt.

»Ja, wie oft hätte ich zu Ihnen hintreten und Ihre Hand nehmen mögen, Alexander Iwanowitsch, aber ich tat es nicht, denn ich sah, daß Sie einen Schritt zurückwichen und ich tausendmal lieber ein Bedürfnis des Herzens unterdrücke, als daß ich mißverstanden werde!«

Derlei Reibungen bremsten Malwidas Überschwang aber nie auf lange Dauer. Bald wucherte ihre Fürsorge und Betulichkeit von neuem und wirkte sich, da lauter und liebevoll gemeint, unbestritten zum Guten aus. Natalie und Olga hatten an ihr die Mutter, die sie brauchten, und selbst Alexander Alexandrowitsch, ihr älterer Bruder, dankte Malwida die mütterliche Wärme, indem er mit seinen vierzehn Jahren ihr gegenüber den Kavalier spielte.

So viel Harmonie, soviel inneres Glück der Aufenthalt im Her-
zenschen Haus Malwida auch bot, sollte dennoch ihre Zuge-
hörigkeit zur »Familie der freien Wahl« in Disharmonie enden.

Garibaldi

Eine Ausnahme in der neuerdings eingeschränkten Geselligkeit
im Hause Herzen bildete der Besuch des bereits legendenumwo-
benen Giuseppe Garibaldi. Ebenso wie Mazzini zum Kreis des
JUNGEN ITALIEN gehörend, war die Befreiung Italiens aus fremder Macht das Ziel dieses in seiner ganzen Art großartigen Mannes. Trotz des gleichen Zieles glichen sich Mazzini und Garibaldi
nach Charakter und Werdegang so wenig wie Feuer und Wasser.
Garibaldi, nach erstem, gescheitertem Aufstand zum Tode verurteilt, nach Südamerika geflohen, kehrte eben auf seinem eigenen
Schiff, der »Common Wealth«, von dort nach London zurück und
machte an den westindischen Docks fest.
Herzen stattete ihm an Bord seines Schiffes einen offiziellen Besuch ab. Garibaldi empfing ihn, in einem weiten wollenen Mantel gegen den feuchten Nebel gewappnet, die blaue Kapitäns-
mütze auf dem Kopf.
»Sie sehen mir weit mehr als ein Seemann aus denn als Held der
Revolution, mein Freund«, begrüßte ihn Herzen.
»Ein Seemann bin ich auch«, antwortete Garibaldi lachend, »frei
und ungebunden, wenn das Vaterland mich nicht erneut ruft.«
»Ein solches Leben habe ich mir insgeheim immer gewünscht«,
gestand der Russe kleinlaut ein, aber Garibaldi lachte wieder.
»Nun, und? Den Wunsch können Sie sich immer noch erfüllen!
Kommen Sie mit mir, ich muß nach Newcastle am Tyne, um
Kohle zu bunkern!«
Ein Matrose hatte eine Flasche Portwein gebracht, und Garibaldi

wollte eben seinem Gast davon einschenken, als er sich eines anderen besann.

»Nein«, rief er, »mit einem Alexander Herzen keinen Port! Mit ihm trinke ich einen anderen Wein!« Und eigenhändig öffnete er eine Flasche, auf dem die Herkunft aus dem Savoyenschen Nizza, seinem Geburtsort, angegeben war. Weiß der Teufel, wo er sie aufgetrieben, aber die Geste bewies den weichen Kern in rauher Schale.

»Haben Sie schon Quartier an Land gefunden?« erkundigte Herzen sich nach einem Rundblick durch die recht beengte Kajüte, »und wenn nicht, seien Sie mein Gast in meinem Haus in Putney! Sie können bleiben, solange Sie wollen!«

Mit einer Einschränkung ging der Italiener dankbar auf das Angebot ein.

»Ich komme gern, sobald ich von Newcastle zurück bin!« Als dann Herzen zu Hause verkündete, sie würden Garibaldi zu Besuch haben, wußte Malwida sehr wohl, was das bedeutete. Das Haus voll italienischer Refugées! Tag und Nacht würden sie ihr Idol umlagern und die alte Unruhe und den gleichen Trubel bringen, den sie eben bekämpft hatte. Aber Garibaldi? Für ihn schmolz auch Malwida dahin, noch ehe er eingetroffen war.

Als er dann wenige Wochen später ganz bescheiden vor der Tür stand, hieß sie ihn, den Vorkämpfer nationaler Freiheit, voll Ehrfurcht willkommen. Malwida hielt später den Eindruck, den sie von Guiseppe Garibaldi hatte, schriftlich fest:

Wenn sein Äußeres schon für ihn einnahm, so tat dies noch mehr der sanfte Ausdruck des guten Auges, das milde Lächeln, die ganze einfache und in ihrer Einfachheit doch so würdevolle Persönlichkeit. Seine Erscheinung war wie der stille Zauber eines schönen Tages…

Der erste, der kam, Garibaldi zu sehen, war Mazzini. Sie bekamen sofort Streit und erhitzten sich bis Mitternacht im Gespräch darüber, ob die Einigung Italiens auf dem Wege der Kooperation möglich sei oder einzig Gewalt zum Ziele führe. Garibaldi vertrat die Meinung, man solle mit der an sich liberal eingestellten Regierung König Viktor Emanuels II. von Sardinien zusammenarbeiten und dessen Ministerpräsidenten Cavour. Mazzini bestand auf der Wirksamkeit »kleiner Nadelstiche«, wie er den Überfall auf den Faschingsball vom letzten Februar nannte. Garibaldi verlor endlich die Geduld und rief:

»An diesen unglückseligen Aufständen können sich nur Wahnsinnige oder Feinde der italienischen Sache beteiligen!«

Mazzini sprang von seinem Stuhl auf, totenblaß im Gesicht.

»Sie können mir nichts anhaben! Und wenn Sie es in alle Welt hinausschreien, ich fahre fort, meinem Vaterland auf meine Weise zu dienen, während Sie, Garibaldi, den Unterdrückern der Freiheit die Füße lecken...«

»Aber, aber, meine Herren! Meine Freunde!« suchte Herzen zu vermitteln, mäßigen Sie sich! Ich bitte Sie, wenigstens in meinem Hause...« Aber er kam mit seinen Bemühungen bei den beiden Streithähnen nicht durch. Wenigstens für diesen Abend trennten sich Guiseppe Garibaldi und Guiseppe Mazzini unversöhnt, obwohl sie beide doch das gleiche wollten: ein einheitliches, freiheitliches Italien.

Während Garibaldis weiterem Aufenthalt im Haus Herzen erschien sogar der Ungar Kossuth zu Besuch, der sonst nur bei sich Hof zu halten pflegte. Sie debattierten lebhaft, waren sich im Grundsatz aber einig. Ruhe kehrte bei den Herzens erst wieder ein, als Garibaldi nach überschwenglichem Abschied sein Schiff bestieg, Segel setzte und Themse abwärts fuhr.

»Von ihm werden wir noch zu hören bekommen«, seufzte Herzen, »ob Gutes oder Schlechtes, in jedem Fall Heldenhaftes.«

»Heldenhaftes und Ehrenhaftes, dessen bin ich gewiß«, bestätigte Malwida und ordnete die letzten Rosen des Jahres in eine Vase.

Die dunkle Seite der Stadt

Der Zusammenhalt der deutschen Emigranten in London lockerte sich, nachdem die Baronin von Brüning ganz plötzlich gestorben war. Sie wurde zutiefst betrauert, aber die Herde der nun verlorenen Schafe lief alsbald auseinander. Wer von ihnen sich statt dessen haltsuchend Kinkels zuwandte, fand zumeist verschlossene Türen. Gottfried Kinkel in ungebrochener Schaffenskraft arbeitete an seiner Verserzählung *Der Grobschmied von Antwerpen,* die bei ihrem späteren Erscheinen großes Aufsehen erregte. Johanna Kinkel komponierte eine Kantate und war überdies mit dem zweiten Band ihres Romans *Hans Ibeles* beschäftigt, auf den die Leser des ersten Bandes schon warteten.

Malwida schloß sich nun noch näher an Herzen und seine Kinder an. In ihrem Innern ging damit eine Wandlung einher. Geistig allem Politischen wie Literarischem weiterhin aufgeschlossen, koppelte sie sich von den Belangen sozialer Befreiung aus speziell deutscher Sicht immer mehr ab. Armut und soziale Knechtung der Frau waren immer noch ihr Anliegen. Auch in London, in den engen Gassen von Bethnal Green und Whitechapel, die Malwida gegen jede Warnung mehrfach aufgesucht hatte, erlebte man sie hautnah. Malwida hatte die Behausungen gesehen, in denen jene wohnten, die sich als Orgeldreher und Bettelmusikanten durchzubringen suchten, jene, die Holzschuh und Pantoffeln fertigten oder die schlimmste Arbeit taten, nämlich das Reinigen von Tierhäuten, durch Nässe und Unrat die ungesundeste aller Beschäftigungen. Noch schlimmer aber waren jene Ärmsten der Armen dran, die gar keine Arbeit fanden. Malwida hatte ihre Protestmärsche beobachtet, sie durch regennasse Straßen begleitet, wenn sie, leise und diszipliniert, einer hinter dem anderen in langer Reihe dahinschritten, hatte mit wehem Herzen ihrem monotonen Gesang gelauscht, der in immer gleichem Refrain klagte: no work – no work – no work –, aber kaum jemand in der großen Stadt öffnete auch nur ein Fenster, den Klagenden eine lebensnotwendige Gabe hinunterzuwerfen. Mehrfach sprach Malwida mit deutschen Einwanderern, an Arbeit auf dem Feld gewöhnt, hier im fremden Land aber ins Proletariat abgesunken. Zwei und drei Familien wohnten in einem Raum beieinander, oft ohne das kärgste Brot, die letzte Kohle im Kamin.

»So schlimm es daheim auch war«, hatte ihr eine der Frauen geklagt, »so waren wir doch auf eigener Scholle und in frischer Luft!«

Wie viele Arme wurden, einzig weil sie sich gegen die Armut wehrten, zu Oppositionellen, und wie verachtenswert erschien Malwida ein Regime, das diese in die Opposition gedrängten Menschen verfolgte und sie damit aus der Heimat trieb.

Aber eines wurde Malwida von Meysenbug in diesen Jahren der Emigration klar: Eine perfekte Welt mußte wohl ein Wunschtraum bleiben. Jede Revolution, zumal wenn sie im Zorn käme, würde sich wie ein verheerender Bergstrom über die zivilisierte Welt ergießen, ohne grundsätzlich etwas zu verbessern. Malwida hörte Männer wie Herzen, Garibaldi, Kossuth und Mazzini sprechen, und sie alle hatten sie im Grunde entmutigt. Die Sicht der Dinge hatte sich ihr erweitert, aber auch entrückt. Wie sie einst den hochtrabenden Thesen eines Theodor Althaus gefolgt war, war ihr Nahziel jetzt einzig die Verantwortung für die Familie Herzen. Sie liebte sie alle, doch, gestand sie sich ein, in unterschiedlichem Maß: Der Vater bewegte ihr Gemüt mehr, als sie es zulassen wollte, und von den Kindern stand Olga – zu einem niedlichen fünfjährigen Mädchen herangewachsen – ihrem Herzen am nächsten. Stürmisch wie ein Frühlingswind gab dieses Kind alle Liebe zurück, die Malwida ihr jede Minute des Tages erwies. Aber alle zusammen waren *ihre Familie,* wie Malwida sie voller Stolz nannte.

Ein Dirigent namens Wagner

Urlaub von ihren Pflichten nahm sich Malwida nur ein einziges Mal. In London, so hieß es, würde die »Neue Philharmonische Gesellschaft« acht Konzerte geben. Beethoven und Weber sollten zu Gehör kommen, und zwar unter der Leitung eines recht unbekannten Dirigenten namens Richard Wagner. Den Engländern sagte dieser Name wenig, Malwida hingegen machte er hellhörig, hatte sie doch sein Buch *Kunstwerk der Zukunft* gelesen und darin bestätigt gefunden, was sie über die Bedeutung des musikalischen Dramas erahnte.

Mir war durch jene wundervollen Texte ein Vorgefühl dessen geworden, was das höchste tragische Kunstwerk auf dem Hintergrund verklärender Musik eine alles andere weit übertreffende Wirkung haben müsse.

Wenn nun auch nichts davon zur Aufführung kommen sollte, so war es ihr doch *zur brennenden Sehnsucht geworden,* diesen Wagner kennenzulernen, zumal sie ihn als Demokrat und Sozialist auch politisch auf einer Linie mit sich selbst wußte.

»Würden Sie mir den Besuch eines seiner Konzerte wohl gestatten, Alexander Iwanowitsch?« bat sie und erhielt ganz selbstverständlich seine Erlaubnis.

»Sie müssen aber zusehen, in der City zu übernachten, Malwida«, wandte Herzen lediglich ein, »diese Konzerte dauern bis weit nach Mitternacht, und der Weg nach hier draußen ist viel zu weit.« Eine Übernachtung ließ sich leicht bei einer der deutschen Emigrantenfamilien arrangieren, glücklicherweise zusammen mit der Einladung auf einen Empfang, zu dem Wagner sein Erscheinen zugesagt hatte. Das Konzert, obwohl Wagner lediglich als Dirigent fungierte, überwältigte Malwida.

Besonders die Ouvertüre zu Webers Freischütz wurde mir zur Offenbarung durch eine Orchesterführung, die mir zum erstenmal die geheimnisvolle Sprache der Tonwelt aufschloß.

Um sich von der Person Wagners, seinem Äußeren, seiner Gestalt oder gar Mimik einen Begriff zu machen, saß Malwida viel zu weit hinten auf den billigeren Plätzen.

Ich hatte lediglich die Empfindung, als fließe von seinem Taktstock ausgehend eine Harmoniewelle über das Orchester hin und mache gleichsam die Musiker fähig, auf eine höhere Weise zu spielen, als sie es je vermocht…

Beim feierlichen Empfang am nächsten Vormittag im Haus von Malwidas Gastgeberin erschien Wagner mit einer halben Stunde Verspätung. Gesenkten Hauptes und mit hastigem Schritt, so als wolle er es hinter sich bringen, betrat er den Salon, und ganz offenbar schlecht aufgelegt, fiel sein Gruß recht mürrisch aus.

»Guten Tag, good morning!« fertigte er jeden, auch Malwida, ungeduldig mit flüchtigem Handschlag ab.

Was hatte den Meister so verstimmt? Seine ersten Worte boten bereits des Rätsels Lösung.

»Haben Sie heute morgen die Kritiken über mein Konzert gelesen?« fragte er in verärgertem Ton die Gastgeberin und wandte sich in seiner Empörung auch an die anderen Gäste. »Diese Engländer! Ihre Presse ohne jedes Musikverständnis! Hier lesen Sie!«

Von daher wehte also der Wind. Die Kritiker waren tatsächlich nicht zart mit dem Meister umgegangen, denn jetzt, da er ein Zeitungsblatt aus der Tasche zog und umherzeigte, konnte jedermann lesen: *Richard Wagner, ein Dirigent, der seinen Beethoven auswendig herunterdirigiert! Das kann ja nichts sein!*

»Nun ja«, meinte der Betroffene hämisch, »das Londoner Publikum, von seinem Mendelssohn förmlich besessen! Dagegen aufzukommen ist wohl unmöglich!« Irgendwie, wahrscheinlich um die Quelle seines wiedergefundenen Gleichmuts zu nennen, brachte Wagner den Namen Schopenhauer ins Gespräch.

»Schopenhauer? Arthur Schopenhauer?« fragte Malwida, da ihr bildhaft die Erinnerung aus frühen Frankfurter Tagen kam.

»Ja, meine Gnädigste, Arthur Schopenhauer, Professor der Philosophie«, bestätigte Wagner im Ton nachsichtiger Geduld, mit dem man etwa einem unwissenden Kind das Einmaleins erklärt, »kennen Sie ihn etwa?«

»Ja«, kam zu Wagners größter Überraschung die Antwort von Malwida. »Ja, ich erinnere mich an einen kleinen Mann in einem grauen Mantel mit mehreren Kragen übereinander, der mit seinem Pudel am Mainquai spazierenging und das täglich zur gleichen Stunde. Ich erinnere mich, daß wir hinter ihm herliefen und unter uns die gruselige Gewißheit bestand, er sei ein völliger Narr. Auch unter den Erwachsenen gab es manche Anekdote zum Beweis dieser Theorie...«

»So, so«, unterbrach Wagner sie, »diesem völligen Narren, wie Sie ihn nennen, habe ich im vorigen Jahr meinen ›Ring des Nibelungen‹ gewidmet!«

»Wir waren damals ja noch Kinder«, suchte sich Malwida gegen den versteckten Vorwurf zu verteidigen, »erst viel später erfuhr ich von Schopenhauers geistiger Bedeutung und hörte Stimmen, die seine philosophischen Schriften Kant gleichstellten oder ihm gar überordneten.«

»Rechnen Sie mich, mein Fräulein, zur Gruppe der letzteren«, rief Wagner emphatisch und begann bei einem zweiten Glas Champagner den Grundgedanken der Schopenhauerschen Philosophie zu erläutern. »Totale Selbstlosigkeit, so führt Schopenhauer aus, kommt fast einer Heiligkeit gleich, deren Wesen Selbstverleugnung ist, und daraus abgeleitet die *Verneinung des Willens zum Leben* schlechthin! Und damit haben wir bereits den ganzen Kern Schopenhauers!«

Malwida war damit nicht einverstanden. Gewohnt, den eigenen Willen als Kraft sittlicher Selbstbestimmung anzusehen, war ihr dieser Gedankengang Schopenhauers unverständlich, ja sogar zuwider. Sie holte tief Luft und wandte sich an Wagner:

»Das, so meinen Sie, soll die ethische Aufgabe der Menschheit sein? Das hieße in meinen Augen sich treiben lassen, das Ende jeglicher Fortentwicklung, Verzicht auf geistige Verantwortung! Wer das Leben verneint, wird nicht für fernere Generationen denken. Wer willenlos ist, kann nicht forschen, erfinden, verbessern! Nein, verehrter Meister, dem kann und will ich mich nicht anschließen! Und ich wage zu zweifeln, ob die Gedanken des kleinen Mannes am Mainquai zu diesem Ziel gelangten, wenn dem aber so sein sollte...«

Schon sprach Malwida ins Leere, denn der Hausfrau war zu deren großer Erleichterung das Diner gemeldet worden. Genau im rechten Augenblick, dachte sie für sich, wie wagt es diese Meysenbug nur, dem verehrten Meister zu widersprechen! Noch dazu als Frau! Peinlich, äußerst peinlich!

Man begab sich paarweise nach nebenan ins Speisezimmer, die Konversation befaßte sich bereits mit dem pompösen Tischschmuck der Tafel, nur Wagner lieh dem Fräulein von Meysenbug noch halb und halb ein Ohr.

»Darf ich Sie bitten, Meister«, mahnte die Hausfrau, und Wagner war plötzlich der Gedanke an *parfait de fois gras* näher als der Gedanke an die Philosophie Arthur Schopenhauers. Malwidas Zusammentreffen mit der so eigenwilligen Persönlichkeit eines Richard Wagner verlief also nicht unbedingt befriedigend, aber es sollte auch nicht die letzte Begegnung der beiden gewesen sein.

Bitter enttäuscht

Das Jahr 1856 zog frühlingshaft herauf. Im März ging der Krieg auf der Krim zu Ende, was neben der Neuverteilung politischer Macht in Europa zumindest aus Malwidas Sicht auch eine possierliche Änderung mit sich brachte, die sie schadenfroh zur Kenntnis nahm.

Im England der Queen Victoria waren Bärte verpönt, ausgenommen ein schmaler Oberlippenbart und wuchernde Koteletten, wie Prinz Albert sie trug. Nun läßt es sich denken, wie ein Russe mit üppigem Vollbart in der britischen Gesellschaft der fünfziger Jahre aufgenommen wurde! Er wurde bekrittelt und bespöttelt als »shocking« und »very continental«, was beides von englischer Zunge einem schärfsten Tadel gleichkam. Aber nicht nur in den Salons erregte Herzens Vollbart Ärgernis, auch auf der Straße und in sonstiger Öffentlichkeit wurde er verlacht und zeigte man ungeniert mit dem Finger auf seine Haarpracht. Nun aber kehrten die im Krimkrieg eingesetzten britischen Streitkräfte, Infanteristen wie Matrosen, aus dem Osten zurück und – siehe da – trugen stolz Vollbärte! Die Mode griff rasch um sich, Barbiere in England wurden arm, und Herzen galt, wo immer er sich zeigte, als äußerst »up-to-date«.

Etwa um diese Zeit traf im Haus Cholmondely Lodge ein Brief ein, beklebt mit den jetzt auch in Frankreich üblichen Postwertzeichen.

»Er ist an Sie gerichtet, Alexander Iwanowitsch«, bemerkte Malwida, die den Postmann mit einem Trinkgeld abgefertigt hatte.

Herzen nahm den Brief entgegen, wendete ihn in seinen Händen hin und her, und, noch ehe er des Absenders gänzlich sicher war, breitete sich ein Leuchten der Freude über sein Gesicht.

»Der Handschrift nach ist er von Ogareff...« kam zögernd seine Vermutung, die, gleich nachdem er das Siegel erbrochen, in Gewißheit umschlug. »Ja, meiner Treu, von Ogareff!« Und kaum daß er die ersten Zeilen gelesen! »Er kommt! Er kommt hierher zu Besuch, ist schon in Paris eingetroffen!« Die Freude, die Herzen über die Aussicht empfand, seinen geliebten Freund wiederzusehen, war jetzt unverkennbar. Auch Malwida war klar, was ihm diese Ankündigung bedeuten mußte. Nikolaus Ogareff war jener Jugendfreund und Altersgenosse, mit dem Alexander Herzen die Höhenflüge jugendlicher Revolte durchmessen, aber auch fundierte Kritik am System der Zarenregierung geübt hatte. Der Richterspruch Verbannung hatte damals auch Ogareff getroffen, und die Freunde waren getrennt worden. Erst im Jahre 1847 sahen sie sich wieder, aber, unterdessen erwachsen geworden, vermißten sie gegenseitig den Rausch jugendlichen Überschwangs, der sie zuvor zu Brüdern gemacht. Sie standen sich kühl gegenüber, als Herzen seine Absicht, auszuwandern gestand.

»Du verrätst Rußland!« warf Ogareff ihm vor.

»O nein, mein Freund«, verteidigte Herzen sich, »ich begebe mich ins freie Abendland, in dem der Geist seine Heimstätte hat, um von dort laut meine Stimme zu erheben, während ihr weiter schweigen müßt!«

Die Freunde schonten einander nicht, jedes Wort drang wie ein spitzer Pfeil in die offene Wunde. Weit gähnte die Kluft zwischen ihnen, wurde mit jedem Tag breiter und hinterließ in Herzen ein Gefühl von Trauer und tödlicher Leere. Jetzt jedoch, da er Ogareffs Brief in Händen hielt, füllte diese sich augenblicklich mit überschäumender Freude, so wie ein Vakuum beim ersten Öffnen sich prall mit Luft füllt.

»Malwida!« rief er und legte in seltener Vertrautheit seinen Arm um ihre Schulter, »Malwida, wir wollen es ihnen recht schön machen! Lassen Sie die beiden leeren Zimmer im Oberstock für unsere Gäste herrichten! Der Tapezierer soll kommen, Malwida, und Blumen, viele, viele Blumen... Ogareff liebt Blumen...« Ein Tränenstoß erstickte seine Stimme. Die Kluft hatte sich geschlossen, der Freund war ihm wiedergeschenkt. Nur daran dachte Herzen und beschwor mit einem tiefen Seufzer Bilder alter Gemeinsamkeit und Übereinstimmung herauf, als Malwidas Frage ihn auf den Boden der Tatsachen zurückrief.

»Kommt Ihr Freund nicht allein, Alexander Iwanowitsch?«
Herzen schien sich einen Augenblick besinnen zu müssen.
»Nein, nein, sicher nicht! Seine Frau wird ihn begleiten.«
Andere Bilder der Erinnerung zogen herauf. Ebenfalls 1847, die Postkutsche stand zur Abreise bereit, da gestand Ogareff seinerseits im letzten Augenblick:
»Ich werde heiraten!«
»Recht tust du, Bruder, die Ehe bringt Frieden und Erfüllung. Wer ist die Glückliche?«
Natalie Herzens beste Freundin war es, wie zum Zeichen dieser Freundschaft gleichfalls Natalie benannt. Herzen erschrak. So gleich die Namen der beiden, so ungleich war ihr Wesen. Herzen zweifelte damals, ob Liebe je die Schroffheit, die er an der zweiten Natalie kennengelernt, überbrücken könne.
»Nun denn«, waren damals Herzens Abschiedsworte, »wenn du so fest entschlossen bist, mein Freund, sieh zu, wie du zurechtkommst! Es wird nicht leicht für dich sein...«
Ogareffs Antwort war untergegangen im Peitschenknall des Postillions und dem Anziehen des schweren Gespanns.
Eine Frau kommt ins Haus, fuhr es Malwida wie eine Warnung

durch den Kopf, während Herzen mit seinen Gedanken weit fort
war. Eine Frau unter dem gleichen Dach, eine Frau am gleichen
Tisch und, wenn auch nur allegorisch gemeint, eine Frau am gleichen Herd! Konnte das gut gehen?

Viel Zeit blieb Malwida nicht, darüber nachzudenken. Wenige
Tage später fuhr eine mit Gepäck hochbeladene Kutsche die
Cholmondely Lodge herauf. Malwida unterrichtete die Kinder
eben im Rechnen.

»Wie oft geht fünfundzwanzig in zweihundert, Tata? Und du,
Olga, sag mir, wieviel ist drei mal sechs?«

Für diesmal bekam Malwida keine Antwort, die Kinder waren
nicht mehr zu halten, stürzten ans Fenster, zu sehen, ob die Kutsche vor dem Haus anhielt oder weiter die Straße hinauffuhr.
Und da wirklich der Kutscher mit einem langgezogenen »Hoo-
ho« die Pferde genau vor der »porch«, dem überdachten Eingang
des Hauses zum Stehen brachte, brachen beide in lauten Jubel
aus.

»Sie kommen! Sie kommen!« riefen sie.

Malwida, die sich mit einem kurzen Blick zum Fenster hinaus
ebenfalls davon überzeugt hatte, daß die erwarteten Gäste eintrafen, lief an den Treppenabsatz, um zum Arbeitszimmer des Hausherrn hinauf zu rufen.

»Alexander Iwanowitsch! Ihr Besuch ist eingetroffen!«

Und dann gab es das übliche Durcheinander einer Ankunft, Willkommensrufe, Küsse, Umarmungen, Abladen von Gepäck, dem
Fluch des Kutschers, weil die Pferde nicht standen, dem Schmer-
zensschrei eines Dieners, dem eine Reisetasche auf den Fuß fiel
und endlich alles übertönend die Stimme Herzens:

»Tretet ein, meine Lieben, tretet ein! Mein Haus ist das Eure!«

Er sprach im Plural, aber sein Blick galt nur Ogareff, der selbst im
weiten Reisemantel schlanker war als Herzen, das Gesicht blaß
und scheinbar erschöpft, eine lange Nase über eben solchem Bart,
wie Herzen ihn trug, und über allem der Ausdruck tiefer Melancholie.

»Mein Freund«, wiederholte Alexander Iwanowitsch drinnen im
Haus, und mit dem Ausruf »Nikolai Platonowitsch«, welches die

Vornamen Ogareffs waren, umarmte er den Freund nochmals in aller Innigkeit. Beiden Männern stand das Wasser in den Augen, die Freundschaft war wiederhergestellt.

Derweil war ihnen Natalie Ogareff ebenfalls ins Haus gefolgt. Sie war eine etwas korpulente Schönheit mit ebenmäßigen Gesichtszügen, die nur der eigenwillig verkniffene Mund störte. Das schwarze dichte Haar, offensichtlich gefärbt, war zu einer Art Krone geflochten, von der sie eben die pelzgefütterte Kapuze zog.

»Nun helf mir doch jemand aus diesem schweren Mantel heraus!« stöhnte sie, und als Malwida hilfreich zugriff, um Madame Ogareff aus Polarfuchs und Nerz zu schälen – es war immerhin frühes Frühjahr –, sah diese sie unter gerunzelten Brauen prüfend an.

»Wer sind Sie denn?«

»Mein Name ist Malwida von Meysenbug. Ich bin zuständig für die Erziehung der Kinder in diesem Haus.«

»Aha, die Gouvernante!« Wahrscheinlich verschanzten sich bereits in diesem Augenblick die beiden Damen in feindlichen Lagern. Dafür spricht das Wörtchen »von« in Malwidas Namen, denn Natalie Ogareff, die die Bedeutung dieses Wortes sehr wohl kannte, hatte trotz der republikanischen Einstellung ihres Mannes niemals verwunden, nicht von Adel zu sein. Zum anderen sprach die Klassifizierung »Gouvernante« dafür, denn damit hatte Natalie Malwida von vornherein in die Tiefen eines hierzulande verachteten Standes hinabgestoßen.

Die erste Mahlzeit gemeinsam mit den neuen Hausbewohnern bestand aus Tee nach englischer Sitte mit Milch, Kuchen und Sandwiches. Der Diener hatte den Tisch in der verglasten Veranda gedeckt, die Sonne schien herein, die Kinder machten begehrliche Blicke in Richtung Kuchen, aber warteten brav, bis Malwida den Tee eingeschenkt hatte.

»Hier, nehmt Kuchen, Kinder!« forderte Frau Ogareff auf und packte jedem mehrere Stücke auf den Teller und zu Malwida in scharfem Ton: »Für mich keine Milch, Fräulein!« Und dann, als jede Tasse mit heißem Tee gefüllt war: »Danke, Fräulein, Sie können jetzt gehen! Wir brauchen Sie nicht mehr!«

Tatsächlich einen Moment perplex, warf Malwida Herzen einen Blick zu. Der, eben im Gespräch mit Ogareff, sah auf und begriff nicht, worum es ging.

»Was ist? So setzen Sie sich doch, meine Liebe!«

»Mir wurde soeben zu verstehen gegeben, daß ich an dieser Mahlzeit nicht teilzunehmen habe«, sagte Malwida und setzte damit alles auf eine Karte.

Jetzt begriff Herzen. Mit ausgesuchter Höflichkeit beugte er sich zu Natalie und legte ihr eine Hand auf den Arm.

»Hör zu, meine Liebe! Malwida trinkt mit uns den Tee, hier an diesem Tisch, hast du mich verstanden?«

Seine Warnung kam untergründig, etwa so, als habe ein Bär mit entblößten Reißzähnen ein Liedchen gezwitschert. Für den Augenblick gab Natalie Ogareff sich geschlagen, aber von nun an ließ sie keine Gelegenheit aus, Malwida zu demütigen und ihr ihre Stellung im Haus streitig zu machen.

»Die Tapete gefällt mir nicht«, kritisierte Frau Ogareff, sobald sie die neu tapezierten Zimmer im Oberstock in Besitz nahm, »und die Vorhänge an den Fenstern sind abscheulich! Wer hat die nur ausgewählt?« höhnte sie wohlgezielt, denn Olga hatte mit Stolz verraten:

»Ist dein Zimmer nicht hübsch geworden, Tante Natalie? Das hat alles Malwida für dich gemacht!«

Gleich am nächsten Tag befahl Madame Ogareff die Köchin zu sich, um das Menü mit ihr durchzusprechen, denn daß dies Malwidas geheiligtes Recht war, hatte ebenfalls Olga auf harmlose Art verraten.

»Malwida hat der Köchin Apfelstrudel beigebracht, den wir so gern essen. Und sie hat ihr gezeigt, wie man Sauerkraut macht und Schmalznudeln!«

»Ich wünsche keinerlei deutsche Gerichte mehr«, wurde die Köchin angewiesen, »derart unverdauliche Dinge mag man in Berlin essen, aber nicht in einem russischen Haushalt!«

Für diesmal nahm Malwida es als »Mißverständnis« geduldig hin. Allerdings nahm sie sich vor, mit Herzen unter vier Augen darüber zu sprechen. Und gerade das war nicht so leicht. Herzen hatte

Ogareff in die Redaktion seines »Polarstern« mitgenommen, und die beiden planten und diskutierten sich die Köpfe heiß, ja beschlossen, gemeinsam eine zweite Zeitung herauszubringen, die den Namen »Glocke« erhalten sollte.

Die »Glocke« erschien in russischer Sprache und wurde auf geheimen Wegen, an der Zensur vorbei, nach Rußland und dort bis in den Winterpalast geschmuggelt, wo sie selbst dem neuen Zaren Alexander II. laut ins Ohr dröhnte: Reformen! Beseitigung der Leibeigenschaft! Erarbeitung einer Verfassung! Pressefreiheit! Soziale Verantwortung! Und siehe da, die »Glocke« fand dies Ohr offen. Zar Alexander II. suchte, noch tastend, einen neuen Kurs einzuschlagen. Mit welchem Jubel wurde die Nachricht davon gerade in der Emigration aufgenommen!

Man sollte glauben, daß besonders Malwida diesen Jubel teilte. Natürlich war ihr der Gedanke unerträglich, daß in Rußland ein Bauer noch immer Eigentum seines Herrn war, nicht anders als Haus und Vieh. Aber sie dachte weiter. Die Abschaffung der Leibeigenschaft stand im Programm des jungen Zaren vornean wie die reife Frucht, die notwendig vom Baume fallen muß. Was aber, so fragte sich Malwida, fängt das russische Volk mit seiner Emanzipation an? Wird es, der Bevormundung beraubt, ratlos in die Irre laufen? Oder wird der Individualismus wie im übrigen Europa die Oberhand gewinnen? Wird das Bedürfnis nach persönlichem Besitz jenen endlosen Kampf zwischen dem Anspruch eines einzelnen und dem Anspruch aller nach sich ziehen, wie andere Länder ihn lange schon vergeblich führen? Ein Kampf, der nur im vollkommenen Staat enden kann, in dem jedes Einzelinteresse geschützt und befriedigt, sich harmonisch mit dem Gesamtinteresse verträgt. Den Glauben an einen solchen Staat in naher Zeit hegte Malwida von Meysenbug nicht mehr, hoffte auf ihn aber in ferner Zukunft, vielleicht in einem nächsten Jahrhundert.*

---

* Effektiv dauerte es 130 Jahre, nämlich bis zum November 1990, daß Boris Jelzin dem russischen Volk erstmalig eine Verfassung anbot, die in etwa Malwidas Vorstellungen entsprochen haben würde.

Malwida behielt diese Gedanken für sich, vertraute sie lediglich ein paar tagebuchähnlichen Aufzeichnungen an. Herzen aber, berauscht vom sichtbaren Erfolg seiner »Glocke«, fuhr fort, schwarz auf weiß zu fordern: *Landbesitz für den befreiten Bauern, Abschaffung von Körperschaften, von jeglicher Zensur und von Gerichtsverfahren hinter verschlossener Tür.*

Derart involviert, nahm Herzen den Nibelungenstreit zwischen »Brunhild« und »Krimhild« in seinem Haus gar nicht wahr, und Ogareff schloß beide Augen. Er kannte seine »Krimhild«. Längst hatte sich Natalie der Domäne Garten und Haushalt bemächtigt, als es aber an Grundsätze der Kindererziehung ging, stieß Natalie auf Widerstand.

»Ich habe die Kinder zu Genügsamkeit angehalten«, erklärte Malwida entschieden, »Sie aber, Madame Ogareff, überschütten sie immer wieder mit Geschenken und Süßigkeiten, verwöhnen sie in einem Maße, das ich nicht gutheißen kann!«

»Ach«, schnaubte Natalie verächtlich, »ein paar Geschenke! Und ab und zu ein Stückchen Schokolade!«

»Ein paar Geschenke?« höhnte jetzt auch Malwida, »Sie kaufen halb London leer und schleppen den Kindern die Sachen an, als fiele Drei-König und Ostern auf einen Tag! All meine Bemühungen, die schlichte Bescheidenheit zu lehren, machen Sie damit zunichte!«

Tatsache war, daß Madame Ogareff gern einkaufte, die beste Kundin besonders der Puppenläden und Zuckerbäcker war, insgeheim sich damit aber bei den Töchtern Tata und Olga beliebt machen wollte. Sie zu gewinnen, bedeutete, wie Natalie genau wußte, nicht nur das endgültige Entrée in die Familie Herzen, sondern auch deren Vater auf ihre Seite zu ziehen, von dessen Ablehnung sie seit ihrer Heirat wußte. Im Verfolg dieser Absicht ordnete sie Malwida instinktiv als ihre Gegnerin ein und holte eben voller Genugtuung zu einem kräftigen Hieb gegen sie aus.

»Sie gönnen den Kindern einfach nichts! Ihnen selbst wurde ein Leben lang nichts gegönnt und grimmig darüber lassen Sie es an den armen Kleinen aus! Das ist das ganze Geheimnis Ihrer sogenannten Erziehung!«

Tatsächlich traf Natalie damit Malwidas empfindlichsten Punkt. Junge Menschen zu dem zu erziehen, was ihr selbst als Ideal vorschwebte, erschien ihr als ein heiliges Gut, als fast sakrale Pflicht, der sie sich mit aller Inbrunst widmete, jetzt, da es ans Grundsätzliche ging, brauchte sie Herzens Hilfe. Da er sich dieser Tage aber so gut wie niemals sprechen ließ, griff Malwida zu Papier und Feder und schrieb ihre bittre Klage auf.

Hatte ich bisher geglaubt, es genüge freundschaftlich alles zu geben, um ebenso freundschaftlich alles zurückzuerhalten, so sehe ich mich hierin in letzter Zeit getäuscht. Daß Sie, Alexander Iwanowitsch, sich gleichermaßen dem Freunde und der gemeinsamen Arbeit hingeben, das verstehe ich vollkommen, nicht aber, daß Sie mich in einem Zwiespalt zurücklassen. Wenn es Ihre Absicht ist, daß ich diesen Kampf verlieren und einen ehrenvollen Rückzug antreten soll, so lassen Sie mich das deutlich wissen. Wenn Sie aber den Frieden im Hause – wie auch meine verletzte Würde – wieder herstellen wollen, dann sprechen Sie ein Wort mit den Ogareffs! Habe ich nicht Ihr ganzes Vertrauen, ziehe ich einen völligen Bruch vor. Nur nicht im Halben verkommen lassen, was im Ganzen wahr und schön sein muß, wenn es Früchte bringen soll. Malwida.

Malwida deponierte den Brief, gefaltet und geknifft, auf Herzens Schreibtisch. Dort wird er ihn finden, dachte sie, und wird Maßnahmen ergreifen, mir Recht und Würde in seinem Hause zu erhalten. Er wird mit Ogareff reden und Sorge tragen, daß Tadel und Verweis an die rechte Adresse kommen. Wohlgemut und seines Beistands sicher, verließ Malwida Herzens Zimmer.
Diesen Abend kehrten beide Herren besonders spät aus der Redaktion zurück, und dem Lärm nach, mit dem sie die Treppe zur oberen Etage hinaufpolterten, hatten sie wieder einmal die Erinnerung an ihre feurige Jugend begossen.
Nun, dachte Malwida, die schon zu Bett lag, morgen, mit klarem Kopf, wird er meinen Brief lesen und wird mich darauf ansprechen! Sie zog die Bettdecke bis ans Kinn und schmiegte ihre schon ein wenig welke Wange gegen das Kissen. Ja, ganz sicher wird er das, dachte sie, ehe sie einschlief.

Am Morgen dann fand Malwida sich, der Zufall wollte es so, beim Frühstück einen Augenblick allein mit Herzen.

Jetzt wird er etwas sagen, hoffte sie, und seltsamerweise klopfte ihr bei diesem Gedanken das Herz bis zum Hals.

Herzen nickte einen flüchtigen Guten-Morgen-Gruß und widmete sich dann ausschließlich seinem Teller, auf den er nach englischer Sitte heißen Porridge füllte, ihn sorgfältig mit Zucker bestreute und goldgelbe Sahne darüber goß.

Er weiß nicht recht, wie anfangen, dachte Malwida, er grübelt noch, die rechten Worte zu finden, Worte des Trostes und des Beistands, ja warme Worte der Freundschaft, da bin ich mir ganz sicher. Sich in Geduld zu fassen, beschäftigte sie ihrerseits sich mit einem Brötchen, teilte es in Ober- und Unterhälfte, strich Butter und Konfitüre darauf, ganz Ohr für das, was Herzen sicherlich gleich sagen würde.

Doch Herzen sagte nichts. Er schien nicht sehr hungrig an diesem Morgen, schob den noch halb vollen Teller von sich und tupfte mit einer Serviette seinen Bart sauber.

Würde er jetzt sprechen? Hatte er sich jetzt Worte des Bedauerns und der Abhilfe zurechtgelegt, die den ins Stocken geratenen Fluß ihrer Beziehung erneut fluten und von aller Hemmnis befreien würden?

Es blieb ungeklärt, ob dies Herzens Absicht war oder nicht, jedenfalls stürmten in diesem Augenblick Tata und Olga ins Speisezimmer, so ungestüm, daß die Schleifen im Rücken ihrer weißen Organdykleider nur so flogen. Jeden Morgengruß vergessend zwitscherten sie aufgeregt durcheinander.

»Papa, denk dir nur, ein lebendiges kleines Hündchen...!«

»Ja, Papa, und mir sogar ein Pony...«

»Tante Natalie sagt, ich darf ihn selber aussuchen!«

»...auch einen Sattel und rotes Zaumzeug, Papa!«

»Ich will einen mit weißem Fell, Papa! Tante Natalie hat es versprochen, weißes Fell!«

»Sie lehrt mich selbst das Reiten, Papa, auf dem Pony!« Beide hingen dem Vater schmeichelnd um den Hals, und er strich zärtlich zur Linken über blondes und zur Rechten über dunkles Haar.

»Ihr meint, Kinder, Tante Natalie will euch diese Tiere zum Geschenk machen?« fragte Herzen etwas unsicher, und die Antwort kam laut und klar von der Tür her, wo Natalie Ogareff triumphierend die Szene beobachtet hatte.

»Natürlich nur, Alexander Iwanowitsch, wenn Sie Ihre Erlaubnis geben...« Sie ließ bis hier einen fragenden Ton anklingen, um dann mit vernichtendem Blick auf Malwida hinzusetzen: »...aber ich denke, Sie als Vater werden den armen Kindern diese Freude gegönnen!«

Gardé! Dieser Zug galt der Dame und schlug sie aus dem Feld.

Malwida erhob sich und verließ schweigend das Speisezimmer. Oben in ihren eigenen vier Wänden mahnte sie sich zur Ruhe und Besonnenheit. Um beidem noch Gerechtigkeit hinzuzufügen, fragte sich Malwida, ob sie vielleicht alles zu schwarz sähe, ob Madame Ogareff nicht wirklich nur den Kindern gefällig sein wolle? Aber der Schluß, den sie zog, war ein eindeutiges Entweder-Oder, ein »sie oder ich«, das allein Herzen in der erbetenen Aussprache zu entscheiden hatte.

Der Tag ging hin in der Erfüllung der üblichen Pflichten. Malwida unterrichtete die Kinder, die ihr beide in unverändert gehorsamer Zuneigung folgten.

Herzen und sein Freund begaben sich in die Redaktion, die nächste Ausgabe der »Glocke« vorzubereiten.

»Wir sollten in unserem Text Zar Alexander direkt ansprechen«, schlug Ogareff leidenschaftlich vor, in einer regelmäßigen Rubrik mit der Überschrift ›Majestät! Zar aller Reussen!‹ oder ähnlich könnten wir Fragen erörtern wie beispielsweise die Aufhebung der Leibeigenschaft! Dem Zaren klarmachen, daß ein Bauer zur erlangten Freiheit auch eigenes Land braucht, Saatgut, Steuererlaß und der Dinge mehr!«

Herzen nahm den Vorschlag begeistert auf, häuslicher Ärger trat dahinter weit zurück, ja nahm die Dimension lästigen und unnötigen Weiberkrams an.

Madame Ogareff ließ sich erst am Mittagstisch sehen. Die Mahlzeit wurde wie gewöhnlich ohne die Herren eingenommen. Ausnahmsweise schweigsam stocherte Natalie im Essen herum, schon glaubte Malwida, Herzen habe sie insgeheim ins Gebet genommen, eine Erklärung auch dafür, daß er das gesprochene Wort zu ihr nicht mehr suchte. Da stieß Olga versehentlich an ihre Suppentasse, der Inhalt ergoß sich über das Tischtuch und tropfte heiß und fettig auf Frau Ogareffs Schoß. Wütend stieß diese ihren Stuhl zurück.

»Du hast mich verbrüht, du verfluchter Bastard, das hast du mit Absicht getan!« zeterte sie in höchsten Tönen. »Mein bestes Hauskleid hast du verdorben, reine Seide! Du hinterlistiges kleines Biest, du!«

»Hören Sie auf, zu schreien, Madame«, gebot Malwida so beherrscht wie möglich, »es war ein Versehen, wie es jedem von uns auch schon passiert ist, weiter nichts!«

Natalie ließ sich nicht beruhigen, und ehe Malwida auch nur begriff, was vor sich ging, holte die Russin aus und schlug Olga mitten ins Gesicht. Diese, zu erschrocken, um zu weinen, sprang ebenfalls auf und flüchtete sich in Malwidas Arm.

»Was fällt Ihnen ein, das Kind zu schlagen! Sie haben keinerlei Recht dazu!« empörte diese sich und zog Olgas blonden Kopf tröstend an ihre Brust.

»Kein Recht?« schrie Natalie, »das werden wir ja noch sehen, wer in diesem Haus Rechte haben wird! Diese unerzogenen kleinen Ungeheuer jedenfalls nicht! Kinder gehören nicht an den Tisch Erwachsener! Sie können beim Personal in der Küche essen, solange sie keine Manieren haben! Wenn ich hier zu sagen hätte, ich würde dafür sorgen, daß...« Wofür sie sorgen wollte, ging in schrillem Crescendo unter, die helle Wut ließ Natalie Ogareff alle Vorsicht vergessen. »Ich hasse Kinder! Ich hasse sie alle, diese unschuldigen kleinen Engel, die Gott mir versagt hat...« Damit verriet sie die traurigste Wahrheit ihres Lebens, eine Wahrheit, so dachte Malwida, die sie ihr, der ebenfalls Kinderlosen, eher hätte verbünden müssen. Aber die Macht eines bösen Charakters erstickte alle Möglichkeiten der Verständigung, und dem, so wurde es Malwida erneut klar, würde sie Rechnung tragen müssen.

In ihrer Not nahm Malwida noch einmal Papier und Feder zur Hand und schrieb an Herzen.

Madame Ogareff hat sich endlich dekuvriert! Sie hat Olga geschlagen! Wollen Sie, Alexander Iwanowitsch, noch immer dazu schweigen? Oder kann ich nun endlich mit Ihrem Beistand bei der alleinigen Erziehung Ihrer Kinder rechnen? Entscheiden Sie sich: Madame Ogareff oder ich – für beide ist kein Platz mehr! Lieber ziehe ich mich zurück, als weiter die Kinder diesen nervösen Spannungen auszusetzen. Ihre Freundin Malwida.

Diesen Zeilen, so meinte Malwida, konnte Herzen eine klärende Aussprache nicht mehr verwehren. Wie erstaunt aber war sie, als er zum gleichen Mittel griff wie sie und sie ebenfalls schriftlich wissen ließ:

Auch ich will lieber schreiben als reden, denn Diskussionen führen niemals zu etwas Gutem. Man erhitzt sich und sagt mehr, als man fühlt. Ich stimme ganz und gar mit Theorie und Praxis Ihrer Erziehung überein, was aber nicht hindert, daß ich die Gründe, die Ihnen das Leben in diesem Hause unerträglich gemacht haben, akzeptiere. Sie haben sich selbstlos meiner Familie angenommen, unterschätzten aber sicher die Last, die Sie dadurch auf Ihre Schultern nahmen. Bitte wählen Sie einen Weg, wie wir aus dieser für Sie kränkenden Situation herauskommen, ohne daß ich die Gastfreundschaft meinen Landsleuten gegenüber mindern muß. Machen Sie mir einen Vorschlag und verzeihen Sie Ihrem so unvollkommenen Freund Alexander Herzen.

Malwida wußte, das war das Ende. Das Blatt in ihren Händen vibrierte, die Schrift verschwamm ihr vor Augen. In den kritischsten Augenblicken ihres Lebens an Disziplin gewöhnt, zwang sie sich, den Brief noch einmal durchzulesen, von Anfang an, Wort für Wort. Es war ganz klar. Herzen schob ihr Entscheidung und Initiative zu, erwies sich im Konflikt zwar zielbewußt, menschlich aber als der schwächere. Und Malwida, ein Leben lang angetreten für die Stärke der Frau, nahm die Bürde auf, fest entschlossen, sie würdevoll zu tragen.

Diesen Abend wartete sie nicht mehr ab, daß Herzen, nach wortreicher, aufgeräumter Heimkehr gemeinsam mit Ogareff, sie seinerseits ansprach. Entschlossen trat sie ihm in den Weg.

»Auf ein Wort, Alexander Iwanowitsch!«

Herzen schien sich besinnen zu müssen. Seine Gedanken waren beim Leitartikel der nächsten Ausgabe seiner »Glocke«.

»Ja, bitte meine Liebe«, sagte Herzen endlich und wies auf die Tür seines Arbeitszimmers. Sie traten beide ein, und Malwida kam sofort zur Sache.

»Ich werde also abreisen«, begann sie tapfer.

»Nun ja, meine Liebe…« konterte Herzen verlegen. Malwida kam ihm mit fester Stimme zu Hilfe.

»Es ist Ihr gutes Recht, Alexander Iwanowitsch, zu bestimmen, wer in Ihrem Hause leben soll und wer nicht. Ich reise morgen früh.« Sie schluckte und nahm noch einmal Anlauf. »Ab morgen ist mein Platz in diesem Hause frei. Meine Sorge allerdings gilt den Kindern. Werden Sie jemanden finden, der ihre Erziehung übernimmt…« hier war ihre Stimme nicht mehr so fest »…ich meine jemanden, der das Wohl der Kinder im Auge hat?« Und mit kaum unterdrücktem Aufschrei setzte sie hinzu: »Jemanden, der die Kinder liebt und den sie zu lieben vermögen!«

»Ich werde tun, was ich kann«, versprach Herzen hilflos.

»Und noch etwas, Alexander Iwanowitsch! Tata und Olga sind schon schlafen gegangen, ich werde sie nicht mehr sehen… Sie also, Alexander Iwanowitsch, müssen es ihnen sagen und erklären…«

»Ja, ich werde es erklären…«

»Dann also… auf Wiedersehen, mein Freund!«

»Auf Wiedersehen, meine Freundin.«

Es war kein Haß zwischen ihnen, eher Trauer und Auswegslosigkeit. Malwida reichte Herzen die Hand und wandte sich zur Tür.

»Malwida!«

Sie blieb stehen und sah über die Schulter zurück.

»Malwida, Sie sollen wissen, es ist Ogareff, den ich halten will… um jeden Preis! Und der Preis ist hoch. Gegen seine Frau habe ich die gleichen Vorbehalte wie Sie. Sie ist mir ein Greuel seit jeher, ihre Herrschsucht, ihre Kälte, das Schrille ihrer Stimme, ich weiß das alles, Malwida. Es geht mir um Ogareff, allein um Ogareff, meinen innigsten Freund.«

Endlich hatte er sich bekannt, endlich Malwida gerechtfertigt. Sie fühlte sich zutiefst erleichtert, wenn auch die Trauer durch sein Bekenntnis eher noch zunahm.

»Danke«, sagte Malwida, »danke, Alexander Iwanowitsch...« Und damit ging sie endgültig, die Tür zu Herzens Arbeitszimmer hinter sich zuziehend.

Malwida hatte sich für den sehr frühen Morgen eine Mietkutsche bestellt. Kaum fuhr das klapprige Gefährt vor, trat sie aus der Tür, nur einen Koffer mit dem Nötigsten bei sich. Alles andere konnte man ihr nachsenden, wenn sie nur erst wußte, wohin.

Der Kutscher kletterte vom Bock herab, Malwida den Koffer abzunehmen, ihn hintenauf zu verschnallen. Während er noch am Riemen nestelte, ließ Malwida einen letzten wehmütigen Blick über Haus und Garten gleiten. Eben nahm sie die wenigen Stufen zur Straße hinab, als sie hinter sich einen schwachen Laut hörte. Malwida wandte sich zum Haus zurück. Und dort stand, barfuß und im langen Nachthemd, Olga. Ihr blondes Haar lag aufgelöst um ihre Schultern, im dunklen Blau ihrer Augen lagen Vorwurf und Verstehen zugleich. Sie weiß alles, dachte Malwida voller Schrecken, sie fühlt sich von mir verraten, meine Olga, mein geliebtes Herz! Malwida eilte die Stufen wieder hinauf und kniete vor dem Kind nieder, es mit beiden Armen zu umschlingen.

»Malwida«, schluchzte Olga auf, »du gehst fort, nicht wahr?«

»Ja, mein Kind, ja«, gestand Malwida ein und wie ganz selten in ihrem Leben verlor auch sie jetzt die Fassung. Weinend hielten sie sich aneinander fest und waren in diesem Augenblick wahrhaft und gegen jede biologische Regel Mutter und Kind.

Unstet und ziellos verbrachte Malwida von Meysenbug die Monate nach dem Verlust ihrer »Familie der freien Wahl«. Es verlangte sie nach Trost durch Freunde, ihnen Niederlage und Demütigung zu klagen, andererseits sehnte sie sich nach stiller Einkehr. Kein Zweifel, die Intrigen der Madame Ogareff und Herzens Reaktion hatten Malwida eine tiefe Wunde geschlagen, aber sie fand die Kraft, wieder von vorn anzufangen. Allerdings

geriet sie in eine neue Strömung, fort vom kämpferischen Weg-
weisen hin zum beschaulichen Beobachten. Die Wissenschaft
weiß, im Zentrum eines Wirbelsturms herrscht absolute Ruhe.
Ähnlich ließ Malwida von nun an das Karussell von Menschen
und Ereignissen um sich kreisen. Sie erkannte, daß der Mensch als
Masse wohl nicht durch jene heilsverkündenden Begriffe wie
Freiheit, Gemeinsinn und Eigenständigkeit zu perfektionieren
sei. Sie erkannte, daß es immer nur Einzelne sind, die in leuch-
tender Gestalt hervortreten, sich mit ihrer Stimme, ihrem Geist
gegen das Dach einer einstürzenden Welt zu stemmen. Ohne die
Ideale ihrer Jugend zu verraten, begann sie, die Menschen ihrer
Umgebung als Einzelwesen zu betrachten. Am Leid der Unzähli-
gen wäre sie verblutet, andererseits war ihr ein »Glück am stillen
Herd« nicht vergönnt. Sie zog Bilanz und rettete, was zu retten
war.
Da England und alles, was damit zusammenhing, sie allzu
schmerzlich an Alexander Herzen und seine Familie erinnerte,
wagte sie den totalen Schnitt und verließ das Land.

Paris

Die Stadt spreizt sich genüßlich in der noch sommerlich warmen
Herbstsonne des Jahres 1859. Auf den Champs Elysees flaniert
»tout Paris«. Die Damen führen ihre farbenfrohen Krinolinen
aus, die Herren tragen Gehrock und Zylinder und ein jeder den
Sieg von Solferino in stolzgeschweller Brust. Offene Kutschen
und Kaleschen kreisen um den Arc de Triomphe, jenem Monu-
ment von Napoleon I. zum Ruhm seiner Armee begonnen, aber
erst von seinen Überwindern, den zurückgekehrten Bourbonen
beendet und das – Großmut oder Ironie –, ohne an den Motiven
seiner Ausschmückung etwas zu ändern. Zwar hatten die Bour-

bonen Begonnenes fertiggestellt, Napoleon III. aber plante Neues. Noch als Präsident gab er dem Pariser Präfekten Haussmann den Auftrag zur umfassenden Stadtsanierung. Beabsichtigt war, wie man es auch damals schon nannte, eine Arbeitsbeschaffungsmaßnahme, um ein Heer unzufriedener Handwerker und Arbeiter in Lohn und Brot zu setzen und sie so den Reihen der Opposition zu entziehen. Breite Avenuen wurden angelegt, bepflanzt und begrünt, 15 000 Häuser abgerissen und 24 000 Gebäude neu errichtet. An allen Ecken und Enden war also Baulärm zu hören, nicht aber in der rue de l'Ecole-de-Medicine, im ehemaligen Franziskanerkloster, das jetzt Künstlern als Werkstatt diente. Auch der böhmische Maler Jaroslav Czermak hatte sich dort ein Atelier eingerichtet.

»Kommen Sie einfach zu mir«, schlug Czermak eines Tages dem Fräulein von Meysenbug vor. Sie waren sich vor Jahren in England begegnet, der junge Maler auf Studienreise, Malwida noch Flüchtling ohne festen Grund unter den Füßen, und freuten sich jetzt, einander wiederzusehen. »Ich stelle Ihnen ein Schreibpult in mein Atelier. Dort können Sie in aller Ruhe arbeiten«, vervollständigte Czermak seinen Vorschlag.

Malwida ließ sich das nicht zweimal sagen, denn Ruhe fand sie in ihrer Unterkunft, einem lebhaften Geschäftshotel, das englische Freunde ihr empfohlen hatten, beileibe nicht. Schon in England hatte Malwida sich Gedanken gemacht, wie sie nun ihren Lebensunterhalt verdienen sollte. Nach ihrem ersten Erfolg als Zeitungsschreiberin damals in Berlin, hatte sie hin und wieder Artikel zum Thema Frauenrecht verfaßt, die Gottfried Kinkel in einem neu gegründeten »Deutschen Journal« abgedruckt und gut honoriert hatte. So gedachte sie, diesen Weg weiter zu verfolgen, ja sich vielleicht sogar an einen Roman zu wagen. Dazu kam ihr das Angebot Czermaks wie gerufen.

»Da bin ich«, sagte sie ein wenig schüchtern, als sie bei ihm vor der Tür stand, einen Packen Blätter und Notizen unterm Arm. »Von Herzen willkommen!« rief Czermak mit weichem, unverwechselbar böhmischem Akzent, »ich habe schon alles für Sie hergerichtet!«

Malwida trat ein und ließ neugierig den Blick schweifen. Der Raum glich eher einem Gewölbe, empfing aber reichlich Licht durch hohe, altertümliche Fenster. An den Wänden ringsum hing Kriegsgerät wie Hellebarde, Spieß und Saufedern und Teile alter Rüstungen, Motive, die Czermak gern in seinen Historienszenen aus Böhmischer Geschichte verwendete. Nur noch auf Firniß wartend lehnte da die »Ermordung Wallensteinscher Offiziere« an der Wand, daneben eine Skizze zum »Raum einer Herzegowinerin«, auf der Staffelei aber, den Betrachter förmlich verzaubernd, das Bildnis einer alten Frau, ihr Blick von abgeklärter Güte.

»Meine Mutter«, erklärte Czermak und hüstelte, »am Kleid will ich noch etwas ändern.« Dann deutete er auf einen hochbeinigen Schreibsekretär von blankem Mahagoni gleich gegenüber dem hohen Fenster. »Das da ist Ihr Reich, Malwida, Sie finden alles, was Sie brauchen!«

Richtig, Malwida fand Papier und Feder neben einem dickbauchigen silbernen Tintenfaß, und während der Maler sich wieder seiner Arbeit zuwandte, machte sie sich an einen Artikel über die Frau im Arbeiterstand.

Um die Leistung einer Frau im Arbeiterstand so recht beurteilen zu können, schrieb Malwida, *mache man sich einmal ihren Tageslauf klar: Um vier Uhr morgens steht sie auf, bereitet das karge Frühstück für den Mann, der, so er Arbeit hat, sich auf den Weg zur Fabrik macht, den auch sie selbst antreten muß, sobald sie die Kinder zur sogenannten Hütefrau gebracht und das Essen für den Abend vorgekocht hat. Etliche Kilometer muß sie oft zu Fuß zurücklegen, und hat sie zehn oder zwölf Stunden Garn gesponnen oder sonst eintönige Arbeit verrichtet, eilt sie nach Hause, das Essen wärmen, die Kinder versorgen, waschen, flicken, das Nötigste putzen, während der Mann oft einen Umweg über die Kneipe macht und, in bitterer Laune heimkehrend, ihr noch zusätzlichen Verdruß bereitet…*

Malwida machte eine Pause und lehnte sich zufrieden zurück. Nicht oft genug, so meinte sie, konnte man derlei Zustände anprangern.

Jaroslav Czermak war derweilen weniger zufrieden. Der Pinsel wollte heut nicht so, wie er wollte. Achselzuckend legte er ihn daher nieder und wandte sich einem Klavier zu, das im Hintergrund stand. Er schlug ein paar Takte an, doch ehe sie zu einer fortlaufenden Melodie wurden, erkundigte er sich:

»Stört es Sie, wenn ich spiele?«

»Nein, nein, ich schreibe nur einen Artikel für ein Journal in Edinburgh, obwohl...« Sie brach ab und lachte.

»Warum lachen Sie?« Czermak war irritiert.

»Nun... weil es nicht ganz leicht ist, für dieses Blatt zu schreiben«, erklärte Malwida. »Man hat mir zwar versichert, meine Mitarbeit sei äußest willkommen, nur dürften meine Texte weder politischen, noch religiösen, kritischen, historischen oder sozialen Inhalts sein. Ich frage mich, was da noch bleibt!« Malwida schüttelte den Kopf und zog trotzig den Schluß: »Ich versuch' es trotzdem! Spreche ich doch von Tatsachen, die niemand leugnen kann!«

Czermak griff jetzt mächtig in die Tasten, und dräuend schwollen die Töne an. Malwida horchte auf.

»Lohengrin«, rief sie, »nie sollst du mich befragen...«

»Sie wissen, daß er in der Stadt ist?« fragte der Maler, ohne sein Spiel zu unterbrechen.

»Sie meinen Wagner? Richard Wagner?«

»Ja, der Meister höchstpersönlich! Sind Sie ihm schon einmal begegnet?«

»Ja, in England! Aber...« Eigentlich wollte sie sagen, in welch schlechter Erinnerung sie sein Betragen hatte, aber, in Czermak den Verehrer Wagnerscher Musik vermutend, schluckte sie die Bemerkung hinunter. Und richtig drängte Czermak: »Dann sollten sie ihn aufsuchen, Malwida! Er hat sich in der Rue Newton Nr. 16 eingemietet und hält dort gastlich Haus.«

»Ach was, er wird sich meiner kaum entsinnen.«

Malwida hatte unterdessen mit großem Eifer all seine Werke gelesen, gehört aber hatte sie noch keines. Dazu jetzt Gelegenheit zu finden, gar von ihm selbst dirigiert, verlockte sie sehr. So nahm sie sich insgeheim vor, den Besuch bei Wagner in nächster Zeit zu machen.

Die dritte Kerze war niedergebrannt als Malwida ihren Artikel mit einer Hypothese beendete.

Ist nicht eigentlich die Übervölkerung, namentlich der rohen, ungebildeten Klassen, Hindernis einer menschlicheren Entwicklung, ja mehr noch Ursache des Proletarierelends? Würde es sich nicht zu unermeßlichem Vorteil auswirken, wenn dem brutalen Zeugungstrieb durch Bildung und geistige Befähigung eine natürliche Schranke angelegt würde? Solange eindeutig in der ärmsten Volksschicht die Kinderzahl die größte ist, kann unmöglich gelten, daß die Zunahme der Bevölkerung der beste Reichtum eines Landes ist.

Zu später Stunde kehrte Malwida in ihr Hotelzimmer zurück. Ohne Hilfe einer Zofe fiel es ihr nicht ganz leicht, aus der Versteifung des übermäßig weiten Rockes zu steigen wie auch die vielen Haken und Ösen des Schoßjäckchens zu öffnen, das man darüber trug. Nein, die Mode des »zweiten Rokoko« war weiß Gott nicht bequem.

Malwida begab sich zu Bett und überdachte noch einmal die Gestade, an die das Schicksal sie so unversehens geworfen hatte. Der neue Anfang war geschafft. Aber wie schwer war er gewesen! Wie bitter hatte sie das Unrecht empfunden, wie einsam war sie innerem Hader ausgesetzt gewesen! Oft war sie morgens mit tränennasser Wange, einen Seufzer auf den Lippen, erwacht. Die Tränen galten der kleinen Olga, der Seufzer aber Alexander Herzen. Warum nur hatte er, als es zum »sie oder ich« kam, kampflos gegen sie entschieden? War nicht mehr zwischen ihnen beiden gewesen als ein bloßes Arbeitsverhältnis? Zweifel und nächtelanges Grübeln hatten Malwida an Seele und Körper krank gemacht und sie die Einsamkeit doppelt fühlen lassen. Nach England und einem Leben voll sinnreichen Tuns und voller Liebe war sie hier in Frankreich zu Beginn nichts als eine Gestrandete. Einziger Trost von jenseits des Kanals war ihr von einem Menschen gekommen, von dem sie es am wenigsten erwarten konnte, von Guiseppe Mazzini.

Ich weiß, Sie sind traurig, und das macht auch mich traurig, schrieb er ihr aus England, *aber ich kenne und schätze Sie genug, um zu wissen: Sie haben zuviel Poesie in Ihrer Seele, um wahrhaft Atheistin zu sein. So wird*

Gott, den Sie nicht gänzlich leugnen können, Ihnen in Ihrem Kummer bei-
stehen. Und noch eins: arbeiten Sie! Arbeiten Sie für die große und gute
Idee! Das reinigt und veredelt den persönlichen Schmerz. Ich bleibe für
immer Ihr Freund und Bruder Joseph.

In ihrer Bescheidenheit hatte Malwida in London nichts vom
Wohlwollen Mazzinis bemerkt, das er ihr entgegenbrachte.
Aber auch hier in Paris gab es bereits einen Menschen, der ihr
herzlich wohlwollte und dem sie aufopfernde Freundin sein
konnte: Jaroslav Czermak.
Ehe der Schlaf kam, fiel Malwida das Wort ihres Bruders Wil-
helm ein. »Laß keine Zeit deines Lebens vorübergehen ohne ein
Resultat!« War es auch mit erhobenem Zeigefinger gesagt, so
wollte sie ihm doch recht geben.
»Nein, keine Zeit ohne Resultat, Wilhelm, das verspreche ich
dir«, murmelte sie bereits schlaftrunken, und dann kamen die
Träume.

Der Schatten des Glücks

Presse und Plakate verkündeten in der ganzen Stadt:
Herr Richard Wagner beehrt sich im Italienischen Theater drei Konzerte zu
geben, jeweils am 25. Januar, 1. und 8. Februar 1860. Zu Gehör kommen
Ausschnitte aus Lohengrin, die Holländer-Ouvertüre wie das Vorspiel zu
Tristan und Isolde.

Malwida war begeistert. Diesmal war sie es, die im Hotel an die
Tür ihrer Zimmernachbarin, einer eben eingetroffenen Englän-
derin, klopfte.
»Richard Wagner! Das dürfen Sie sich nicht entgehen lassen,
meine Liebe! Ich habe Karten zu allen drei Konzerten!«

Gewöhnlich wenig eitel, griff sie diesmal doch zu Tüll, Volants und Spitzenkragen, um ihr Dunkelbraunes ein wenig modisch rauszuputzen.

Der Saal füllte sich bis auf den letzten Platz, die Musiker stimmten ihre Instrumente, Ruhe trat ein und dann melodisch die erste Entfaltung einer Musik, wie sie den Franzosen völlig fremd war! Die ersten sechzehn Takte – und was war das? Frenetischer Beifall gleich zu Beginn! Das hatte es in Paris kaum je gegeben. Beim zweiten Konzert nicht viel anders, beim dritten, eben hob das Tristan-Vorspiel an, spontaner Beifallssturm des Publikums.

Wagner sucht dankend abzuwinken, aber erneute Ovation, ehe er weiterspielen lassen kann. Erschöpft stellt Richard Wagner sich im Foyer den Glückwünschen, Enthusiasten küssen ihm die Hand. Abwartend im Hintergrund steht Malwida von Meysenbug. Die Cour scheint vorüber, da wendet Wagner sich ihr zu.

»Es war London…« überlegt er, »ach ja, bei Ihnen hab' ich noch etwas gut zu machen! Ich war damals sehr schlechter Laune, daran waren bloß die englischen Nebel schuld!«

Er würde sich sehr freuen, sie recht bald in seinem Haus zu sehen, auch seine Frau, so sagt er und meint Minna Wagner, mit der die Ehe ein Martyrium geworden ist, sähe gern einen deutschen Gast, verstünden sie doch beide das Französische kaum.

»Wie wäre es übermorgen, gnädiges Fräulein? Da haben wir unseren wöchentlichen Empfangsabend.«

Das Haus in der Rue Newton Nr. 16 war nicht eben groß, aber mit seinem gepflegten Vorgärtchen wirkte es fast ländlich behaglich. Drinnen, Salon, Arbeitskabinett und Musikzimmer von bürgerlichem Zuschnitt, war es viel zu eng, um die geladenen und nicht geladenen Gäste zu fassen. Malwida zwängte sich zwischen Krinolinen hindurch, an Rockschößen vorbei, um bis zum Hausherrn und Frau Minna durchzudringen. Sie erkannte Berlioz, Gounod und Meyerbeer, darüber hinaus aber weit weniger qualifiziertes Publikum: Neugierige, Salonlöwen, Geschäftsleute und unter den Damen manche, die auf ein Abenteuer hoffte. Wagner hingegen fand sie aufgeschlossen und bester Stimmung, anscheinend ganz in seinem Fahrwasser. Eben hob er an, einem andächtig lauschenden Kreis einen Vortrag über den Begriff Glück zu halten.

»Glück! Was ist das?« rief er in leicht sächsischem Anklang, »Glück ist eine seltene Fügung, ein zerbrechlich Ding!« Da entdeckte er Malwida, streckte ihr beide Hände entgegen, sie in den Kreis der Lauschenden zu ziehen. »Willkommen, meine Liebe, von Herzen willkommen! Nicht wahr, auch Sie wissen, welch Schmetterling das Glück ist! Von flüchtigen Augenblicken abgesehen, können wir nur mit Eleonore d'Este sagen: Wer unter uns ist schon glücklich?«

Da er zum Ende kam, begrüßte Malwida jetzt auch Minna Wagner. Ihren Namen brauchte Malwida nicht zu sagen. Lächelnd kam Minna ihr zuvor.

»Ich weiß, wer Sie sind! Richard sagte mir: heute abend kommt Malwida von Meysenbug! Du wirst sie mögen!«

Blitzschnell überlegte Malwida, ob umgekehrt wohl auch sie Minna mögen würde. Minna Wagner, von gedrungener Gestalt mit einem nicht unschönen, aber breitflächigen Gesicht, einem Geist in braven Augen, der, zu Höhenflügen wenig geeignet, sich im Kampf mit dem Genius verzetteln mußte. Wie oft sie diesen Kampf in ihrer Ehe mit Richard Wagner verloren hatte, das wußte alle Welt. Was Malwida spontan dieser Frau gegenüber empfand, war weniger Sympathie als aufrichtiges Mitgefühl. Dem Ausdruck zu geben, suchte Malwida die passende Floskel.

»Ihnen, liebe Frau Wagner, gebührt ein großer Anteil am Triumph, den Ihr Mann hier in Paris feiern durfte.«

»Triumph?« kam kampfbereit das Echo, »was wissen Sie schon!«

Malwida erschrak. Wagner winkte seiner Frau beschwörend zu schweigen. Aber Minna hob ganz im Gegenteil die Stimme. »Was Sie einen Triumph nennen, war in Wahrheit ein Desaster!«

»Minna!« zischte Richard herüber, »das gehört nicht hierher!«

Minna jedoch, wohl zu lange die Last in ihrer Brust verbergend, war nicht mehr zu stoppen. Sie zog Malwida, in der sie die mitfühlende Seele spürte, am Ellenbogen mit sich fort ins Zimmer nebenan und machte dort ihrem Herzen gründlich Luft.

»Ich wollte ja nicht nach Paris, auf keinen Fall wollte ich das«, begann Minna, für eine Fünfzigjährige viel zu kurzatmig, »er hatte es ja immer noch mit dieser Wesendonk, aber plötzlich kamen flehende Briefe, er wolle von nun an der untadeligste Ehemann sein und hier in Paris warte ein neuer Anfang für uns beide! Nun, ich packte meine Siebensachen, darunter meinen Ara, Sie wissen, einen großen bunten Papagei, mein ganzer Trost in einsamer Zeit! Aber kaum angekommen, verbot er mir das treue Tier! Es mache zuviel Krach, wenn er komponiere! Schweren Herzens gab ich nach... mir liegt ja an Richard! Wenn er doch nur nicht so ein Phantast wäre! Denken Sie nur, was ich hier in diesem Hause vorfand! Das komplette Dienstpersonal eines Schloßherrn! Richard hat Schulden bis über die Ohren, aber neben Köchin, Magd und Zofe mußten zwei Diener bei Tisch servieren! Ich warf sie alle raus! Mit mir war unsere alte Theres gekommen, schon jahrelang in unseren Diensten, sie muß genügen...«
Malwida suchte eine Pause im Wortschwall zu nutzen.
»Nur ein Mädchen für dies ganze Haus? Ich meine, da...«
»Sie haben recht, liebes Fräulein, da muß ich fleißig mit ran, aber warum auch nicht! Wir sind Bürgersleute und nie anderes gewesen. Ja, und dies Haus! In teuerster Gegend! Und nicht nur das! Stellen Sie sich vor, Richard, ohne jeden praktischen Sinn, zahlt gleich drei Jahre Mietzins im voraus! Zwölftausend Francs, die wir gar nicht haben, und gleich nochmals etliche tausend, es herzurichten! Und was passiert? Eben kam Nachricht, daß Haussmann die Rue Newton um ein paar Meter verlegen läßt. Das Haus wird abgerissen! Die Miete ist futsch!« Wieder nahm der Zorn ihr fast den Atem.
»Aber Sie könnten doch klagen«, warf Malwida hoffnungsvoll ein.
»Er hat es versucht. Bis jetzt ohne Erfolg und das, nachdem die Anwälte auch ein Vermögen schluckten!«
Erst jetzt bemerkte Minna Wagner, daß sie ihren Gast noch nicht einmal zum Sitzen aufgefordert hatte. Seufzend wies sie auf eine Polsterbank nahe dem Fenster, auf der beide Damen Platz fanden. Malwida war nicht klar, warum die Finanzen den Wagners nach

drei ausverkauften Konzerten im Italienischen Theater derartig Kopfzerbrechen machten. So kam sie noch einmal darauf zurück.

»Aber jetzt, nach Ihrem großen Erfolg...«

»Der teuerste Erfolg, den jemals jemand hatte!« schrie Minna dazwischen und kehrte nur mühsam zu beherrschter Stimmlage zurück, um den Sachverhalt im einzelnen zu schildern. Sie war kaum zu Ende gekommen, als Wagner die Tür aufriß.

»Hier also steckst du! Ich hatte von dir die Pflichten einer Gastgeberin erwartet, Minna! Statt dessen belästigst du das arme Fräulein von Meysenbug mit deinen Jammereien! Ich bitte um Vergebung, gnädiges Fräulein, aber meine Frau neigt in allem zur Übertreibung!«

»Mir wirfst du Übertreibung vor, Richard? Ausgerechnet mir? Ich habe Fräulein von Meysenbug gerade erzählt, wie du...«

Einen Augenblick glaubte Malwida, Richard Wagner wolle seine Frau schlagen, aber es war nur der vergebliche Vesuch, sie mit einer Geste zum Schweigen zu bringen. Zwischen die Fronten geraten, fragte Malwida sich, auf wessen Seite sie wohl stand. Wagner gehörte nach wie vor ihre Bewunderung für seine Kunst, und ihr Blick blieb ungetrübt für sein Genie. Minna hingegen, die diesen Blick wohl niemals hatte, bedurfte ihres Schutzes, so fühlte Malwida.

»Oh, wir sprachen nur ganz allgemein«, suchte sie zu schlichten, »sozusagen Frauen unter sich, wissen Sie...« Wagner durchschaute dankbar Malwidas Bemühung und ging sofort darauf ein. »Unsere Gäste sind alle gegangen«, sagte er freundlich, »jetzt haben wir endlich Ruhe für uns. Komm, Minna, wir gießen ein Gläschen ein und trinken auf unsere neue liebe Freundin Malwida von Meysenbug!«

Er faßte je eine der Damen unter und führte sie zurück in den Salon. Dort entkorkte er eine letzte Flasche Champagner und goß das perlende Getränk in drei Gläser.

»Meine Damen«, sagte er feierlich mit jenem Charme, den er zu entwickeln vermochte, wenn es darauf ankam, »meine Damen, trinken wir auf Vergebung und Freundschaft und... auf die Musik!«

»Auf die Ehe…« kam es leise von Minna. Aber da hatte Wagner sein Glas schon in einem Zug leergetrunken.

»Sie waren also tatsächlich bei Wagner!« Mit diesem Ausruf empfing Jaroslav Czermak anderntags Malwida, als sie das Atelier betrat.

»Ja, ich war dort«, kam die Bestätigung nüchterner, als Wagner-Verehrer Czermak erwartet hatte.

»Sie haben ihn gesehen, von Angesicht zu Angesicht?« stieß er darum etwas heftig nach, »haben mit ihm gesprochen?«

»Ja, das hab' ich.« Malwida blieb einsilbig.

»Erzählen Sie, erzählen Sie!« forderte der junge Maler ungeduldig. »Wie war er? Was hat er gesagt?«

»Er sagte wundervolle Ding über die Bedeutung des Glücks, über seine kostbare Seltenheit…« Malwida fuhr nachdenklich mit der Hand über das seidenglatte Mahagoni ihres Schreibpults. »Ich verstand ihn von ganzem Herzen, während die Mehrheit seiner Gäste mit leeren Gesichtern zuhörte. Und ich fragte mich, warum er so Köstliches an diese Unempfänglichen wegwarf! Freilich, den schaffenden Genius kümmert's nicht, wie es die Sonne nicht kümmert, ob sie über Böses oder Gutes scheint!«

»Mein Gott!« rief Czermak, wenn dabei zu sein mir beschert gewesen wäre, ich würde den ganzen Tag singen! Dieser Mann kommt nach Paris und erobert mit seiner erschütternden Musik das französische Publikum im ersten Anlauf! Jetzt hat er einen Fuß in der Tür der Welt, dieser Richard Wagner!«

Malwida senkte nachdenklich den Kopf.

»Noch sind die Franzosen nicht für diese Art von Musik gewonnen. Die Presse schrieb, ihr fehle die Melodie wie einem Braten die Soße.«

»Aber in drei Konzerten war jedesmal der Saal überfüllt! Wenn das kein Erfolg ist!« eiferte sich der Maler. Malwida aber stellte nüchtern fest:

»Ein Erfolg war es nicht. Der Vorverkauf ließ sich so schleppend an, daß Wagner jedesmal Händevoll Freikarten verschenkte, um den Saal zu füllen. Minna Wagner hat mir anvertraut, daß der

Reinverlust aller drei Veranstaltungen elftausend Franken aus-
macht!«

Auch die Presse hatte darüber schon berichtet und prophezeit:
*Fünfzig Jahre solche Musik und die Musik ist tot! Die Franzosen bleiben
bei ihrem Meyerbeer.*

»Aber Malwida«, rief Czermak enttäuscht, »Sie glauben doch an
seine Musik, nicht wahr?«

Malwida rief sich die scharfkantigen Züge des Meisters vor
Augen, die hohe Stirn, fühlte nochmals die überwältigende Andacht, die sie bei den Klängen aus einer schöneren Welt empfunden hatte.

»Ja«, sagte sie, »ja, ich glaube an Richard Wagner. Ich glaube an
das Große, das er noch schaffen wird. Nichts wird mich an ihm
irre machen, auch nicht der Dämon seiner reizbaren Natur und
gelegentlichen Sonderheit.« Und es klang wie ein Versprechen als
sie hinzufügte: »Er kann auf mich rechnen.«

Politische Koordinaten

Der Politik widmete Malwida nach wie vor ihr Hauptinteresse.
Der Einigungskampf Italiens trat in seine letzte Phase, und
Namen klangen in der Öffentlichkeit auf, denen Malwida sich
eng verbunden fühlte: Mazzini und Garibaldi. Der eine knüpfte
das Fangnetz, der andere aber warf es aus. Mazzini war der Mann
geschickter Propaganda, Garibaldi der Mann der Tat. Mit seinen
tausend Freiwilligen und zwei Schiffen nahm Garibaldi Kurs auf
Sizilien, um dort schwelende Aufstände zugunsten der Einigung
zu unterstützen.

Nach der Landung am 11. Mai 1860 im Hafen von Marsala im
Westen der Insel, schlug Garibaldi eigenhändig beide Schiffe leck,
um sie zu versenken. Seinen tapferen Tausend war der Rückzug

abgeschnitten. Weitere zweitausend Einheimische gesellten sich ihnen zu, der Marsch ging auf Palermo. Kleine, siegreiche Gefechte und psychologische Animation wirkten zusammen. Am 28. Mai 1860 erfuhr die Welt mit ungläubigem Staunen, daß der bourbonische Kommandant, General Lanza, die noch immer stark befestigte Stadt »Seiner Exzellenz Garibaldi« kampflos übergeben hatte. Der Schrecken am Hof zu Neapel saß tief. König Franz II. hatte seine Hauptstadt bereits verlassen.

Garibaldis Erfolg machte tiefen Eindruck auf Malwida.

Die heroische Unternehmung Garibaldis und seiner Tausend, ihr Zug nach Sizilien war wie eine Erzählung Homers, ein Epos von jener Heldenhaftigkeit, jenem phantastischen, alles aufopferndem Patriotismus, der selbst Blut und Wunden, ja geopfertes Menschenleben verklärt.

Für Mazzini hingegen, zweifellos Garibaldis Wegbereiter, findet sie fast zärtliche Worte:

Mazzini, der Tyrannen zittern machte, den aber alle schwärmerisch liebten, die ihn näher kannten, hatte nicht jene kühne, stolze Natur eines Condottiere. Dennoch war Mazzini es, der seinem Volk das Wort EINHEIT zu stammeln gelehrt hat.

Aber auch andere Namen, die Malwida vertraut waren, Personen, die ihren Weg gekreuzt hatten, wurden in Verbindung mit politischen Ereignissen laut.

In Amerika stellte sich der Advokat Abraham Lincoln, Republikaner und Verfechter der Sklavenbefreiung, für das Amt des Präsidenten zur Wahl. Sein treuester Sachwalter hieß Carl Schurz. Schurz reiste im Lande umher und hielt flammende Reden, deren Texte auch in europäischen Blättern zu lesen waren.

Die Frage der Sklaverei ist nicht nur ein vorübergehender Zwist zwischen Nord und Süd, nicht bloß ein Ringen zweier politischer Parteien, sondern sie bedeutet die entscheidende Auseinandersetzung zwischen zwei entgegengesetzten Gesellschaftsordnungen, zwischen menschlichem Gewissen und schreiendem Unrecht...

Wie müssen Malwida von Meysenbug diese Aufrufe ihres alten Freundes zu Herzen gegangen sein, da schon die Verhältnisse in Rußland sie empörten, wo die Leibeigenschaft noch immer auf ihre Aufhebung wartete. Allerdings gab ihr auch hier zu denken, wie teuer Freiheit zuweilen erkauft wird.

In England hatte Lord Palmerston erneut die Regierung übernommen. Ob er sich wohl in dieser zweiten Regierungsperiode jemals an die Deutsche mit dem unmöglichen Hut erinnerte, die ihm im Abteil erster Klasse von Bangor her liberale Ratschläge erteilt hatte? Der harte Kurs, den er in seiner Politik einschlug, zeigte keinerlei Hinweis darauf.

Das Schicksal dreht das Rad zurück

Malwida von Meysenbug hatte sich ganz und gar in der französischen Hauptstadt eingelebt. Traurige Erinnerungen wichen neuen, belebenden Eindrücken. Der Frühling ließ Paris aufblühen, als sei es selbst eine einzige, sich öffnende Blume. Über Nacht standen die Bäume der Champs Elysee in frischem Grün, und ebenso plötzlich senkte sich sommerliche Hitze über die Stadt, ließen die Pariser über Tag die Jalousien ihrer Fenster geschlossen.

Die Arbeit am Schreibtisch in Czermaks Atelier nahm Malwida voll und ganz gefangen. Sie schrieb und schrieb, Artikel und Essays, jetzt durch die Vermittlung Mazzinis auch für den italienischen *Dio e il Popolo*. Die Feder wurde Malwida mehr und mehr zum künstlerischen wie weltanschaulichen Ausdrucksmittel. *Es wurde mir klar, daß das, was den Künstler bei der schwerfälligen Ausführung des geflügelten Schöpfergedankens nicht verzagen läßt, die Götterlust des Schaffens selbst ist!* schrieb sie, während die »Götterlust des Schaffens« ihr auch längst finanzielle Unabhängigkeit bescherte.

Alles zusammen genommen, die Arbeit, die Stadt, das Klima hatten Malwida verjüngt und seelisch gefestigt. Das bewegte geistige Leben und der leichtere Umgang der Franzosen untereinander, so ganz anders als der weit steifere der Engländer, wirkte erfrischend auf sie. Sich jetzt wieder von Paris zu trennen, wäre ihr nicht in den Sinn gekommen. So mußte es schon etwas sehr Besonderes sein, das Malwida dazu veranlaßte, im Spätsommer die Stadt zu verlassen und nach England zurückzukehren.

»Ein Brief für Sie, Mademoiselle«, rief die Concièrge, die gewöhnlich die Post entgegennahm, und winkte mit einem gesiegelten Kuvert, als Malwida gerade das Haus verlassen wollte.

»Merci beaucoup, Madame«, dankte Malwida und nahm den Brief entgegen. Auf den ersten Blick erkannte sie die Handschrift und konnte nicht hindern, daß ihr Herz voll banger Freude höherschlug. Der Brief war von Alexander Herzen. Noch im Hausflur stehend brach Malwida das Siegel.

Liebe Freundin, schrieb er und kam nach ein paar Komplimenten über Malwidas Arbeit: *Ihre überaus feinsinnigen Beiträge, die ich allesamt las,* sogleich zum Kern: *Die vier Kinderaugen, um derenwillen Sie einst die Schwelle meines Hauses überschritten, haben seither und vor allem in letzter Zeit viel geweint. Die Verhältnisse in meinem Hause, die Sie seinerzeit so hellsichtig beurteilten, haben sich nicht gebessert. Meine Töchter leiden darunter und sehnen sich zurück unter die mütterlichen Fittiche, die Sie einst über beide ausbreiteten. Um es kurz zu machen, kommen Sie zurück, meine Freundin! Olga und Natalie brauchen Sie und nicht weniger Ihr Freund und Bruder A. Herzen.*

»Etwa schlechte Nachricht, Mademoiselle?« Die Concièrge beugte sich neugierig aus ihrer Portiersloge. »Ich meine nur, weil Sie ganz blaß geworden sind. Mademoiselle!«

»Nein, nein, Madame«, gab Malwida widerstrebend Bescheid, »eigentlich die beste Nachricht, die ich je erhielt…« Mit unbestimmtem Lächeln faltete sie das Blatt wieder zusammen. Sie knüpfte die Bänder ihrer Haube fest, ging die Rue Rivoli bis zum Louvre und überquerte dort die moderne Stahlkonstruktion der

Pont des Arts. Halbwegs blieb sie am Geländer stehen. Alexander Herzen hatte geschrieben! Er brauchte sie, die Kinder brauchten sie! Die »Familie der freien Wahl« rief sie zurück! Malwida nahm sich den Brief wieder vor und las den Text noch einmal Wort für Wort. Die letzten Schriftzüge verschwammen ihr vor den Augen mit den trägen Wassern der Seine, und plötzlich übermannte ein so mächtiges Gefühl ihr einsames Herz, daß sie haltsuchend nach einer der schlanken Laternen griff, die die Brücke flankierten. »Endlich rehabilitiert«, flüsterte sie, »das Schicksal gewährt mir Genugtuung! Man liebt mich...« Das Flüstern erstarb auf ihren Lippen und wurde zum Gedanken. Olga muß schon groß sein, sie war letztes Jahr zehn, und Natalie ist kein Kind mehr, längst eine junge Dame! Beide, so heißt es im Brief, haben mir ihre Liebe bewahrt! Nur sie beide? Oder auch Alexander Iwanowitsch? Unwillkürlich trat sein bärtiges Gesicht ihr vor Augen, sein Blick voller Güte. Sie gedachte der tiefsinnigen Gespräche, die sie an langen Abenden zu zweit vorm Kaminfeuer geführt hatten. Sie gedachte der geistigen Nähe, die sie zu ihm gefühlt und auch der warmen Vertrautheit, mit der sie ihn oft gescholten, wenn er über das Maß seiner Kräfte hinaus den Lauf der Welt zu hemmen suchte. Und sie gedachte seiner Tränen, wenn er den Irrungen eben dieser Welt hilflos zusehen mußte. Malwida gab sich einen Ruck. Was sollte das Träumen? Alexander Iwanowitsch hatte den Brief unterzeichnet, als Freund und Bruder. Damit war sie zufrieden. Welche Gefühle auch immer ein Mann einer Frau schenken konnte, flüchtige Neigung, eitle Bewunderung oder irdische Leidenschaft, sie wurden von Freundschaft und Bruderliebe bei weitem übertroffen. Daran gab es für Malwida keinen Zweifel. Während Malwida sich auf den Weg in die Rue de l'Ecole de Medicine machte, waren ihre Überlegungen von weit nüchterner Natur. Sie würde sich in London ein gesondertes Quartier suchen, denn auf keinen Fall wollte sie nochmals unter dem gleichen Dach mit Madame Ogareff wohnen. Ihre künftigen Pflichten und Aufgaben den Kindern gegenüber müßten genau formuliert und zu denen der Madame Ogareff klar abgegrenzt sein. Und da Malwida es nicht mehr mit Kleinkindern zu tun haben würde, war ihr bewußt, daß es nicht mehr um das Erlernen des ABC ging, sondern von Grund auf um die Beeinflussung und Gestaltung eines Menschenkindes. Ob es dazu bei der siebzehnjährigen Natalie noch ein offenes Ohr gab, würde man sehen. Jedenfalls aber mußte Olga gegenüber anderen Einflüssen abgeschirmt sein. So schrieb sie denn, im Czermak'schen Atelier angekommen, einen Brief an Alexander Herzen.

Sollte ich mich entschließen, das mir hier lieb gewordene Dasein aufzugeben und Ihrem Ruf zu folgen, so muß ich schon um Olgas willen eine Bedingung stellen: von nun an völlig freie Hand ihre Erziehung betreffend! Und dann schlug sie spontan vor, was ihr als die ideale Lösung erschien: *Am liebsten wäre mir, ich könnte Olga nach einiger Zeit der Eingewöhnung mit mir hierher nach Paris nehmen! Das unter anderem schon um meiner Gesundheit willen, der ich einen weiteren Winter im englischen Klima kaum zumuten kann.*

Einverständliche Antwort zum ersten Punkt ihres Briefes kam sofort, über den zweiten wolle er ernsthaft nachdenken, versprach Herzen. Malwida solle erst einmal nach London kommen, dann werde man alles besprechen.

So entschied sich Malwida zur Reise und nahm Abschied von Czermak, der erstaunte Augen machte.

»Sie wollen hier wirklich alles aufgeben, Ihre Arbeit und…« Daß er auch das stille und harmonische Beieinander meinte, wagte er nicht zu sagen. Statt dessen flüchtete er sich verlegen in einen Hustenanfall.

»Sie sollten auf Ihre Gesundheit achten, mein Lieber«, sorgte sich Malwida, »Ihr Husten wird immer schlimmer.«

Als Malwida sich dann daran machte, ihre Siebensachen zusammenzusuchen, die Schreibplatte hochzuklappen und das Pult abzuschließen, stand Czermak mit hängenden Schultern dabei.

»Nicht, Malwida«, brach es aus ihm hervor, »klappen Sie das Pult nicht zu, lassen Sie alles so, wie es war, Malwida, dann kann ich hoffen, Sie kommen eines Tages wieder und schreiben weiter, genau da, wo Sie aufgehört haben…«

Dem guten Czermak waren fast die Tränen gekommen, so ließ Malwida alles liegen: Papier, Feder, Tinte und wandte sich, ihrerseits gerührt, an den jungen Maler.

»Mein Freund, mein Sohn«, rief sie und zog ihn in eine mütterliche Umarmung. »Ich komme wieder, ganz sicher komme ich wieder«, tröstete Malwida, und auch ihre Stimme klang nicht mehr ganz fest.

Weiter mußte Malwida sich im Hause Wagner verabschieden. Minna Wagner empfing sie wie üblich mit einem lauten Lamento über ihre finanzielle Lage und das gefährliche Echo, das Wagner in der Pariser Damenwelt hervorrief. Richard Wagner selbst schien bester Dinge.

»Denken Sie nur, Malwida!« rief er und ging damit erstmalig zur freundschaftlichen Anrede über, »denken Sie nur, Fürstin Pauline Metternich, Sie wissen schon, die Enkelin des alten Metternich! Sie ist nahe befreundet mit der Kaiserin, und wissen Sie, was sie für mich erreicht hat?« Der Meister bekam hochrote Wangen vor Aufregung, ehe er händereibend seinen Sieg verkündete: »Der Kaiser und die Kaiserin wünschen eine Aufführung meines Tannhäuser!«

Malwida teilte die Freude des Freundes auf das herzlichste, bedeutete es für Wagner doch nicht nur den Weg in die Grand Opéra von Paris, sondern den entscheidenden Durchbruch überhaupt. Ihren Entschluß, abzureisen, quittierte Wagner ähnlich wie Czermak.

»Aber, meine Liebe, Sie werden doch zurückkommen, hoffe ich! Ende September beginnen die Proben, und ich rechne darauf, Sie dabeizuhaben!«

Auch Richard Wagner, obwohl drei Jahre älter als Malwida, hatte sich in den wenigen Monaten ihrer Bekanntschaft daran gewöhnt, in ihr die mütterliche Freundin zu sehen. Ihre Begeisterung für seine Musik empfand Wagner als wohltuende Gegenströmung zu Minnas ständigen Nörgeleien.

»Müssen Sie denn wirklich reisen?« fragte er im Ton eines verwöhnten Kindes.

»Ja, ich muß«, entschied Malwida und spürte in diesem Augenblick, wie ernst es ihr war. Olga, ihre Wunschtochter zurückzugewinnen, ja anvertraut zu bekommen, würde ihrem Leben noch einmal Sinn und Inhalt geben. »Reisen werde ich«, wiederholte sie bestimmt, »aber wenn es sich fügt, wie ich möchte, bin ich zum großen Ereignis, Ihrem Tannhäuser zu Seiner Majestät Gehör wieder in Paris.« So war der Abschied nur ein vorläufiger und machte das Herz nicht so schwer, daß er die Freude etwa aufwog, die ebenfalls darin wohnte.

Als das Fährschiff von Calais aus Kurs nach Dover nahm und – wie Malwida es ausdrückte – *die grünen Wellen sie dem stolzen Insellande wieder zutrugen, das wie eine natürliche Festung geschlossener Individualität dalag* – wußte sie, daß gegen alle bange Erwartung das Schicksalsrad sich noch einmal rückwärts drehte.

Das Wiedersehen

In London nahm Malwida von Meysenbug das Angebot von Freunden an, in ihrem Haus zu wohnen.
»Empfangen Sie Vater Herzen und seine Töchter doch hier bei uns, sozusagen auf neutralem Terrain«, empfahlen sie Malwida in bester Absicht, denn die gespannte Situation war ihnen bekannt.
So wurde es dann auch gemacht. Im Salon war der Teetisch für vier Personen gedeckt, Kuchen, Sandwiches, und nach russischem Brauch war sogar ein Samowar geheizt. Malwida wartete allein, die Gastgeber hatten sich diskret zurückgezogen. Die Verandatüren zum Garten hin standen weit offen. Draußen herrschte sattgoldenes Sommerwetter, überdacht von einem glasklaren Himmel, ein Tag, wie er in England selten ist. Hummeln schar-

wenzelten zwischen den Levkojen. Nervös blickte Malwida auf die Zeiger der Standuhr auf dem Kamin, es war fünf Minuten vor der verabredeten Zeit. Malwida zupfte noch ein wenig ihr Kleid zurecht, silbergrau mit einem weißen Kragen. Da schlug es die volle Stunde.

»Jetzt müßten sie kommen!« Malwida mahnte sich zur Ruhe, doch ihr Herz läutete laut das Echo: kom-men! kom-men! Tatsächlich ging draußen die Glocke, hörte man Einlaß und Empfang durch die Dienerschaft und dann Schritte über das Parkett der Halle.

»Wenn die Herrschaften bitte eintreten wollen…«

Malwida wagte nicht, den Kopf zu wenden. Ihr Blick ruhte auf fernem Gespinst von grünem Rasen und bunten Blumen und wollte in plötzlich aufkommender Furcht sich nicht davon lösen. Als Malwida sich doch den Eintretenden zuwandte, brauchten ihre Augen eine Weile, das Bild zu bestimmen, das sich ihr bot. Alexander Iwanowitsch erkannte sie sofort. Er wirkte wie ein Bär, der sich gerade auf seine Hintertatzen aufgerichtet hat, unschlüssig, was zu tun sei. Eben wollte er die Arme ausbreiten und auf Malwida zutreten, als er sich anders besann und mit zarter Geste die Töchter vorschob.

»Da haben wir sie wieder, unsere gute Freundin«, sagte er leise, »geht und begrüßt sie!«

Natalie machte einen Schritt nach vorn. Nein, das war nicht mehr die kleine Tata, das war eine junge Schönheit, damenhaft graziös, noch immer von fremdem Typus, aber von geläufiger Eleganz im dekolletierten Krinolinenkleid. Sie knickste nicht, neigte nur kurz den kleinen Kopf unter dem Schutenhut.

»Willkommen, Mademoiselle«, sagte sie, ohne zu lächeln.

Malwida spürte die Zurückweisung wie ein scharfes Messer. Hier war ihr ein Menschenkind, das einst ihre Wärme und Anleitung suchte, für immer entglitten. Natalie Herzen war das abgeschlossene Produkt einer gesellschaftlichen Erziehung, die ihr durchs Leben helfen, sie aber innerlich verarmen lassen würde. Malwida wußte, daß sie hier nichts mehr ausrichten konnte und formulierte ihre Enttäuschung in der Rückschau so:

Ich konnte nur denen etwas sein, nur die richtig leiten, die den schmalen
Pfad der Einsamen auf Erden gehen, die mehr nach den Sternen sehen als
nach den Kronleuchtern eines Ballsaals, die den Offenbarungen des Genius
mehr vertrauen als der offiziellen Moral der Welt.

An Natalie vorbei drängte sich jetzt ungestüm Olga. Mit einem
Aufschluchzen stürzte sie sich in Malwidas Arme.
»Endlich«, rief sie, »endlich! Ich habe so auf dich gewartet!«
Malwida umfing die magere Gestalt der Zehnjährigen, den
schmächtigen Körper, der sich an sie preßte. Das waren nicht
mehr die weichen, rundlichen Formen des Kindes, das sie so
schweren Herzens verlassen hatte. Um Vertrautes wiederzufinden, hielt Malwida das Mädchen ein Stück von sich ab und blickte
ihm prüfend ins Gesicht. Große dunkelblaue Augen sahen zu ihr
auf, hellblond geflochtene Schnecken schmiegten sich über die
kleinen Ohren. Als dann der schmale Mund sich spitzbübisch zu
einem Lächeln von altvertrauter Zärtlichkeit schürzte, hatte Malwida jeden Zweifel überwunden. Ja, das war ganz und gar ihre
Olga!
»Nun laßt sie mich aber auch willkommen heißen!« rief Alexander Herzen, und der Bär drückte Malwida fest an seine Brust.
»Willkommen, Malwida! Herzlich willkommen, meine Freundin!«
Wenigstens aus drei Augenpaaren flossen Tränen. Als sie endlich
getrocknet waren, bat Malwida zu Tisch.
»Willst du bitte den Tee eingießen?« Mit dieser Frage an Natalie
suchte Malwida das Eis zu brechen, aber schon war Olga aufgesprungen.
»Laß mich das machen, bitte! Ich kann gut mit dem Samowar umgehen!« Geschickt bereitete sie die erste Tasse zu, warf drei
Stückchen Zucker hinein. »So hattest du es doch am liebsten,
nicht wahr, Malwida?«
»Daß du das noch weißt, Kind«, erstaunte die sich. Kaum eine
andere Geste konnte geeigneter sein, ihr zu zeigen, wie sehr
verbunden dieses Kind ihr durch die Jahre der Abwesenheit
geblieben war.

Man aß und trank, man plauderte, wie eben eine Familie bei Tisch plaudert. Aber dann kam Herzen konkret zur Sache.

»Malwida«, begann er und tupfte eingehend seinen Bart mit der Serviette, »Malwida, Sie hatten vollkommen recht, daß wir nicht genau an dem Punkt weitermachen können, an dem wir aufgehört haben…«

Olga nahm ihr drittes Stück Kuchen und unterbrach ihren Vater ungeduldig.

»Nun sag es ihr schon, Papa!« Und lebhaft sich Malwida zuwendend: »Weißt du, Papa hat nämlich…«

Doch Herzen ließ sich das Wort nicht nehmen.

»Die Sache ist so, Malwida! Ich habe ein Haus gemietet für uns alle…«

»An der See, Malwida, an der See!« Olga konnte sich nicht mehr bremsen. »Das Haus liegt hoch oben auf den Klippen, und unten, zu deren Füßen, schäumt die Brandung! Wird dir das gefallen, liebste Malwida?«

Es gefiel Malwida und war von Alexander Herzen mit jener Feinfühligkeit und psychologischem Geschick erdacht, daß schon nach wenigen Wochen, die zuerst Malwida und Olga allein und kurze Zeit später auch Herzen mit Natalie im Hause an der Küste wohnten, Malwida über diese Zeit schrieb:

Zu Natalie konnte ich den alten Kontakt nicht wieder herstellen, aber sie bedurfte dessen auch nicht mehr. Aber Olga, das liebe Kind, freute sich so seelenvoll über jeden, auch den kleinsten Umstand unseres Beisammenseins, daß es mich innig rührte. Sie hatte von neuem durch ihren Zauber und ihre Natürlichkeit mein ganzes Herz gewonnen. Ich fand den Unterricht vernachlässigt und suchte ihn wieder aufzuholen.

Aber auch sonst fand Malwida im Haus an der Küste den gleichen Platz, wie sie ihn schon einmal in der »Familie der freien Wahl« innegehabt hatte. Vom Personal seines Stadthaushaltes wählte Herzen geschickterweise ein Mädchen deutscher Herkunft. Marie, so lautete ihr Name, sollte Malwida in allem zur Hand gehen, und dieser machte es Vergnügen, Anweisungen für Küche

277

und Herd in deutscher Sprache geben zu können. Eine tiefe Zufriedenheit mit diesem Abschnitt ihres Lebens klingt aus ihren weiteren Worten.

So war mir denn die heilige Pflicht einer Mutter im höchsten ethischen Sinne doch noch vorbehalten. Damit durfte ich den Beweis antreten, daß auch die unverheiratete Frau den ausschließlich weiblichen Beruf der Mutter erfüllen kann. Und in sehr bestimmten Worten endet diese Aufzeichnung: *Eine Frau kann sich sehr wohl eine ehrenhafte Stellung durch Arbeit und damit ein ehrenhaftes Leben erwerben. Daß sie, um das zu erreichen, kämpfen und die Schranken ihrer Verhältnisse durchbrechen kann so gut wie ein Mann, das war in meinem Falle nicht mehr nur Theorie – ich hatte es verwirklicht.*

Die Tage im Haus an der Küste verliefen in höchster Harmonie. Mit Olga war Malwida ein Herz und eine Seele, Natalie fügte sich nur gelegentlich als Dritte hinzu. Und Vater Herzen rundete das Familienleben auf das angenehmste ab. Man wanderte gemeinsam über die rauhe Heide der Hochebene, stieg hinab in windgeschützte Buchten und teilte den Spaß, barfuß so dicht am Saum der brandenden See zu laufen, daß die Gischt die Zehenspitzen näßte. An den Abenden las Herzen seinen Damen vor, russische Klassik, aber auch Erzählungen von Charles Dickens, wie sie eben in Mode waren. Malwidas Blick umfaßte dann das bärtige Profil des Lesenden vorm Hintergrund flackernden Feuers im Kamin, und nichts auf der Welt hätte ihr besser jene stille Übereinkunft symbolisieren können. die ihr hoch über jeder laut erklärten Verbindung stand. Ein latentes Gefühl hochgespannter Erwartung, vor dessen Erfüllung sie ohnehin zurückgeschreckt wäre, hatte hier im Haus an der Küste vollkommenem inneren Frieden Platz gemacht.

Turgenjew

Hatte Alexander Herzen sich um die Redaktion seiner »Glocke« zu kümmern, fuhr er nach London und blieb zwei oder drei Tage dort. Heimkehrend brachte er oft Gäste mit oder auch seinen Sohn Alexander. Nur das Ehepaar Ogareff hielt sich fern.
An einen Besucher erinnerte sich Malwida besonders gern. Die Kutsche vom Bahnhof herauf hatte noch kaum vorm Haus gehalten, als Malwida neben Herzen einen Mann entdeckte, der sein Bruder hätte sein können. Die gleiche Haar- und Barttracht, wenn auch in der Gesamterscheinung eleganter, das Gesicht schmaler, die Nase länger und in den Augen eine Melancholie, die in Malwida unwillkürlich eine gleichgestimmte Saite berührte. Das Haus betretend stellte Herzen den Besucher vor: »Ich bringe meinen lieben Freund Iwan Sergejewitsch mit, Malwida. Nehmen Sie ihn mit offenen Armen auf, er ist es wert.«
Malwida hieß den Gast willkommen, die beiden Mädchen knicksten und ließen sich von ihm die Wangen küssen. Wer aber war der Besucher, fragte sich Malwida noch immer, als sie schon die erste Tasse Tee tranken, und verwünschte die russische Sitte, immer nur die Vornamen zu nennen. Doch das Gespräch nahm alsbald einen Verlauf, der das Rätsel lösen sollte.
»Ich habe deine letzte Erzählung gelesen, mein Lieber! Du schilderst das seltsame Mädchen Asja sehr gut…«
Turgenjew! durchzuckte es Malwida. Es war Iwan Sergejewitsch Turgenjew, Komet am literarischen Himmel Rußlands. Malwida hatte sich mehrfach schon mit ihm beschäftigt. Sein Werk galt als zwiespältig, problematisch, realistisch, kurz als modern. Gespannt lauschte Malwida weiter dem Gespräch der Männer.
»Meine Asja?« lachte Iwan Sergejewitsch eben auf, »weißt du, daß Tolstoi sie in Grund und Boden kritisierte? Schund nennt er sie und hat vielleicht nicht unrecht. Ich werde Besseres schreiben.«
»Tröste dich«, stimmte Herzen in das Lachen ein, »mich nannte er einen Menschen von konfusem Intellekt und morbider Eigenliebe!« Und sich selbst unterbrechend wollte Herzen wissen:

»Was wirst du schreiben? Erzähle!«

»Nun...« zögerte Iwan Sergejewitsch, »noch habe ich kein Konzept, aber ... ich plane einen Roman*.«

»Einen Roman?« fragte auch Malwida, »welches Thema werden Sie wählen, Monsieur Turgenjew?«

Turgenjew hob die buschigen Brauen. Diese Frau wußte seinen Namen. Nicht nur, daß ihm das schmeichelte, es setzte auch voraus, daß sie literarische Kenntnisse hatte.

»Nun, ich dachte...« begann Turgenjew, diesmal Malwida zugewandt, und schien dem Gedanken erstmalig Form zu geben, »ich dachte mir eine Art Dialog... ein Zwiegespräch der Generationen, verstehen Sie? Sagen wir zwischen Vätern und Söhnen, hier konservativ, gläubig, dort jener alles verneinende Nihilismus, wie er eben unter der Jugend Rußlands um sich greift!«

»Das wäre wundervoll«, kam sofort Beifall von Malwida, »auf diese Weise könnte man beiden Seiten gerecht werden und herausarbeiten, was Bestand haben soll.«

»Bestand oder nicht«, schränkte der Dichter ein, »jede Seite wird über die eigene Schlinge fallen, denke ich mir...« Er hielt inne und sah Malwida an. Neugier trat in die Melancholie seiner Augen. »Sie sind Deutsche, oder irre ich?« Das Gespräch war bisher auf französisch geführt worden, so wechselte Malwida als Antwort ins Deutsche.

»Sie irren nicht. Ich bin aus Kassel gebürtig.«

»Ich kenne Deutschland gut und habe mich von seiner Landschaft inspirieren lassen, so legte ich auch den Ort der Handlung meiner »Asja« an den Rhein.«

Jetzt sprachen alle drei Deutsch. Herzen wollte wissen:

»Einen Dialog zwischen den Generationen sagst du, Bruder? Aber welche Position wirst du als Autor darin einnehmen?«

»Position? Du weißt, daß ich der sozialen Freiheit das Wort rede, habe dafür die russischen Gefängnisse von innen gesehen! Aber die Auflösung aller Werte, wie die Jugend sie fordert, ist nicht meine Sache.«

---

* Der Roman VÄTER UND SÖHNE von I. S. Turgenjew erschien 1861 in einer ersten Rohfassung – 1862 in seiner endgültigen Fassung.

Das Gespräch nahm einen Grenzverlauf zwischen Politik und Literatur und streifte unweigerlich das Problem der Leibeigenschaft, wie sie in Rußland soeben von Alexander II. abgeschafft worden war, was nicht hieß, daß die Schwierigkeiten überwunden waren. Malwida horchte auf, als sie Turgenjew sagen hörte: »Kaum hat der Bauer den Halt der Abhängigkeit verloren und hat man ihm die Verantwortung für sich selbst aufgebürdet, kommen die Agitatoren der Freiheit, schießen übers Ziel hinaus, indem sie ihm nun auch noch die Religion nehmen.«

Diesen Aspekt hatte Malwida bisher nicht bedacht. Sie begriff, daß Freiheit auch Leerraum schaffen kann. Womit aber sollte ein Mensch, eben der Knute entronnen, nun der Ikone beraubt, diesen Leerraum füllen? Mit den Parolen jener Agitatoren, die das Nichts auf ihre Fahnen schrieben?

Und wieder hörte sie Turgenjew sagen:

»Du weißt ja selbst, daß man als Schriftsteller jede handelnde Person auf die eine oder andere Weise beschreiben und dadurch die Meinung des Lesers lenken kann.«

»Das ist die Technik jedes Journalisten, aber wohin, auf welche Seite willst du den Leser lenken, wenn du Tradition und Nihilismus einander gegenüberstellst?«

»Zur Wahrheit, zur bloßen Realität des Lebens!« rief Turgenjew beschwörend aus, »denn diese genau und einprägsam darzustellen, ist die höchste Aufgabe eines Schriftstellers, selbst dann, wenn sich diese Wahrheit nicht mit seinen Sympathien deckt.«

Malwida sah von einem zum anderen und fuhr wie ertappt auf, als Turgenjew sich plötzlich ihr zuwandte.

»Hätten Sie nicht einmal Lust, sich an einem Roman zu versuchen?«

»Ich ... einen Roman? Nun, ich weiß nicht...«

Sicherlich wollte sich Iwan Sergejewitsch Turgenjew ihr gegenüber nur als höflich erweisen, aber er konnte nicht wissen, auf welch fruchtbaren Boden seine Bemerkung bei ihr fiel.

Olga

Die Brise von See her wurde scharf und kalt, plötzliche Böen trieben Graupelschauer vor sich her. Es war Herbst geworden, und damit ging die schöne Zeit im Haus an der Küste ihrem Ende zu. Malwida begann die Belastung durch das rauhe englische Klima zu spüren. Sie sehnte sich nach südlicheren Gefilden. Neben der Gesundheit gab es auch noch einen zweiten Grund für Malwida, sobald Herzen den Aufenthalt am Meer abbrach, nach Paris zurückzukehren. Die Proben zu Wagners Tannhäuser mußten längst begonnen haben, und sie hatte versprochen zugegen zu sein. Auf Malwidas Wunsch, Olga mit sich nach Paris zu nehmen, war Herzen bisher mit keiner Silbe eingegangen.

Ein Tag ganz besonders herbstlicher Natur, an dem der Wind bösartig um die Ecken pfiff und an den Fensterläden rüttelte, ging zur Neige. Die Mädchen waren bereits zu Bett geschickt, Malwida, wie es ihre Gewohnheit war, zu ihnen hinaufgegangen, um gute Nacht zu wünschen. Bei Olga hielt sie sich gewöhnlich ein wenig länger auf, um den vergangenen Tag mit all seinen kleinen und großen Erlebnissen, wie sie einer Zehnjährigen begegnen, zu überdenken. Sie nannten das ihr »gesprochenes Tagebuch« und hielten unbeirrt daran fest.
»Muß Olga immer noch wie ein Kleinkind in den Schlaf gewiegt werden?« spottete Natalie von nebenan.
Olga verkroch sich erschrocken unter die Bettdecke.
»Hör nicht auf sie«, tröstete Malwida, »erzähle! Du warst heute unten in der Bucht, nicht wahr?«
»Ich hab' dem Meer adieu gesagt«, flüsterte Olga, »Papa wird uns sicher bald heimschicken…«
»Das denke ich auch, Kind! Immerhin, dies Haus ist nur ein Sommerhaus, leicht gebaut und ohne Öfen.«
Daß ihnen das erneut Trennung und schmerzlichen Abschied bedeuten könnte, erwähnte keine von beiden.
»Unten am Strand hab' ich ein paar bunte Kiesel eingesteckt«,

berichtete Olga weiter im Flüsterton, »die heb' ich mir auf zum ewigen Angedenken.«

»Gibst du mir einen von deinen Kieseln, Olga? Dann will ich ihn zu gleichem Zweck verwahren.«

»Für ewig?« fragte das Kind begierig.

»Ja, für ewig.« Malwida küßte Olga auf die Stirn und strich ihr zärtlich übers blonde Haar.

»Gute Nacht, Olga, mein Kind.«

»Gute Nacht, Malwida.«

Malwida hob den Kerzenleuchter vom Nachttisch und verließ das Zimmer. Im Dunkeln zurück blieb das Kind, das sie nun bald wieder würde hergeben müssen. Der Gedanke daran nahm Malwida den Atem. Haltsuchend lehnte sie sich an die holzgetäfelte Wand. Wenn es denn einen Gott gäbe, dachte sie, ich wollte ihn inständig bitten, mir das Kind nicht zu nehmen! Und seltsamerweise schämte sie sich dieses Gedankens nicht.

Das Feuer im einzigen Kamin des Hauses reichte kaum, auch nur den Wohnraum zu erwärmen. Der Hausherr stocherte in der Glut und legte die letzten Buchenscheite nach, als Malwida die Treppe herabkam.

»Ah, da sind Sie ja, meine Liebe! Kommen Sie, trinken Sie ein Glas mit mir.«

»Gern, ein Sherry würde mir jetzt guttun.«

Das goldene Getränk im Glas saßen sie dann jeder in einem der hochlehnigen englischen Kaminsessel und sahen eine ganze Weile schweigend den zuckenden Flammen zu.

»Ach übrigens, Malwida«, begann Herzen und nahm bedächtig noch einen Schluck, »ich habe für morgen den Wagen zur Bahn bestellt. Ich denke, wir sollten nach London zurückkehren.«

»Ja«, sagte Malwida, »Sie haben recht, Alexander Iwanowitsch, es wird recht unwirtlich hier draußen.«

»Also abgemacht«, bestätigte Herzen, »und übermorgen schon könnt ihr euch in Dover einschiffen.«

Es durchzuckte Malwida wie ein Blitz.

»Ihr, Alexander Iwanowitsch? Sagten Sie ihr? Sie meinen...«

»Sie und Olga meine ich, wen sonst!« Es machte ihm offensichtlich Vergnügen, Malwida derart zu überraschen, doch die heftige Wirkung, die seine Eröffnung auf die Freundin hatte, erschreckte ihn. Malwida wurde blaß und rot im Wechsel und kämpfte mit aufkommenden Tränen der Freude und Erleichterung.

»Sie haben sich also entschlossen, Alexander Iwanowitsch, Olga mit mir gehen zu lassen?«

»Aber ja, meine Liebe! Was bleibt mir anderes übrig! Selbst siamesische Zwillinge kann man nur unter Lebensgefahr trennen.«

»Oh, ich will es gleich Olga sagen!« Malwida war aufgesprungen.

»Nicht, Malwida, nicht. Lassen Sie dem Kind seinen Schlaf.« Plötzlich war Sorge in seinen Augen zu lesen, fast Furcht ob der für Olga tiefgreifenden Entscheidung.

»Sie haben recht«, lenkte Malwida sofort ein und setzte sich wieder, die Hände gefaltet, den Blick ins Feuer gerichtet.

»Alexander Iwanowitsch, ich verspreche Ihnen, ich werde mit all meinen Kräften für Olga…«

»Versprechen Sie mir nichts, Malwida, gar nichts.«

»Aber ich möchte, daß Sie sicher sind, daß…«

»Ich bin mir sicher, meine Freundin, ganz sicher.«

Prasselnd brach ein Holzscheit im Kamin zusammen, stob die Glut in Funken auf. Heulend fuhr ein Windstoß gegen das Fenster. Dann wurde es still im kleinen Haus an der Küste.

Die Fähre Dover-Calais tutete zur Abfahrt. Malwida stand an der Reling, den Arm um Olga gelegt. Sie konnte fühlen, wie die mageren Schultern des Kindes sich im Zwiespalt verspannten. Der Abschied vom Vater, von Schwester und Bruder, die unten am Kai winkten, dagegen die Freude mit der Mutter – denn nichts anderes war Malwida von Meysenbug für Olga Herzen – reisen zu dürfen. Das Schiff legte ab, der Streifen brodelnden Wassers wurde breiter und breiter, die Menschen auf dem Kai kleiner und kleiner, ihr Winken erlahmte, sie verschmolzen zum schmalen Saum in der Ferne. Da spürte Malwida Olga sich wie erlöst gegen sie lehnen, den Kopf unter der wärmenden Wollmütze sich eng an sie schmiegen.

»Komm«, sagte sie fröhlich zu Olga, »wir gehen in die Kajüte. Da ist es schön warm. Ich bestelle dir eine große Tasse Schokolade.«

»Und auch ein Stück Kuchen, Malwida?«

»Ja, auch ein Stück Kuchen.«

Damit kletterten sie die schmalen, eisernen Stiegen in die unteren Räume hinab, während das Schiff beidrehte und Kurs auf Frankreich nahm.

Der Tannhäuser-Skandal

Pünktlich zur ersten großen, zusammenhängenden Probe des Tannhäuser war Malwida, und mit ihr Olga Herzen, in Paris zurück. Sogleich besuchten sie den großen Meister.

»Ich bestehe darauf, meine Liebe«, so lautete Wagners herzliche Begrüßung, »daß Sie dabei sind, vom ersten bis zum letzten Ton!«

Keinem anderen Gebot wäre Malwida lieber gefolgt. So sehr sie die harmonische Familienidylle an der See genossen hatte, Musik hatte ihr gefehlt, Musik jener Art, von der Malwida schrieb:

Erhabene Klänge, die mir enge Zimmer zu hohen Tempelhallen dehnen, mich über die Banalitäten des Lebens hinausheben, die Schranken des gebrechlichen Körpers durchbrechen, ja mich eine edlere Existenz ahnen lassen…

Und genau solche Klänge bekam sie jetzt zu hören, als sich wie in einer richtigen Vorstellung der Saal mit Publikum füllte, die Musiker ihre Instrumene stimmten und sich langsam der Vorhang zur ersten Szene öffnete. Zu Malwidas Entsetzen dirigierte Wagner nicht selbst. Gleichzeitig mit dem Wunsch, besser gesagt dem Befehl, den Tannhäuser zur Aufführung zu bringen, war Wagner der französische Dirigent Pierre Dietsch aufgenötigt worden. Wagner, der diese Bedingung erst gutmütig hinnahm, hatte bald Anlaß, an Dietschs Qualitäten als Dirigent zu zweifeln.

285

»Das ist der dickfelligste, unmusikalischste Kapellmeister, der mir je begegnet ist!« beschwerte sich Wagner in aller Öffentlichkeit, »ein Greis ohne jedes Gehör!« Nichtsdestotrotz, Dietsch dirigierte, Wagner saß im Publikum, nur ein paar Sitze von Malwida und Olga entfernt. Obwohl der Tannhäuser Szenen beinhaltet, die für eine Zehnjährige von fragwürdiger Natur sind, war Malwida froh, Olga dabeizuhaben, denn *in Olgas Seele die Empfänglichkeit für Musik, dieses himmlische Manna, zu wecken, war das Hauptziel meiner Erziehung.*

Zweifel kamen ihr allerdings da, wo Wagner auf höhere Weisung kurzfristig noch Änderungen vorgenommen hatte, die angeblich dem französischen Geschmack entgegenkamen.
»Nun ja, ich geb's ja zu«, hatte Wagner sich gewunden, als Malwida ob der neuen Szene im Venusberg erstaunt die Brauen hob, »ein mythologisch ausschweifendes Gerangel.«
Tatsächlich war es das Gewagteste, was ihm je für eine Aufführung auf öffentlicher Bühne einfiel.
Die Musiker hingegen, die die Musik das erste Mal fortlaufend in einem Stück spielten, wie auch die Sänger, unter ihnen Namen wie Albert Niemann, Madame Tedesco und Marie Sax, waren so hingerissen, daß sie, den Dirigenten überstimmend, mitten in der Aufführung dem Komponisten ein begeistertes Hoch ausbrachten. Wagner erhob sich und dankte ihnen voll stolzer Rührung. Seit dieser Kundgebung seiner Künstler war sich Wagner des Erfolges bei der bevorstehenden Premiere sicher. Aber es sollte anders kommen.

Am 13. März 1861 öffneten sich die Tore des Opernhauses der gesamten vornehmen Gesellschaft von Paris. Malwida von Meysenbug und ihre Ziehtochter saßen im Parkett. Als höchste Konzession an die Mode hatte Malwida sich zu einer Krinoline in hellem Braun entschlossen, die weitfallenden Ärmel reichlich von chamoisfarbener Spitze umgeben. Olga erblühte in Rosenrot, mit grünen Ranken besetzt, die sie auch im Haar trug.
Noch einmal erhob sich alles, als oben in der Mittelloge das Kai-

serpaar erschien. Er wirkte mit seinem drahtartigen Schnurrbart ungeheuer mürrisch, sie hingegen trotz ihrer Schönheit kalt.

Alles blieb stehen, bis das Kaiserpaar Platz genommen hatte. Auch Olga blickte neugierig hinauf und zupfte Malwida am Ärmel, wie es ihre Art war, wenn sie etwas sagen wollte.

»Das ist doch jetzt der Kaiser, nicht wahr?«

»Ja, Liebes, das ist er, Napoleon III. und neben ihm Kaiserin Eugénie.«

»Napoleon?« verwunderte sich Olga, »du hast mir doch von Napoleon einmal ein Bild gezeigt, auf einem weißen Schimmel! Der sah ganz anders aus...«

»Das Bild zeigte Napoleon I., den die Franzosen hoch verehrten. Dies ist sein Neffe.«

Der Ton in Malwidas Stimme warnte das Kind, keinen weiteren Kommentar in der Öffentlichkeit abzugeben. Im Frankreich dieses Jahrzehnts saßen überall gespitzte Ohren, Hüter der Unantastbarkeit des Kaiserpaares, aber auch der persönlichen Sicherheit. Noch hörte man im Zuschauerraum Füße scharren, Seide rascheln, ein letztes Flüstern, dann wurde es still.

Wagner, der diesmal selbst dirigierte, hob den Taktstock. Die ersten Töne stiegen auf, schwollen an während der Vorhang sich langsam öffnete. Das Bacchanal! Hektisch, aufreizend. Die Menge lauschte offenbar verblüfft. Malwida, sonst sich selig der Musik hingebend, war kaum fähig, die Klänge auch nur wahrzunehmen. Ihre ganze Aufmerksamkeit galt der Reaktion des Publikums. Sie wußte, wie sehr es für Wagner darauf ankam: Durchbruch und Beifall oder alle Mühen des letzten Jahres waren vergebens, darunter nicht zuletzt die enormen Kosten für einhundertsechzig Proben mit Sängern und vollem Orchester. Verstohlen sah Malwida sich um. Neben ihr, hinter ihr aufmerksame Gesichter, befremdet vielleicht, aber noch ohne Urteil in den Mienen.

Dann die Wandlung aus dem Bacchanal in süße Morgenstille. Schalmeien erklingen, alles wird leise und zart, eine der schönsten Stellen, die Wagner je geschrieben! Da bricht die Hölle los. Pfeifen, Lachen, Zwischenrufe.

»Péchés Venusbergeois!«

»Scanadaleux!«

»Quelle honte! A bas le rideau!«

Trillerpfeifen, Tuthörner, die bewiesen, daß von einer spontanen
Reaktion nicht die Rede sein konnte. Die Störung war geplant
und vorbereitet. Wer steckte dahinter?

Malwida wandte den Kopf und sah zur Hauptloge hinauf. Der
Kaiser applaudierte ausdrücklich, ja erhob sich demonstrativ, als
sein Beifall im tosenden Lärm unterging. Selbst die Kaiserin
klatschte in ihre behandschuhten Hände und wies ihre Damen an,
das gleiche zu tun.

Unten im Parkett sprang ein Kind in Rosenrot von seinem Platz
auf und wies mit ausgestrecktem Arm auf die Störenfriede.

»À la porte, à la porte!« rief es voller Empörung, »hinaus mit
Ihnen, hinaus!«

Malwida zog Olga wieder neben sich auf den Sitz nieder.

»Es hat keinen Sinn, Liebes«, flüsterte sie beruhigend, ohne im eigenen Innern Ruhe zu empfinden, »es ist zwecklos!«

Malwida hatte recht. Das Blöken der Jagdhörner, das Schrillen der
Trillerpfeifen war viel zu laut, um einem tadelnden Einwurf
Gehör zu verschaffen.

Das Publikum, noch unschlüssig, sah den Kaiser stehend applau-
dieren, erhob sich ebenfalls und klatschte, was das Zeug hielt.
Aber selbst der Beifall wurde übertönt. Deutlich hörte man
Schmährufe gegen Österreich, und damit wurde klar: Man hielt
Wagner fälschlicherweise für einen Untertanen Habsburgs und
verübelte dem Kaiserpaar, ihn als solchen protegiert zu haben.
Ein totales Mißverständnis, denn Wagner, eher der Revolution
nahestehend, war niemals mit der österreichischen Partei im
Bunde.

Für den Augenblick galt es, die Vorstellung zu retten. Aber jeder
Versuch, die Aufführung fortzuführen, wurde niedergeschrien.
Endlich schleuderte Tannhäuser in Gestalt des Tenors Albert Nie-
mann wütend seinen Pilgerhut ins Publikum und verließ die
Bühne. Zurück blieben ein Rest ratlos umherstehender Sänger,
ein immer wieder neu einsetzendes Orchester und ein rasendes
Publikum.

Wagners Freunde versammelten sich spät nachts noch in seinem Haus in der Rue Newton. Der Meister, mit hängenden Armen in ihrer Mitte, bot das Bild eines geschlagenen Feldherrn.

»Ich gebe auf«, klagte er, »ich werde Paris verlassen…«

War Hoffnung auf Widerspruch aus dem Ton seiner Klage zu vernehmen, so kam dieser energisch von Malwida.

»Das werden Sie nicht tun!« rief sie entschieden. »Sie werden bleiben und sich durchsetzen!«

Andere Stimmen unterstützten ihren Appell.

»Der Kaiser hat sich zu Ihnen bekannt, Meister!«

»Alles wird sich aufklären!«

»Sie werden in Paris noch Triumphe feiern!«

Wenn ihm das Zureden auch schmeichelte, so hörte er doch nicht auf seine Freunde. Richard Wagner zog die Partitur des Tannhäuser zurück, geschäftlich ein großer Fehler, denn der Skandal hatte bewirkt, daß die Menschen an den Vorverkaufskassen Schlange standen. Nach Abzug aller Ausgaben blieb dem Abenteuer Tannhäuser in der Grand Opéra ein Gewinn von siebenhundertfünfzig Francs.

Malwida beeilte sich, einen Artikel für die Presse zu verfassen, in dem sie die Vorkommnisse in der Oper geißelt, dabei Wagners Person wie seine Musik interpretiert und verteidigt.

Wagners Musik spricht zu uns aus einer anderen Welt. Er füllt diese mit idealen Gestalten von großer, reiner Menschlichkeit, voll erhabener Leidenschaft und aus innerstem Herzen hervorbrechender Andacht. Wer nicht fähig ist, in diese Tiefen herabzusteigen, wer oberflächlichen Genuß erwartet, wie ihn das Ballett vermittelt, der braucht nicht erst durch Jagdhorn und Trillerpfeife anzuzeigen, daß er bei Wagner fehl am Platz ist.

»Da schreibt endlich einmal jemand vernünftig über mich!« freute sich Wagner ahnungslos und hielt Malwida ihren eigenen Text unter die Nase. »Wer das geschrieben hat, versteht und liebt meine Musik und vielleicht ein klein wenig auch mich!« Liebevoll strich er das Zeitungsblatt glatt und steckte es in seine Brusttasche. »Ich kehre Paris den Rücken, aber nicht der Welt! Nicht solange es Menschen gibt, die so über mich schreiben.«

Warum seine Worte Malwidas Wangen zum Glühen brachten, begriff er nicht, war der Artikel doch nicht unterzeichnet. Richard Wagners Abreise von Paris ließ für geraume Zeit die beiden sich aus den Augen verlieren, nicht aber den neu geknüpften Faden der Freundschaft zerreissen.

Mutter zweier Töchter

Paris ohne Wagner war für Malwida nicht mehr das gleiche. Sie widmete sich ganz und gar der mütterlichen Sorge für Olga Herzen, ihrer Erziehung und Unterrichtung, beide in ihrer Zuneigung völlig aufeinander konzentriert, losgelöst vom Ort, an dem sie sich befanden, von den Menschen, die sie umgaben.
Malwida, die schon Muttergefühle entwickelte, als ihr die damals zweijährige Olga überantwortet wurde, fühlte sich jetzt ganz als Mutter einer heranwachsenden Tochter. Einzig Malwidas Gesundheit spielte nicht mit. Kopfschmerzen, Schwindelanfälle und zunehmende Schwäche der Augen plagten sie, ausgerechnet der Augen, deren Dienst sie so dringend benötigte. Immer noch sollten Aufsätze und Abhandlungen ihr ein Zubrot bringen und versuchte sie sich in Essays und Erzählungen.

War Malwida einst der Londoner Winter zu kalt und zu neblig, so ertrug sie jetzt auch die Witterung von Paris nicht mehr.
»Italien soll es sein, Italien mit seiner Sonne und seinem milden Klima! Dort wird mir wohler sein, du wirst es sehen, Olly!«
Alexander Herzen, um die Erlaubnis zur Reise gebeten, erteilte diese unter der Bedingung, daß auch seine Tochter Natalie die beiden begleitete. Selbstverständlich war Natalie Malwida willkommen. So brach man denn in Paris alle Zelte ab und bestieg zu dritt den Zug nach Lyon und von dort weiter nach Turin, eine

Verbindung, die eben erst fertiggestellt worden war. Rom selbst konnte man noch nicht per Bahn erreichen.

Noch hatte man mit dem Vetturino in bequemer Kutsche, von munteren, mit Glöckchen behängten Pferden gezogen, den Weg auf guter Fahrstraße von Florenz über Viterbo zu machen schrieb sie über diese erste Reise nach der päpstlichen Stadt, die noch nicht zum geeinigten Italien gehörte, und begeisterte sich weiter wie weiland Goethe.

Ecco Roma! Wenn man auf der Höhe der alten Flaminia angelangt die Kuppel von Sankt Peter vom Abendgold umstrahlt und die Campagna in tausend wunderbare Farbtöne getaucht vor sich sah, dann hatte man die Empfindung, die einst Pilger gehabt haben mögen, die hierherzogen, niederzuknien und das Wehen jener Weltmacht zu fühlen, die die ewigen Ideen durch Jahrtausende hindurch, allem menschlichen Widerstand zum Trotz, ihrer Erfüllung entgegenleitet. Und weiter gibt sie die Stimmung ihres damaligen Aufenthalts wieder: *Wie fröhlich und echt römisch waren die Sonntage, die wir hinauszogen in die Campagna, uns in irgendeiner der vielen Osterien, die sich da finden, niederließen und bei trefflichem Landwein und ländlicher Kost bis spät am Abend die Poesie des von allem modernen Leben so verschiedenen Daseins genossen. Oder wenn wir uns auf der alten Fähre über den Tiber fahren ließen und nach dem Monte Mario hinaufwanderten, wo dann beim nächtlichen Rückweg überall Leuchtkäfer funkelten, die die Kinder sich ins Haar setzten und so mit dem glänzenden Brillantschmuck entzückt heimwärts zogen.*

Waren Malwida und Olga einander so eng verbunden, daß Malwida nach kurzer stundenweiser Abwesenheit bereits Zettelchen vorfand: *Liebste Mali! Ich hatte solche Sehnsucht nach Dir! Deine Olly,* so hatte Natalie immerhin ihre Zurückhaltung soweit aufgegeben, nicht das fünfte Rad am Wagen, sondern die Dritte im Bunde zu sein. Sie reisten zusammen, und Malwida zeigte den Mädchen ein Italien, das sie selbst dabei erst kennenlernte. Sie eroberten Platz für Platz und Kirche für Kirche Florenz, das noch nicht den Trubel einer Hauptstadt aufwies. In Siena tranken sie auf dem Campo Kaffee in winzigen Täßchen, auf jenem Platz, auf dem traditionsgemäß zweimal im Jahr zwischen den siebzehn verschiedenen Stadtvierteln ein Pferderennen ausgetragen wird.

Glückliche drei Winter vergingen, in denen Malwida von Meysenbug beiden Töchtern Herzen eine mütterliche Gefährtin war.
Einerseits genossen alle drei das Zusammenleben, andererseits
war Malwida darauf bedacht, die heranwachsenden Mädchen
nicht dem Vater zu entfremden. Ihr Vorschlag, Herzen möge sich
wenigstens auf einige Monate dem Kleeblatt hinzugesellen,
scheiterte mehrmals an Ausreden und Ausflüchten, die Malwida
bald klar durchschaute.

Ich weiß, es sind wieder einmal die Ogareffs, die dahinterstecken! Sie haben
sich für Sie entschieden, und die Familie muß darunter leiden.

Herzen muß diesen Vorwurf wohl verübelt haben, denn er reagierte damit, daß er zumindest Natalie nach London zurückrief.
Er wird seine Gründe haben, dachte Malwida arglos und unfähig,
an so etwas wie Vergeltung zu glauben. Natalie war alt genug,
diese Saison in die Gesellschaft eingeführt zu werden. Ihr Vater
hatte an ihre Zukunft zu denken, ihr eine passende Partie zu suchen, sie gut zu verheiraten. Das war sein gutes Recht, ja nach
dem Verständnis seiner Zeit seine väterliche Pflicht. Von Malwidas Seite war nichts dagegen zu sagen, wenn sie selbst auch ihre
eigene Meinung dazu schon oftmals in flammender Rede nieder-
geschrieben hatte. Malwida war der tiefen Überzeugung,

…daß keineswegs wie bisher der Gedanke an die Ehe den jungen Gemü-
tern um jeden Preis eingepflanzt und als einziges Lebensziel für die Frau
hingestellt werden muß! Diese unheilvolle Ansicht, die die meisten Mütter
noch vertreten, muß unbedingt aufgehoben werden. Das Mädchen muß so
gut wie der Knabe von klein auf seine Fähigkeiten entwickeln können, da-
nach streben dürfen, aus sich ein möglichst vollkommenes und umfassendes
Wesen zu machen. Wieviel häßliche Täuschung und auch Selbsttäuschung,
wie sie jetzt oft den jungen Mädchen gelehrt werden, würden damit weg-
fallen. Wieviel Unglück als Folge konventionell geschlossener Ehen würde
vermieden werden! Kommt dem entwickelten Charakter, dem gereiften, in
sich ruhenden Wesen, die wahre Liebe als Krone des Lebens hinzu – nun
wohl dem Glücklichen! Eine Ehe aber, in das ein Mädchen aus Vorurteil
und schierem Brauchtum gestürzt wird, kommt der Prostitution gleich.

Einem Donnerschlag gleich kam dann die weitere Verfügung aus London, Malwida habe Olga in die Schweiz nach Bern zu bringen, wo Herzen Olga in einem Internat angemeldet habe.

Malwida bleibt nichts anderes, als zu gehorchen. Sie bringt das Kind nach Bern und liefert sie in besagtem Internat ab. Ihre Briefe an Herzen geben Einblick in ihre seelische Verfassung: *Nun, enfin, es ist geschehen. Der bittere Kelch ist getrunken, mein Leben ist plötzlich wieder zwecklos, und das in einem Alter, wo es schwer ist, wieder von vorn anzufangen. Ich hoffte, ich besäße eine Tochter, der ich meine besten und heiligsten Gedanken einpflanzen könnte. Das ist nun vorbei. Wenn ich des Morgens die Augen auftue, so frage ich mich: für wen lebst du noch? Wer bedarf deiner noch?*

Es klingt wie der Tatzenhieb einer verwundeten Löwin wenn Malwida weiterhin an Olgas Vater schreibt: *Ich habe Sie jahrelang bewundert um Ihrer Freundschaft und Ihres Formats willen, das mir wahrhaft von antiker Größe erschien. Diese Bewunderung hat geendet, aber dennoch bleibe ich Ihre Freundin und Ihren Kindern eine treue Mutter, an deren Herzen sie ruhen können, solange es schlägt.*

Schließlich gab Alexander Herzen nach. Zum dritten Mal übergab er Olga der Aufsicht und Fürsorge Malwidas, erklärte sich mit dem gemeinsamen Wohnsitz Florenz einverstanden, stellte nur eine Bedingung: Olga sollte eine öffentliche Schule besuchen.

Das war den beiden nur recht. So konnten sie sich die Stunden des Tages zu beiderseitiger Tätigkeit einteilen: *Von morgens zehn bis nachmittags fünf Uhr war Olly in der Schule, während dem ich mich in Ruhe meiner Schreibtätigkeit widmen konnte. Den Abend hatten wir dann für uns, ihn ganz nach unserem Geschmack zu verbringen, mit Lesen, Handarbeiten oder einem Spaziergang an den Ufern des Arno entlang.*

Florenz, soeben zur Hauptstadt des neuen Italien ernannt, bot dazu den denkbar farbigsten Hintergrund. Fast in einem Augenblick wuchs die Bevölkerung um das Fünffache. Die Stadt platzte aus allen Nähten. Überall wurde gebaut und Neues errichtet und dafür leider Unersetzliches abgerissen, wie beispielsweise das mittelalterliche Judenviertel. Diese Sünde beging man, um die Piazza Vittorio Emanuele II. zu schaffen, die aber erst fertig wurde, als die Ehre, Hauptstadt zu sein, bereits an Rom weitergereicht war.

Wohnung fanden Malwida und Olga in den Hügeln der Vorstadt mit herrlichem Blick über Domkuppel und Campanile. Die Hauswirtschaft übernahm tatkräftig eine junge Italienerin namens Trina, zu deren Pflichten auch der Einkauf auf dem Markt gehörte.

»Das Feilschen auf dem Markt liegt mir nämlich gar nicht«, gestand Malwida, »die Italiener sagen zehn Lire, meinen fünf und lachen sich ins Fäustchen, wenn man ihnen sieben zahlt.«

»Da hast du recht, Mali, Trina zahlt vier Lire und hat die Lacher auf ihrer Seite.«

»Und unsere Dankbarkeit dazu«, seufzte Malwida, »so reicht unser Budget ein gut Stück weiter.«

Auch in Florenz sollte sich bald ein Dritter zum glücklichen Kleeblatt finden. Die Post brachte einen Brief für Olga. Sie riß das Kuvert auf und begann, gleich für Malwidas Ohren mitbestimmt, laut zu lesen:

Liebste Olli! ich schreibe Dir, um Euch einen Besuch anzukündigen. Mein Freund Gabriel, Historiker in spe, derzeit auf Erholung, will einige Zeit in Florenz verbringen, und ich hoffe, Ihr werdet ihn ein wenig unter Eure Fittiche nehmen. Es grüßt Dich, liebe Olli, und auch Malwida, herzlichst Alex.

»Sein Freund Gabriel«, wiederholte Malwida kopfschüttelnd, »er sagt nicht einmal seinen Nachnamen.«

»Nun, dann nennen wir ihn eben einfach Gabriel.« Olga fand das ganz in Ordnung, war sie vom Russischen her ohnehin gewohnt, daß man sich bei Vornamen nannte.

Dann dauerte es tatsächlich nur ein paar Tage, bis Trina Besuch meldete.

»Ein Signore für die Signorina«, sagte sie und blinzelte mit einem Auge. »Ist ein schöner Mann!«

Das war er tatsächlich, Gabriel Monod, Neffe des berühmten Theologen Adolph Monod. Malwida vermerkte sofort bei sich, daß er nicht nur teuer und geschmackvoll gekleidet war, sondern die sanftesten Augen hatte, dazu ein ebenmäßiges Gesicht, weiches dunkelblondes Haar und den noch schütteren Beginn eines Backenbarts, wie der Herr von Welt ihn heutzutage trug.

»Herzlich willkommen«, begrüßte Malwida ihn, »treten Sie nur ein und fühlen Sie sich bei uns zu Hause, Herr – wie ist Ihr Name? Ich kann Sie doch nicht gleich Gabriel nennen.«

»Monod«, stellte ihr Gast sich jetzt selber vor, »Gabriel Monod. Aber Sie können mich gern gleich Gabriel nennen!«

Das Angebot kam so natürlich, daß Malwida keinerlei Bedenken hatte, darauf einzugehen.

»Und ich bin Malwida. Alle Welt nennt mich so.« Damit war zwischen diesen beiden bereits ein Bund geschlossen, als Olga wie ein Wirbelwind von draußen hereingeweht kam; die Fülle ihrer blonden Locken, dem Haarband entkommen, loderte um ihren Kopf.

»Sie sind Alex' Freund, nicht wahr? Er hat Sie schon angekündigt, damit wir uns...«

Malwida winkte unauffällig ab. Wer weiß, ob es dem jungen Mann recht war, worum Alexander Herzen in seinem Brief gebeten hatte. Statt dessen übernahm sie die Konversation, wie es sich gehörte.

»Sie befinden sich auf Erholungsreise, Gabriel? Sind Sie das erste Mal in Florenz? Wir würden Ihnen mit Vergnügen die Stadt zeigen, soweit wir sie selbst schon erforscht haben.«

Während ihrer Worte servierte Trina eine kühle Orangeade, nahm Gabriel Monod einen ersten Schluck und setzte das Glas wieder ab.

»Ich war schon des öfteren hier«, gestand er bescheiden, »ich studiere... ich meine, ich schloß mein Studium als Historiker hier ab und werde bald ein Lehramt übernehmen...«

»Oh«, rief Olga fast übermütig, »dann können sie uns alles beibringen, was wir über Florenz noch nicht wissen!« Trotz ihrer sechzehn Jahre klatschte sie in kindlicher Freude in die Hände.

»Ich sehe, Mali, du und ich, wir haben einen Cicerone gefunden!«
Aber nicht nur einen Cicerone hatten sie gefunden, sondern Malwida einen aufmerksamen Sohn und Olga ihren ersten schüchternen Verehrer.

Der Tod eines Freundes

Der erste Winter in Florenz verging wie im Flug, an Glück und
Harmonie brachte er Malwida ein gerüttelt Maß, mehr als ihr je
wieder beschieden sein sollte. Ein zweiter Winter sah Olga Herzen und Gabriel Monod als zartes Liebespaar, wenn auch unter
der behutsamen Kontrolle Malwidas.
Es kam das Jahr 1869 heran, das Malwida einen selten schönen
Triumph brachte. Der erste Band ihrer persönlichen Memoiren,
an denen sie jede freie Minute gearbeitet hatte, war eben herausgekommen, und – man denke! –, obwohl ohne Angabe der Ver-
fasserin und in französischer Sprache, war der Erfolg in Verkauf
und Kritik atemberaubend.
Sei es unter dem Eindruck dieses Erfolges oder auch weil sie die
Lebensjahre verrinnen sah, stellte Malwida noch einmal nach
London die Forderung, Alexander Iwanowitsch möge sich doch
mit ihnen allen treffen und ein paar Monate mit ihnen gemeinsam verbringen. Es war ihr letzter Versuch, die Familie Herzen
zusammenzuführen. Als Ort, an dem sie gemeinsame Zeit verbringen wollten, schlug sie Paris vor. Und das Wunder geschah:
Alexander Herzen schickte aus London seine Zusage. Wie so oft
in Malwidas Leben wurden wieder einmal die Koffer gepackt und
ein Haushalt aufgelöst.
Es ging auf Weihnachten zu, als Malwida und Olga endlich reise-
fertig waren. Gabriel Monod ließ es sich nicht nehmen, die beiden zu begleiten. Natalie Herzen – noch immer nicht verheiratet –

und ihr Bruder Alexander sagten zu, irgendwann später auch dem Familientreffen beizuwohnen.

Die Reise selbst war zu dieser Zeit denkbar bequem, dichtete Detlev von Liliencron schon Jahre zuvor: *Quer durch Europa von Osten nach Westen rüttert und rattert die Bahnmelodie...*

Als der Zug unter Schnaufen und Rucken im Pariser Bahnhof zum Halten kam, Koffer und Taschen aus den Netzen genommen waren, Malwida, ungewohnt in Schal und Mantel, endlich auf dem Bahnsteig stand, war sie erst einmal wie betäubt von der rennenden, rufenden, winkenden Menschenmenge um sie her. Kofferträger boten sich lautstark an, Wartende hielten Ausschau nach Ankommenden, man rief Namen und vergoß Freudentränen, man lag sich in den Armen, schleppte unter erstem Schwatz seine Habseligkeiten dem Ausgang zu.

Wo war Alexander Herzen? Er hatte im letzten Brief versprochen, sie am Bahnhof abzuholen. Die Halle begann sich schon langsam zu leeren, da sah Malwida ihn. Ihr Herz krampfte sich zusammen. Herzen war erschreckend gealtert. Als auch er sie entdeckte, hob er matt eine Hand und, noch ehe er zur Begrüßung ansetzen konnte, krümmte er sich unter einem heftigen Hustenanfall.

»Papa!« rief Olga und flog an seine Brust. Herzen schwankte unter dem Ansturm ihrer Umarmung.

»Olly, meine Kleine!« rief auch er und mußte wieder husten.

»Sie haben sich erkältet, Alexander Iwanowitsch«, sagte Malwida streng, um ihre Rührung zu verbergen.

»Ein wenig, meine Liebe, ein wenig«, wehrte Herzen milde lächelnd ab und zog Malwidas behandschuhte Hand an seine Lippen, »nichts, was sich nicht mit einem heißen Tee und Wodka rasch bekämpfen ließe!«

»Dazu einen feuchten Wickel und die Brust mit Eukalyptusöl eingerieben!« Malwida, von Besorgnis um den Freund erfüllt, behielt den schroffen Ton zur Tarnung bei.

Derweilen machte Olga ihren Vater mit Monod bekannt.

»Damit du es gleich weißt, Papachen, er ist mir nach dir der liebste unter den Männern dieser Erde!« Es war lachend gesagt, aber

297

Herzen erschrak. Er warf Malwida einen fragenden Blick zu, und der ihre, alle Strenge beiseiteschiebend, antwortete: Keine Angst, ich paß' schon auf! Alexander Herzen streckte entschlossen seine Rechte aus.

»Da ich immer noch an erster Stelle stehe, wie Olly versichert, seien Sie mir willkommen, Herr Monod!«

Gabriel nahm die ausgestreckte Hand in die seine.

»Selbst der zweite Platz wäre noch mehr, als ich zu hoffen wagte«, lachte er und wurde dann ernst: »Ich versichere Sie, Monsieur, meiner heiligsten Absichten, zu welchem Ziele sie auch immer führen sollten.«

Damit wußte von vornherein ein jeder von ihnen, wo er stand und welche Rücksichten im nahen Beieinander zu nehmen seien. Man übergab das Gepäck den Kofferträgern und ging zur Vorhalle, wo die Droschken standen. Feuchter Nebel lag über der Stadt.

»Fast wie in London«, scherzte Herzen.

»Florenz wäre gesünder für uns alle gewesen«, konnte Malwida sich nicht enthalten zu quittieren.

»Wie habe ich Ihre mahnenden Einwürfe doch vermißt«, seufzte Herzen und nahm in der Droschke den Sitz neben Malwida ein, die über seinen kleinen Nadelstich errötete.

»Verzeihen Sie, Alexander Iwanowitsch, ich meinte nur…« stammelte sie. Herzen aber faßte fest ihren Arm.

»Nichts für ungut, liebe Freundin! Sie können mir glauben, ich habe Sie wirklich vermißt!« sagte er herzlich.

Das Rot auf Malwidas Wangen vertiefte sich noch durch seine Bemerkung.

Das familiäre Zusammenleben ließ sich recht harmonisch an. Man verbrachte die Tage in liebevoller Gemeinschaft. Nur Herzens hartnäckiger Husten wurde nicht besser. Malwida bestand darauf, einen Arzt zu rufen. Der machte ein ernstes Gesicht.

»Halten Sie ihn warm und rufen Sie mich, wenn das Fieber kommt.«

Das Fieber kam und ließ sich kaum mehr vertreiben. Herzen

verbrachte das Weihnachtsfest im Bett liegend und ebenfalls den Jahreswechsel. Der Januar brachte Schnee und eisige Kälte. Malwida widmete sich ausschließlich der Pflege des Kranken und wich nicht von seiner Seite. Zeitweise nahm er keinerlei Notiz von ihr, dann wieder hielt er stundenlang Zwiesprache. Immer wieder war sein Thema die Freiheit des Geistes.

»Ein frei denkender Mensch, der sich der Gewalt beugen will, hat in ganz Europa keine Zuflucht mehr, ausgenommen das Deck eines Schiffes, das nach Amerika segelt.«

Dann wieder war er in Gedanken in Rußland, seinem geliebten Vaterland.

»Im ländlichen Rußland ist die Kommune alles«, philosophierte er, »mir scheint aber, daß es etwas Höheres gibt als das. Ich spreche von der Kraft...« Ein Hustenanfall unterbrach den Satz. Malwida schob dem Kranken ein Kissen unter.

»Nicht sprechen, Alexander Iwanowitsch, bitte sprechen Sie nicht...«

Aber der ließ sich nicht beirren.

»...von jener Kraft und jenem Selbstvertrauen, welches in unserer Brust lebt und das russische Volk über alle Klippen hinweg aufrecht erhalten wird! Weswegen werden Sie fragen ... es ist der unerschütterliche Glaube an sich selbst ... die Zeit wird es lehren...«

Er schloß die Augen und war für Stunden wieder mit sich allein.

Das Fieber stieg, das Fieber schwand. So ging es Tag für Tag. Der Arzt kam, schüttelte den Kopf, hinterließ allerlei Arznei.

»Sie müssen sich endlich selbst ein wenig Schlaf gönnen, Malwida!« mahnte Gabriel und versprach, sie zu wecken, sobald es vonnöten sei. Nur ungern willigte Malwida ein und überließ ihm die Krankenwache.

Sich niederzulegen, wagte Malwida nicht, im Nebenzimmer, am Tisch sitzend, den Kopf in der Armbeuge, wollte sie ein wenig ruhen. Nicht lange und sie spürte eine Hand sich ihr auf die Schulter legen. Es war Monod.

»Ich fürchte, es geht zu Ende«, sagte er.

Malwida sah zu ihm auf und las in seinem Gesicht zarteste Anteilnahme, nicht mit dem Sterbenden, sondern mit ihr, die einen insgeheim geliebten Freund verlieren sollte.

»Ich komme«, sagte sie und folgte ihm zurück ans Krankenbett. Sie nahm am Kopfende Aufstellung, versuchte noch einmal die Kissen aufzuschütteln. Monod winkte ab, schob dem Kranken den Arm unter, ihm die Atmung zu erleichtern.

»Rußland...« begann Herzen wieder, sprach dann Russisch, endlich wieder Französisch, um sich plötzlich auf deutsch an Malwida zu wenden:

»Treten wir also vor den Richterstuhl Gottes!« sagte er.

Malwida konnte die Tränen nicht mehr zurückhalten. Eine Freundschaft durch achtzehn lange Jahre sollte zu Ende gehen, die, auf ideelle Gemeinsamkeiten begründet, die schlimmsten Proben überstanden hatte und auf dem Heiligsten beruhte, das der Mensch erreichen kann, auf der Achtung vor dem anderen. Die Tränen liefen ungehindert über Malwidas verblühte Wangen, als sie noch einmal Alexander Iwanowitschs Stimme hörte, so weich, so höflich, als würde er sich nur eben für einen Abend verabschieden.

»Adieu«, sagte er, und dann auf deutsch »Auf Wiedersehen, meine Liebe...«

Nie mehr sollte sie diese Stimme hören. Herzen hielt die Augen geschlossen, als schliefe er. Fast schien der Atem ihm leicht geworden. Olga und Monod standen am Fußende des Bettes. Schweigend warteten alle drei. Herzen murmelte etwas, plötzlich schien seine Hand zu winken, mehrmals auf und nieder, und blieb dann, starr ins Leere deutend, auf der Decke liegen.

Monod führte die aufschluchzende Olga ins Nebenzimmer.

Malwida stand für einen Augenblick allein. Diesen Augenblick hielt sie später mit der Feder fest.

Als er den letzten Seufzer aushauchte, da fühlte ich es wie nie zuvor, daß sich hier in einem Individuum wieder einmal der große Weltengeist losriß aus der Schmach, die ihm das Erdenleben angetan! Als er dalag in tiefster Ruhe nach dem heißen Kampf und ich ihm mein letztes Lebewohl zurief, da wußte ich, daß ich den innigen Freund wiedersehen werde, nicht in der engen Hülle des vergänglichen Ichs, sondern darüber hinaus im seligen Sieg wirklichen Lebens! O großes Geheimnis des Todes!

Malwida glaubte also fest daran, einen zutiefst vertrauten, Freund verloren zu haben. Sie benötigte den Trost der christlichen Vorstellung eines Jenseits und setzte die Begegnung mit ihm als ihr Gegenüber voraus. Auf ihre Weise hat sie ihn geliebt.
Alexander Herzen aber hat auf mehr als vierhundert Druckseiten seiner Lebenserinnerungen Malwida von Meysenbug nicht ein einziges Mal erwähnt.

Bayreuth

Olga Herzen und Gabriel Monod heirateten im Frühjahr 1873. Das junge Paar ließ sich in Paris nieder, wo Gabriel als Historiker und Lehrer arbeitete. Frankreich war inzwischen Republik, da Bismarck das Kaiserreich hinweggefegt und statt dessen das deutsche Kaiserreich errichtet hatte.
Nun war Malwida allein. Was sollte sie tun? Wohin sollte sie sich wenden? In Florenz zu bleiben, war ihr unmöglich, da es sie auf Schritt und Tritt an das glückliche Beisammensein erinnerte.
Ach, ich werde dich nicht wiedersehen, nicht wieder deine Stimme hören, werde des Nachts, wenn ich von meinen Schmerzen geplagt erwache, nicht denken können, mein Liebes liegt nebenan in ruhigem Schlaf!
Den beiden aber nach Paris zu folgen, sich ihnen an die Fersen zu heften, kam ebensowenig in Frage, denn Malwida hatte sich geschworen *Olga ganz frei und unbeschwert gewähren zu lassen, als ein Wesen, das für sich selbst verantwortlich ist, mich dieser Entscheidung ernsthaft zu unterwerfen, mein Herz Schweigen zu heißen und somit das Opfer vollständig zu bringen.*

Eine Einladung Richard Wagners nach Bayreuth kam da zur rechten Zeit. Die Verbindung zu Wagner war niemals gänzlich abgerissen. Malwida hatte die Stationen seines Lebensweges aus der Ferne verfolgt: die schicksalhafte Begegnung mit König Ludwig II. von Bayern, die Übersiedlung nach München, die verschiedenen Uraufführungen am dortigen Hoftheater, die Trennung von Minna Wagner und deren Tod und endlich die Grundsteinlegung zum Bayreuther Festspielhaus. Zur Hochzeit mit Cosima von Bülow, geborener Liszt, war Malwida sogar eigens nach Luzern gereist, da Wagner sie sich als Trauzeugin auserbeten hatte. Daß Richard und Cosima zu diesem Zeitpunkt schon drei Kinder miteinander hatten, wird trotz des freiheitlichen Gedankenguts nicht in Malwidas Weltbild gepaßt haben, aber kein Wort der Kritik kam über ihre Lippen.

Sie lobt Cosima als Schönheit, als Mutter, als Frau und zieht die Summe:

Der wunderbare Einfluß, den sie auf Wagner hat! Durch ihr eigenes maßvolles Wesen mildert sie seine Heftigkeit, durch ihre Fürsorge entfernt sie tausend kleine Dinge, die ihn sonst zur Verzweiflung treiben würden.

So entscheidet sich Malwida also für Bayreuth. Sie löst den Haushalt auf, behält aber Trina, die sie von nun an überall hin begleiten soll.

Die Reise ist nicht weiter beschwerlich. Es ist Sommer, es ist warm, das Städtchen liegt unter blauem Himmel einladend da, als kenne es weder Wind noch Wetter.

»Willkommen in Bayreuth!« Richard Wagner breitet weit die Arme aus.

»Wir freuen uns, daß Sie da sind!« Cosima Wagner küßt Malwida auf die Wange.

»Noch ist es bei uns ein wenig eng«, entschuldigt sich Wagner, als die Kutsche vor ihrem Häuschen in der Dammallee hält, »wir haben Ihnen drum eine kleine Wohnung in der Nachbarschaft gemietet...«

»Aber über Tag kommen Sie immer zu uns herüber!« ergänzt Cosima sofort, ehe Wagner weitere Pläne verrät.

»Wir bauen gerade ein großes Haus für uns alle! Direkt am Hof-garten! Wir wollen es Wahnfried nennen! Villa Wahnfried!« Wagner hat sich in rechte Begeisterung geredet, Malwida indes-sen ist es nicht unrecht, erst einmal eigene vier Wände zu be-wohnen. Sie braucht die Ruhe für ihre Gesundheit wie auch für die Arbeit, die sie keineswegs unterbrechen will. Ein Berliner Verlag wartet bereits auf die deutsche Ausgabe ihrer Memoiren. Aber die eigenen vier Wände erweisen sich als Souterrain mit Einsicht von der Straße her, feucht und schlecht zu heizen. Wag-ners räumen ohne Zögern ihr Speisezimmer und richten es für Malwida ein. Nun sind sie enger zusammengeknüpft, als es Mal-wida bei aller Freundschaft lieb ist.

Ich weiß, das Familienleben, das ich teilen darf, ist so reich und schön, wie man es sich nur wünschen kann, und gar im neuen Haus wird es ein wah-res Eldorado sein von Geschmack und Behaglichkeit, aber dennoch sträubt sich etwas in mir dagegen! äußert sie sich sehr nachdenklich in einem Brief an Olga. *Es ist nicht mein Leben.*

Die Freundschaft mit Wagners wächst, man bietet sich das »Du« an, verbringt die Tage musizierend und diskutierend. Das Haupt-interesse aber gilt dem Fortgang der Bauvorhaben, der Villa Wahnfried einerseits, dem Festspielhaus andererseits, in dem endlich einem erlesenen Publikum Wagners Werke vorgeführt werden sollen. Den werdenden Bau beschreibt Malwida nach einer Besichtigung im September des gleichen Jahres:

Das Gebäude wirkt so eigentümlich antik und primitiv, die pompejanische rote Farbe der Backsteine so natürlich, eingefügt in regelmäßig gesetzte Bal-ken in grau und einem Gelb, das in der Sonne heiter glänzt wie Gold. Aber der Bau kommt nur schleppend voran und Malwida sorgt sich: *Manchmal wandelt mich eine tiefe Angst an, daß Wagner es nicht mehr er-leben könnte! Man sieht ihm seine sechzig Jahre doch sehr an, und oft ist er so müde und verzagt, daß er selbst aufseufzt: es ist doch alles zu spät!*

Indessen schreitet der Herbst voran. Bayreuth zeigt immer öfter ein griesgrämig regnerisches Gesicht. Malwida leidet darunter, hat oft Kopfschmerzen. Dann wird es Weihnachten. Pünktlich zum Fest bringt der Postbote ein Telegramm für Malwida.

WIR HABEN EINEN GESUNDEN SOHN. OLGA UND GABRIEL.

»Meine Olly hat ein Kind bekommen«, verkündet Malwida voller Freude, und Wagners gratulieren ihr herzlich.

»Dann bist du jetzt Großmutter!« ruft Wagner zwischen Scherz und Ernst, ein Gedanke, dem Malwida nichts entgegensetzt. Wagner stimmt am Klavier Weihnachtslieder an. Draußen fällt romantisch Schnee vom Himmel, setzen sich Flocken glitzernd an die Fensterscheiben, eine richtige deutsche weiße Weihnacht.

Im April steht dann das Haus Wahnfried, ein würfelförmiger Bau aus Naturstein, zum Einzug bereit. Die geräumigen Zimmer werden dem Geschmack der Zeit entsprechend üppig schwülstig eingerichtet. Hier wollen Wagners residieren, ihren Freunden ein offenes Haus bieten.

Zu den Hausgenossen gehört von nun an Cosimas Vater, der Geistliche Herr und Abbé, weit bekannter als Pianist und Klaviervirtuose, Franz Liszt, und, ganz selbstverständlich, Malwida von Meysenbug. Das ist für die Wagners gar keine Frage mehr, sie gehört einfach dazu! Die Kinder nennen sie Mama Malwida, und Cosima sorgt sich rührend um die Gesundheit der Freundin.

»Du sollst nicht allein gehen«, ruft sie besorgt, als Malwida allmorgendlich zum Brunnen trinken geht, »ich komme mit dir!«

Niemand, schreibt Malwida an Olga, *ist von so rührender Aufmerksamkeit gegen mich wie Wagners. Diese Fülle zarter Liebe! Ja, das ist Freundschaft!* Auch dem Zusammenleben in der Villa Wahnfried zollt sie höchstes Lob. *Ja, es läßt sich kaum etwas Schöneres denken, als das Leben hier im Hause: diese beiden hochbedeutenden Männer,* sie spricht von Liszt und Wagner, also Schwiegervater und Schwiegersohn, *zwischen ihnen Friede, Harmonie, Geist und Grazie, die herrliche Frau und um diese drei der Kranz junger, blühender Geschöpfe, die großzügige Häuslichkeit, geordnete Verhältnisse, keine Sorgen mehr!*

Hier geht der Idealistin, wie sie sich selber nennt, der Idealismus wohl ein wenig durch. Wagner selbst sah das Zusammenleben, zumindest zeitweise, gänzlich anders. Liszt zum Beispiel liebte es, stundenlang am Flügel zu sitzen und auf den Tasten zu phantasieren. Wagner, der sich auf seine Arbeit zu konzentrieren suchte, faßte sich voller Verzweiflung an den Kopf.

»Heiliger Kosmos! Es ist nicht mehr auszuhalten! Diese monotone Greisenmusik! Dieser schwüle, dünne Weihrauch!« Und was den *»Kranz blühender Geschöpfe«* anbelangt, hört man ihn schimpfen: »Alles Kindsköpfe, Käfermenschen, Krabbeltiere!«

Und Sorgen? Sorgen gab es übergenug. Malwida muß kontinuierlich durch eine rosa Brille geblickt haben, wenn sie sie nicht bemerkt hat.

Nach 190.000 Gulden ungedeckten Schulden war der Fluß des Geldes aus der Königlich Bayerischen Kabinettskasse endlich versiegt. Als König Ludwig dennoch Anweisung gab, seinem vergötterten Freund weitere 40.000 Gulden zu bewilligen, erlaubte sich die Kasse den sarkastischen Scherz, die Summe in harter Münze auszuzahlen. Wagner hatte das Geld säckeweise abzutransportieren. Selbst dieser Betrag schmolz dahin wie Butter an der Sonne, Wagner, an nichts sparend, hielt weiter die Hand auf.

Endlich aber wurde das Festspielhaus fertiggestellt. Es sollte mit der Aufführung des *Ring der Nibelungen* eröffnet werden. Die Eröffnungsfeierlichkeiten gelangen zu einem trimphalen Ereignis. Die Liste der illustren Gäste wurde angeführt vom deutschen Kaiserpaar, dem Königspaar von Württemberg und weiteren Königen, Fürsten, Großherzögen, Grafen und Gräfinnen, interessanter aber noch Komponisten wie Anton Bruckner und Peter Tschaikowskij.

Als alles vorbei war, errechnete sich ein neuerliches Defizit von 148.000 Goldmark, eine Tatsache, die das Unternehmen Bayreuth erst einmal für die nächsten sechs Jahre in einen tiefen Dornröschenschlaf sinken ließ.

Friedrich Nietzsche

Freundschaften und immer wieder Freundschaften zu Menschen ganz unterschiedlicher Prägung bestimmen Malwida von Meysenbugs Leben. Ihr Talent, Freundin zu sein, zeichnet sich dadurch aus, daß sie sich auf schlichte, unaufdringliche Weise bis in die innerste Seele des anderen Einlaß zu verschaffen weiß.

Der junge Professor der Philologie Friedrich Nietzsche und Malwida von Meysenbug kannten einander, seit es das Wagnersche Bayreuth gab. Aber Nietzsche gehörte lange Zeit zu jenen Bekannten, mit denen eine Zwiesprache im lauten Umtrieb des Hauses Wahnfried sich nicht ergab. Malwidas Beobachtungsgabe bemerkte aber sehr bald, daß Nietzsche ein kranker Mann war. Und auch, daß er, im Gegensatz zu ihr, zu den kritischen Opponenten des Wagnerkreises zählte.

Man läßt sich selbst zu Hause, wenn man nach Bayreuth geht, analysiert er das Phänomen des Wagner-Kults, *und auch seinen Geschmack. Im Theater verläßt einen der Sinn künstlerischer Wahrnehmung, man wird Volk, Held, Weib, Pharisäer, Stimmvieh, man reagiert nach dem Urteil des Nachbarn und wird selbst Nachbar…*

Für Malwida hatten verschiedene Ansichten, gegensätzliche Standpunke niemals etwas Trennendes. Endlich fern von Bayreuth schrieb sie Nietzsche einen Brief mit dem Vorschlag, den Winter gemeinsam im sonnigen Süden zu verbringen.

Ihre Gesundheit könnte es vertragen ebenso wie die meine. Ich stelle mir Capri oder Sorrent vor, eine Villa mit Blick aufs Meer, wie sie sicher leicht zu mieten sein wird. Schreiben Sie mir, was Sie von meiner Idee halten.

Und sie bekommt Antwort:
Ich weiß wirklich nicht, wie ich Ihnen für das in Ihrem Brief Ausgesprochene und Angebotene danken soll; später will ich Ihnen sagen, wie sehr zur rechten Zeit es von Ihnen kam! Heute melde ich Ihnen nur, daß ich kommen werde! Mein gesundheitlicher Zustand ist gefährlich bergab gegangen,

wir wollen dort schon Besserung erzwingen. An dieser Hoffnung soll mich nichts irre machen. Ihr F. N.

Es wird dann Sorrent, und die gemietete Villa Rubinacci, mitten in einem Weinberg gelegen, bietet tatsächlich den gewünschten Blick aufs Meer. Den ersten Stock sieht Malwida für Nietzsche und seinen jungen Freund, Albert Brenner, vor, den zweiten Stock für sich und die getreue Trina. Brenner ist Hörer bei Nietzsches Vorlesungen gewesen und ebenfalls von gefährdeter Gesundheit, weswegen der Herr Professor darum bat, den jungen Studenten mitbringen zu dürfen. Im Parterre gab es einen gemeinsamen Wohnraum, davor eine weitläufige Terrasse, von der aus man die ganze Bucht vor sich sah und in der Ferne den Vesuv. Als endlich Nietzsche vorschlägt, seinen Freund, Dr. Paul Rée, mit dazuzubitten, wird es diesmal sogar ein vierblättriges Kleeblatt, das da eine Hausgemeinschaft bildet. Paul Rée, ebenfalls Hörer bei Nietzsche, erfreute sich bester Gesundheit, stand gerade deshalb schon seit geraumer Zeit dem kranken Nietzsche als Vorleser zur Verfügung, zumal dessen Augenleiden sich rasant verstärkte.

»Doktor Paul Rée, Moralist und Philosoph«, stellte Nietzsche den etwas stämmigen, jungen Mann vor, als man sich in Neapel zusammenfand. Albert Brenner, den neunzehnjährigen, äußerst labilen Jungen, kannte Malwida schon von Bayreuth her.

Über Nietzsche selbst aber ist Malwida erschrocken. Er wirkt gereizt und reagiert in den Straßen Neapels äußerst geräuschempfindlich.

»Bringt mich nur ja fort aus dieser Stadt«, stöhnt er und stützt sich auf Rée, »ich hoffe, es sind nicht alle Italiener so laut wie dieses lärmende Straßenvolk hier!«

Um den Kranken abzulenken, arrangiert Malwida gleich am ersten Abend noch eine Fahrt in die Albaner Berge. Die Wirkung auf Nietzsche beschreibt sie so:

Es war unvergeßlich schön! Himmel, Erde und Meer schwammen in einer Glorie von Farbtönen, die man nicht beschreiben kann, die aber die Seele durchdringen mit einem Zauber, einer Harmonie, in der sich jeder Mißton auflöst und verschwindet. Ich sah, wie Nietzsches Gesicht sich in freudigem, beinahe kindlichem Staunen aufhellte, wie ihn innige Rührung überkam, und endlich brach er in einen Jubelruf über den Süden aus, den ich als eine gute Vorbedeutung für seinen Aufenthalt begrüßte.

Alsbald spielte sich der Tagesablauf in der Villa Rubinacci auf das beste ein. Jeder konnte für sich sein oder an Gemeinsamkeiten teilnehmen wie Spaziergängen, Bootsfahrten, Museumsbesuchen, ja sogar Eselsritten. Am Abend aber traf man sich auf der Terrasse bei einem einfachen Abendbrot mit Käse und Wein, tauschte Gedanken, ja auch Gefühle aus, meist bis weit nach Mitternacht. Malwida schwärmt zu Recht vom ungetrübten Frieden dieser Tage.
Es war eine göttliche Zeit, ein Leben in erhöhter Stimmung, in völligem Vergessen von allem, was dem Vergänglichen angehört, so daß ich zum Beispiel in der ganzen Zeit keine Zeitung angesehen habe und nicht weiß, ob die Türken noch in Europa sind oder ob die Serben vertilgt sind.

Und Nietzsche sagt es so: *In unserem kleinen Kreise ist viel Nachdenken, Freundschaft, Aussinnen, Hoffen, kurz ein ganzes Teil Glück beisammen.*

Der sprichwörtliche Hecht aber sollte alsbald in diesen ruhigen Karpfenteich einbrechen. Das jedenfalls befürchtete Malwida, als sie erfuhr, daß Wagners sich ausgerechnet im gleichen Ort, ein Stück den Berg hinunter, im Hotel Victoria eingemietet hatten. Ihr selbst konnte das nur recht sein, aber Nietzsche, der so dringend der inneren Ruhe bedurfte, um zu genesen, würde sich sofort wieder mit Wagner streiten. Und Wagner, das wußte Malwida allzu gut, ließ sich nur zu schnell aufreizen. Vor allem, wenn es einmal wieder zwischen den beiden um Fragen des Antisemitismus ging. Schon früher hatte Nietzsche dem Meister vorgeworfen, er habe seinen Kapellmeister Hermann Levi mit der Begründung hinausgeworfen: »Ich lasse doch meine Werke nicht von einem Juden dirigieren!«

Wahrheit hin, Wahrheit her, sie waren von ehemals Freunden zu Streithähnen geworden, und Malwida war gut beraten, diplomatisch vorzugehen.

»Was mich betrifft«, sagte sie entschieden und faßte Nietzsche fest ins Auge, »so mache ich ihnen sogleich heute nachmittag einen Besuch.«

Nur kurz war ein Anflug von Nervosität abzulesen, da Nietzsches üppig wuchernder Schnurrbart leicht vibrierte.

»Ich werde Sie selbstverständlich gern begleiten«, parierte er dann sogleich.

Zu Fuß waren es nur wenige Minuten bis zum Hotel. Nietzsche war wohl Malwidas wegen auf Ausgleich bedacht, und Wagners hatten ganz offensichtlich beschlossen, jegliche Trübung der Beziehung auszuklammern. So fiel denn die Begrüßung besonders herzlich aus, ja Cosima bot Nietzsche sogar die Wange zum Kuß, und Richard schloß ihn kurz in die Arme.

»Nu, was macht die Gesundheit, mein Gutster?« fragte er in nicht zu unterdrückendem sächsischen Anklang.

»Die Augen und die Nerven spielen mir manchen Streich«, gab Nietzsche mit Duldermiene zur Antwort, »aber Sorrent und unsere gemeinsame Freundin werden mich heilen, dessen bin ich gewiß!«

»Wahrhaftig!« rief Wagner pathetisch, »wer sonst kann Ihnen helfen als sie mit ihrem trotz mancher Strenge im Grunde sanftem weiblichen Gemüt, ihrem Herzen voller Güte!«

Malwida, obwohl ihr Name nicht genannt war, erkannte die Bedeutung der vor ihren Ohren ausgesprochenen Worte der beiden konträren Männer, die sich in einem aber einig schienen: ihrer Verehrung, ja Liebe zu ihr.

Das Gespräch bewegte sich lebhaft von einem Thema zum anderen. Man schwärmte von südlicher Landschaft und stellte Erwägungen an, ob der Vesuv wieder tätig würde.

»Ich denke wohl, er wird uns ein *Spetaccolo* geben, so toll wie er eben raucht«, hoffte Malwida, »Dicker schwarzer Qualm dringt ja schon seit Tagen heraus, und Professor Pamieri vom Observatorium sagt, es rumore gewaltig im Innern.«

Plötzlich kam Wagner auf erste Pläne zu seinem Parsifal zu sprechen.

»Die Deutschen wollen jetzt nichts von heidnischen Göttern und Helden hören, die wollen was Christliches sehen.«

Malwida und Cosima warfen sich einen Blick des Einverständnisses zu. Beide hatten wohl das Gefühl, eine Klippe umschifft zu haben. Die Unterhaltung hatte sich voller Harmonie längst vom Nachmittag in einen Abend unter samtblauem Himmel hingezogen. Roter Wein glänzte im Glas, das Nietzsche spontan erhob.

»Gleichwohl«, rief er fast in alter Wagner-Begeisterung, »die herrliche Verheißung des Parsifal mag uns in allen Dingen trösten, in denen wir Trost bedürfen!«

»Ja, ja«, gab Wagner nachdenklich Bescheid, »alles ist leidenvoll! Doch eines erhebt uns immer wieder aus dem Chaos: der Blick, mit dem der auserwählte Freund uns Mitleid zustrahlt.« Hatte der Wein die Herren fortgetragen oder war es der Rausch an der eigenen hochtrabenden Wortwahl? Malwida jedenfalls atmete auf, denn sie sah Zwietracht und Nachrede verflogen, die alte Einigkeit wieder hergestellt. In ihrer Freude darüber ließ sie sich zu ihrem Lieblingsspruch hinreissen.

»*Selig, wer sich vor der Welt ohne Haß verschließt*«, begann sie halblaut zu zitieren, »*einen Freund am Busen hält und mit ihm genießt, was von Menschen nicht gewußt oder nicht bedacht, durch das Labyrinth der Brust wandelt bei der Nacht…*«

Zu ihrem Erstaunen traf sie auf Wagners Unverständnis. Er kannte das Zitat nicht.

»Goethe«, sagte Malwida mit der Verlegenheit der besser Gerüsteten, »Es ist das Gedicht »*An den Mond*« und beginnt: *Füllest wieder Busch und Tal still mit Nebelglanz…*« Cosima, rasch von Auffassung, klatschte wie ein Kind in die Hände.

»Ach, das ist hübsch, Malwida! Wie geht es weiter?«

Soeben setzte Malwida an, die Zeilen weiter aufzusagen, als sie Nietzsches Augen sich verengen sah, so als habe das Gedicht in seinem Innern einen bloßgelegten Nerv getroffen. Besorgt um den Freund, lenkte Malwida sofort ein.

»Ich glaub', es ist spät geworden«, meinte sie und erhob sich, »sind wir doch alle gewissermaßen zur Kur und brauchen unseren Schlaf…«

»Adieu dann, wir sehen uns morgen!«

»Gute Nacht, Malwida, gute Nacht, Nietzsche!«

Rascher Abschied, fünf schweigsame Minuten Heimweg. Stolze Pinien und bucklige Olivenbäume standen stumm in silbernes Mondlicht getaucht. Sie kamen über die Terrasse, im großen Wohnraum brannte noch eine Lampe.

»Malwida«, sagte Nietzsche und blieb stehen. »Malwida…«

Sie suchte sein Gesicht zu enträtseln. Seine Züge lagen im Dunkel, aber in seinen Augen blinkten Tränen.

»Was ist, mein Lieber, was ist?« drängte Malwida und fühlte sich ihm so nahe wie noch nie. »Sie können sprechen, das wissen Sie… ich bin ganz für Sie da!«

»Malwida, ich werde nicht mehr gesund!«

»Aber gewiß doch! Sie werden sehen…« Malwida faßte nach dem Arm des Freundes. Sie wollte ihn aufrütteln, ihm Beistand leisten, aber fühlte sich so hilflos wie noch nie.

»Das Gedicht«, begann Nietzsche wieder »ich kenne es auch…«

Er sah an Malwida vorbei ins Dunkel. *»Lösest endlich auch einmal«*, zitierte nun er, *»meine Seele ganz…«*

Malwida führte den plötzlich Aufschluchzenden sacht ins Haus. In ihr stieg die Ahnung auf, wie krank Friedrich Nietzsche wirklich war, und gleichzeitig der Zweifel, ob sie auch nur einen Fingerbreit zu seiner Heilung beitragen könne. Nietzsche wandte sich ohne »gute Nacht« ab und suchte sein Zimmer auf. Malwida hörte ihn oben die Tür schließen. Wie leicht haben die es, die einfach ihren Herrgott anrufen, ihm ihr Leid klagen und durch Gebet und Glauben ihn zur Gnade verpflichten! Welche Kraft, welchen Geist mache ich mir untertan, daß er diesem Menschen helfe? Mit einem tiefen Seufzer blies sie die Lampe aus und ging ebenfalls in ihr Zimmer.

Anfang November reisten Wagners ab, und alsbald stellte sich wieder das ein, was Malwida in einem Brief an Olga Monod rührend beschreibt:

Unser Zusammenleben hier ist ein sehr seltenes, vielleicht noch nie dagewesenes Experiment, aber es ist vollkommen gelungen! Wir bilden die einträchtigste Familie, die man sich nur denken kann.

Die beschauliche Ruhe von vordem war zurückgekehrt, und der Tageslauf wurde wieder peinlich eingehalten. Malwida liebte am meisten die Lesestunden, in denen Paul Rée als unermüdlicher Vorleser Nietzsche und ihr die Augenschwäche ersetzte.
Eines Tages wagte man sich in der Lesestunde sogar an eine ganz besondere Kost.
Denke dir nur schrieb Malwida an ihre Pflegetochter nach Paris, *seit einigen Tagen lesen wir das Neue Testament! Gestern nahmen wir uns die Gefangennahme und Kreuzigung Christi vor und waren alle ganz ergriffen. Der Text und die Tragik in der Darstellung Matthäus und Lukas sind von wunderbarer Schönheit. Wir stellten ein Bild des Christuskopfes von Leonardo auf den Tisch, und als die Herren zu Bett gegangen waren, sah ich es noch lange, lange an, bis es mir ganz lebendig wurde und ich ihn gut verstand. Siehst du, so eine tiefe Christusverehrerin ist deine Mali.*

Die Existenz Christi war für Malwida von Meysenbug wohl niemals eine Frage. In ihren Zweifeln und ihrer Kritik an der Kirche stellt sie selbst oft Vergleiche an, was jener wollte und was daraus geworden war und vor allem: was würde er heute sagen? Heute, in der Mitte des neunzehnten Jahrhunderts angesichts der Unmündigkeit der Frau, der Verelendung durch das heraufziehende Zeitalter der Industrie? Zweitausend Jahre, so war sie überzeugt, und die Einsicht in gewandelte Verhältnisse würde Antworten bringen mit jener drastischen Deutlichkeit, mit der Jesus zu den Geldwechslern im Tempel sprach.

Im Frühjahr 1877 löste sich die Idylle von Sorrent auf. Für die beiden Jüngeren wurde es Zeit, ihre Studien wieder aufzunehmen. Malwida schloß beim Abschied zuerst Albert Brenner in die Arme.
»Ach, mein lieber Junge, leben Sie wohl und vergessen Sie Ihre Malwida nicht!«

Vergessen hat er sie wohl nicht, aber gelebt hat er nicht mehr lange. Albert Brenner starb ein Jahr darauf im Alter von zweiundzwanzig Jahren, vermutlich an Schwindsucht.

Auch Rée schloß Malwida in die Arme.

»Wie werden wir Sie vermissen, wir beiden blinden Eulen«, rief sie, »wir werden wohl ohne Lektüre auskommen müssen, Nietzsche und ich!«

»Es hilft alles nichts«, erwidert dieser scherzend, wie es seine Art war, »es muß geschieden sein, meine Iphigenie!«

Nun war Malwida mit Nietzsche allein. Sie gedachten wehmütig der beiden Freunde, wenn sie ohne ein Buch in der Hand nebeneinander auf der Terrasse saßen.

»Haben sie alles Gute aus unserem Kreis mit sich genommen?« fragte sich Nietzsche zweifelnd, »die Bücher, das Lesen?«

»Wir haben noch uns!« protestierte Malwida.

»Ja, ja, die beiden blinden Eulen, wie Sie uns nannten!«

»Wir können wenigstens schreiben! Und der Gesprächsstoff wird uns ja auch nicht ausgehen!«

Das war wahr. Sie redeten über Gott und die Welt, über Tod und Teufel, und wenn sie schwiegen, schwiegen sie in trauter Harmonie. Sie hielt seine Hand, wenn die Schmerzen wieder kamen, die seinen Kopf durchwühlten, beruhigte ihn, wenn die Nerven revoltierten, Ängste ihn umstanden wie Gespenster. Würde er sein Amt in Basel überhaupt je wieder antreten können? Wie sollte er weiterleben? Wovon sollte er leben? Mit den Sorgen verschlechterte sich sein Zustand. Es war nicht mehr zu übersehen, er brauchte ärztliche Behandlung. Nietzsche vertraute sich einem Frankfurter Arzt, Dr. Otto Eiser, an, mit dem er seit einiger Zeit in Korrespondenz stand. Eiser schlug vor, den Augenarzt Dr. Krüger hinzuzuziehen. Malwida redete dem Freund zu, die Reise zu wagen, und Nietzsche wählte den Seeweg. Das Schiff legte am 8. Mai von Neapel ab, Malwida sah es von der Villa Rubinacci aus weit hinten vorüberziehen. Wieder einmal war sie allein.

Genau ein Jahr darauf erschien Nietzsches Buch »*Menschliches, Allzumenschliches*«. Von einem Aufenthalt im Berner Oberland

schickt er das erste fertiggestellte Exemplar an Malwida von Meysenbug mit einer persönlichen Widmung:

Ist von Sorrentos Duft nicht mehr geblieben
Als ringsum wilde kühle Bergnatur?
Kaum herbstlich sonnenwarm und ohne Lieben?
So ist ein Teil von mir im Buche nur:
Den bessern Teil, ihn bring' ich zum Altar
Für sie, die Freundin, Mutter, Arzt mir war.

Der Malerdichter

In immer neuen Bekanntschaften und Beziehungen fällt Malwida
die Rolle der Mutter zu, vor allem da, wo es sich um »Söhne«
handelt. Sie ist damit nicht unzufrieden, gewinnt der Perspektive
sogar einen ganz besonders tröstlichen Reiz ab.

Ist es nicht ein Ersatz für die verlorene Jugend, daß im hohen Alter so viele
edle Männerherzen sich zu mir flüchten wie in jenen heiligen Hain, in den
die Furien dem Ödipus nicht folgen durften und er Versöhnung für die
Qualen des Daseins fand?

Malwida befand sich im »hohen Alter« von dreiundsechzig Jahren und hatte sichtbar erreicht, was sie erreichen wollte, als sie das
Elternhaus verließ: Selbständigkeit, Bewährung, Unabhängigkeit,
und damit das Wunder einer Frau ihrer Zeit. Seit zwanzig Jahren
lebte sie von den Früchten ihrer Feder, seit drei Jahren von den
reichlich fließenden Tantiemen ihrer »Memoiren einer Idealistin«
und seit April 1879 von ihren bei Reißner in Leipzig erschiene-
nen »Stimmungsbilder«. In ihnen reiht Malwida in loser Folge Aufzeichnungen, Sinnsprüche und Ratschläge aneinander und setzt

ihnen das Goethewort voran: *Nehmet den Ernst, den heiligen mit hin-aus, denn der allein machet das Leben zur Ewigkeit.*

Zu diesem Zeitpunkt, von der höchsten Warte ihrer Laufbahn aus, geht sie noch einmal eine Beziehung ein, in der sie die Jüngere ist. Sie hat das Bedürfnis, tief in die Vergangenheit einzutauchen, nicht um sie zurückzuholen, sondern den Bogen zu spannen in Jugendjahre, in Mädchenjahre, anzuknüpfen an ganz Frühes, halb Vergessenes, an die Stadt ihrer Kindheit, an Kassel.

Der Mensch, der ihr in der Rückschau all das verkörpert, ist Ludwig Sigismund Ruhl. Was schadet es, daß er unterdessen Mitte achtzig ist, Malwida will versuchen, ob ein Echo kommt.

Schon lange hatte ich den Wunsch, schreibt sie ihm, *Ihnen, verehrter Mann, jenes Wesen einmal wieder in die Erinnerung zu rufen, in dessen Kindheit Sie einen so wichtigen Platz einnehmen und dem Sie durch das ganze Leben, unter allem Wechsel der Personen und Gegenstände, eine unauslösliche Gestalt geblieben sind.*

Und das Echo kommt, laut und deutlich:

Welch eine Freude, von Ihnen zu hören und zu lesen! Aber ich müßte ein Jahr Zeit haben, um all die durch Ihren Brief angeregten Gedanken zu übermitteln! Das Leben mit seinen harten Erfahrungen hat uns beide wohl ein Stück verändert. Somit scheint es geratener, sich an einen zurückgebliebenen, innersten Kern zu halten. Ihr Gedenken einer fernen Jugendzeit erleichtert mir das sehr. Stellen Sie sich also vor, ich spräche noch immer zum kleinen Malchen, meiner kleinen Märchenfrau, wie ich Sie oft nannte.

Von nun an gehen mindestens monatlich Briefe zwischen Kassel und Rom, wo Malwida mehr oder weniger seßhaft geworden ist, hin und her. Sie berühren die verschiedensten Themen, Menschen Religionen, den Sinn des Lebens. Ruhl erkennt bald: *Uns beiden ist ein Bedürfnis für Höheres geblieben, als diese Welt uns bieten kann!*

Sie sprechen von ihren Ängsten und Befürchtungen, vielleicht offener als sie es je gegen jemanden gewagt haben.

Je mehr mich unsere Gegenwart abstößt und mich mit ihrem nüchternen Nützlichkeitsprinzip wie ein trostloses Exil anmutet, desto mehr flüchtet sich meine Seele in Gedankenreiche, in denen alle Guten und Großen gelebt und geschafft haben. So suche ich mich schadlos zu halten für des Tages Last und Mühe.

Ruhl drückt es realistischer aber auch humorvoller aus:
Wenn, wie oft geschehen, ich durch die herbstlich abgeernteten Felder ritt und dann vor den Pferdehufen ein armer Hase aufspringend das Weite suchte, sagte ich wohl zu mir: sieh, das bist du!

Ihre seit Jahren größte Sorge hat Malwida Freunden gegenüber eher versucht zu verbergen, aber Ruhl gegenüber bekennt sie:
Das Schwierigste für mich sind meine armen Augen! Endlich habe ich eine Erfindung gemacht, wie ich wenigstens das Schreiben noch schaffe. Das Papier muß beschattet sein, so daß ein Blick darauf nicht weh tut, und diesen werfe ich nur alle paar Zeilen auf das Blatt, zu sehen, ob sie nicht ineinanderlaufen. Herausgekommen ist eine Schrift, zwar abscheulich häßlich, aber groß und vollkommen deutlich.

Auf diese neue Weise, man könnte sagen mit einer Art von Malschrift, arbeitet Malwida fleißig an ihrem Roman, dessen Stoff sie ja schon seit England beschäftigt. Niemandem hat sie Einblick gewährt, außer Ruhl und dem gesteht sie vergnügt:
Sobald der Abend da ist und alles ruhig um mich wird, sage ich zu mir selbst: nun kommt das heimliche Glück, und damit setze ich mich an meinen Schreibtisch und bilde Gestalten und Schicksale nach Herzenslust.

Die Briefe werden immer länger, füllen Seite für Seite, Monologen weit ähnlicher als Zwiesprache, damit aber nicht weniger wichtig. Wie Ruhl es ausdrückt *die Form der brieflichen Mitteilung ist die einzige, welche gestattet, von sich selbst zu reden.*

Auf dieser Basis dienen sie sich gegenseitig, dürfen dem Bedürfnis nachgeben, endlos darzustellen, was sie gedanklich beschäftigt. Vom Tagesgeschehen wird wenig berichtet, allenfalls dem anderen Situationen bildlich nähergebracht, wenn Malwida schreibt: *Ich lese Ihren Brief während ich einsam am Fenster sitze, aber dennoch beglückt, denn vor mir liegt das Albaner Gebirg, der Lateran, das Kolosseum, der Palatin mit seinen Ruinenbogen und Palmen, dahinter ein Stück Campagne und das alles im reinsten Gold des Sonnenuntergangs strahlend!*

Man baut auch Sehnsucht auf, glaubt den anderen nahe haben zu wollen. *Wäre es nur nicht so weit von Kassel nach Rom! Was ich beklage ist, daß Sie nicht bei mir eintreten werden und wir alles mündlich miteinander besprechen können!*

Vielleicht war es gut, daß es nicht zu einem Wiedersehen kam. Ihre Freundschaft bedurfte des Papiers und der Tinte und wirkt dadurch segensreicher, als es physische Gegenwart je könnte. Sie waren nicht immer gleicher Meinung, so lobt zwar der Maler und Dichter Malwidas *»Stimmungsbilder«*:

In manchen befinde ich mich in Übereinstimmung mit Ihnen. Aber ich lese weiter und finde, daß manches uns scheidet. Vor allem eins: Ihr Glaube an die Fähigkeit zur Vervollkommnung unseres Geschlechts! Den kann ich nicht teilen, weil ich nichts dergleichen je gewahr geworden bin. Die Geschichte der Menschheit hat zwar an der Peripherie Änderungen erfahren, zeigt neue Konturen, im Zentrum ist sie sich aber gleich geblieben! Wie lange schon haben Denker sich bemüht, die grundlegenden Übel mit einem guten, allesvermögenden Schöpfer in Einklang zu bringen, aber haben die menschliche Erkenntnis in den Hauptfragen keinen Schritt vorwärts gebracht.

Ruhl berichtet aber auch, was sich in Kassel an Veränderungen ergeben hat. Das alte Haus der Meysenbugs in der Bellevue war längst an eine Familie von Kopp veräußert worden. In seinen Briefen kommt Ruhl darauf zu sprechen und empört sich im nachhinein:

Ich kann es dem seligen Minister von Kopp noch nicht vergeben, daß er die alte Tapisserie mit der Blumenbachschen Domaine bei seinem Einzug durch eine einfache Papiertapete hat ersetzen lassen. Doch darin spricht sich so recht der Charakter unserer gegenwärtigen Zeit aus.

Das Einmalige dieser Freundschaft in Briefen, die sich über acht Jahre hinzieht, ist die völlige Vertrautheit oder das völlige Sich-anvertrauen, ohne Störung durch die Realität, sei es des Alltags, der konventionellen Rücksichten oder sonst etwas. Beide profitieren, beide nutzen das Ventil, das sie brauchen, und sind im Austausch von zärtlichem Dank erfüllt.

Ich wünschte, ich könnte irgendetwas für Sie tun, verehrter Freund! So aber kann ich nichts als mich freuen, daß das Geschick mich Ihnen noch einmal nahegebracht hat. So lautet des öfteren Malwidas Dank.

Und Ruhl findet immer neue Formulierungen, ihn auszu-drücken:

Ich bedarf den ganzen Rest dieses Blattes, um Ihnen zu sagen, wie oft ich bei Ihnen bin und wie sehr ich wünsche, alles möge zu Ihrem Wohl gehen. Tausend Grüße! Der Himmel walte gütig über Ihnen. In treuester An-hänglichkeit der Ihre!

Für Malwida ist die Beziehung zu Ludwig Sigismund Ruhl von so besonderer Wichtigkeit, weil sie ihr die Aufarbeitung mit den eigenen Anfängen ermöglicht. Um frei zu werden, hatte sie einst ihren Ursprung im Ganzen abstreifen müssen, auch jene Teile, denen sie sich im Grunde untrennbar verbunden fühlt. Sie erbettelt sie sich gewissermaßen von Ruhl zurück.

Wir kommen ja fast aus derselben Zeit, und das Geschehen, das heute lebt, ist uns fremd und seine Bestrebungen sind uns gleichgültig. Zu uns wehte noch ein Hauch von einer vergangenen großen Zeit herüber und war uns Heimatluft. Jener Glockenklang der versunkenen Heimat hört nie auf, in meinem Herzen zu tönen, und jede Stimme, die mir von dorther kommt, er-füllt mich mit Freude und Heimatwonne.

Sie haben sich nicht wiedergesehen, der Malerdichter und seine Märchenfrau. Als er zweiundneunzigjährig in Kassel stirbt, schreibt Malwida resigniert an Olga Monod:

Mit ihm hat ein bedeutender, wunderbarer Mensch die Welt verlassen. Sein Tod reißt eine Lücke in der großen Masse Mensch, die nicht mehr ausgefüllt wird. Vor allem in sich selbst fühlt sie wohl die Lücke, denn sie tröstet sich: *Ein Glück, daß wir alle sterblich sind und nicht allein zurückbleiben.*

Lou Andreas-Salomé

Il postino betrat das große Tor der Nr. 6 via della Polveriera und blieb einen Augenblick im Schatten des Vestibüls stehen, ehe er, die schwere Posttasche am Schultergurt, den steilen Anstieg vier Treppen hoch unter die Füße nahm. Fast jeden Tag kam er hierher, denn die Signora im obersten Stock bekam sehr viel Post. Dafür bot man ihm auch jedesmal ein Glas Wein oder sonst eine Erfrischung an, und ein, zwei Worte wurden auch gewechselt.

Ein hochherrschaftliches Haus war es ja nicht gerade, mehr ein düsteres Gebäude, in dem Leute aller Art wohnten. Die erste Etage hatte eine Schustersfamilie inne, die zweite bewohnte ein pensionierter Lehrer, die dritte ein Ehepaar, das sich ständig stritt. Hier hörte man schimpfende Stimmen, dort ein Kind weinen, und im Hof kläffte ein Hund. Oben angekommen zog der Mann, ganz außer Atem, die Klingel. Ein kugelrundes Frauchen in Schürze und Haube öffnete die Tür, während aus der Wohnung eine Stimme zu hören war.

»Ist es Anselmo, Trina?«

»Ja, Signora, Anselmo, der Briefträger.«

»Bitte ihn herein, Trina! Zu mir herein!«

Anselmo betrat nicht zum ersten Mal den Salon der Signora, vollgestellt mit Plüsch und Etageren, an den hohen Wänden Bilder über Bilder, die Fenster verhängt mit schwerem grünem Samt. In einer Ecke stand ein Schreibtisch voller Nippes, Trockenblumen, Photographien, daneben im Kübel eine Zimmerpalme. Davor auf bequemem Schreibsessel eine kleine, zierliche Dame in einem schwarzen Kleid, auf dem Kopf ein winziges schwarzes Spitzentüchlein, Andeutung einer Haushaube.

»Heute nur ein Brief, Signora, tut mir leid! Aber der ist aus der Schweiz!«

»So, so, ein Brief aus der Schweiz«, meint die kleine Dame geduldig, »nun, Anselmo, dann geben Sie mal her.«

Anselmo händigt den Brief aus und will noch wissen, was die Gesundheit der Signora macht.

»Na, Sie wissen ja, meine Augen tun's nicht mehr.«

Und weiterhin geduldig tauscht sie Auskunft gegen Auskunft. Der Mama geht's auch nicht so ganz, und die Katze kommt in die Jahre. Aber heiß wird es heute, Signora, sehr heiß.

»Na, dann gehen Sie mal in die Küche zur Trina! Ein Glas Wein steht für Sie bereit!«

»Danke, Signora! Bis morgen also, wenn's wieder Post hat!«

Das tägliche Ritual ist beendet. Die Signora kann endlich ihren Brief öffnen. Er ist von Gottfried Kinkel aus Zürich, wo er unterdessen Kunstgeschichte lehrt.

Liebe Malwida! Ich nehme die Bitte einer meiner Studentinnen, sie Ihnen zu empfehlen, gerne zum Anlaß, endlich einmal etwas von mir hören zu lassen, schreibt er unter dem Datum des 20. Dezember 1881 und stellt Malwida von Meysenbug brieflich die zwanzigjährige Lou von Salomé vor: *In Sankt Petersburg geboren, ist sie die Tochter eines deutschen Generals in russischen Diensten.* Weiter schreibt er von ihrem gesundheitlich schlechten Zustand, der sie bewegt, Besserung in einem südlichen Klima zu suchen. Das klang Malwida schon einmal sehr vertraut.

Ihre Mutter, die Frau Generalin, wird sie begleiten, und die beiden Damen bitten herzlich darum, von Ihnen empfangen zu werden, sobald sie in Rom eingetroffen sind. Ich schließe diesen Brief im Vertrauen auf den Wert meines Schützlings, den ich sehr hoch veranschlage, und auf Ihre, meine liebe Malwida, geradezu demütige Gerechtigkeit, und bin immer Ihr alter Freund G.K.

Ende Januar 1882 trafen Mutter und Tochter in Rom ein und nahmen sich eine kleine Wohnung mit Ausblick, wie Lou von Salomé es beschrieb, *auf eine Blumenfülle, die neben ausgehängter, trocknender Wäsche blühte.*

Sofort lassen sie sich bei Malwida melden, und sie empfängt sie mit großer Freude. Das Gespräch geht ein bißchen steif vonstatten, die Gegenwart der Frau Generalin läßt anderes nicht zu.

»Sie kommen jetzt direkt von Zürich her?«

»Nein, nein, meine Tochter sollte sich stufenweise an das Klima gewöhnen. Wir legten einen Aufenthalt in der Südschweiz und in Oberitalien ein.« Die Generalin nippt an einem Glas Sherry und sitzt da wie ein Ladestock. Lebhaft übernimmt Lou den Part.

»Ich habe mich so auf Rom gefreut«, ruft sie und fährt sich mit beiden Händen durch einen Wust Haare, die weder Hut noch Haube dulden.

»Lolja!« vermahnt sie die Mutter mit ihrem russischen Kosenamen, was Lou aber in keiner Weise bremsen kann.

»Ich wäre dem Arzt am liebsten um den Hals gefallen, als er mir den Süden verschrieb!«

»Sie müssen wissen, Fräulein von Meysenbug«, fügt die Generalin erklärend hinzu, »Lou hatte diesen Sommer Lungenblutungen, und wir fürchteten schon…« Ein bedeutsamer Blick unter ihrem blumenbestückten Hut hervor, beendet den Satz.

»Aber Mama, noch bin ich ja da«, wirft Lou wieder ein, »und hier in Rom mit seinen alten Ruinen will ich Sonnenschein und Leben mitnehmen für das ganze Jahr…«

Noch wußte Malwida nicht so recht, was sie von den beiden halten sollte. Die Tochter wunderhübsch, lebhaft, sicher auch gescheit, jeglicher Konvention abhold, wie es schien, was daraus zu erklären wäre, daß sie wiederholt den Tod vor Augen sah. Die Mutter zugeknöpft in eben jener Konvention, ließ bei diesem ersten Antrittsbesuch eine menschliche Note noch nicht zu.

Malwida machte den beiden, wie es sich gehörte, am 9. Februar einen Gegenbesuch, traf die Damen aber nicht an. Sie hinterließ mit ihrer Karte eine Einladung zum Tee für den übernächsten Tag. Jetzt kam man sich wesentlich aufgeschlossener entgegen. Die Literatur war das Gesprächsthema und damit auch Malwidas Lebenswerk, der Kampf für die Frau.

»Meine Tochter hat alle Ihre Bücher gelesen!« verkündete Frau von Salomé zum Auftakt und schleuderte ihren Hut von sich.

»Aber natürlich, Mama! Das war doch der Grund, warum ich Fräulein von Meysenbug unbedingt kennenlernen wollte!« Lou strahlte aus braunen Augen zu Malwida herüber, »aber unsere Anschauungen gehen in manchem auseinander!«

Das klang recht kühn von der Zwanzigjährigen zu der in ganz Europa anerkannten Schriftstellerin. Malwida aber amüsierte der Vorstoß und machte sie neugierig.

»So?« fragte sie gedehnt, »in welchem Punkt finde ich nicht Ihre Billigung, mein Kind?«

»Ich bin aufs tiefste beeindruckt, Fräulein von Meysenbug, wie Sie aus den Ursprüngen Ihrer Generation heraus sich für die Frauenemanzipation einsetzen, aber...« Lou überlegte, wie sie formulieren könne, ohne zu verletzen. »Ich sehe einen Widerspruch! Auf der einen Seite sind mir Ihre Forderungen zu extrem und schroff, stellen Sie die Frau in allem dem Manne gleich, was sie in meinen Augen um manchen Vorteil bringt. Auf der anderen Seite wieder erlauben Sie der Frau nicht, aus der Enge gewisser Moralvorstellungen herauszutreten...«

»Ich denke, daß Freiheit in diesem Sinne eher zu Mißverständnissen führt«, antwortete Malwida ernst, »wir wollen wohl Fesseln sprengen, aber auf geistigem wie rechtlichem Gebiet. Sprengen wir die Fessel auf dem Gebiet der Moral, so machen wir unseren wahren Anspruch unglaubwürdig und, was noch schlimmer wäre, geben der Männerwelt berechtigten Raum zu Kritik und Zurückweisung, am Ende gar zu Hohn.«

Lou hörte ebenfalls in allem Ernst ihren Worten zu, fand auch noch dies oder jenes Wort dawider, aber Malwida hatte den Eindruck, daß weniger die Sache als die Lust am Diskutieren und am Herausfordern im Vordergrund stand. Malwida buchte es auf Lous große Jugend und damit gewiß noch nicht volle Reife. Das hieß unterm Strich, man näherte sich an, aber so recht warm wurde man nicht miteinander.

Malwida forderte die Damen Salomé auf, an ihrem seit einiger Zeit eingeführten Circle teilzunehmen, der einmal wöchentlich in Malwidas Wohnung tagte. Damen und Herren der Gesellschaft, wenn man diese eher geistig und künstlerisch interpretierte denn nach üblichen Kriterien, fanden sich ohne spezielle Einladung ein. Man saß zusammen, sprach, musizierte oder las vor, je nachdem wie es sich ergab.

Lou war von nun an ständiger Gast des Circles, die Generalin nur hin und wieder, da sie die Rolle des Chaperons ja gewissermaßen Malwida übertrug.

Zwei Monate waren ins Land gegangen, als an einem solchen Abend zu später Stunde laut die Hausglocke schrillte, und kurz drauf Trina ihren Kopf zur Tür hereinstreckte, ihre Herrin energisch herauszuwinken. Da das ungewöhnlich war, folgte Malwida dem Wink sofort.

»Was ist, Trina?« fragte sie draußen im Vorraum.

»Der junge Doktor, Signora, Ihr Freund, Sie wissen schon!« Trina deutete aufgeregt auf die halboffene Wohnungstür, und da Malwida sich noch immer keinen Reim machte, ergänzte Trina »Er steht draußen, will nicht hereinkommen, ehe er nicht mit Ihnen gesprochen hat.«

Malwida trat an die Haustür. Auf der Schwelle stand Paul Rée.

»Paul! Sie in Rom?« Beglückt streckte Malwida ihre Arme nach ihm aus. »Aber so kommen Sie doch herein!«

»Bitte, Malwida, einen Augenblick noch…« Rée deutete mit allen Anzeichen großer Verlegenheit auf einen Herrn, den Malwida jetzt erst hinter Rées breiter Gestalt verborgen bemerkte.

»Es ist der Kellner meines Hotels…« erklärte Paul mit belegter Stimme, »ich hatte versehentlich kein Geld bei mir… ich sagte, Sie würden mir aushelfen…«

Malwida begriff und war sofort bereit dazu.

»Aber gewiß, Paul, sowas kann einem passieren! Wieviel also…?«

Der Mann aus dem Hintergrund reichte Malwida wortlos einen Bogen Papier, auf dem die aufgelaufenen Kosten verzeichnet waren. Malwida erschrak zwar über die Höhe der Summe, ließ es sich aber nicht anmerken.

»Einen Moment, ich hole nur rasch meine Börse!«

Sie zahlte den Hotelkellner aus und nahm Rée mit in den Salon, ihn den anderen Gästen vorzustellen.

»Doktor Paul Rée, ein lieber alter Freund von mir!«

Rée begrüßte die Herren, verbeugte sich vor den Damen, und dann fiel sein Blick auf Lou von Salomé. In seinen Augen standen

Bestürzung und Unglauben, während Lous blauer klarer Blick ihm abschätzend entgegenkam.

Malwida beobachtete die beiden scharf und war sich sofort bewußt: Hier schnappte eine Falle zu! Ein Gefühl der Eifersucht stieg in Malwida auf und nicht, wie man glauben sollte, Eifersucht auf Paul, er könne Lou ihrem mütterlichen Herzen entreissen, sondern Eifersucht auf Lou war es. Und dazu ein gut Teil Vorahnung, sie könne ihm weh tun, ohne selbst Schaden zu nehmen.

Wann immer Lou nun zum Circle kam, erschien auch Paul. Und wann immer Lou ging, ging auch Paul. So früh oder so spät es auch geworden war, erhob er sich sofort eilfertig, wenn Lou sich verabschiedete.

»Ich bringe Sie nach Hause, gnädiges Fräulein! Ein junges Mädchen zu dieser Stunde sollte nicht allein...«

Malwida sah Lou von Salomé Pauls dargebotenen Arm ergreifen, als sei er bereits ihr festes Eigentum.

Eines Tages erschien Lou, vermutlich wegen Unpäßlichkeit, nicht in der via della Polveriera. Paul, völlig außer Fassung, ließ die Tür nicht aus dem Auge in der Hoffnung, sie möge doch noch kommen. Es fiel ihm schwer, den vorgetragenen Themen Aufmerksamkeit zu zollen, und nach einer Stunde flüsterte er Malwida zu:

»Vielleicht ist etwas passiert, ein Unfall – ich werde gehen, um nach ihr zu sehen...«

»Nichts werden Sie!« wurde Malwida endlich energisch, »Sie bleiben hier, und wir beide werden eine kleine Unterhaltung miteinander haben, sobald die anderen gegangen sind!«

Paul fügte sich, und die Unterhaltung ergab dann, daß er dem Fräulein von Salomé mehrmals einen Antrag gemacht habe, auf den sie aber nicht eingegangen sei.

»Wenn wir so des Nachts im Mondenschein manchmal bis zum frühen Morgen durch Roms Straßen schlenderten...« schwärmte Paul, Malwida aber fuhr ihn ungläubig an:

»Was habt ihr gemacht? Mit einem jungen Mädchen nachts hier in Rom durch die Straßen schlendern? Ja, Paul, wissen Sie denn nicht, wie gefährlich das ist? Abgesehen davon, daß Sie den Ruf des Mädchens, das Sie offensichtlich lieben, gefährden, treibt sich hier in diesem Viertel rund ums Kolosseum ein Gesindel herum, das von Raub und Schlimmerem lebt. Keine Frau, die etwas auf sich hält...«

»Ach, liebste Malwida«, unterbrach Rée emphatisch, als habe er gerade eine Vision, »Lou ist nicht wie andere! Sie hat so freie, so moderne Ansichten! Sie hat die Größe und den Geist, sich über kleinliche Dinge hinwegzusetzen...« Malwida ließ ihn reden, um endlich Näheres zu erfahren. »...Lou hat die Vorstellung, wir könnten in einer Hausgemeinschaft zusammenleben, vielleicht mit einem weiteren Mann oder weiterer Frau, aber vordergründig sie und ich! Natürlich ohne Ehe und natürlich auch ohne...« Paul ersetzte das Gemeinte durch ein Räuspern und fuhr fort: »Lou denkt an eine Gemeinschaft des Geistes, Übereinkunft der Ideen! Sie denkt gewissermaßen an eine höhere Weihe als die der Sinne, an die Verwirklichung des rein Menschlichen zwischen zwei Polen...«

»Was aber denken Sie zu all dem?« nahm Malwida nun doch das Wort, »glauben Sie allen Ernstes, daß Lou es wagt, einem Mann diesen Unsinn anzubieten?«

Malwida, Verfechterin geistiger Freiheit, aber dennoch in den Grenzen konventioneller Erziehung aufgewachsen, zeigte jetzt mehr Instinkt und Einfühlung in das andere Geschlecht als Lou, die sich darauf zugute tat, übliche Schranken zu verachten.

Malwida war tatsächlich außer sich und aufrecht, wie sie die Dinge stets anging, suchte sie nun auch das Gespräch mit der jungen Schwärmerin.

»Paul Rée hat Ihnen einen Antrag gemacht, wie ich höre, und Sie haben ihn abgelehnt. Das ist Ihr gutes Recht, aber wenn Sie ihn schon nicht lieben...«

»Ich ihn nicht lieben?« Lou warf voller Empörung den Kopf auf, »selbstverständlich liebe ich Paul! Er ist für mich das eigentlich Wesentliche, er ist für mich alles, er ist mir ein Bruder...«

»Und Ihnen ist niemals der Gedanke gekommen, daß Paul anders empfindet und daß die Bedingungen, die Sie ihm stellen, ihm Qualen bereiten?«

Die Antwort darauf kam nicht direkt.

»Paul ist sehr eng verbunden mit seinem Freund Nietzsche – wir gedenken, ihn in unseren Bund mit aufzunehmen.«

Malwida versagten die Worte, so schämte sie sich für diese Ausgeburt eines Frauenhirns. Dann wollte sie Praktisches wissen.

»So, und wie soll Ihr Plan Gestalt annehmen?«

»Paul will ein Haus mieten in der Nähe seines elterlichen Gutes, dort wollen wir zusammen wohnen, leben, reden, träumen und arbeiten! Wir wollen neue Größen entdecken, Ziele stecken! Wir haben auch schon einen Namen für unseren Bund: ›Dreigestirn‹ soll er heißen.«

»Und all das planen Sie, meine Liebe, ohne Friedrich Nietzsche auch nur zu kennen?«

»Das brauche ich nicht. Er hat schon zugesagt.«

An diesem Punkt der Entwicklung suchte Malwida Rückendeckung bei Frau von Salomé und fand tatsächlich, bei aller Verschiedenheit des Ausgangspunktes, völlige Einigkeit mit der Generalin. Doch was nützte es ihnen? Lou, eigensinnig und versponnen, setzte ihren »Plan« Schritt für Schritt in die Tat um. Und die beiden Männer, Rée und Nietzsche, gingen ihr dabei willig zur Hand. Gleich nach dem ersten Treffen mit Nietzsche ließen sich die drei in einem photografischen Atelier aufnehmen, und zwar, typisch für den Stand der Dinge, die beiden Herren mit breiten Riemen an die Deichsel eines kleinen Leiterwagens gespannt, und Lou im Wagen kniend und eine Peitsche schwingend.

Längst war es zwischen dem »Dreigestirn« zum vertrauten »Du« gekommen, und für Paul Rée war das Fräulein von Salomé nur »sein geliebtes Schneckli«.

Nur noch einmal ließ Malwida sich zu einer Gemeinsamkeit mit den Unbelehrbaren überreden. Von Mailand aus war ein Ausflug nach Orta am gleichnamigen See geplant. Dort angekommen, schlug Lou vor, den Kalvarienberg Monte Sacro zu besteigen, da die Aussicht von dort oben besonders gerühmt wird.

Den jungen Leuten mag das gut anstehen, der immerhin sechs-
undsechzigjährigen Malwida ist der Anstieg zu steil. Sie be-
schließt, unten im Ort auf die anderen zu warten. Sofort bietet
Paul sich an, ihr Gesellschaft zu leisten, derweilen nun nur noch
Lou und Nietzsche sich auf den Weg machen.

Man wartet und wartet, der verabredete Zeitpunkt ist längst überschritten, als die beiden Wanderer wieder eintreffen, Nietzsche
unverkennbar mit dem Ausdruck seligen Entzückens im Gesicht,
Lou mit dem einer Katze, die Milch geschleckt hat. Sie finden die
beiden Wartenden aufs höchste verärgert an. Malwida schockiert
durch das Undelikate der Situation, Paul in schwärzester Eifersucht auf den einen wie auf den anderen. Nicht nur, daß die An-
gebetete die von ihr selbst aufgestellten Prinzipien verriet, Paul
muß darüberhinaus annehmen, daß sie dem Freund zu kosten
gab, was sie ihm aus angeblich höheren Sphären der Freundschaft
heraus versagte.

»Da sind wir wieder!« tat Lou harmlos, während Nietzsche,
wenig erfahren mit Frauenreizen, noch kaum zu Atem gekommen schien. Tatsache ist, daß Lou später, auf Pauls gereizte Frage,
ob sie Nietzsche geküßt habe, die unverfrorene Antwort gab:
»Ich kann mich nicht daran erinnern!«

Während Lous Gedächtnis also recht kurz war, schwelte zwischen den Freunden lang anhaltend Mißtrauen und vergiftete
ihre bisherige Beziehung. Wie Lou von Salomé es anstellte, trotzdem ihren Kopf durchzusetzen und ihren Plan in die Tat umzu-
setzen, bleibt einigermaßen rätselhaft. Allerdings bezog man
nicht das von Rée ausgesuchte Domizil in Westpreußen, sondern
ein Haus in Tautenburg im Thüringer Wald, das Nietzsche ausgesucht hat.

In welch undurchsichtigen Nebel Lou von Salomé den Sinn des
»Dreigestirns« zu hüllen versteht, zeigen ein paar Zeilen aus dem
Zusammenleben in Tautenburg:

Der religiöse Grundzug ist unser Gemeinsames und bricht gerade weil wir
extreme Freigeister sind so stark hervor. Wir beziehen unser religiöses Emp-
finden auf nichts Göttliches und keinen Himmel außerhalb! Wir lehnen

religionsbildende Dinge wie Schwäche, Furcht und Habsucht ab. Allein im
Freigeist kann das religiöse Bedürfnis zur heroischen Kraft werden.

Malwida, der dieser Tenor unerträglich klang, schien es, als seien
ihre beiden besten Freunde ihr durch die giftige Umarmung
einer Schlingpflanze genommen. Es sei noch vermerkt, daß Malwida Lou von Salomé niemals auch nur mit einer Zeile erwähnte,
außer in einem Brief an Olga Monod vom Jahre 1887:
Denke Dir, gestern bekomme ich eine Verlobungsanzeige von Lou Salomé,
der berühmten Russin, aber keineswegs mit Paul Rée, mit dem sie lang
zusammen war, sondern mit einem mir ganz unbekannten Herrn.

Die höfliche, vielleicht aber auch höhnische Vokabel »berühmt«
kann sich zu jenem Zeitpunkt nur auf Lous erste schriftstelleri-
sche Erfolge beziehen, wie beispielsweise ihr Roman *»Im Kampf*
um Gott«. Weit bekannter wurde sie durch ihre zehn Jahre später
eingegangene Verbindung mit Rainer Maria Rilke.

Phädra

Phädra, die Tochter des Minos und der Pasiphaë, verliebte sich,
obwohl dem athenischen König Theseus vermählt, in dessen
Sohn aus erster Ehe Hippolytos. Dieser aber wies die Liebe seiner
Stiefmutter empört zurück, worauf Phädra, Rache nehmend, ihn
bei seinem Vater anschwärzt, er, Hippolytos, sei es gewesen, der
sie, Phädra, verführt habe. Theseus verflucht seinen Sohn, der dadurch umkommt. Zu spät entdeckt Theseus die Wahrheit und
wirft sie Phädra vor. Diese sucht als letzte Ausflucht den Freitod.
Soweit die antike Sage, von der Malwida von Meysenbug zu
ihrem ersten großen Roman angeregt wurde.

Unter eben jenem Titel »Phädra« erschien der Roman nach jahrelanger Vorarbeit 1885 gleichfalls bei Reißner in Leipzig und erfuhr sogleich breiteste Anerkennung.

Malwida teilt ihren Roman in drei Bände ein, unterrichtet den Leser im ersten Band in einer Folge kurzer, prägnanter Kapitel, die für die langjährig erworbene Routine als Schriftstellerin sprechen, vom Stand der Dinge. Szene für Szene werden die mitwirkenden Personen dargestellt und ihre Beziehung untereinander beleuchtet.

Der ganze Schrecken des Phädra-Komplexes, zu dem es endlich im zweiten Band kommt, läßt sich nur so erklären: Was der Antike noch Parabel war, verstößt hier doppelt und dreifach gegen bürgerliche Moral und erweckt blankes Entsetzen.

Beim Lesen des Romans meint man immer wieder die weit vorangeschrittene Meinung und Ansicht der Autorin zu spüren wie umgekehrt die fehlende eigene Erfahrung, wenn sie sich daran macht, Liebesbeziehungen nachzuempfinden. Da wechselt Zimperlichkeit mit mutiger Übertreibung.

Der dritte Band gerät ihr bei aller Geduld des Lesers zu langatmig. Noch einmal nutzt Malwida die Gelegenheit, gegen falsche Bewertung von Standesunterschieden zu wettern, vor allem aber, um der Gleichberechtigung legitimer wie illegitimer Geburt das Wort zu reden, ein Beweis mehr, wie weit sie ihrer Zeit voraus ist. Endlich legt sie ihrem Hippolytos einem Seufzer gleich die Worte in den Mund:

Vielleicht ist das geistige Leben auf unserem Erdenball erst auf der untersten Stufe möglicher Entwicklung und kann die Menschheit nicht weiter emporsteigen, solange ihre Organisation so unvollkommen ist.

Obwohl Malwida noch die eine oder andere Schrift veröffentlicht, ist der Roman »Phädra« die eigentliche Krönung ihres Wirkens. Nicht zuletzt deswegen verlegt sie die Handlung, wenn nötig durch willkürliche Sprünge, in Länder und an Orte, die ihr selbst bekannt und lieb gewesen.

Da gibt es nur eine Ausnahme: die Insel Korfu. Über sie las Malwida rein zufällig in der Augsburger Allgemeinen Zeitung eine

Landschaftsbeschreibung, die ihr so gut gefiel, daß sie, ohne bei der Zeitung weiter nachzufragen, den Schluß der Romanhandlung unter schlanke Zypressen und alte Ölbäume an die Steilküste Korfus legte. Daß unter dem Artikel der Augsburger Allgemeinen der Name Alexander von Warsberg vermerkt war, beachtete Malwida damals kaum. Dann aber erhielt sie von eben jenem Alexander von Warsberg einen Brief, nicht etwa der übernommenen Texte wegen zu schelten, sondern für das Vergnügen der Lektüre ihrer »Phädra« zu danken.

Ich bin ein schlechter Romanleser, aber letzte Woche auf dem Schiff zwischen Triest und Korfu habe ich Ihr Buch in einem Zuge verschlungen. Sie legen allen Lebensfragen den edelsten Idealismus zugrunde und geben dadurch Antworten, die sich als wohltuend vom heutzutage lauten Realismus abheben.

Malwida schrieb ihm zurück, und damit begann eine zweijährige Korrespondenz, in der beide sich gegenseitig öffneten.

Eine letzte Freundschaft

Die gefühlvolle Bewunderung, die Warsberg nach kurzer Zeit der Korrespondenz in sich keimen fühlt, gilt ganz der Schriftstellerin und Autorin. Mittlerweile hat er alles gelesen, was je von ihr gedruckt wurde. Und da sie danach fragte, gibt er seine Meinung unumwunden kund:

Wenn Sie es denn wissen wollen, so habe ich zu meinem höchsten Bedauern zu tadeln, daß Ihre Worte immer wieder auf haarsträubende Weise für meinen Geschmack falschen Zwecken dienen. Wieviel besser hätten Sie Ihre ureigene Natur, diese eigentümliche Reinheit und künstlerische Fülle bewahren können, hätten Sie sich nicht in diese unangenehme sozialistische und politische Richtung drängen lassen! Wer Sie dazu beeinflußt hat, den möchte ich noch heute steinigen. Sie hätten ohne diesen ständig laut wer-

denden Mißton in Deutschland das werden können, was George Sand in
Frankreich ist.
Das klingt fast nach männlicher Eifersucht, wenn auch auf geisti-
gem Gebiet. So setzt er denn auch hinzu:
Ich glaube, daß späterhin noch ein Mann, ein aufopfernder Freund, eine
starke Hand, ein starker Wille Sie hätte sich selbst zurückgeben können.

Sicher unterlag Malwida zweimal in ihrem Leben dem Einfluß
eines Mannes, aber der voll ausgereiften Frau zu unterstellen, ihre
politischen Überzeugungen seien allein Frucht dieses Einflusses
und durch den Handstreich eines weiteren Mannes wieder aus-
zulöschen, das wird einer Malwida von Meysenbug nicht gerecht.
Sie sind also in wesentlichen Punkten ganz und gar nicht einer
Meinung, Malwida und dieser Warsberg, aber was zwischen
ihnen an feinsinnigem und ästhetischem Austausch besteht, verdient dennoch den Namen Freundschaft. Malwida, mit bald siebzig genügend abgeklärt, weiß Lückenhaftes zu überbrücken, und
Warsberg, der sein Brot als Diplomat reinsten Wassers verdient,
läßt sie nur zu gern bei sich über den Zaun gucken.

Die Kaiserin Elisabeth von Österreich litt, wie jedermann bekannt war, unter einer äußerst schwachen Gesundheit. Ständiger
Husten, Atemnot und Appetitlosigkeit waren die äußerlichen
Merkmale, hinzu kamen Menschenscheu und erhebliche Nervosität. Das Bild verwundert außerordentlich, wenn man bedenkt,
was Ihre Majestät sich weiterhin an körperlichen Strapazen zumutete. Stundenlange Fußmärsche in höchstem Eiltempo waren
an der Tagesordnung, Schlafmangel durch viel zu kurze
Nachtruhe, Hungerkuren und ein überaus hektisches Reisepro-
gramm. Mag dahinter gesteckt haben, was will, Flucht vor den
Pflichten ihrer bevorzugten Stellung oder eine Absonderlichkeit,
die bereits Zeitgenossen als jenseits jeder Vernunft bezeichneten,
jedenfalls verordneten die Ärzte erneut Aufenthalt in südlichem
Klima. Die Kaiserin wählte zu diesem Zweck das ihr aus den
sechziger Jahren schon bekannte Korfu.

Am 5. Oktober 1885 sticht die kaiserliche Jacht »Miramar« zu einer vierwöchigen Reise in See und nimmt Kurs auf die Insel. Der dortige österreichische Konsul, Alexander von Warsberg, ist durch seine Veröffentlichungen *»Odysseische Landschaften«* und *»Reich des Odysseus«* hinreichend als Kenner ausgewiesen, nicht nur der Insel, sondern Griechenlands überhaupt. Elisabeth läßt ihn bitten, sich bei ihr einzufinden und sich als ihr Reiseführer zur Verfügung zu halten. Sie möchte das antike Korfu kennenlernen, es gewissermaßen mit den Augen Homers sehen. Warsberg, selbst unter angeschlagener Gesundheit leidend, gehorcht dem kaiserlichen Wunsch, der ihm Befehl ist. Der Eindruck, den er bei der ersten Audienz gewinnt, ist nicht der beste.

Sie säuselte mich kurz an, nicht gerade unartig, aber doch recht knapp. Ich fand sie häßlich, alt, spindeldürr und schlecht angezogen. Im nächsten Brief aus Korfu hieß es: *Wo immer Ihre Majestät auftaucht, erregt sie höchstes Aufsehen! In überhastetem Tempo eilt sie zu Fuß dahin, stets dunkel gekleidet, hinter sich die dickliche arme Gräfin Festetics, die kaum Schritt halten kann. Man nennt die Kaiserin hier nur »die Eisenbahn«!* Ein wenig später klagt er: *Sie hält mich mit ständigen Fragen am Reden. Ich gehe, nein ich renne zu ihrer Linken und rede und rede, und wenn der Weg zu schmal wird, so daß ich hinter ihr gehen muß, schreie ich meine Antworten so laut, daß ich ganz kurzatmig werde. Sie ist soweit recht klug und bedacht, lebt trotz aller Zurückgezogenheit ganz im Bewußtsein ihrer Bedeutung.* Aber langsam erwärmt sich Warsberg für die Kaiserin und klingt weit freundlicher: *Sie kann bezaubernd sein, wenn sie will, und so liebenswürdig, daß man ihr alles verzeihen mag. Immerhin: Als Kaiserin wird sie ihrer Sache nicht gerecht.* Und endlich beichtet er der Brieffreundin: *Ich kann dieser Frau nicht widerstehen! Sie überschüttet mich förmlich mit Gnadenbezeugungen.*
Warsberg kehrt dann mit der Kaiserin nach Wien zurück.
Bei Hof scheint mir die Gunst Ihrer Majestät eher zu schaden. Der Kaiser jedenfalls begegnete mir sehr zurückhaltend. Er sieht wohl in mir den Grund der viel zu langen Abwesenheit seiner hohen Gemahlin.

Dann aber kam ein Brief, der Malwida ganz besonders freute.

Ich komme nach Rom! schrieb Warsberg und schon seiner schwungvollen Schrift merkte man die Freude darüber an, *es gibt in Rom einen Arzt, der meinem chronischen Husten helfen kann. Bei ihm will ich mich einer Kur unterziehen und vor allem Ihre Bekanntschaft machen!*
Es folgte Tag und Stunde, wann sie mit seinem Besuch rechnen könne, dann schloß der Brief wie bisher jedesmal: *Verehrungsvoll der Ihre Alexander Warsberg.*

»Trina, deck den Tisch für zwei und nimm das gute Porzellan!« wies das Fräulein von Meysenbug an, als der genannte Tag da war. »Wir bekommen Besuch zum Tee!«
Trina, nicht mehr die flinkste, tat, wie ihr geheißen war, suchte die gute Klöppeldecke hervor, legte die vergoldeten Kuchengabeln ans Meissner Zwiebelmuster und schnitt den selbstgebackenen Rosinenzopf auf.
»Wer kommt denn?« wollte Trina wissen, da ihr Neugier nach so vielen Jahren treuer Dienste gewißlich zustand. »Die Erwartung hat der Signora ja richtig die Wangen gefärbt!«
»Ach, was du redest, Trina«, empörte Malwida sich lachend, »aber du hast recht, ich bin sehr gespannt! Es ist der Baron von Warsberg, und ich hab' ihn noch nie zu Gesicht gekriegt…«
»Ja so, Fräulein«, brummelte Trina, »warum aber stets das gleiche Schwarzseidne, wenn doch das hübsche Braune im Schrank hängt!«
»Du meinst, Trina, ich sollte…?« Stets untadelig, aber seit Jahren im gleichen schwarzen Krepp, war Malwida gar nicht auf den Gedanken gekommen, sich einmal anders zu kleiden.
Tatsächlich, da hing das hübsche braune Moireekleid im Schrank, das sie zuletzt in Sorrent getragen hatte.
»Warum eigentlich nicht?« überlegte Malwida und hakte schon den Einsatz des Schwarzen auf. Trina mußte dann noch helfen, die Tournüre hinten zu befestigen, denn ohne eine solche erhöhte Hinterpartie konne eine Dame sich keinesfalls sehen lassen. Richtig verjüngt kam Malwida sich vor, als sie den Scheitel durchs gottlob noch immer dunkle Haar zog und die Andeutung eines Häubchens darauf befestigte. Schon ging die Schelle an der Vordertür.

»Geh öffnen, Trina, und führ den Herrn Baron gleich in den Salon! Sag, ich … nein, sag…« Aber Trina war bereits unterwegs.
Einen kurzen Moment zögerte Malwida noch. Eine Beziehung, so leicht und duftig, wie nur geschriebene Worte es sein können, sollte Gestalt annehmen, Farbe, Stimme, Konturen.
Doch alles Zögern kam zu spät. Malwida hörte Trinas Schürze rascheln und eine leise Männerstimme. Entschlossen öffnete sie die Tür zum Salon. Da stand ein großer, hagerer Mann mit etwas scharfen Zügen, einem rötlich-blonden Schnurrbart und noch dichtem, aber leicht ergrautem Kopfhaar. Aus durchdringenden Augen sprach die Intelligenz der Eigenbrötler, aber auch freudige Überraschung. In einer Hand hielt er einen Strauß gelber Teerosen, die er mit grandezza überreichte.
»Endlich!« rief Alexander Warsberg, »endlich!«
Einen Augenblick sah es aus, als wolle er Malwida nach südlicher Art in seine Arme schließen, aber er ergriff nur ihre Hand und küßte sie.
»Genau, wie ich Sie mir vorgestellt habe, verehrte Freundin! Würdevoll, eine Spur abweisend, aber die beste Seele der Welt!« Er lachte, und sein Lachen ließ ihn jünger erscheinen als sein tatsächliches Alter, das Malwida ja kannte. Er war einundfünfzig Jahre alt.
Die erste Fremdheit wurde überbrückt, weil Malwida den Tee einschenkte und von Trinas Kuchen anbot.
»Denken Sie nur, Fräulein von Meysenbug, man ruft mich von meinem Posten in Korfu ab«, meinte Warsberg bei der zweiten Tasse Tee, »stattdessen soll ich Generalkonsul in Venedig werden!«
»Venedig!« rief Malwida voller Entzücken, »ich weiß, eine Steigerung von Korfu ist kaum möglich, aber Venedig! Man sagt, Venedig ist keine Stadt, Venedig ist eine Weltanschauung!«
»Ich muß prüfen, ob es für meine Gesundheit genügend mediterran ist.« Und als sei damit ein Stichwort gefallen, begann er zu husten und nach Luft zu ringen. So quälend wie der Anfall war, mußte Malwida erkennen, daß ihr Freund ein sehr kranker Mann war.

»Aber wenn es dazu kommt«, führte Warsberg eifrig aus, »daß ich den Posten in Venedig erhalte, dann müssen Sie mich unbedingt dort besuchen!«

Malwida versprach es.

In leichtem Gespräch, Tiefgründiges nur streifend, verging der Nachmittag, an dessen Ende sie sich gegenseitig ihrem Äußeren nach akzeptiert und die vertraute Nähe des schriftlichen Umgangs wieder hergestellt hatten. Von nun an unterzeichneten sie ihre Briefe nur noch mit dem Vornamen. *Ihr getreuer Freund Alexander* und *Von Herzen Ihre Malwida.* Und Warsberg machte richtig die Bemerkung: *Nun, da ich mir zu Ihren Zeilen auch Ihre Stimme vorstellen kann!*

Warsberg erhielt den Posten in Venedig. Als erstes Provisorium hatte er eine kleine Wohnung im dritten Stock des Palazzo Pisani am Canale grande inne. Nicht erst im Sommer, sondern bereits im Mai brach Malwida auf, den Freund zu besuchen.

Ich fuhr über die lange Eisenbahnbrücke der Lagunen der herrlichen Stadt entgegen, die ich seit vielen Jahren nicht mehr gesehen hatte! Man spürt ihre Vorfreude aus dieser Zeile ihrer späteren Erinnerungen. *Am Bahnhof empfing mich der gute Freund und führte mich in seiner Gondel zu dem herrlichen Palazzo, in dem er wohnte. Von einer breiten Terrasse aus hat man die herrlichste Aussicht auf die stolzen, architektonisch so zauberhaften Paläste, die sich in der weiten Wasserfläche spiegeln. Er führte mich gleich in den schönen, mit edlem Kunstsinn geschmückten Räumen umher, und ich empfand alsbald die Gewißheit, daß sich hier Stunden reinsten Genusses verbringen lassen müßten.*

Den Freund selbst fand Malwida verändert. Bei aller Wiedersehensfreude vermied er es, lange Sätze zu sprechen, da sie ihm Atemnot verursachten und zumeist von häßlichem Husten unterbrochen gar nicht bis zu Ende gelangten.

»Diese Wohnung«, begann er und holte erst einmal tief Luft, »viel zu klein fürs Konsulat. Brauche Amtsräume, muß repräsentieren.« Nach einer Pause ging es besser, und er erklärte in einem Zug: »Ich konnte den gesamten Palazzo Modena mieten. Der

Umzug ist nächsten Monat. Das macht viel Arbeit. Dazu die Dienststunden und Empfänge. Ich muß mich schonen.«

»Vielleicht kann ich Ihnen beim Umzug behilflich sein«, schlug Malwida halbherzig vor, da sie nicht wußte, ob ihm das genehm sei. Warsberg aber nickte heftige Zustimmung.

»Oh, das wäre wundervoll, meine Liebe! Es gibt so viel zu packen und dann wieder auszupacken, einzuordnen, zu sort…«

Ein Hustenanfall riß ihm das Wort von den Lippen. Malwida legte ihm beruhigend eine Hand auf den Arm.

»Ich bleibe, Alexander, solange Sie mich brauchen!«

Tatsächlich fuhr Malwida erst wieder nach Hause zurück, als alle die vielen Zimmer und hohen Säle des neuen Generalkonsulats, der Vertretung des kaiserlich-königlichen Österreichs im königlich italienischen Venedig, fix und fertig eingerichtet waren. Das hatte viel und für Warsberg sehr anstrengende Arbeit mit sich gebracht. Gemeinsame Gondelfahrten auf den leise plätschernden Wasserstraßen, oftmals in beidseitig verständnisvollem Schweigen unter nächtlichem Himmel voll glänzender Sterne hatten der Entspannung gedient und zum schönsten gehört, an das Malwida sich später erinnern konnte.

Der neuerliche Abschied war auf Warsbergs Seite von dankbarer Herzlichkeit, von Malwida aus aber durch ernste Sorge um die Gesundheit des Freundes gekennzeichnet.

Dem teuren Gastfreund noch einmal tausend Dank für all seine Güte, schrieb sie von unterwegs, *für die unvergeßlichen Augenblicke, die nun zu dem ewigen Inhalt meines Lebens gehören.*

Zurück in Rom in der via Polveriera findet Malwida eine traurige Überraschung vor, die sie sofort verzweifelt dem Freund mitteilt:

Denken Sie nur, man baut genau vor meiner Wohnung ein neues scheußliches Schulgebäude, das die ganze schöne Aussicht von meinem Wohnzimmer aus – Paladin, Kapitol und so weiter – verdeckt! Keine Sonnenuntergänge mehr! Es ist zum Weinen. Was soll ich tun?

Auch Warsberg hat Neues, nicht unbedingt Angenehmes zu berichten:

Ihre Majestät, die Kaiserin streckt erneut die Hand nach mir aus! Ich soll mich als Makler und Architekt beweisen. Elisabeth wünscht ein Schloß zu bauen, ausgerechnet auf Korfu! So begebe ich mich denn erneut in den Dienst Ihrer Majestät! Ehrlich gesagt: ich fürchte mich davor, denn sie kann einen sehr beanspruchen.

Nicht nur Malwida kann zwischen den Zeilen lesen, sondern alle Welt weiß unterdessen, wie rücksichtslos die Kaiserin Strapazen physischer Art ihrer nächsten Umgebung zumutet. Auch auf Korfu gibt es unterschiedliche Jahreszeiten und die schlechten Monate, in denen Elisabeth nach Wien zurückkehrte, verbrachte er bei naßkaltem Wetter, um den Bau voranzutreiben. *Ich bin von einer schlimmen Erkältung befallen durch eine Fahrt im offenen Wagen gegen den Wind* schreibt Warsberg am 24. Februar 1889 von Korfu aus an Malwida. *Nun muß ich schon den vierten Tag das Bett hüten, habe Fieber und muß trotzdem stundenlange Konferenzen mit Advokaten, Baumeistern und Gärtnern durchstehen. Morgen hoffe ich, das Schlachtfeld wieder betreten zu können…*

Alexander von Warsberg konnte das »Schlachtfeld« nicht mehr betreten. Kaiserin Elisabeth hatte ein Einsehen und ersetzte ihn durch einen Architekten aus Neapel. Warsberg kehrte nach Venedig zurück. Todkrank.

Liebe, teure Freundin, ich weiß, daß Ihnen von allen Seiten Nachricht über mein Befinden zukommt, will Ihnen aber doch durch ein unmittelbares Wort dartun, wie sehr ich trotz meines schlimmen Zustandes Ihrer gedenke und Sie segne. Wann darf ich hoffen, Sie bei mir zu sehen? Ganz und gar der Ihre – Alexander W.

Malwida reiste sofort.
Diesmal war Venedig nicht die Stadt der Kanäle und Paläste, nicht die Stadt der romantischen Gondelfahrten, nicht Königin der Meere oder auferstandene Vergangenheit. Diesmal war Venedig

ein einziger Raum des Palazzo Modena, darin ein breites Renaissancebett, in dem ein Mann gegen den Tod kämpfte.

»Oh, Sie sind gekommen!« waren Warsbergs Begrüßungsworte, als Malwida sogleich nach Ankunft sein Zimmer betrat. Außer ihr waren der Arzt und eine Pflegeschwester anwesend. Ersterer machte mit der Schulter vage ein Zeichen, das wohl das Ende seiner Kunst bedeuten sollte. Die Schwester, eine Barmherzige Nonne, wechselte kühlende Umschläge um die geschwollenen Füße des Kranken und bedeckte sie mit einem sauberen Leinentuch. Dann verließen beide den Raum.

»Sie sind wahrhaftig gekommen!« wiederholte Warsberg und versuchte kraftlos Malwida eine Hand entgegenzustrecken. Malwida nahm die Hand und beugte sich über den Freund.

»Was machen Sie nur für Sachen, mein Lieber!« kam liebevoll ihr Vorwurf, »hätten Sie mich nur eher gerufen, ich hätte auf Sie aufgepaßt! Sicher haben Sie keinen Mantel umgenommen im kalten Wind, ich kenne Sie doch...« Es waren nur Worte, um ihre aufgeschreckten Gefühle zu verbergen. Trotz klarem Auge und gefaßter Ruhe fand Malwida das Aussehen des Kranken sehr verändert: bleich, die Wangen eingefallen und die Haut um Mund und Nase unnatürlich gespannt.

»Sie werden sehen, mein Lieber, bald geht es Ihnen wieder besser! Ich bleibe hier und kümmere mich um alles, und in ein paar Tagen sind Sie wieder auf den Beinen...« Malwida glaubte kein Wort von dem, was sie da sagte, und daß Warsberg seinerseits die Wahrheit kannte, zeigte seine Antwort.

»Es gibt nur noch eins, meine Freundin, was Sie mir wünschen können, Erlösung!«

Malwida schwieg betroffen, und Warsbeg, offensichtlich um ein normales Gespräch bemüht, wechselte das Thema.

»Was haben Sie gearbeitet in letzter Zeit, meine Liebe?«

»Ich studiere noch einmal die Bibel«, berichtete sie, »und zwar suche ich jene Stellen, die sich auf die irdische Liebe zwischen Mann und Frau beziehen. Dazu, denke ich, ließe sich ein interessanter Kommentar schreiben...«

»Oh ja, Sie haben recht, da wäre manches zu sagen...«

Warsberg folgte dem Gespräch klaren Geistes und mit erstaunlicher Konzentration. So vergingen Stunden.

Der Arzt kam herein, nach dem Patienten zu sehen, die Schwester wechselte die Umschläge. Malwida trat ans weit offene Fenster und schaute zum klaren Bild der Sterne auf.

»Gibt es eine Macht dort oben, die ich um das Leben dieses Mannes anflehen kann?« fragte sie sich aus wundem Herzen, »oder, wenn es denn sein muß, um ein mildes Ende…«

Als Malwida sich dem Kranken wieder zuwandte, glaubte sie ihn schlafend. Sie setzte sich neben sein Bett und wartete. Mag sein, sie war, nach der langen Reise selbst müde, einen Augenblick eingenickt. Als sie hochschreckte, sah Warsberg sie mit weit geöffneten Augen an.

»Ich bin doch glücklich gewesen, es haben mich viele lieb gehabt!«

Ganz deutlich waren seine Worte zu hören, dann wurde sein Blick starr, und ein Tropfen Blut rann ihm aus halbgeöffnetem Mund übers Kinn.

Der Arzt war sofort zur Stelle, doch er schüttelte nur den Kopf und schloß die Lider des Toten.

Noch einmal trat Malwida ans offene Fenster, diesmal ihre Tränen zu verbergen. Von San Markus her waren die letzten Schläge des Mitternachtsläutens zu hören. Es war der achtundzwanzigste Mai 1889.

Malwida von Meysenbug trauerte sehr um Alexander von Warsberg. Er war nicht ihr Sohn, nicht ihr Mann, sie waren in vielem nicht einer Meinung, nicht in der Politik, nicht in der Religion, aber als es ans Sterben ging, rief er nach ihr. Auf die eine oder andere Art war es Liebe, derer es ja eine Vielfalt gibt, die sich niemals erschöpfen wird. Für Malwida war die Verbindung mit Warsberg eine Freundschaft, *die wie ein heller Lichtschein auf meinen Weg fällt, der sich dem letzten Ziele nähert.*

Ein letzter Sohn

Von all den Freundinnen, deren Zuneigung über meinem Leben gewacht, will ich die eine wiedererwecken, die in meiner Jugend treue Gefährtin meines Geistes und zweite Mutter mir war schreibt der französische Schriftsteller und Nobelpreisträger Romain Rolland im Februar 1925 und erinnert sich daran, daß bei einer gesellschaftlichen Veranstaltung, die in einem der vornehmen römischen Salons stattfand, eine kleine, zarte Dame neben ihm saß, ganz in schlichtes Schwarz gekleidet, schweigsam die Menge beobachtend oder, wenn sie etwas zu sagen hatte, mit ruhiger leiser Stimme sprechend. Er erinnerte sich daran, wie sie gelassen lächelnd Großes lobte und Kleinliches tadelte und daß seltsamerweise der ganze glänzende Bienenschwarm der Noblen und Reichen Tanz, Kartenspiel oder hohlen Schwatz unterbrach, um ihr zuzuhören, während sie mühelos das Szepter ihrer Geistesschärfe über sie schwang.

Ich lernte Malwida von Meysenbug im Sommer 1889 kennen schreibt Rolland in seinen Memoiren, *es war in Versailles in der Villa Amiel...* Die Villa Amiel bewohnte seit langem Professor Monod mit seiner Familie, den Malwida ja ganz und gar als ihren Schwiegersohn betrachtete, ebenso wie Olga Monod ihr zur wahren Tochter geworden war. Monod pflegte den einen oder anderen seiner Studenten bei sich einzuladen und in den Kreis seiner Familie mit einzubeziehen.

»Dies ist einer meiner Lieblingsschüler, liebste Mali«, sagte er, als Malwida wieder einmal zu Besuch weilte, und schob einen schüchternen, schmalen jungen Mann von dreiundzwanzig Jahren vor sich her, dem es offensichtlich widerstrebte, der alten Dame vorgestellt zu werden. Aber Monod, mit sicherem Gespür für mögliche Seelenverwandtschaft, ließ sich nicht beirren. »Er ist eben auf dem Absprung nach Rom, hat dort ein Stipendium am archäologisch-historischen Institut im Palazzo Farnese erhalten. Ehrlich gesagt hoffte ich für ihn ein wenig auf deinen mütterlchen Rückhalt, liebste Mali. So, mein Junge, deinen Namen wirst

du ja wohl nun selber sagen können!« Damit ließ Monod dessen
Arm los und zog sich lachend von den beiden zurück.

»Rolland heiße ich«, vermeldete der Student, »Romain Rolland.

Die durchdringend hellblauen Augen der alten Dame musterten
ihn scharf, so als wolle sie sich jeden Zug seines Gesichts ein für
allemal einprägen. Ihre Stimme aber klang mild und freundlich
selbst bei der üblichsten aller Floskeln.

»Ich freue mich, Ihre Bekanntschaft zu machen, Monsieur
Rolland!« Sie streckte ihm ihre Hand hin, die er etwas hastig und
ungeschickt ergriff. Was ist mit ihm, fragte sich Malwida im stillen, er wirkt verstört und ziellos. Gabriel hat recht, diesem jungen
Menschen fehlt Ruhe und Rückhalt. Vielleicht könnte ich… Laut
aber fuhr sie fort: »Noch mehr würde ich mich freuen, wenn Sie
mich in Rom einmal aufsuchen würden! Ich bin unterdessen
schon so etwas wie eine alte Römerin geworden und kann Ihnen
vielleicht mit einem Rat zur Seite stehen…«

»O ja, sicher … ich werde … haben Sie vielen Dank!«

Wie um ihr zu entkommen, verbeugte Rolland sich wieder zu
hastig und trat den Rückzug an, indem er vage in Richtung des
Klaviers deutete. »Madame Monod, ich meine Olga, bat mich…«

»Aber sicher, Monsieur, das dürfen Sie ihr nicht verweigern.«

Rolland fuhr sich mit den Fingern durchs braune glatte Haar und
war mit zwei langen Schritten am Klavier. Kaum aber hatte er vor
dem Instrument Platz genommen, schien er ein anderer Mensch.
Die Töne Beethovens erklangen in einer Perfektion, wie man sie
selten hörte, und schwollen an zur Hymne, der alle mit Andacht
lauschten. Rolland schreibt später über diesen Augenblick.

Beethovens Stimme sprach für uns beide, stieß für beide das Boot vom
Strande ab, für die eine in Richtung des Vergangenen, für den anderen in
Richtung des Kommenden. Das ihrige war mit Wehmut beladen, das mei-
nige mit Hoffnung. Die Boote kreuzten einander, wechselten ein Lächeln
und glitten dahin, ein jedes seinem Ziele zu.

Bereits in Rom ließ Rolland Wochen vergehen, ehe er in der via
Polveriera vorsprach. Endlich entschloß er sich, sein Versprechen
einzuhalten. Ein Pflichtbesuch, dachte er, in einer halben Stunde

habe ich es hinter mir! So zog er die Schelle an Malwidas Wohnung und wurde eingelassen. Kaum aber, daß er den Salon betreten, der aus drei hohen Fenstern sein Licht empfing, gefiltert durch das Grün der schweren Vorhänge, umfing ihn die eigene Atmosphäre dieser Frau mit einer so überzeugenden Macht, daß er sich ihr nur allzu willig hingab. Der Raum schien alles Gedachte und, daraus sich ergebend, alles an diesem Schreibtisch Geschriebene noch in sich zu tragen wie den Duft welkender Rosen.

Alle Geräusche schienen in diesem Salon gedämpft, erinnerte sich Rolland, *in einem Winkel entdeckte ich die Büste Wagners, davor in einer Vase ein Anemonensträußchen, eben von einem matten Sonnenstrahl liebkost. Die kleine alte Dame, die mir nun entgegenkam, schien mir aus gleichem Stoff gemacht, aus dem diese Anemonen waren. Sie sah mich an mit ihrem hellen Blick, der alles Unreine aus der Seele fortspült. Ein langes Leben war an ihr vorübergegangen, vieles hatte sie durchlebt, aber nichts hatte die Kristallklarheit ihres Denkens getrübt. Wie verschleiert war da nur fernab eine Melancholie in ihr. Das Geheimnis dieser Melancholie gab sie nur sehr wenigen Eingeweihten preis.*

Romain Rolland gehörte zu diesen Eingeweihten.
»Ach, wissen Sie, vor kaum einem Jahr verlor ich einen sehr geliebten Freund. Ich hatte einen schwerem Kampf durchzumachen, um die Heiterkeit der geistigen Sphäre wiederzufinden. Ich glaubte mein Herz einem Pantheon gleich, in allen Nischen bewahrte Bildnisse geliebter Menschen, die ich verlor, und kein Platz mehr für auch nur ein einziges weiteres... und da sind Sie gekommen...«
Doch dies ist dem Ablauf vorgegriffen. Bei jenem ersten Besuch hielt sich das Gespräch in den Grenzen artiger Konversation.
»Haben Sie sich in Rom schon ein wenig eingelebt?«
»O ja, die Stadt ist überwältigend.«
»Was macht Ihr Klavierspiel?«
»Ich sollte mehr üben können, aber ich fand noch keine Gelegenheit...«

»Sie meinen, Ihnen steht kein Instrument zur Verfügung?«

»Kein Klavier. Kein Raum zum Üben.«

»Oh«, machte Malwida und schien nachzudenken, »ich hätte da vielleicht eine Idee…« Der Satz verlor sich unausgesprochen. Das Gespräch kam für diesmal auch nicht darauf zurück, und Rolland nahm die nächstbeste Gelegenheit, sich zu verabschieden.

»Zu meinem Bedauern, gnädiges Fräulein, ich hab' noch eine Vorlesung zu absolvieren…«

Kaum eine Woche später rief ein Billet von der Hand des Fräulein von Meysenbug ihn dringend zu einem zweiten Besuch.

Wieder betrat Rolland den Salon, der ihn so eigenartig verzauberte, doch gleich auf den ersten Blick kam ihm etwas verändert vor. Wieder fiel die Sonne gedämpft durch die grünen Vorhänge, stand in einer Ecke die Büste Wagners, in der anderen der mit Papieren übersäte Sekretär. Sofa, Sessel und der runde Teetisch schienen ein wenig zur Seite gerückt und dort, gleich daneben an der kurzen Wand, stand ein Klavier. Die Vermutung des unerhörten Angebots machte Rolland sprachlos.

»Nun, es ist nicht gerade ein Konzertflügel, aber ich denke zum täglichen Üben wird es genügen«, sagte Malwida nicht ohne Stolz.

»Es ist ein erstklassiges Klavichord!« rief Rolland sachverständig aus, »das muß eine Menge Geld gekostet haben!«

»Gewiß doch«, lachte Malwida, »ich habe es auch nur gemietet für einen monatlichen Preis, solange Sie es benötigen.«

»Und Sie meinen, ich sollte hier…?«

»Das meine ich, mein Freund! Hier im Haus stören Sie niemanden. Ich habe mich fünfzehn Jahre nicht über den Lärm der anderen beschwert, jetzt werden sie etwas Klavierspiel gern hinnehmen.

»Ich darf also wirklich hier an diesem Klavier üben?«

»Wann Sie wollen, sooft Sie wollen! Und wenn Ihre Übungen es erlauben, spielen Sie mir ein wenig Beethoven.«

»Beethoven…« wiederholte Romain Rolland noch ganz versponnen und, wie plötzlich sein Glück begreifend, setzte er sich vor das Instrument und griff in die Tasten. Berauschend erklangen die

Kaskaden der Appassionata, und Malwida, den Klängen lauschend, freute sich, das Richtige getan zu haben. Welch sonstige Talente dieser begnadete junge Mensch noch entwickeln wird, dachte sie für sich, die Musik wird immer die eine Seite seines Wesens bleiben. Damit sollte sie recht behalten. Rolland, der sich bald ganz der Feder verschrieb, spielte nicht nur weiter seinen Beethoven, sondern studierte dessen Person und Leben, brachte beides aus eigener, aber auch durch Malwida beeinflußte Sicht zu Papier und veröffentlichte es als eine seiner ersten Arbeiten im Jahre 1903.

Mehrmals die Woche kam jetzt der Student der Musikgeschichte die vier Treppen herauf, um im Salon des Fräulein von Meysenbug Klavier zu üben.

Manchmal gingen die letzten Klänge Beethovens, Bachs oder Wagners in ein tiefsinniges Gespräch über, manchmal aber auch in ein gemeinsames andächtiges Schweigen, das Malwida gelegentlich von weit herkommend mit halblauter Stimme unterbrach.

»Ach, mein Junge, wenn Sie dabei gewesen wären damals, als …«
Dann wurde Wagner wieder lebendig, der nun schon sieben Jahre unter den alten Bäumen im Garten Wahnfried lag, Herzen und Mazzini erstanden aus ihren Gräbern, Nietzsche tauchte auf aus geistiger Umnachtung, und Schurz, den Tüchtigen, rief sie zu sich über die Weite des Ozeans.

»Ich habe sie alle gekannt, diese großen, freien Flügelgeschöpfe«, seufzte sie dann, »und ich habe sie alle geliebt, jeden von ihnen auf die eine oder andere Weise …«

Noch eine ganze Weile träumte sie sich dann fort, schien übergesetzt zu haben auf die Insel der Erinnerung. Rolland, zartfühlend, ließ der alten Dame dann Zeit, den weiten Weg zurückzufinden.

Malwidas Herz erwärmte sich von Tag zu Tag mehr für diesen so vielfach begabten jungen Menschen, der seinerseits sich ihr langsam öffnete. Wo er Licht ausstrahlte, gab sie es ihm in Wärme verwandelt zurück. Rolland drückte es später so aus:

Der Freund, der dich versteht, erschafft dich. In diesem Sinne bin ich von Malwida erschaffen worden.

Auch in der Beziehung zwischen Malwida und Rolland störte es nicht, daß sie nicht immer gleicher Meinung waren. Malwida verehrte zeitlebens Goethe und seine Dichtung, aber Rolland hob abwehrend die Hände:

»Habe ich mich an Goethe einmal wieder durchdringend erkältet, suche ich jedesmal Shakespeares Leidenschaftlichkeit, um mich zu erwärmen!«

Rolland begeisterte sich für Ibsen, aber Malwida ordnete seine Dramen an die Grenze des Pathologischen.

Einig waren sie sich über die Bedeutung Gandhis, dessen Freiheitsbewegung Malwida gern in Beziehung zum Wort Christi setzte.

»Beide sagen sie wohl ›erlöset euch selbst‹, aber wo Christus für das Individuum spricht, spricht Gandhi für die Massen.«

Der Sommer rundete sich, und es konnte vorkommen, daß Malwida den Freund resolut empfing:

»Nein, heute wird nicht geübt! Ich habe einen Wagen bestellt, wir beide machen eine Ausfahrt. Trina hat einen Picknickkorb gerichtet, verhungern werden wir also auch nicht.«

Dann ging's hinaus auf die Landstraße durch die römische Campagna. Über die Wogen des Grases lief der Wind, Palmen schüttelten ihre Köpfe, Pinien standen wie aufgespannte Schirme und die Sonne ließ ein Mohnfeld rot aufleuchten.

Wo eine Gruppe uralter Bäume Schatten spendete, ließen sie sich nieder, ergötzten sich an den Leckerbissen aus dem Picknickkorb, träumten, schwiegen oder sprachen, gleich wie, ließen sich verzaubern vom Bild ungestörter Ruhe bis zur Stunde, da die Sonne noch einmal aufglühend hinterm Horizont versank. Solche Tage dienen dem inneren Frieden, geben in späterer Rückschau Kraft, wenn Kummer und Schmerz einmal diesen Frieden gefährden.

Ausklang

Sie sind glücklich miteinander, die kleine alte Dame und der auf-
brechende Dichtergeist. Sie teilen einander ihre Gedanken mit,
schenken sich zärtliche Worte, hören gemeinsam Musik, nichts
scheint zwischen ihnen zu stehen – außer dem Tod.
Rolland muß auf kurze Zeit verreisen, eine Besprechung mit seinem Verleger in Paris, nichts Ungewöhnliches also. Aber die Be-
sprechungen ziehen sich hin. Er schreibt an Malwida, Malwida
schreibt ihm. Aber wie erschrickt Rolland, als er diese Zeilen aus
Rom erhält:

*Haben Sie, mein geliebter Freund, jemals an meiner Tapferkeit gezweifelt?
Ich bin mein ganzes Leben lang tapfer gewesen und hoffe, ich werde es bis
zum letzten Augenblick sein. Ich wünschte, Ihnen alles sagen zu können,
was in meiner Seele vorgeht, in den stillen Nachtstunden, in denen ich einsam dem Unvermeidlichen ins Gesicht sehe, das sich naht. Ich muß mit
Jesus sagen »Es ist vollbracht«, das lange Leben mit all seinen Freuden und
Leiden, seinen Irrtümern und erhabenen Sehnsüchten! Dankbarkeit gegen
die Sonne, die Blumen, die Musik, gegen die großen Denker, die meinen
Weg erhellten, gegen die Freunde, die mich liebten, erfüllt mein Herz. Wenn
ich unsterblich sein sollte, werde ich dadurch höher steigen. Wenn nicht –
wird meine Ruhe süß sein. M.v.M.*

Das war der Tod. Wie hatte er, Rolland, bei aller lebhaften Ju-
gendlichkeit ihres Geistes nicht an die Gebrechlichkeit ihres Körpers denken, wie hatte er den Lauf der Jahre vergessen können?

Rolland will die Freundin unbedingt noch einmal sehen. Er reist
überstürzt ab, aber er kommt zu spät. Olga und Gabriel sind bei
ihr, als es zum letzten kommt. Und Gabriel Monod ist es auch,
der später Rolland berichtet:

*Es tut mir leid für Sie, daß Sie nicht ihren Blick und ihr Lächeln sehen
konnten, bei dem einem das Herz schmolz... Sie ist bis zum Schluß sie*

selber gewesen, vergeistigt, geheiligt, unerschöpflich an Worten der Zärtlich-
keit. Sie war der lebendige Beweis dessen, was sie mit so viel Kraft vertrat:
»Nur der Geist existiert.«

Malwida von Meysenbug verstarb am 26. April 1903, einem
Sonntag, nachmittags um 2 Uhr, in ihrem siebenundachtzigsten
Lebensjahr. Sie wurde auf dem protestantischen Friedhof in Rom
beigesetzt, neben dem Grab von Goethes Sohn August. Auf ihrem
Grabstein stehen die beiden Worte: *»Amore – Pace«.* Viele, die sie
auf ihrem letzten Gang gern begleitet und um sie getrauert hätten, waren selbst schon gegangen – Alexander Herzen, Gottfried
und Johanna Kinkel, Guiseppe Mazzini, Richard Wagner, Alexander Warsberg und nicht zuletzt Theodor Althaus. Ja, selbst die
treusorgende Trina war ihr im vorigen Jahr vorangegangen.

Malwida von Meysenbug hat vielleicht nicht die Welt bewegt,
aber an ihrem Gefüge gerüttelt hat sie gewiß. Sie hat Verkrustetes
aufzubrechen versucht, und das zu einer Zeit, da die Frau dem
Mann, ja die Schwester dem Bruder untertan war und sie hinzunehmen hatte, was Reichtum oder Armut, hohe Geburt oder Arbeiterstand ihr zuzugestehen bereit waren, eines aber keinesfalls:
auch nur einen einzigen freien, selbständigen Gedanken.
Ohne Frauen wie Malwida von Meysenbug – und da gab es
sicherlich noch manch eine – gäbe es heute nicht den Ausspruch
einer Rita Süssmuth:

Frauen sind heute ebenso wie Männer für die Gestaltung der Gegenwart
und Zukunft voll verantwortlich.

Inhalt

Weitere biographische Romane von Julia von Brencken

Doktorhut und Weibermütze

Dorothea Erxleben –
die erste Ärztin
224 Seiten, gebunden

Im Jahre 1754 gehörte erstmals
eine Frau in die lange Reihe
derer, die den medizinischen
Doktorhut erwarben:
Dorothea Erxleben (1715 – 1762).
Die Autorin erzählt warmherzig
und lebendig die Lebens-
geschichte dieser außergewöhn-
lichen Frau, die als Pfarrfrau,
Mutter und Ärztin allen Wider-
ständen, Schwierigkeiten und
Umwegen zum Trotz ihr Ziel
erreichte und an die heute nur
noch ihr Porträt auf einer 60-
Pfennig-Briefmarke erinnert.

Die Wüstenschwalbe

Biographischer Roman
240 Seiten, gebunden

Dies ist die Geschichte der Lady
Jane Ellenborough, einer der
begehrtesten und unkonventio-
nellsten Frauen des 19. Jahrhunderts, Freundin einflußreicher
und berühmter Persönlichkeiten
wie z. B. Balzac und Ludwig I.
von Bayern. Julia von Brencken
verfolgt mit ihrem einfühlsam
geschriebenen Roman den aben-
teuerlichen Weg einer Frau,
deren wechselvolles, aber
ehrliches Ringen um Liebe und
Erfüllung den Leser bis zur
letzten Seite fesselt.

Eugen Salzer-Verlag, 74020 Heilbronn

Beeindruckende historische Frauenschicksale – spannend bis zur letzten Seite

Anna Eunike Röhrig

Die Macht der Puppen

Historischer Roman aus der Zeit
Heinrichs VIII.
388 Seiten, gebunden

Die Geschichte zweier Frauen,
die in England zur Zeit Heinrichs
VIII. gemeinsam aufwachsen. Vor
den Toren des Königspalastes,
fern der Macht, erleben Sie
heimlich ihre erste Liebe. Doch
als berechnende Höflinge beide
im Haushalt des Monarchen un-
terbringen, verstricken sich die
Freundinnen immer tiefer in das
Netz aus politischen Machen-
schaften und heimtückischen Intrigen, die Englands Herrscher
umgeben. Der verliebt sich in
Catherine, obwohl er gerade
seine vierte Frau geheiratet hat.
Für Catherine und Alice beginnt
ein Tanz auf Leben und Tod.
Hildesheimer Zeitung

Elisabeth Heilander

Die Karthagerin

Historischer Roman um Hannibal
408 Seiten, gebunden

Dieser faszinierende historische
Familienroman vor dem Hintergrund
des 2. Punischen Krieges erzählt die
Geschichte der jungen Karthagerin
Antopa. Mit Hannibals Heer zieht sie
über die Alpen und gelangt schwer
verletzt nach Rom. Dorr wird sie Zeu-
gin grausamer Intrigen und menschlicher Größe, begegnet ihrer großen
Liebe und wird mehr und mehr zur
Römerin. Doch die Vergangenheit läßt
sie nicht ruhen…
»Der Autorin ist etwas gelungen, was
im gehobenen deutschen Unterhal-
tungsroman durchaus selten gelingt:
ein richtiger Schmöker, in dem alles
vorkommt: also Liebe, Verwechslungen,
Flucht und Gefangenschaft, Befreiung
und Glück, und das alles vor dem Hintergrund der gewaltigen Kulisse welt-
geschichtlicher Geschehnisse.«
Deutsche Lehrerzeitung, Berlin

Eugen Salzer-Verlag, 74020 Heilbronn

Historische Liebesgeschichten und fesselnde höfische Schicksale

Julia von Brencken

Mein Herz an deiner Seite

Historische Liebesgeschichten
272 Seiten, gebunden

Julia von Brencken erzählt das Schicksal historischer Liebespaare, von der großen Liebe, die ihrem Leben Sinn gab – oder es zerstörte.
Die große Liebe – nicht immer beschert sie den Himmel auf Erden, auch nicht bei den Mächtigen und Reichen dieser Welt, den Königen, Fürsten, Grafen. So war es früher schon: Manchmal führte die Liebe zur Heirat, doch öfter noch mußte sie verheimlicht werden.

Eberhard Cyran

Maskerade der Macht

Höfische Schicksale im galanten Jahrhundert
316 Seiten, gebunden

Was sich hinter der Kulisse höfischer Machtdemonstration verbirgt, erfährt der Leser in diesem neuen, fesselnd geschriebenen Werk von Eberhard Cyran. Die wahre Persönlichkeit strahlender Monarchen und einflußreicher Mätressen, sowie ungewöhnliche Schicksale gewandter Diplomaten und machtgieriger Günstlinge bringt Eberhard Cyran erstmalig ans Licht. Eine überzeugende Dokumentation menschlicher Wege und Irrwege.

Eugen Salzer-Verlag, 74020 Heilbronn